VISHEN LAKHIANI

Definiere dich neu

VISHEN LAKHIANI

Definiere dich neu

DAS UPDATE
FÜR EIN AUSSERGEWÖHNLICHES LEBEN

AUS DEM AMERIKANISCHEN
VON KARIN WEINGART

MOMANDA

Wichtige Hinweise

Die im Buch veröffentlichten Empfehlungen wurden von Verfasser und Verlag sorgfältig erarbeitet und geprüft. Eine Garantie kann dennoch nicht übernommen werden. Ebenso ist die Haftung des Verfassers bzw. des Verlages und seiner Beauftragten für Personen-, Sach- und Vermögensschäden ausgeschlossen.

Die Erwähnung bestimmter Unternehmen, Organisationen, Behörden oder Personen im Buch bedeutet nicht, dass der Autor oder Verlag diese unterstützen, noch dass diese das vorliegende Buch, seinen Autor oder den Verlag unterstützen.

Dieses Buch enthält Links zu externen Webseiten, auf deren Inhalte der Verlag keinen Einfluss hat. Deshalb können wir für diese fremden Inhalte auch keine Haftung übernehmen. Für die Inhalte der Webseiten ist stets der jeweilige Anbieter oder Betreiber der Seiten verantwortlich. Zum Zeitpunkt der Drucklegung waren die angegebenen Internetadressen aktuell.

Die deutsche Erstausgabe dieses Buches erschien 2017 bei Allegria, einem Verlag der Ullstein Buchverlage GmbH, unter dem Titel »Lebe nach deinen eigenen Regeln. 10 Schritte zum unkonventionellen Denken«. Der Text wurde für die hier vorliegende Taschenbuch-Ausgabe leicht bearbeitet.

Titel der Originalausgabe:
The Code of the Extraordinary Mind. Ten Unconventional Laws to Redefine Your Life & Succeed on Your Own Terms.
© by Vishen Lakhiani
Verlag Rodale Inc., 2016

Deutsche Taschenbuch-Ausgabe:
© 2019 MOMANDA GmbH, Rosenheim
Alle Rechte vorbehalten
Cover: Guter Punkt, München
Porträt (Cover) von Vishen Lakhiani: Mindvalley, Kuala Lumpur
Schaubilder S. 17, 35, 41, 69, 70, 85, 109, 118 152, 189,
209, 210, 245, 278, 286, 290: Christine Gaugler
Lektorat: Miriam Gries
Redaktion: Gitta Lingen
Satz & Layout: Birgit-Inga Weber
Foto des Autors S. 366: Paulius Staniunas
Gesamtherstellung: Bernhard Keller
Druck: CPI, Moravia Books
ISBN 978-3-95628-030-6

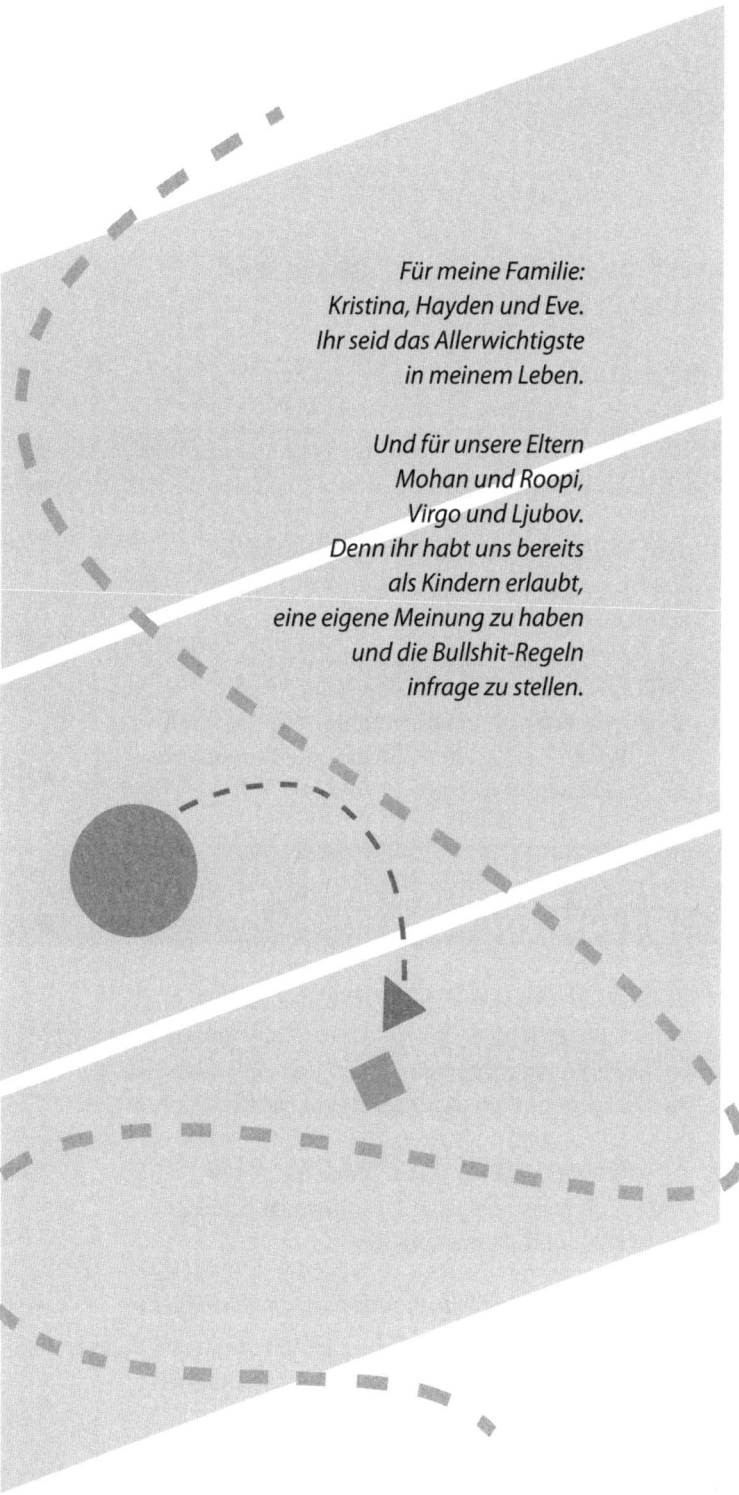

*Für meine Familie:
Kristina, Hayden und Eve.
Ihr seid das Allerwichtigste
in meinem Leben.*

*Und für unsere Eltern
Mohan und Roopi,
Virgo und Ljubov.
Denn ihr habt uns bereits
als Kindern erlaubt,
eine eigene Meinung zu haben
und die Bullshit-Regeln
infrage zu stellen.*

INHALT

BEVOR DU ANFÄNGST, MUSST DU WISSEN: 8
DIES IST KEIN NORMALES BUCH

EINFÜHRUNG   11

TEIL I: LEBEN INMITTEN DEINES UMFELDS –   25
WIE DU VON DER UMWELT GEFORMT WURDEST

1 ÜBERWINDE DIE KULTURELLE PRÄGUNG   28
indem du lernst, die Regeln der Welt, in der wir leben,
infrage zu stellen

2 STELLE DIE BULLSHIT-REGELN INFRAGE   50
indem du erfährst, in welch hohem Maß die Welt
von »*Brules*« beherrscht wird, die eine Generation
an die nächste weitergibt

TEIL II: DAS ERWACHEN –   83
VON DER MACHT, DIR DEINE VERSION DER WELT
SELBST AUSZUSUCHEN

3 ÜBE DICH IM »BEWUSSTSEINSENGINEERING«   86
indem du lernst, dein persönliches Wachstum dadurch
zu beschleunigen, dass du bewusst entscheidest, was du
aus deinem Umfeld akzeptierst und was du ablehnst

4 SCHREIBE DEINE REALITÄTSMODELLE UM   115
indem du lernst, deine Überzeugungen bewusst
zu wählen und sie upzugraden

5 GÖNNE DEINEN LEBENSSYSTEMEN EIN UPGRADE   148
indem du erfährst, wie wir unser Leben durch ständiges
Aktualisieren unserer Systeme verbessern können

TEIL III: PROGRAMMIERE DICH NEU – DIE TRANSFORMATION DEINER INNENWELT — 175

6 KRÜMME DIE WIRKLICHKEIT — 178
indem du den ultimativen Zustand der menschlichen Existenz erkundest

7 LEBE DIE »GLÜCKSZIPLIN« — 200
indem du erfährst, warum das alltägliche Glück so wichtig ist

8 ERSCHAFFE DIR EINE VISION FÜR DEINE ZUKUNFT — 226
indem du sicherzustellen lernst, dass dich die Ziele, die du anstrebst, auch langfristig glücklich und zufrieden machen

TEIL IV: AUSSERGEWÖHNLICH WERDEN – DIE WELT VERÄNDERN — 253

9 WERDE »UNHERUMSCHUBSBAR« — 256
indem du lernst, angstfrei zu werden

10 NIMM DEINE QUEST AN — 277
indem du erfährst, wie du das alles bündelst und ein sinnerfülltes Leben führst

ANHANG: TOOLS FÜR DIE REISE — 305

   ÜBE DICH IN TRANSZENDENZ — 305

   FOLGE DEM CODE DES AUSSERGEWÖHNLICHEN GEISTES — 325

GLOSSAR — 348
QUELLEN — 352
INDEX — 358

BEVOR DU ANFÄNGST, MUSST DU WISSEN: DIES IST KEIN NORMALES BUCH

Ich würde es nicht einmal als ein typisches Buch über Persönlichkeitsentwicklung bezeichnen. Denn eigentlich ist es mehr ein Aufrüttelbuch. Weil es dich zwingt, Aspekte deines Lebens, die jahrelang auf Autopilot gelaufen sind, vollkommen neu zu überdenken. Und das bedeutet: Monate nachdem du dieses Buch gelesen hast, wirst du bestimmte Aspekte deiner gegenwärtigen Realität mit größter Wahrscheinlichkeit nicht mehr akzeptieren. Beziehungen, Karriere, deine Ziele, spirituellen Ambitionen – all das wird sich ändern müssen, sobald du einmal begriffen hast, dass deine Überzeugungen und bisherigen Entscheidungen nicht auf freier Wahl beruhen, sondern dass du sie einfach übernommen hast.

Dieses Buch soll deine Sicht auf die Welt stören und dir die mentalen Tools an die Hand geben, die es dir ermöglichen, sie kognitiv zu verändern. Kurz gesagt: Dieses Buch wird für dich ein Erwachen darstellen. Denn sobald du die Muster, die darin enthüllt werden, einmal erkannt hast, wirst du sie nie mehr ignorieren können.

Je nach Weltanschauung wirst du das Buch entweder *lieben* oder *hassen*. Das ist auch so beabsichtigt. Denn wir wachsen entweder durch Unbehagen oder durch Einsicht. Aber nie durch Apathie.

Abgesehen von den Inhalten ist dieses Buch aber auch noch in anderer Hinsicht einzigartig:

NEUE AUSDRÜCKE: Dieses Buch enthält mehr als 20 Wörter, die es in der englischen Sprache zuvor nicht gab. Ich musste sie erfinden, um (manchmal auch mit einem Augenzwinkern) die neuen Modelle des Lebens zu beschreiben, mit denen ich dich bekannt machen möchte. Von Wörtern geht große Macht aus, denn sie beeinflussen unsere Sicht auf die Welt. Und sobald du diese Worter verstehst, verändert sich deine Perspektive auf bestimmte Dinge und Sachverhalte.

ONLINE-ERFAHRUNG: Zu diesem Buch gibt es eine eigens auf die Bedürfnisse der Leser und Leserinnen zugeschnittene (englischsprachige) App mit zusätzlichen Inhalten, Übungen, Trainings und so weiter. Mehr dazu erfährst du im Anhang.

SOZIALE LERNPLATTFORM: Hier kannst du mit den anderen Leserinnen und Lesern interagieren, Ideen vortragen und diskutieren und sogar mit mir persönlich in Kontakt treten. Dafür musst du dich nur auf der Plattform registrieren. Und so ist dieses Buch das technologisch wahrscheinlich fortschrittlichste der Geschichte. Über *www.mindvalley.com/extraordinary* kannst du der (englischsprachigen) sozialen Lernplattform beitreten.

LERNMETHODE: Ein »upgegradetes« Lernmodell, das ich als »Bewusstseinsengineering« bezeichne, soll dir beim Lernen helfen. Sobald du es einmal kapiert hast, greifen alle Ideen, mit denen ich dich in diesem Buch bekannt mache, ineinander. Und mehr noch: Du lernst damit das Lernen. Nach der Lektüre dieses Buchs wirst du mit jedem Werk über Persönlichkeitsentwicklung, das du liest, mehr anfangen und es besser einordnen können.

SCHREIBSTIL: Die besten und wichtigsten Gespräche führe ich mit Freunden (meistens bei einem Glas Wein) in entspannter Atmosphäre. Dann zeigen wir uns verwundbar, sind ehrlich, offen, durchlässig. Wenn wir so über das Leben und übers Business plaudern, illustriere ich meine Ideen immer gern auf einer Serviette. In diesem Buch mache ich es nicht anders. Deshalb findest du hier auch Skizzen, persönliche Geschichten, dieselbe raue Verwundbarkeit, ganz als würden wir an einem Tisch zusammensitzen. Ich gebe in diesem Buch Dinge preis, von denen ich nie gedacht hätte, dass ich sie je öffentlich machen würde. Aber ich tue es, weil ich glaube, dass andere aus meinen Fehlern lernen können.

ZUSAMMENARBEIT: In dieses Buch sind mehr als 200 Stunden Interviews mit vielen Hauptdarstellern auf der gegenwärtigen Weltbühne eingeflossen. Arianna Huffington und Dean Kamen haben einige der Kapitel redigiert. Mit Richard Branson, Peter Diamandis, Michael Beckwith und Ken Wilber durfte ich stundenlang unter vier Augen diskutieren beziehungsweise sie befragen. Über meine Frau konnte ich sogar dem Dalai Lama eine Frage stellen. Die Ideen aller dieser großen Persönlichkeiten haben Eingang in dieses Buch gefunden, weil ich sie als Vorbilder betrachte, von denen jeder von uns lernen kann.

VIER BÜCHER IN EINEM: Ich betrachte meine (und deine) Zeit als kostbar und kann Bücher über Persönlichkeitsentwicklung nicht leiden, die sich über Hunderte von Seiten hinziehen und dabei doch nur relativ simple Gedanken zum Besten geben. Darum halte ich mich bei keiner Idee länger als nötig auf, um die Geduld meiner viel beschäftigten Leserinnen und Leser nicht überzustrapazieren. Dieses Buch ist vollgepackt mit Wissen. Damit du möglichst viel für dein Geld bekommst, offeriere ich dir in jedem seiner vier Teile ein Set detaillierter und doch zusammenhängender Gedanken. Jeder Teil kann durchaus für sich allein stehen, zusammengenommen aber stellen sie eine ganze Lebensphilosophie dar. Mein Ziel war es, dir auf amüsante Weise zu maximaler Erkenntnis bei minimalem Zeitaufwand zu verhelfen.

NIMM KONTAKT MIT MIR AUF: Ich tausche mich immer gern mit meinen Leserinnen und Lesern aus.

Facebook.com/vishen
Instagram.com/vishen
Twitter.com/vishen
(Hashtag #codeXmind)

MEINE WEBSITE: Mehr über mich und über Seminare, die ich im deutschsprachigen Raum halte, erfährst du auf meiner deutschsprachigen Website:

vishenlakhiani.de

EINFÜHRUNG

*Ich glaube durchaus, dass jeder beschließen kann,
eine außergewöhnliche Persönlichkeit zu werden.*

Elon Musk

Gleich musste ich hoch und sprechen. Aber nicht etwa auf einer gewöhnlichen Bühne. Bei diesem Event in Calgary (Alberta) hatten sie mich als Letzten eingeplant – unter den *unbekanntesten* Rednern. Vor mir war eine ganze Armada Ehrfurcht gebietender Persönlichkeiten dran gewesen: Seine Heiligkeit der Dalai Lama, der wie Yoda seine Weisheiten nur so raushaut; dann der Nobelpreisträger Frederik Willem de Klerk, der ehemalige Staatspräsident Südafrikas; Sir Richard Branson, Gründer der Virgin-Gruppe, gefolgt von Tony Hsieh, dem CEO des Onlineshops Zappos.

Am dritten Tag war schließlich ich an der Reihe. Als Lückenfüller. Kein Markenname, der die Säle füllt, sondern ein x-beliebiger Sprecher, der gebucht wird, wenn das Budget für die Berühmtheiten ausgeschöpft ist.

Vor so einem riesigen Publikum war ich noch nie aufgetreten. Um meine Nervosität in den Griff zu bekommen, hatte ich vorher heimlich einen Wodka gekippt. Meine abgerissenen Jeans und das Hemd, das mir offen über der Hose hing, verrieten nur, dass ich von Mode keine Ahnung hatte. Ich war dreiunddreißig.

Als ich die Bühne betreten hatte, sprach ich über die Dinge, die mir sehr am Herzen liegen – über Lebensanschauungen, Ziele, Glück und den Sinn des Lebens. Am Schluss war das Publikum ergriffen vor Freude, manche Zuschauer hatten Tränen in den Augen. Doch was mich am meisten überraschte: Gegen Ende der Konferenz wählten sie mich (zusammen mit Tony Hsieh) zum besten Redner der gesamten Veranstaltung. Angesichts der bedeutenden Persönlichkeiten, die gesprochen hatten, und meiner geringen Erfahrung als Vortragsredner war das eine Riesensache. Immerhin hatte ich mehr Stimmen bekommen als der Dalai Lama. (Wobei der Tatbestand, dass ich ziemlich stolz darauf war und es ihn wahrscheinlich kein bisschen juckte, wohl der Grund dafür ist, dass er den Titel Seine Heiligkeit trägt und ich nur Mister Lakhiani bin.)

An jenem Tag sprach ich darüber, was es heißt, ein unkonventionelles, außergewöhnliches Leben zu führen. Dazu kommt es weder zufällig noch durch harte Arbeit oder einzigartige Talente und Fähigkeiten. Doch es gibt eine Methode – einen erlernbaren Code –, die jedem zugänglich ist und auch dich zu einer außergewöhnlichen Persönlichkeit machen kann.

Die entsprechenden Techniken haben sich nicht nur für einige wenige Individuen bewährt, sondern bereits für Hunderttausende. Der Code wird in Schulen überall auf der Welt eingesetzt, Unternehmen schulen ihre Belegschaften darin, und allenthalben finden Menschen mit seiner Hilfe Glück, Zufriedenheit und Sinnhaftigkeit. Ich selbst habe mir den Code mittels Trial-and-Error-Verfahren sowie durch die sehr genaue Beobachtung einiger der unkonventionellsten, außergewöhnlichsten Persönlichkeiten der Welt erschlossen.

Auf YouTube wurde meine Rede in Calgary trotz ihrer Länge von beinahe einer Stunde fast eine halbe Million Mal angeklickt, und viele haben mir hinterher vorgeschlagen, ein Buch zu schreiben. Aber ich war noch nicht so weit. Denn was hätte mich schon groß qualifiziert, Autor zu werden?

Drei Jahre später. Nach einer Party auf Necker Island saß ich mit Richard Branson zusammen; als die anderen Gäste alle weg waren und nur noch wir zwei blieben, erzählte ich ihm von meinen Gedanken und Theorien darüber, was ihn und andere zu außergewöhnlichen Persönlichkeiten machte. Danach schaute mich Branson an und sagte: »Eigentlich solltest du ein Buch schreiben.« Ich bewunderte Richard nicht nur als Unternehmer. Mit seinem Buch *Like a Virgin: Erfolgsgeheimnisse eines Multimilliardärs* war er auch zu meinem Lieblingsautor geworden. Und dieser leichte Schubser von ihm brachte mich auf den Weg, das Buch zu schreiben, das du nun in der Hand hältst. Zwar sollte es weitere drei Jahre dauern, bis ich das erste Kapitel abgeschlossen hatte. Aber jetzt ist der Band fertig, und ich habe die Ehre, ihn in deine Hände legen zu dürfen.

All das erzähle ich nur, um dir klarzumachen, wie stark und wirksam die Gedanken sein können, um die es in diesem Buch geht. Es ist kein normales Werk über Persönlichkeitsentwicklung. Im Grunde überhaupt kein normales Sachbuch über irgendwas. Es ist so gedacht und geschrieben, dass es äußerst komplexe Ideen (zum Beispiel über Erfolg, Sinnhaftigkeit und Lebensglück) auf allgemeinverständliche Strukturen und Modelle runterbricht. Und wenn ich sage »allgemeinverständlich«, dann meine ich das auch so.

Beim Schreiben dieses Kapitels bekam ich ein Video zugespielt, das einen Lehrer in Indien zeigt, wie er mehrere Hundert Schulkinder in einige der Ideen aus diesem Buch einführt.

Und sie funktionieren. Würdest du meinen persönlichen Hintergrund kennen (über den ich in den folgenden Kapiteln noch spreche), wüsstest du, dass ich meinen heutigen Erfolg »eigentlich« gar nicht hätte haben dürfen. Weil nämlich die Chancen total gegen mich standen. Und doch kann ich mich glücklich schätzen: Ich kann jetzt – allen Widrigkeiten zum Trotz – ein »außergewöhnliches« Leben führen. Wozu unter anderem gehört, dass ich ...

- aus meinem Hobby – der Persönlichkeitsentwicklung – Mindvalley machen konnte, ein (beständig wachsendes) Unternehmen mit derzeit (Stand: 2016) 500.000 Schülern, zwei Millionen Abonnenten und einer Fanbase von Leuten, die das, was wir machen, leidenschaftlich lieben;
- Mindvalley ohne Bankkredit oder Risikokapital starten und daraus gegen alle Wahrscheinlichkeit eine der innovativsten Firmen unserer Branche machen konnte;
- ein preisgekröntes Arbeitsumfeld für Angestellte aus mehr als 40 Ländern gestalten konnte, das 2012 bei einer Leserumfrage des Magazins *Inc.* zu einem der coolsten Büros gewählt wurde;
- heute mit einer unglaublichen Frau verheiratet bin und wir zwei wunderbare Kinder haben;
- ein eigenes Festival ins Leben rufen konnte, das A-Fest, das an den verschiedensten exotischen Plätzen überall auf der Welt stattfindet und jedes Mal zu Tausenden tolle Leute anzieht, die eines der begehrten Tickets ergattern wollen;
- spirituelle Erweckungserlebnisse hatte, die mein Verständnis der physischen Wirklichkeit umgekrempelt haben;

Einführung

- Millionen Dollar für wohltätige Zwecke sammeln und spenden kann;
- das großartige Angebot erhalten habe, dieses Buch zu schreiben (danke, Rodale Inc.!).

Aber ich kann dir versichern: Bei meiner Geburt sprach nichts dafür, dass aus mir mal etwas Besonderes werden würde. Eigentlich hätte ich ein ziemlich normales Leben führen sollen. Ich war in Malaysia aufgewachsen, bevor ich in die Vereinigten Staaten ging. Hatte mich immer für einen Langweiler gehalten und mich viele Jahre mit Minderwertigkeitsgefühlen rumgeschlagen. Ich wäre beinahe von der Uni geflogen, der University of Michigan, und hatte das Vergnügen, innerhalb von zwei Jahren nach meinem Abschluss 1999 zweimal gefeuert zu werden, zweimal meine Firma zu verlieren und mehrfach total pleite gewesen zu sein.

Ein Dutzend Start-ups hatte ich schon gegründet, bevor dann schließlich eine Idee von mir – Mindvalley – einschlug. Mit achtundzwanzig musste ich das Land meiner Träume verlassen und wieder zu meinen Eltern ziehen. Während ich die nächsten sechs Jahre mit meiner Frau in einem Zimmer bei Mama und Papa wohnte und einen winzigen Nissan Micra fuhr, versuchte ich mein Unternehmen auf die Beine zu stellen.

Und sogar noch ein Jahr vor meiner Rede in Calgary deutete nichts darauf hin, dass ich meine Ziele erreichen würde. Zu dem Zeitpunkt hatte ich mehr Schulden, als wenn ich nie eine Firma gegründet hätte.

Aber dann, mit zweiunddreißig, kam für mich die Wende. Innerhalb von kürzester Zeit veränderte sich alles, wirklich alles. Und zwar einzig und allein, weil ich trotz meiner bescheidenen Anfänge über eine bestimmte Fähigkeit verfüge, die sich immer wieder als hilfreich erweist. Ihr habe ich auch den Grundgedanken für dieses Buch zu verdanken, mit dem ich dich dabei unterstützen möchte, dass du aus deinen Lebensumständen, wie auch immer sie aussehen mögen, herauskommst.

Sollte ich diese Fähigkeit beschreiben, würde ich sagen: Ich bin ein Lern-Schwamm. Sauge jegliches Wissen von anderen auf und stelle Zusammenhänge her. Ich darf von mir behaupten, dass ich die Erkenntnisse und Weisheiten aller möglichen Leute – seien sie

Mönch oder Milliardär – mit Leichtigkeit aufnehme und diese Ideen dann »kodifiziere«, die einzelnen Infohäppchen miteinander verbinde und daraus einzigartige neue Modelle zum Verständnis der Welt entwickle. Das ist meine Begabung.

In der Computerwelt würde man mich wohl als »Hacker« bezeichnen. Denn Hacker zerlegen die Dinge in ihre Einzelteile, brechen sie bis auf ihren Kern runter und setzen sie dann zu etwas Neuem, Besseren wieder zusammen.

Genau das tue ich auch. Eigentlich bin ich gelernter ITler. Mein Geist aber liebt es von Natur aus, das Leben zu hacken. Deshalb erkenne ich Muster, die anderen oft entgehen, und stelle ungewöhnliche Zusammenhänge her.

In diesem Buch erläutere ich dir die wichtigsten Erkenntnisse – zehn, um genau zu sein. Angeeignet habe ich sie mir in Form von eigenen Erfahrungen und Gesprächen mit brillanten Denkern, Führungspersönlichkeiten, Innovatoren und Künstlern, die täglich Großes schaffen.

Durch das Lernen von diesen außergewöhnlichen Persönlichkeiten hat sich mein Leben exponentiell weiterentwickelt. Ich bin zu dem, der ich heute bin, geworden, weil ich mir, als ich pleite war und mich durchkämpfen musste, fest vorgenommen habe, systematisch nach Menschen zu suchen, die mir nur einen Schritt voraus waren, und sie zu befragen. Ihre Weisheit wollte ich mir zu eigen machen, von ihnen lernen, was ich lernen konnte, und daran wachsen. So schloss ich zu ihnen auf, stellte neue Verbindungen her und lernte von Menschen, die noch einen Schritt weiter waren. Und so entwickelte ich mich immer weiter.

Irgendwann war ich dann an dem Punkt angelangt, dass ich Leute wie Elon Musk, Richard Branson, Peter Diamandis, Arianna Huffington und Ken Wilber befragen konnte. Ihre Erkenntnisse gebe ich in diesem Buch ebenso weiter wie die Weisheiten aus über zweihundert Stunden Interviews mit mehr als fünfzig außergewöhnlichen Menschen, die ihr Leben nach eigenen Regeln führen und den Planeten maßgeblich verändern.

Und dann ist da natürlich noch Mindvalley, mittlerweile eines der global führenden Unternehmen auf dem Gebiet der persönlichen Transformation. Mit mehr als zwei Millionen Abonnenten (Stand: 2016) stehen wir heute in puncto neuer Ideen zur persönlichen Weiterentwicklung an vorderster Front. Unser Netzwerk verschaffte mir beim Schreiben einen weiteren einzigartigen Vorteil.

Mein Talent besteht darin, all diese Ideen und Erkenntnisse aufzunehmen und sie zu einem einzigen Weg zu verknüpfen, einem Weg, den auch du beschreiten kannst, um aus der öden Normalität herauszutreten und dir jeden Traum zu erfüllen, den du als Kind geträumt hast.

Hier ein Überblick über die Dinge, die wir erörtern werden.

ZEHN UPDATES
FÜR EIN EINZIGARTIGES LEBEN

Die Welt funktioniert nach einem unsichtbaren Code – wie Menschen miteinander umgehen, ihrer Religiosität Ausdruck verleihen, das Verhältnis zu den Eltern, Arbeitsleistung, Liebe, Geldverdienen, wie wir gesund, glücklich und zufrieden bleiben. Ich habe mein Arbeitsleben als Programmierer begonnen, Stunden um Stunden vor dem Monitor gehockt und versucht, den Code zu verstehen, auf dem die Rechenleistung beruht. Heute interessiere ich mich stattdessen für den Code des menschlichen Lebens. Und glaub mir, der lässt sich genauso knacken.

So, wie Programmierer Rechner auf die Verrichtung bestimmter Aufgaben programmieren können, indem sie den Code entschlüsseln, kannst du auch dein Leben und deine Umwelt programmieren, um beides zu optimieren, auf eine höhere Ebene zu bringen und mehr zu erleben. Doch dafür musst du den Code zuerst einmal erkennen. Und an dieser Stelle kommt das vorliegende Buch ins Spiel.

Es gliedert sich in vier Teile und zehn Kapitel. In jedem Teil, der für eine bestimmte Ebene deines Bewusstseins steht, beschäftigen wir uns mit einem höheren Level des Codes. In den einzelnen Kapiteln wird diese Erweiterung jeweils intensiviert.

- **TEIL I:** Leben inmitten deines Umfelds – Wie du von der Umwelt geformt wurdest
- **TEIL II:** Das Erwachen – Von der Macht, dir deine Version der Welt selbst auszusuchen
- **TEIL III:** Programmiere dich neu – Die Transformation deiner Innenwelt
- **TEIL IV:** Außergewöhnlich werden – Die Welt verändern

Diese vier Teile repräsentieren die graduelle Erweiterung deines Bewusstseins und zeigen, wozu du auf dem jeweiligen Level in der Lage bist.

Skizziert würde die sukzessive Steigerung in etwa so aussehen:

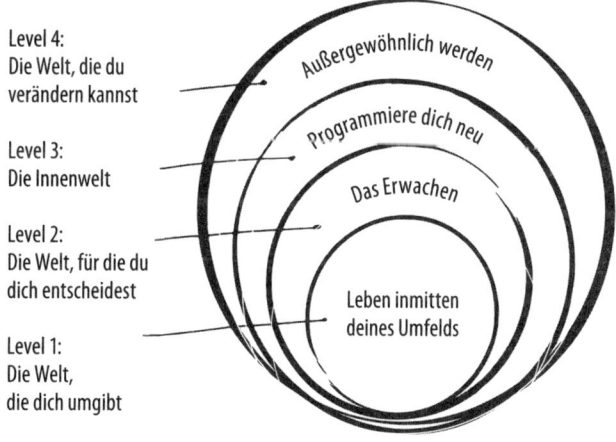

In diesen vier »Welten« stelle ich dir zehn aufeinander aufbauende Updates vor. Zusammen bilden sie den Code des unkonventionellen, außergewöhnlichen Geistes.

TEIL I
LEBEN INMITTEN DEINES UMFELDS –
WIE DU VON DER UMWELT GEFORMT WURDEST

In diesem ersten Teil betrachten wir die Welt, in der wir leben – mit all ihren chaotischen, divergierenden Gedanken, Überzeugungen und Denk- beziehungsweise Verhaltensmustern, die sich die Menschheit im Lauf ihrer Geschichte hat einfallen lassen, damit wir in Sicherheit sind und alles unter Kontrolle haben. Das Problem dabei: Inzwischen haben viele dieser Muster und Normen ihr Verfallsdatum längst überschritten. In diesem Teil lernst du, die Regeln deiner Umwelt infrage zu stellen – angefangen bei der Religion über Beziehungen bis hin zu Beruf und Bildung. Außerdem mache ich dich mit den ersten beiden Updates bekannt.

1. ÜBERWINDE DIE KULTURELLE PRÄGUNG. Hier erkunden wir das komplexe Netz der Umwelt – die kollektiven Normen, Überzeugungen und Routinen der Menschen. Die Rede ist von den Regeln, die dir sagen, wie du zu leben, deine Zukunft zu planen und was du unter Erfolg und Lebensglück zu verstehen hast. Folgst du ihnen, ist dir eine normale, sichere Existenz gewiss. Ich jedoch fordere dich zu einem aufregenden, wenn auch mitunter unsicheren Ritt durch ein *unbeschränktes* Leben auf – an dessen Anfang das Stellen einiger Stör-Fragen steht.

2. STELLE DIE BULLSHIT-REGELN INFRAGE. Du lernst, die »*Brules*« zu erkennen, die schon vor Generationen hätten außer Kraft gesetzt werden müssen, sich jedoch noch heute auf unser Leben auswirken. Das Abstreifen der *Brules* ist so, als würdest du deine alten, dreckigen Klamotten aus- und dir etwas Neues, Frisches anziehen. Das fühlt sich an wie eine große Befreiung.

Unkonventionelle, außergewöhnliche Persönlichkeiten sind geradezu allergisch gegen *Brules*. Und dir wird es nicht anders gehen, sobald du erst einmal erkannt hast, wie sehr dich die *Brules* am Vorwärtskommen hindern, deine Kreativität beschneiden und dein persönliches Wachstum hemmen.

TEIL II
DAS ERWACHEN – VON DER MACHT, DIR DEINE VERSION DER WELT SELBST AUSZUSUCHEN

Während du lernst, die Bullshit-Regeln deines Umfelds zu hinterfragen, erfährst du auch, dass du deine Regeln selbst *wählen* kannst. In diesem Teil betrachten wir die Schnittstelle zwischen dir und der Welt, von der du umgeben bist. Von welchen Ideen und Werten möchtest du überzeugt sein? Und welche ablehnen? Hier lernst du, die Überzeugungen, Gewohnheiten und Routinen bewusst zu gestalten, die dein Leben bestimmen, und alte abzulegen, die du nicht mehr brauchst. Die Methode dafür ist ein Prozess, den ich als »Bewusstseinsengineering« bezeichne.

3. ÜBE DICH IM »BEWUSSTSEINSENGINEERING«. An dieser Stelle lernst du, wie ein Hacker zu denken, und entdeckst das Programmiergerüst, mit dessen Hilfe du verstehen kannst, *wie* du von deinen Überzeugungen und Routinen geprägt wirst. Du beginnst deine Überzeugungen als »Realitätsmodelle« zu begreifen und Gewohnheiten und Routinen als »Lebenssysteme«. Du dringst bis tief in deinen eigenen Wesenskern vor und beginnst dich neu zu erfinden und zu entfalten.

4. SCHREIBE DEINE REALITÄTSMODELLE UM. Gemeint sind damit die Überzeugungen, die du schon seit der Kindheit hast. Viele davon schwächen dich und halten dich in einer lästigen, schmerzlichen beziehungsweise mittelmäßigen Weltsicht gefangen. Hier lernst du, diese schwächenden Modelle auszurangieren und durch neuere zu ersetzen, die dich stattdessen stärken. Die Welt spiegelt deine Überzeugungen – also kannst du dir vorstellen, was alles passiert, wenn du die Überzeugungen unkonventioneller, außergewöhnlicher Persönlichkeiten übernimmst.

5. GÖNNE DEINEN LEBENSSYSTEMEN EIN UPGRADE. Lebenssysteme sind die täglichen Praktiken, die dein Leben prägen – von Ernährung über die Erziehung der Kinder bis hin zum Sex. Neue

Lebenssysteme kommen ständig auf. Nur finden die wenigsten davon Eingang in das offizielle Bildungssystem. Und das ist auch der Grund dafür, dass die meisten von uns nach suboptimalen, wenn nicht gar schädlichen Modellen lernen, lieben, arbeiten, meditieren oder ihre Kinder erziehen. In diesem Kapitel lernst du, die Systeme zu erkennen, die die Welt (sowie dein Leben) antreiben, und erfährst, wie du sie optimierst. Außerdem wird dir klar, wie du dir aktuellere Lebenssysteme zulegst, die das Beste aus dir herausholen.

Damit beginnt schon die zweite Hälfte des Buches. Bis hierher ging es um dein Funktionieren in der Außenwelt, darum, dass du die Regeln brichst und dir neue aneignest, die dein persönliches Wachstum und dein Lebensglück fördern. Der nächste Schritt besteht in der Erkundung deiner Innenwelt. Hier lernst du auch, sie zu verändern und perfekte Harmonie hineinzubringen.

TEIL III
PROGRAMMIERE DICH NEU –
DIE TRANSFORMATION DEINER INNENWELT

Im dritten Teil beginnst du dich in dein Bewusstsein zu hacken, erkundest unter anderem alternative Möglichkeiten zu leben, glücklich zu sein und dir Ziele zu setzen, die dich voll erfüllen. Darüber hinaus beschäftigen wir uns mit dem, was ich als »Krümmen der Wirklichkeit« bezeichne – dem Gedanken, dass die Welt, die du erlebst, von deinem Bewusstsein geprägt wird.

6. KRÜMME DIE WIRKLICHKEIT. Die Idee hinter diesem Realitätsmodell besteht darin, dass es einen optimalen Daseinszustand gibt, in dem alles »klick« zu machen scheint und du dein Glück selbst in der Hand hast. Viele bemerkenswerte Menschen, die ich getroffen habe, leben allem Anschein nach in diesem Zustand. Manche davon sind Mönche. Andere Milliardäre. In diesem Kapitel werde ich diesen Daseinszustand genau analysieren und dir verraten, wie auch du dich in ihn versetzen kannst.

7. LEBE DIE »GLÜCKSZIPLIN«. Zufriedenheit ist machbar. Und die »Glücksziplin« stellt eine wunderbare Methode dar, dein Glückslevel im Alltag enorm anzuheben und dich grenzenlos frei zu fühlen. In diesem Kapitel werden wir herausfinden, warum Glücksgefühle so flüchtig sein können, und erkunden die besten Hacks für Zufriedenheit und andere positive Gefühle, die mir je untergekommen sind.

8. ERSCHAFFE DIR EINE VISION FÜR DEINE ZUKUNFT. Unter dem Einfluss der *Brules* des Umfelds haben die meisten von uns gelernt, den falschen Zielen nachzujagen. Für mich ist der Großteil unseres modernen Ziele-Setzens totaler Müll. Deshalb zeige ich dir in diesem Kapitel, wie du dir Ziele setzt, die dich wirklich und wahrhaftig glücklich machen, deinem Leben Sinn verleihen und dir zu einem spannenden, bedeutsamen Dasein verhelfen.

TEIL IV
AUSSERGEWÖHNLICH WERDEN –
DIE WELT VERÄNDERN

In diesem Teil gehst du über das Erschaffen eigener Regeln im Außen und die Beherrschung deines Innenlebens hinaus und *veränderst* die Welt. An diesem Punkt darfst du dich mit Fug und Recht als unkonventionell und außergewöhnlich bezeichnen. Du meisterst nicht mehr nur deine Außen- und Innenwelt, sondern nimmst die daraus resultierende Kraft her, um die Menschheit voranzubringen und eine positive Delle ins Universum zu schlagen. Dafür musst du lediglich eine innere Stärke entwickeln und zu deiner Quest finden.

9. WERDE »UNHERUMSCHUBSBAR«. Hier lernst du, so felsenfest in dir zu ruhen, dass dir weder Urteile von anderen noch Verlustängste irgendetwas anhaben können. Du gehst unerschütterlich deinen Weg. Das Verändern der Welt ist kein Pappenstiel. Doch in diesem Kapitel erfährst du, wie du so stark wirst, dass du mit allen Widrigkeiten klarkommst.

10. NIMM DEINE QUEST AN. Im zehnten Kapitel lernst du, nicht einfach nur zu leben, sondern durch die Entdeckung deiner *Quest* die Welt zu *verändern*. Wie du zu deiner Quest findest, zeige ich dir dann schon. Und damit hättest du auch den allerletzten Schritt in ein unkonventionelles, außergewöhnliches Leben getan.

Nach diesen zehn Kapiteln, in denen ich den Code enthülle und ihn dir erläutere, wollte ich dich aber nicht einfach so hängen lassen, wenn du in die Welt hinausziehst. Deshalb findest du am Schluss des Buches noch zwei Kapitel, in denen ich dir zeige, wie du all die Ideen, Werkzeuge und Übungen zu einer täglichen Praxis bündelst.

BONUSTEIL
TOOLS FÜR DIE REISE

ÜBE DICH IN TRANSZENDENZ. In diesem Teil zeige ich dir die »Sechs Phasen«, eine zwanzigminütige Übung. Sie ist ein Work-out für den Geist und hilft, die einzelnen Elemente des Codes noch fester zu verankern und dein Erwachen zu beschleunigen. Unter allen Tools für persönliches Wachstum und größere Produktivität, die ich entdeckt habe, ist dies das wirksamste.

FOLGE DEM CODE DES AUSSERGEWÖHNLICHEN GEISTES. In diesem Teil fasse ich nochmals die entscheidenden Tools und Übungen zusammen, die du in dein Leben integrieren kannst, um den Code zu leben. Unterstützt werden die beiden Bonusteile durch die Online-Erfahrung (siehe Seite 324).

WAS ICH DIR VERSPRECHEN KANN

Die Ideen und Techniken, die du in diesem Buch (kennen)lernst, beruhen auf den besten Modellen und Systemen für Leistungssteigerung, persönliches Wachstum und Erfolg, denen ich während der jahrelangen Zusammenarbeit mit Experten auf dem Gebiet der Persönlichkeitsentwicklung und menschlichen Transformation begegnet bin.

Ich gebe dir die Modelle an die Hand, die du brauchst, um das Universum zu gestalten und dir den Erfolg, das Vergnügen und die Sinnhaftigkeit zu verschaffen, die dir bislang trotz aller Bemühungen entgangen sind. Dass diese Methoden funktionieren, weiß ich, weil ich sie selbst anwende und durch Onlineprogramme, Apps und Vorträge schon Millionen von Menschen dabei geholfen habe, sie sich ebenfalls anzueignen. Doch in diesem Buch führe ich sie alle zum ersten Mal zusammen.

Du wirst darin Denkmodelle entdecken, mit deren Hilfe du dein Verständnis von der Welt und deiner Rolle darin radikal verändern kannst. Kapitel für Kapitel wirst du ganz spezielle Systeme erlernen, die dir die größten Fortschritte deines Lebens ermöglichen – körperlich, geistig, für Herz und Seele.

Los geht's …!

TEIL I

LEBEN INMITTEN DEINES UMFELDS

WIE DU VON DER UMWELT GEFORMT WURDEST

Wir alle treiben in einem kolossalen Meer aus Überzeugungen, Ideen und Routinen umher. Manche davon sind schön und bringen Freude, andere haben keinerlei Nutzen, schränken ein oder lähmen sogar.

Und so, wie der Fisch der Letzte ist, der erkennt, dass er in einer Substanz schwimmt, die man »Wasser« nennt, sind auch wir oft lange blind für die schiere Masse menschlichen Gedankenguts, die ich als »*Culture Scape*« bezeichne und die unser Leben total dominiert und beeinflusst (*kulturelles Umfeld;* engl. *culture,* dt. *Kultur; scape* in Anlehnung an *landscape,* das heißt *Landschaft*).

Unser kulturelles Umfeld stellt in Sachen Liebe, Ernährung, Familie, Berufswahl die Regeln auf. Sie setzt die Maßstäbe, anhand derer wir unseren Selbstwert bestimmen: Bist du auch ohne Uniabschluss gut genug? Solltest du nicht endlich solide werden und Kinder kriegen? Dich einer Religionsgemeinschaft anschließen? Dir einen bestimmten Job suchen?

In diesem Teil des Buches tauchen wir tief in unser Umfeld ein und stoßen in ihm auf allerlei Absurditäten, die dir bisher wahrscheinlich entgangen sind.

Im ersten Kapitel erfährst du von den vielen »Solltest«, mit denen deine Umgebung dein Leben regiert. Du *solltest* alles Mögliche. Du *solltest* dies und das tun. So und so leben. Aber du wirst nicht nur erkennen, dass sich das Leben besser außerhalb dieser »Solltest« abspielt, sondern auch ein Gefühl für die Schönheiten eines wilden Ritts durch die Freiheit bekommen.

Im zweiten Kapitel lernst du, die überholten Regeln und Normen aufzudecken, von denen sich viele eindämmen lassen; du lernst dich (und deine Kinder) vor einer Ansteckung mit diesen Vorgaben zu schützen – und deine eigenen Regeln aufzustellen. Dabei werfen wir einen Blick auf einige der erdrückendsten Regeln und Normen bezüglich Arbeit, Spiritualität, Kultur und Leben und stellen wichtige Fragen, um herauszubekommen, ob sie heute überhaupt noch sinnvoll sind.

Unsere gemeinsame Reise wird großen Spaß machen. Aber brisant wird sie auch – werden wir doch Ideen hinterfragen, die zum Teil schon seit mehr als 2000 Jahren umherschwirren. Sobald wir jedoch damit durch sind, wirst du dich auf eine neue Version der Welt zubewegen können – eine Version, die du anhand *deiner* Wahrheit und *deiner* Visionen selbst wählst.

1

ÜBERWINDE DIE KULTURELLE PRÄGUNG

INDEM DU LERNST, DIE REGELN DER WELT, IN DER WIR LEBEN, INFRAGE ZU STELLEN

Beim Erwachsenwerden bekommst du in der Regel erzählt, dass die Welt eben so ist, wie sie ist, und dass du dich entsprechend anpassen musst: nicht groß auffallen; dir eine nette Familie aufbauen, Spaß haben, ein bisschen sparen. Alles sehr bescheiden. Dabei kann das Leben doch so viel mehr. Du musst dir bloß eine ganz einfache Tatsache vor Augen führen: dass nämlich alles, was wir so das Leben nennen, von Leuten stammt, die auch nicht schlauer sind als du. Du kannst es ändern. Du kannst Einfluss darauf nehmen ... Wenn du dir das einmal klargemacht hast, wirst du zu einem ganz anderen Menschen.

Steve Jobs

Was war das für ein Wahnsinnsblick! Ich stand auf dem Rasen eines beeindruckenden Privatgrundstücks und schaute auf den schimmernden Lake Washington. Um mich herum plätscherten die Gespräche. Der Wein floss, Gläser klirrten. Das würzige Aroma brutzelnden Grillguts lag in der Luft. Unmittelbar hinter mir stand der Hausherr: Bill Gates. Der legendäre Gründer des Software-Riesen Microsoft, einer der wohlhabendsten Menschen der Welt. Er plauderte mit einigen seiner anderen jungen Gäste.

Ich war zweiundzwanzig und seit ein paar Wochen Praktikant bei Microsoft. Jetzt befand ich mich auf dem alljährlichen Grillfest, mit dem die neuen Mitarbeiter vom obersten Chef persönlich willkommen geheißen wurden. Damals war Microsoft *das* Unternehmen, die Firma, bei der alle unterkommen wollten, so wie heute Apple oder Google. Und ich hatte es geschafft!

Spannung und Aufregung waren mit Händen zu greifen. Wir fühlten uns wie die Schüler von Hogwarts, die zum allerersten Mal Dumbledore unter die Augen traten.

Seit Jahren hatte ich auf dieses Ziel hingearbeitet: mir erst den A... aufgerissen, um in der Highschool so gut abzuschneiden, dass ich an einem der besten Colleges auf dem Gebiet des Ingenieurwesens angenommen wurde: der University of Michigan, an der ich Elektrotechnik und Informatik studierte. Ich war in Malaysia aufgewachsen und hatte bis zu meinem zwanzigsten Lebensjahr dort gelebt. Wie in anderen Teilen Asiens herrscht auch in diesem Land die Normvorstellung, dass die jungen Männer nach Möglichkeit Ingenieur, Jurist oder Arzt zu werden haben. Ich kann mich noch gut erinnern, dass man das auch mir als Kind eingebläut hat. So lief das eben.

Doch die traurige Wahrheit ist, dass ich die Informatikkurse am College einfach schrecklich fand. Und eigentlich wollte ich viel lieber Fotograf oder Bühnenschauspieler werden. Das waren übrigens auch die einzigen Kurse, in denen ich Bestnoten bekam. Nach der herrschenden Norm aber galt keine der beiden Möglichkeiten als akzeptabler Berufsweg. Deshalb nahm ich innerlich von ihnen Abschied und entschied mich fürs Programmieren. Schließlich musste ich ja hübsch *pragmatisch* und *realistisch* bleiben. Gute Noten einheimsen. Mir einen ordentlichen Job sichern. Einen geregelten Arbeitstag haben. An die Altersvorsorge denken. Gelang mir das alles, würde ich ein erfolgreicher Mann werden.

Und der Erfolg schien sich tatsächlich nach und nach einzustellen. Es fühlte sich wahnsinnig gut an: die Ehre, zu Bill Gates nach Hause eingeladen zu sein und in seiner Firma arbeiten zu dürfen, die damals gerade ihre Blütezeit erlebte. Die Professoren freuten sich mit mir. Meine Eltern waren total aus dem Häuschen. Alle meine Anstrengungen während des Studiums und die zahllosen Opfer, die Mutter und Vater für mich gebracht hatten, zahlten sich endlich aus. Ich hatte alles getan, was von mir erwartet worden war. Und jetzt konnte ich die Ernte einfahren. Ich war am Ziel. Ich stand bei Bill Gates auf dem Rasen, und vor mir lag eine große Karriere.

Doch ganz tief in meinem Inneren war mir klar, dass ich ein Problem hatte.

An jenem schicksalhaften Tag im Sommer 1998 hatte ich gleich zweierlei hingekriegt: Ich war am Ende einer langjährigen Reise angekommen und zu der Erkenntnis gelangt, dass ich die ganze verdammte Zeit lang in die falsche Richtung marschiert war.

Nur damit du es weißt: Ich habe meinen Job echt gehasst. Den lieben langen Tag über hockte ich in der Zentrale von Microsoft, stierte auf mein Set aus drei Monitoren und zählte die Minuten, bis ich mich endlich vom Acker machen konnte. Um ehrlich zu sein, hasste ich meine Arbeit so sehr, dass ich mich nicht einmal traute, Bill Gates, der jetzt ganz in meiner Nähe stand und mit meinen Kollegen plauderte, die Hand zu geben. Weil ich mich nämlich so sehr schämte. Und das Gefühl hatte, nicht auf diese Party zu gehören.

Folglich verließ ich das Unternehmen einige Wochen später.

Na ja …, also gut: Ich wurde entlassen.

Selbst zu kündigen war ich schlicht zu feige. Ich hatte an einem TOP-Informatikinstitut studiert, das von vielen so heiß ersehnte Vorstellungsgespräch ergattert und dann sogar einen der noch heißer ersehnten Jobs an Land gezogen, für die meine Kommilitonen alles getan hätten. Nachdem ich so weit gekommen war, wären eine Menge Leute bitter enttäuscht gewesen, wenn ich einfach gekündigt hätte.

Also tat ich das, was einem schwächlichen, charakterlosen Zweiundzwanzigjährigen eben so einfällt: Ich sorgte dafür, dass ich gefeuert wurde. Hing nur noch faul rum und ließ mich während der Arbeitszeit so oft beim Computerspielen erwischen, dass meinem Vorgesetzten schließlich gar nichts anderes übrig blieb, als mich zu entlassen. So war das.

Ich ging dann ans College zurück und zog das Studium unter Qualen bis zum Ende durch. Was ich nach dem Abschluss machen wollte – keine Ahnung. Manchmal nahm ich es mir in der Zeit direkt übel, dass ich meine Riesenchance bei Microsoft dermaßen in den Wind geschossen hatte.

Doch wie sich herausstellte, war es das einzig Richtige gewesen. Denn ich hatte nicht nur einen Job aufgegeben (und damit zugleich eine entsprechende Karriere), nein, ich hatte auch den gesellschaftlich akzeptierten Normen im Hinblick darauf, wie das Leben zu laufen hat, den Rücken gekehrt.

GEBEN WIR'S DOCH ZU: ES FUNKTIONIERT EINFACH NICHT

Als ich meine eigene Richtung einschlug, statt pragmatisch und realistisch zu bleiben, lag das nicht etwa daran, dass ich irgendetwas gegen den Beruf des Informatikers gehabt hätte, nein. Wogegen ich aber sehr wohl etwas hatte – und auch heute noch habe –, ist die Vorstellung, einer Beschäftigung nachzugehen, für die ich keinerlei Leidenschaft empfand, nur weil es in der Gesellschaft, in die wir hineingeboren sind, der Norm beziehungsweise den Regeln entspricht.

Genau das aber tun viele von uns. Einer Studie des Gallup Instituts zufolge gaben 70 Prozent der 150.000 befragten Amerikanerinnen und Amerikaner an, sich nicht mit ihrem Job zu identifizieren. Überlegt man aber mal, wie viel Zeit wir am Arbeitsplatz verbringen, ist ein Beruf, für den man keine Leidenschaft aufbringt, im Grunde gleichbedeutend mit einem leidenschaftslosen Leben.

Doch nicht nur in beruflicher Hinsicht führen unsere Vorstellungen oft in die Irre. Vielleicht sollten wir auch einmal über folgende Statistiken nachdenken:

- In den Vereinigten Staaten liegt die Scheidungsrate bei nahezu 50 Prozent.
- Bei einer Umfrage des Harris Poll gaben nur 33 Prozent der US-Amerikanerinnen und -Amerikaner an, »sehr glücklich« zu sein.
- CNBC zufolge ergab »ein neuer Bericht der Non-Profit-Organisation Pew Charitable Trusts, dass heute acht von zehn US-Bürgern in irgendeiner Form verschuldet sind, am häufigsten aufgrund einer Hypothek beziehungsweise Grundschuld«.

▌ Die US-Gesundheitsbehörde (Centers for Disease Control and Prevention) hat ermittelt, dass mehr als ein Drittel aller Erwachsenen in den Vereinigten Staaten heutzutage übergewichtig ist.

Also liegt keineswegs nur unsere berufliche Zufriedenheit im Argen. Auch der Zustand unseres Liebeslebens, Glücksempfindens, unserer finanziellen Verhältnisse und der Gesundheit lässt ziemlich zu wünschen übrig. Wie konnte es bloß so weit kommen – und was lässt sich dagegen tun?

Das Ganze hat bestimmt viele Ursachen. Eine der wichtigsten ist für mich aber die Tyrannei der Normen und Regeln – Regeln, die vorschreiben, wie wir unser Leben führen »sollten«, weil es alle anderen auch so tun:

> Ich *sollte* diesen Job annehmen.
> Genau die Art Mensch *sollte* ich daten/heiraten.
> Dieses College *sollte* ich besuchen.
> Als Hauptfach *sollte* ich dieses oder jenes belegen.
> Ich *sollte* in dieser Stadt leben.
> So *sollte* ich aussehen.
> Das und das *sollte* ich fühlen.

Versteh mich nicht falsch: Es kommt vor, dass man einen Job annehmen muss, den man eigentlich nicht mag, weil man sich anders finanziell nicht über Wasser halten kann. Manche müssen auch an einem Ort leben, den sie sich freiwillig nie ausgesucht hätten, weil sie sich woanders eine Wohnung nicht leisten können, oder aus Verantwortungsbewusstsein gegenüber der Familie.

Sich objektiven Notwendigkeiten zu beugen ist aber etwas vollkommen anderes als die blinde Akzeptanz eines Lebens, das bestimmten festgelegten Regeln folgt. Da besteht ein Riesenunterschied. Doch einer der Schlüssel zu einem unkonventionellen, außergewöhnlichen Leben liegt darin, zu wissen, welche Regeln man befolgen möchte und welche nicht. Und abgesehen von den physikalischen und den juristischen Gesetzen lassen sich *alle* Regeln beziehungsweise Normen infrage stellen.

Doch um das zu verstehen, müssen wir zunächst einmal begreifen, warum überhaupt gewisse Regeln aufgestellt wurden.

DIE ENTSTEHUNG DER REGELN

Von wem sind die Regeln, die in der heutigen Welt gelten, eigentlich gemacht worden? Um eine Antwort auf diese Frage zu bekommen, wenden wir uns kurz den Anfängen der Menschheitsgeschichte zu. In seinem faszinierenden Buch *Eine kurze Geschichte der Menschheit* stellt der israelische Historiker Dr. Yuval Noah Harari die These auf, dass es einst sechs verschiedene Menschentypen gab: neben dem *Homo sapiens* (jener »weisen« Art der Gattung Homo, der wir alle angehören) zum Beispiel auch den Neandertaler, den Solo-Menschen und *Homo erectus*. Im Lauf der Zeit sind dann alle Nicht-Sapiens-Arten, auch der Neandertaler, ausgestorben, und was blieb, waren nur noch unsere prähistorischen Großeltern.

Wie aber konnte ausgerechnet den »weisen« Menschen das Überleben gelingen?

Dr. Harari sieht den Grund dafür, dass wir uns letztlich durchgesetzt haben, in der Sprache – genauer gesagt: in deren Komplexität. Wie Primatologen herausgefunden haben, sind Affen durchaus in der Lage, einander Warnungen zuzurufen, in etwa so: »Vorsicht! Tiger!«

Unsere Sapiens-Vorfahren hatten aber ein ganz anderes Gehirn als Primaten. Deshalb konnten sie zum Beispiel auch so etwas zum Ausdruck bringen wie »Hey, heute Morgen habe ich am Ufer des Flusses einen Tiger gesehen. Also bleiben wir am besten noch ein bisschen hier, bis er zur Jagd aufbricht, bevor wir rübergehen, um zu futtern. Einverstanden?«

Mithilfe der Sprache waren unsere »weisen« Vorfahren in der Lage, komplexe Informationen zu kommunizieren, die für das tägliche Überleben wichtig waren. Neben der Organisation in Gruppenverbänden ermöglichte es uns die Sprache, einander über Gefahren und Chancen zu informieren; Routinen und Gewohnheiten zu entwickeln und weiterzugeben; uns gegenseitig nicht nur mitzuteilen, dass am Flussufer die Beeren reif waren, sondern auch, wie man sie pflückte, kochte und haltbar machte; was zu tun war, wenn jemand zu viele davon verzehrt hatte; und sogar, wer sich als Erster bedienen durfte und wem wie viele der Früchte zustanden. Die Sprache sicherte auch den Erhalt unseres Wissens, indem sie den

Menschen ermöglichte, es untereinander und an die Nachkommen weiterzugeben.

Dass auf diese Weise nicht jede Generation das Rad – buchstäblich – neu erfinden musste, kann man gar nicht hoch genug bewerten. Die Sprache hat auf allen Gebieten zu einem entscheidend höheren Komplexitätsgrad beigetragen.

Aber der wohl bedeutendste Vorteil, den uns die Sprache brachte, lag darin, dass sie es uns ermöglichte, im Kopf ganz neue Welten entstehen zu lassen. Sie half uns, Dinge zu erschaffen, die in der materiellen Welt nicht vorhanden waren, sondern nur mental existierten. Diese »Erkenntnisse« konnten wir nutzen, um Allianzen zu schmieden, Stämme zu bilden und Richtlinien für die Kooperation innerhalb unserer im Lauf der Zeit immer größer werdenden Gruppen festzulegen. Zudem stellte die Sprache die Grundlage für die Entstehung von Kulturen, Mythologien und Religionen dar. Natürlich mit der Kehrseite, dass wir bald anfingen, uns über ebendiese Kulturen, Mythologien und Religionen in die Haare zu kriegen.

Diese und andere Veränderungen, die von unseren mentalen Vorteilen gegenüber anderen Menschentypen und von dem Gebrauch der Sprache zur Weitergabe von Wissen befördert wurden, kamen einer totalen Umwälzung gleich. Weshalb Dr. Harari auch von einer »kognitiven Revolution« spricht.

KANN MAN DINGE, FÜR DIE ES KEIN WORT GIBT, ÜBERHAUPT SEHEN?

Wenn du dir momentan noch nicht ganz vorstellen kannst, wie umfassend wir und unsere Welt von der Sprache geformt werden, interessieren dich vielleicht die folgenden Forschungsergebnisse. Ich könnte mir denken, dass sie dich von der Macht der Sprache überzeugen.

Gab es die Farbe Blau eigentlich schon in alten Kulturen? In einem Podcast von Radiolab mit dem Titel »Warum ist der Himmel nicht blau?« heißt es, in der Antike habe es in den meisten Sprachen kein Wort für »blau« gegeben. In seiner *Odyssee* sprach Homer weder in Bezug auf den Himmel von Blau noch bei der Erwähnung der Ägäis, die er als »weinrot« bezeichnete. Auch in anderen Schriften der Antike sucht man, obwohl sie sonst an Beschreibungen und visuellen Details sehr reich sind, nach dem Wort »blau« vergebens.

Daraus ergibt sich die Frage: Kann man etwas, für das es keinen Ausdruck gibt, überhaupt sehen?

Dieser Frage ging Jules Davidoff, Professor für Psychologie, im Stamm der Himba in Namibia nach. Während die Himba zahlreiche verschiedene Bezeichnungen für »grün« kennen, gibt es bei ihnen kein Wort für »blau«. Im Zuge der Recherche wurden Stammesmitgliedern kreisförmig angeordnete Rechtecke vorgelegt. Außer einem einzigen blauen Quadrat waren alle anderen grün:

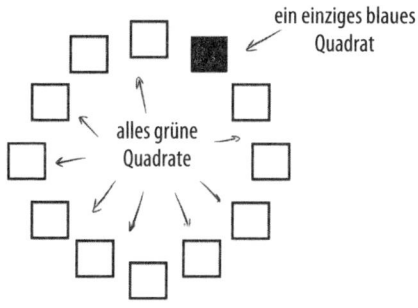

Als die Stammesmitglieder die Grafik sahen und gebeten wurden, auf den »Ausreißer« zu deuten, waren sie merkwürdigerweise entweder überhaupt nicht in der Lage, das blaue Rechteck zu identifizieren, oder brauchten sehr lange dafür oder zeigten auf ein anderes (grünes) Rechteck.

Legten die Forscher ihnen jedoch eine ebenfalls kreisförmige Anordnung grüner Quadrate vor, von denen eines eine nur geringfügig abweichende Farbnuance aufwies (die von uns bestimmt viele nicht ausmachen könnten), erkannten sie dieses auf den ersten Blick. Was uns leichtfällt, war für diese Menschen also schwer. Und umgekehrt. Die Himba hatten kein Wort für »blau«. Deshalb konnten sie das blaue nur mit Schwierigkeiten aus der Ansammlung grüner Quadrate herauspicken – was für uns ein Leichtes wäre. Andererseits waren sie in der Lage, Grünschattierungen zu unterscheiden, die wir nie wahrnehmen würden.

Es sieht also ganz so aus, als könnten wir Dinge dann besser auseinanderhalten, wenn es einen verbalen Ausdruck für sie gibt. Demnach bestimmt unsere Sprache darüber, was wir »sehen« und was nicht.

DIE ZWEI WELTEN, IN DENEN WIR LEBEN

Die Fähigkeit, die uns die Sprache verlieh, war wie ein kleines Wunder: einen Schritt zurücktreten zu können und unser Leben zu beobachten – das Flussufer auszukundschaften, Risiken und Chancen abzuwägen und dann nicht nur auf den eigenen Vorteil bedacht zu sein, sondern zu den Stammesgenossen zurückzukehren und uns mit ihnen auszutauschen. Gemeinsam lernten wir hinzu, verbesserten unsere Fähigkeiten der Planung und Überwindung von Schwierigkeiten. Wir lernten, Probleme zu lösen, und gaben die Ergebnisse unserer Überlegungen weiter. Die Sprache wurde so zum Fundament der Kultur.

Aus den Erfahrungen, die wir machten und mithilfe der Sprache weitergaben, entwickelten sich im Lauf der Zeit die Normen, die unsere jeweilige Kultur steuerten. Die Kultur half, die Welt zu begreifen; Erfahrungen schnell zu verarbeiten; Religionen und Nationalstaaten herauszubilden; die Kinder so zu erziehen, dass sie sich den Möglichkeiten entsprechend optimal entwickelten; unseren Radius sowohl physisch als auch mental zu erweitern, damit wir unsere großen Hirne für mehr nutzen konnten als nur den Versuch, auch den nächsten Tag noch zu erleben.

Aber natürlich hat die Kultur auch ihre Schattenseiten: dann nämlich, wenn wir uns so sehr auf die Normen und Regeln fokussieren, dass sie quasi vorschreiben, wie das Leben sein »sollte«, und Menschen oder Prozesse als »gut« beziehungsweise als »schlecht« oder »falsch« etikettieren, sobald sie sich nicht an die Regeln halten.

»So sollst du leben. So sollst du dich kleiden. So sollen Frauen, Kinder, ältere Menschen oder Anders-Tickende behandelt werden. Mein Stamm ist deinem überlegen. Wie ich es mache, ist es richtig« – was nichts anderes heißt als: »Was du tust, ist falsch. Es gibt nur einen Gott, und das ist meiner.«

Wir selbst haben diese komplexen Welten erschaffen, und jetzt verteidigen wir sie buchstäblich mit unserem Leben. Sprache und die Normen, die unsere Kultur definieren, sind dem Leben also nicht nur dienlich, sondern können es auch auslöschen.

WILLKOMMEN IN DER »*CULTURE SCAPE*«

Mit diesem riesigen Überbau an Überzeugungen und Routinen, die wir entwickelten, um im Leben zurechtzukommen, haben wir im Grunde eine neue Welt erschaffen und sie der Welt unserer Vorfahren an besagtem Flussufer übergestülpt. Seither leben wir in zwei Welten. Da wäre einmal die materielle Welt der absoluten Wahrheit. In dieser Welt sind die Dinge angesiedelt, über die allgemein Konsens besteht: »Dies ist ein Flussufer; Wasser ist flüssig; Feuer ist heiß; Tiger haben große Zähne, und wenn sie damit zubeißen, tut es weh.« Darüber sind sich alle einig.

Aber es gibt auch die Welt der relativen Wahrheit: die der Ideen, Konstrukte, Konzepte, Modelle, Mythen, (Denk-)Muster und Regeln, die wir aufgestellt haben und von einer Generation an die nächste weitergeben – zum Teil schon seit Tausenden von Jahren. Dieser Welt gehören Konstrukte an wie Ehe, Geld, Religion und Gesetze. Relativ ist diese Wahrheit, weil die jeweiligen Ideen nur für eine bestimmte Kultur beziehungsweise Stammesgesellschaft Gültigkeit haben. Auch Konzepte wie Sozialismus, Demokratie, Religion, Vorstellungen in Sachen Erziehung, Liebe, Ehe, Karriere und andere »Solltest« stellen nicht mehr dar als relative Wahrheiten. Denn sie sind nicht für *ausnahmslos alle* Menschen von Bedeutung.

Dieses Ensemble relativer Wahrheiten bezeichne ich als »*Culture Scape*«, »kulturelles Umfeld«. In ihr schwimmen wir vom Moment der Geburt an. Sowohl die Überzeugungen von der Welt als auch unsere Überlebensstrategien sind tief in uns verwurzelt. Im Kontakt mit den Menschen in unserem Umfeld nehmen wir sie schon als Babys auf. Nur gibt es da ein Problem: Viele dieser Überzeugungen und Strategien sind dysfunktional. Eigentlich sollen sie uns Orientierungshilfe geben. In Wirklichkeit aber schränken sie total ein und blockieren uns dabei, ein Leben nach unseren Fähigkeiten zu führen. So ähnlich, wie eben Fische die Letzten sind, die das Wasser wahrnehmen, weil sie ihr ganzes Leben lang darin herumschwimmen, sind auch unter den Menschen nur wenige in der Lage, die Dominanz und Durchschlagskraft des jeweiligen Umfelds zu erkennen. Denn so unabhängig und freigeistig, wie wir gern wären, sind wir im Grunde gar nicht.

Die Welt der absoluten Wahrheit beruht auf Fakten, die *»Culture Scape«* auf Meinungen und Übereinkünften. Doch obwohl sie nur in unseren Köpfen existiert, ist sie überaus real.

Wie kann jedoch eine Welt, die es nur in unseren Köpfen gibt, real sein? Hier sind einige Beispiele mentaler Konstrukte, die in der materiellen Welt nicht existieren, für uns allerdings durchaus sehr real sind:

- *Kalorien* können wir weder zeichnen noch sehen; trotzdem sind wir überzeugt, dass sie sich in Hüftgold verwandeln, wenn wir zu viele davon zu uns nehmen.
- Auch die *Meditation* lässt sich weder anfassen noch optisch wahrnehmen; trotzdem belegen mehr als 1400 wissenschaftliche Studien ihre positive Wirkung auf Körper und Geist (zum Beispiel Erhöhung der Lebenserwartung und Steigerung der Kreativität).
- Wir haben vielleicht nicht alle denselben Begriff von *Gott,* aber im Leben vieler Menschen spielt er eine überragende Rolle, und zu einem großen Teil beruhen sogar unsere Gesellschaften auf religiösen Vorstellungen. Auch wenn man Gott für reine Fiktion hält, ist er doch Teil einer machtvollen Syntax in unseren Hirnen und prägt die Lebensführung von Milliarden.
- In der materiellen Welt existieren im Grunde keine *Unternehmen.* Man füllt einfach ein Formular aus und erhält im Gegenzug ein Stück Papier, das die Gründung der Firma beurkundet.

Auf diesem unscheinbaren Blatt beruht dann eine ganze Reihe von Vorgaben und Konstrukten, die es einer Gruppe von Menschen ermöglicht, sich zusammenzufinden und etwas aufzubauen, was jeder für sich nie zustande gebracht hätte.

- Auch *Gesetze* können wir weder sehen noch anfassen – sie stellen nichts anderes dar als Vereinbarungen unter Gruppen von Menschen, die sich in Gemeinschaften zusammengefunden haben, welche wir *Städte*, *Staaten* oder *Länder* nennen. Und doch ermöglichen Gesetze auch sehr großen Gruppierungen ein relativ harmonisches Zusammenleben.
- Ein anderes sehr weit verbreitetes Konstrukt ist die *Ehe*. Es beruht auf der Voraussetzung, dass zwei Menschen einander für den Rest ihres Lebens verpflichtet bleiben. Doch von der Art dieser Verpflichtungen hat jede Kultur ihre eigenen Vorstellungen – körperlich, emotional und finanziell.
- In vielen Kulturen gibt es so etwas wie einen *Ruhestand*. Das heißt: Von Menschen eines bestimmten Alters wird erwartet, dass sie ihr ganzes Leben von einem Tag auf den anderen drastisch umstellen.
- Die Erde kennt keine natürlichen Grenzen. (Wie subjektiv die vom Menschen gemachten sind, wird immer dann besonders deutlich, wenn wir sie kurzerhand neu ziehen, wie es bei der Aushandlung von Staatsverträgen häufig der Fall ist.) Und doch leben Milliarden von Menschen in grenzdefinierten Gebilden, die wir als *Nationen* bezeichnen.

Unsere Welt wird also buchstäblich von unseren Gedanken erschaffen. Wir erzeugen beziehungsweise übernehmen diese Konstrukte. Und geben sie von einer Generation an die nächste weiter. Solche Ideen und Konstruktionen können unglaubliche Stärke verleihen, aber auch total einschränken. Aus einer gewissen geistigen Trägheit heraus nehmen wir viele dieser Konstrukte unseres Umfelds als gegeben hin und halten sie für wahr. Das Problem ist nur: Die meisten haben ihr Verfallsdatum längst überschritten.

VOM AUSSTIEG
AUS DER KULTURELLEN PRÄGUNG

Wenn aber so viel von dem, was wir das Leben nennen, unseren Gedanken und Überzeugungen entstammt, ist auch vieles, was wir für real halten – alle Konstrukte, Regeln und »Solltest« unserer Umwelt –, nicht mehr als ein zufälliger Spleen der Menschheitsgeschichte. Denn nur in den allerseltensten Fällen lässt sich objektiv beweisen, dass eine bestimmte Art, Dinge zu tun, die richtige oder gar *einzig* richtige ist. Vieles, was du so für wahr hältst, ist es nur in deiner Vorstellung.

Doch wie ist es in deinen Kopf gelangt? Genau wie Steve Jobs es zu mir sagte: Es stammt von Leuten, die auch nicht schlauer sind als du. Sobald du einmal kapiert hast, dass Regeln nichts Absolutes sind, kannst du anfangen, querzudenken und dich über die von deiner Umwelt etablierten Grenzen hinwegzusetzen.

Wenn du erst mal erkannt hast, dass die Welt, in der du lebst, im Wesentlichen in deinem Kopf existiert, übernimmst *du* die Regie. Dann kannst du anfangen, die Überzeugungen, Strategien und Regeln zu dekonstruieren, denen du bislang gefolgt bist. Insofern, als sie das Handeln nicht nur von einzelnen Menschen, sondern auch ganzen Gesellschaften diktieren, sind diese Regeln sehr real. Doch »sehr real« heißt noch lange nicht »richtig«.

Die kulturelle Prägung ist so stark und selbstverstärkend, dass sie kaum einen Zweifel daran lässt, dass sich die Dinge auf eine ganz bestimmte Art und Weise entwickeln müssen. Und wenn du auf ein normales, sicheres Leben aus bist, ist das auch völlig in Ordnung. Ein Problem entsteht erst in dem Moment, in dem aus dieser »Sicherheit« Langeweile und Stagnation werden.

Wir starten stark ins Leben; als Kinder lernen wir, wir wachsen und verändern uns in einem geradezu atemberaubenden Tempo. Bei den meisten Leuten verlangsamt sich das Wachstum aber, kaum dass sie die Schule abgeschlossen haben und einen Beruf ergreifen, und dann schleicht sich oft eine dröge Stagnation ein. Grafisch dargestellt würde es etwa so aussehen:

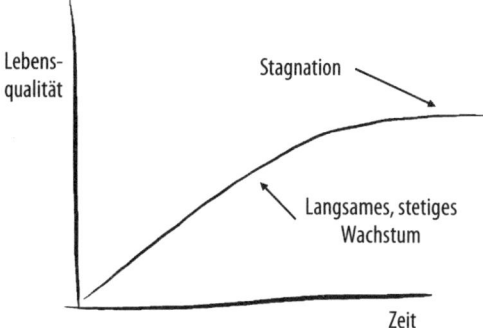

Wie aber wäre es, wenn wir die Grafik verändern und der Kurve einen anderen Verlauf geben würden? Vielleicht so:

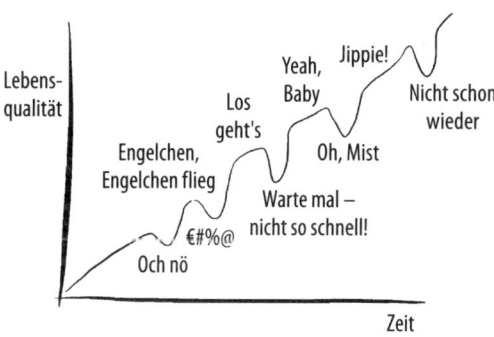

Siehst du die Veränderung? Den ungleichmäßigen Verlauf der Kurve mit Hochs und Tiefs anstelle des langsamen, stetigen Wachstums in der ersten Grafik? Ganz schöner Unterschied, oder? Aber was wäre denn, wenn das Leben überhaupt nicht dafür bestimmt wäre, sicher zu sein? Sondern es sich eigentlich um eine herrliche Vergnügungsreise handeln sollte? Mit allen Hochs und Tiefs, zu denen es kommt, wenn wir die Stützräder des kulturellen Umfelds abnehmen und Dinge ausprobieren, die weder pragmatisch noch realistisch sind?

Warum also gehen wir nicht einfach davon aus, dass uns manches missglücken wird – was aber auch nur ein Teil der wunderbaren Entfaltung des Lebens wäre. Und dass selbst die schlimmsten Niederlagen Keime von Wachstum und Chancen in sich tragen? Unser Umfeld hat uns auf Sicherheit geprägt. Vor dem Tiger am Ufer brauchen wir uns heutzutage jedoch nicht mehr zu fürchten. Sicherheit wird mittlerweile total überbewertet; nie zuvor war das Eingehen von Risiken so wenig lebensgefährlich wie jetzt. Das heißt allerdings auch: Auf Nummer sicher zu setzen hält uns von einem spannenden Leben voller Sinnhaftigkeit und Entdeckungen ab.

Den Spaß und Thrill eines unsicheren, ungeregelten, undogmatischen Lebens würde ich der öden Langeweile der Sicherheit jederzeit vorziehen.

Was die außergewöhnlichen Persönlichkeiten, von denen ich in diesem Buch erzähle, alle gemein haben, ist, dass jede von ihnen ihre Umwelt und Prägung hinterfragt hat. Sie haben die Bedeutung von solchen Dingen wie Karriere, Uniabschluss, Religion, Lebensstil und anderen »sicherheitsorientierten« Regeln in Zweifel gezogen. Und bei vielen war die Bereitschaft, sich von der Prägung zu lösen, Ausgangspunkt für Innovationen und Neuanfänge, die die Zukunft der gesamten Menschheit verändern. Eine dieser Personen ist Elon Musk.

2013 hatte ich die Gelegenheit, die Zentrale von SpaceX im kalifornischen Hawthorne zu besuchen, und traf dort auch den legendären Elon Musk. Elon ist tatsächlich eine lebende Ikone. Mit Innovationen vom Elektroauto (Tesla Motors) über Solarenergie (Solar City) über die Idee für ein Hochgeschwindigkeitstransportsystem (Hyperloop) bis hin zur Raumfahrt (SpaceX) prägt er den Lauf der Menschheitsgeschichte entscheidend. Gegenwärtig gibt es kaum einen bedeutenderen Unternehmer.

Ich hatte eine einzige einfache Frage an Elon. Da es mich aber doch ein bisschen nervös machte, einer lebenden Legende gegenüberzusitzen, kam die Frage schließlich etwas ungeschickt heraus: »Elon, Sie haben da ein paar ziemlich geile Dinge auf die Beine gestellt, Dinge, von denen die meisten nicht einmal geträumt hätten. Was aber macht diesen Elon Musk eigentlich aus? Ich meine, wenn wir Sie in einen Mixer geben könnten und die Maschine so lange laufen würde, bis die Essenz von Ihnen isoliert wäre – was käme dabei heraus?«

Zunächst lachte Elon über meine Frage und die Vorstellung, »durchgemixt« zu werden, dann aber fing er an zu erzählen:

»Ganz am Anfang wollte ich unbedingt einen Job bei Netscape und bin einfach bei denen reingeschneit. Hockte mich in die Lobby mit meinem Lebenslauf in der Hand und wartete mit Eselsgeduld auf irgendjemanden, der bereit war, mit mir zu sprechen. War aber niemand. Also wartete ich und wartete ...«

Wie Elon sagte, hatte er nicht die geringste Ahnung, wie er sich in der Situation verhalten sollte. Also saß er bloß da und wartete auf sein Vorstellungsgespräch.

»Aber es kam einfach keiner«, erklärte er. »Schließlich sagte ich mir: ›Scheiß drauf, dann mach ich eben mein eigenes Ding.‹«

Seit diesem Tag ist die Welt nicht mehr dieselbe.

Mit 28.000 Dollar gründete Elon 1995 Zip2, ein kleines digitales Anzeigengeschäft, das er 1999 für 22 Millionen verkaufte. Mit diesem Geld zog er ein Unternehmen auf, das die Regeln des Online-Zahlungsverkehrs revolutionierte – später wurde daraus PayPal.

Doch das war's noch lange nicht. 2002 gründete Elon eine Firma namens SpaceX mit dem Ziel, bessere Weltraumraketen zu entwickeln, und übernahm die Leitung von Tesla Motors, um die Durchsetzung des Elektroautos im Massenmarkt voranzutreiben. Vom Banking über die Erforschung des Weltraums bis hin zum Elektroauto: Elon stellte Regeln auf den Kopf, die sonst nur von wenigen in Zweifel gezogen wurden, und hat damit Unglaubliches bewirkt.

Er hat mir noch viel mehr erzählt. Darauf komme ich später zurück. Zunächst möchte ich dich mit Update 1 bekannt machen.

 Update 1: Überwinde die kulturelle Prägung

Außergewöhnliche Persönlichkeiten zeichnen sich dadurch aus, dass sie die kulturelle Prägung durchschauen und einen genauen Plan haben, welche ihrer Regeln und Bedingungen sie akzeptieren und welche sie infrage stellen oder ignorieren. Daher schlagen sie innovative Wege ein und tragen so zu einer ganz neuen Definition dessen bei, was es heißt, wirklich zu *leben*.

WARUM SICHERHEIT OFT ÜBERSCHÄTZT WIRD

Das kulturelle Umfeld soll uns Sicherheit bieten. Die aber wird, wie schon gesagt, vielfach überbewertet. Elon Musk beantwortete meine Frage, schilderte ausführlich seinen Lebensweg und erklärte mir eingehend, was ihn antrieb. Er schloss mit einem echt bemerkenswerten Satz: »Bei mir ist die Schmerzgrenze ziemlich hoch.«

Elon ließ sich nie unterkriegen. Obwohl es beim Aufbau seiner Firmen wiederholt zu Rückschlägen kam, stand er immer wieder auf. Wie er mir berichtete, explodierten die ersten drei Raketen von SpaceX 2008, und einen vierten Fehlschlag hätte das Unternehmen nicht verkraftet. Zur gleichen Zeit stand Tesla Motors kurz vor der Pleite. Elon musste den Großteil des Profits aus dem PayPal-Verkauf hernehmen, um das Geld in die beiden Firmen zu stecken, und nahm sogar einen Kredit auf, damit er die Mieten zahlen konnte. Aber er kam durch.

Sich von den Regeln des Umfelds zu lösen, fühlt sich oft unheimlich und beängstigend an; etwas aber habe ich dabei doch wiederholt festgestellt: Rückschläge bringen auch einen erheblichen Erkenntnisgewinn mit sich, der nachher zu einer enormen Verbesserung der Lebensqualität führt. Dafür muss man allerdings bereit sein, die Schmerzen des Misserfolgs auszuhalten. Doch eines kann ich dir versichern: Es zahlt sich aus. Woher du die Stärke bekommst, um jedes Zwischentief durchzustehen, erfährst du in den folgenden Kapiteln.

Ich selbst habe jede Menge beschissene Erfahrungen gemacht: Mir wurde übel das Herz gebrochen; wegen Auseinandersetzungen mit einem Geschäftspartner hätte ich einmal beinahe meine Firma verloren; und die schweren Depressionen, unter denen ich früher litt, haben mir einen unwillkommen tiefen Einblick in die dunkle Seite der Psyche gegeben. All diese Tiefschläge aber haben mir zu bedeutsamen Erkenntnissen verholfen beziehungsweise mich so aufgerüttelt, dass es die Qualität meines Lebens enorm verbesserte und ich anschließend viel stärker war als vorher. Heute heiße ich solche Rückschläge deshalb fast freudig willkommen: *Hey, das ist aber großer Mist! Mal gespannt, was ich daraus lernen kann!*

Die Geschichte bei Microsoft und mein anschließender nur mittelmäßiger Uniabschluss waren natürlich auch nicht gerade Höhepunkte meiner Vita. Nachdem ich die Chance bei Bill Gates & Co. in den Wind geschossen hatte und auch keine andere Perspektive für mich sah, zog ich nach New York und jobbte bei einer gemeinnützigen Organisation – wobei ich mit meinem Gehalt ganz offiziell unter der Armutsgrenze lag. Familie und Freunde hielten mich zu der Zeit für vollkommen durchgeknallt.

Bei dem Hungerlohn, den ich bekam, konnte ich mir natürlich auch keine eigene Wohnung leisten. Als Microsoftler hatte ich ein Hammer-Apartment gehabt, aber in New York musste ich mir mit meinem Kollegen James eine Einzimmerwohnung teilen: eine winzige Drecksbude in Chelsea, mit Möbeln, die die Vormieter vom Sperrmüll hatten. Sofa und Matratzen waren voller schwarzer Flecken, die Ruß gewesen sein mochten, Schimmel oder Schlimmeres, ich weiß gar nicht mehr so genau. An einen Abend im Mai 2000 erinnere ich mich dafür umso besser.

Irgendwie war es mir gelungen, eine heiße Rothaarige aus Estland davon zu überzeugen, dass sie mich in New York besuchen kam. Kennengelernt hatte ich sie auf einer Geschäftsreise in Europa. Da gab es nur ein Problem: diese schreckliche Bude, die mir wahnsinnig peinlich war. Als Kristina dort aufschlug, hüpfte sie vor lauter Begeisterung, dass sie endlich in New York war, sofort auf James' Bett und vollführte ein wildes Freudentänzchen darauf.

»Also ... ähm«, musste ich Kristinas Enthusiasmus leider dämpfen, »das ist eigentlich das Bett meines Mitbewohners. Ich schlafe dahinten.«

»Was? Du wohnst hier gar nicht allein? Aber wie sollen wir denn dann ..., na ja, du weißt schon ..., Privatsphäre und so?«, fragte sie entsetzt und ein wenig fassungslos.

Ich zeigte ihr die geniale Lösung, die ich mir hatte einfallen lassen: einen pinkfarbenen Duschvorhang, aus dem mit ein paar Handgriffen eine Art Raumteiler wurde. Er war aus Plastik und potthässlich, er gab uns gerade genug Privatsphäre, um uns ... sagen wir: ein paar unvergessliche Nächte zu bescheren. (Und ja, ich war damals so pleite, dass ich mir nicht einmal einen richtigen Vorhang leisten konnte.)

Was Kristina seinerzeit in mir sah? Ehrlich: keine Ahnung. Aber drei Jahre später waren wir verheiratet. Heute haben wir zwei wunderbare Kinder und ausgesprochen hübsche Vorhänge.

Ich hätte meine Frau nie kennengelernt, wäre ich nicht bei Microsoft entlassen worden und mangels anderer Jobangebote völlig blank in New York gelandet. Mehrere Tiefschläge hintereinander hatten also zu einem Riesenriesenglücksfall geführt: zur Begegnung mit meiner künftigen Ehefrau und damit auch zur späteren Gründung unserer Familie.

* * *

Da kannst du mal sehen: Niederlagen haben eben auch viel Schönes. Um sie zu vermeiden, halten wir uns sklavisch an die Regeln unserer Umwelt. Und eines Morgens wachen wir auf und stellen fest, wie viel wir doch verpasst haben.

Tu das nicht! So hart es dir manchmal auch vorkommen mag: Das Leben kümmert sich um dich. Versprochen! Es kommt natürlich noch mehr hinzu. Du wirst einiges lernen und erfahren müssen: zum Beispiel, wie du die Regeln änderst (Kapitel 2), deinem Denken eine neue Richtung gibst (Kapitel 3), wie sich gefährliche Überzeugungen abstreifen lassen (Kapitel 4); du wirst erfahren, auf welche Weise du dir unglaublich schnell neue Fähigkeiten aneignest (Kapitel 5); du lernst, »Glück« zu haben (Kapitel 6), zufrieden zu werden (Kapitel 7), und informierst dich darüber, worauf es dir hauptsächlich ankommen sollte (Kapitel 8). Auch wirst du lernen müssen, mit unweigerlich auf dich zukommenden Schwierigkeiten fertigzuwerden (Kapitel 9), deine Berufung zu finden (Kapitel 10) und vieles, vieles mehr. Aber jeder, der diesen Weg geht, kann etwas ganz Besonderes werden: eine außergewöhnliche Persönlichkeit.

Ich liebe den Ausspruch des Schauspielers und früheren American-Football-Spielers Terry Crews:

> *»Eigentlich befinde ich mich ständig außerhalb meiner Komfortzone. Aber wenn man sich erst einmal einen Schubs gegeben und etwas Neues angefangen hat, öffnet sich einem eine ganze Welt ungeahnter Chancen. Natürlich kann es dabei zu Blessuren kommen. Sind die aber ausgeheilt, ist man wie neugeboren – ein vollkommen anderer Mensch.«*

Du bist jetzt vielleicht erst zwölf. Oder schon achtzig? Egal. Dafür, die Regeln infrage zu stellen und aus der Komfortzone herauszutreten, ist es nie zu früh und nie zu spät.

WAS ALS NÄCHSTES KOMMT

In den nächsten Kapiteln werde ich dir helfen, die Überzeugungen und Strukturen, die in deinem Leben eine Rolle spielen, zu identifizieren und zu unterscheiden, welche davon dich voranbringen und welche dich eher hemmen. Ich zeige dir, wie du dein volles Potenzial ausschöpfen und zu etwas ganz Besonderem werden kannst. Dazu ist es erforderlich, die aus den kulturellen Altlasten der Vergangenheit resultierenden Fesseln abzustreifen, eine größere Zukunftsvision zu entwickeln und radikale Veränderungen einzuleiten: in Bezug auf deine Sicht der Welt, dein Wirken darin, die Verfolgung deiner Ziele und den Umgang mit deinen Mitmenschen.

Lass uns gemeinsam ein höheres Bewusstseinslevel anstreben, das es uns ermöglicht, die eigenen Denk- und Verhaltensmuster zu erkennen und zu überwinden. Wichtig dabei: Wir gehören zwar einer bestimmten Kultur oder auch Religion an, doch das liegt allein daran, dass wir zu einer bestimmten Zeit an einem bestimmten Ort in eine bestimmte Familie hineingeboren wurden. Und das trifft nicht nur auf dich und mich zu, sondern auf alle Menschen, ausnahmslos. Die jeweiligen individuellen Erfahrungen mit und in unserem Umfeld machen uns zu denen, die wir sind. Was aber geschieht, wenn wir anfangen, die Grenzen dieser Prägung zu überschreiten? Wenn wir erkennen, dass keiner besser dran ist als die anderen? Dass keiner dem anderen überlegen ist? Und dass jeder von uns zu etwas ganz Besonderem werden kann?

ACHTUNG

Doch bevor es weitergeht, möchte ich unbedingt noch eine Warnung loswerden: Die Regeln unseres Umfelds zu hinterfragen, wird nicht immer leicht sein. Und damit du weißt, worauf du dich einlässt, halte ich es an dieser Stelle für meine Pflicht, dich wenigstens auf einige der möglichen Konsequenzen aufmerksam zu machen, die das Weiterlesen für dich haben kann:

- Womöglich bringst du Freunde oder Verwandte gegen dich auf, wenn du die Erwartungen, die sie an dich haben, nicht (mehr) erfüllst.
- Womöglich beendest du deine gegenwärtige Liebesbeziehung.
- Womöglich wirst du deine Kinder künftig anders erziehen.
- Womöglich beginnst du an deiner Religionszugehörigkeit zu zweifeln oder baust dir dein ganz persönliches Glaubenssystem auf.
- Womöglich siehst du plötzlich beruflich vollkommen neue Perspektiven für dich.
- Womöglich ist dir bald nichts mehr so wichtig, wie dass du glücklich und zufrieden bist.
- Womöglich verzeihst du jemandem, der dir einmal sehr wehgetan hat.
- Womöglich lässt du von deinen alten Zielen ab und setzt dir neue.
- Womöglich fängst du an, täglich zu meditieren.
- Womöglich verliebst du dich neu – und zwar in dich selbst.
- Womöglich kündigst du deinen Job und machst dich selbstständig.
- Womöglich gibst du dein Geschäft auf und suchst dir einen Job mit Perspektive.
- Womöglich findest du eine Lebensaufgabe, die dich wahnsinnig begeistert, dir aber zugleich auch ein wenig Angst macht.

Alles fängt damit an, dass du die herrschenden Regeln des kulturellen Umfelds infrage stellst. Oder wie mein Freund Peter Diamandis, der Gründer und Chef der X Prize Foundation, so schön sagte:

»Wenn du nicht gewinnen kannst, veränderst du die Spielregeln. Und wenn du nichts an den Regeln ändern kannst, ignorierst du sie eben.«

Diese Empfehlung finde ich ganz großartig. Aber bevor du gegen die Regeln des Umfelds angehen kannst, musst du erst einmal herausfinden, was es genau ist, das dir da im Weg steht. Es beginnt damit, dass du dir anschaust, unter der Knute welcher Normen du überhaupt agierst – bewusst oder unbewusst.

Es wird dich jetzt bestimmt nicht mehr sehr überraschen …, aber am Anfang des ganzen Prozesses steht tatsächlich die Sprache – genauer gesagt: ein neues Wort –, denn wie wir ja inzwischen wissen, lässt sich alles, wofür es einen Begriff gibt, leichter erkennen.

Besagtes neues Wort lautet also: *Brules.*

2

STELLE DIE BULLSHIT-REGELN INFRAGE

INDEM DU ERFÄHRST, IN WELCH HOHEM MASS
DIE WELT VON »BRULES« BEHERRSCHT WIRD,
DIE EINE GENERATION AN DIE NÄCHSTE WEITERGIBT

Luke, auch du wirst noch entdecken, dass viele Wahrheiten, an die wir uns klammern, von unserem persönlichen Standpunkt abhängen. Wer ist der größere Tor? Der Tor oder der Tor, der ihm folgt?

Obi-Wan Kenobi; Star Wars

DIE LÜGEN, DIE WIR GLAUBEN WOLLEN

Wie wir im ersten Kapitel gesehen haben, existieren wir Menschen in zwei Welten gleichzeitig: in der physischen der absoluten Wahrheit und in der »*Culture Scape*« relativer Wahrheiten. In unserem kulturellen Umfeld sind all die Ideen, an die wir uns so klammern – Identität, Religion, Nationalität, Weltanschauung –, nichts anderes als Gedankenkonstrukte, an die wir glauben wollen, weil wir uns dafür *entschieden* haben. Und wie alle Gedankenkonstruktionen stellen auch sie bloß Meinungen dar, die wir vertreten, weil sie uns in der Kindheit eingebläut wurden und von der Kultur, in der wir aufwuchsen, allgemein akzeptiert werden.

Wir Menschen sind viel weniger rational, als man denkt. Viele der Ideen, die uns so am Herzen liegen und die wir für »wahr« halten, lösen sich bei näherer Betrachtung in Luft auf. Und sobald verschiedene Kulturen, Ideologien, Meinungen aufeinandertreffen (beziehungsweise aufeinanderprallen) und koexistieren, können sich unsere Vorstellungen von der Welt auch verändern, ins Gegenteil umschlagen, in sich zusammenfallen. Ideen verbreiten sich auf ganz ähnlichem Wege wie Infektionskrankheiten: Wir eignen sie uns nicht aufgrund rationaler Überlegungen an, sondern durch »soziale Ansteckung«. Damit ist gemeint, dass Ideen um sich greifen und ohne Nachdenken einfach übernommen werden.

Der Lebensstil, der von unseren vermeintlichen »Wahrheiten« geprägt wird, ist also höchst selten optimal. In einem Paper mit dem Titel »Memetics and Social Contagion: Two Sides of the Same Coin?« (etwa: »Memetik und soziale Ansteckung: zwei Seiten ein und derselben Medaille?«) schreibt der Konsumentenpsychologe Dr. Paul Marsden:

»Zwar würden wir gern glauben, dass wir auf jede Situation bewusst und rational reagieren; das Phänomen der sozialen Ansteckung beweist jedoch, dass das oft nicht der Fall ist. Entsprechende Studien haben ergeben, dass wir uns die Überzeugungen, Emotionen und Verhaltensweisen, die wir haben, keineswegs mit Bedacht zulegen und dass deshalb im Grunde eher sie uns ›haben‹ als wir sie. ... Wenn wir unsicher sind, wie wir auf bestimmte Reize oder Situationen reagieren sollen, orientieren wir uns diesen Theorien zufolge an anderen und ahmen sie ganz bewusst nach.«

Das ist eine verblüffende Erkenntnis. Denn Dr. Marsden sagt ja im Grunde, dass wir in Entscheidungssituationen weniger den eigenen Gedanken und Interessen vertrauen als vielmehr auf Schwarmdenken bauen. Weiter schreibt er:

»Dies beweist, dass wir uns Verhaltensweisen, Emotionen, Überzeugungen und Religionen nicht etwa aufgrund einer bewussten Entscheidung aneignen, sondern durch Ansteckung. Und auf ebendiesem Wege werden sie auch weitergegeben.«

In Dr. Marsdens ganzem Paper ist dies die wohl wichtigste Aussage: Wir *meinen*, dass wir eine rationale Entscheidung treffen. Doch oft haben diese Entscheidungen viel weniger mit rationalem Denken zu tun als mit Ideen, die die Gruppierungen für richtig halten, denen wir angehören, etwa Familie, Kultur und Kollegenkreis.

Es spricht im Prinzip nichts dagegen, Ideen der Gesellschaft, in der wir leben, aufzugreifen. Da sich unsere Welt aber momentan radikal verändert, und das auch noch in einem Irrsinnstempo, kann nichts Herausragendes dabei herauskommen, wenn man sich ständig der Masse anschließt und alles so tut, wie es schon immer getan wurde. In der Natur von Ideen, Memen und Kulturen liegt es, sich zu verändern und weiterzuentwickeln. Und am besten beraten sind wir immer, wenn wir sie hinterfragen.

Intellektuell wissen wir alle um diese Veränderungen. Trotzdem klammern sich Milliarden von Menschen an die destruktiven Regeln der Vergangenheit. Dabei müssten die eigentlich schleunigst verschwinden, weil sie – überholt von Technologie, gesellschaftlichen Entwicklungen und auch dem menschlichen Bewusstsein – längst ausgedient haben.

Im ersten Kapitel hast du vom Stamm der Himba und ihren Schwierigkeiten gehört, die Farbe Blau zu erkennen, weil sie kein Wort dafür haben. Für die Wahrnehmung haben Wörter also eine wichtige Bedeutung. Und damit wir all die veralteten Regeln besser erkennen können, habe ich ihnen einen Namen gegeben: Ich nenne sie »*Brules*«.

Brules: Eine Definition
Unter einer Brule *verstehe ich eine Bullshit-Regel (engl.* Bullshit Rule*), die wir übernehmen, um uns das Verständnis der Welt zu erleichtern.*

Brules verwenden wir, um Dinge, Prozesse und sogar Menschen zu kategorisieren. Innerhalb des Clans werden sie weitergegeben – via Familie, Kultur und Erziehung.

Mal ein Beispiel: Kannst du dich erinnern, deine Religionszugehörigkeit gewählt zu haben? (Oder woher deine Ideen in puncto Liebe, Geld oder das Leben im Allgemeinen kommen?) Das kann kaum jemand.

Die meisten wichtigen Regeln zur Gestaltung des Lebens stammen von anderen. Und diese Regeln sind eng mit bestimmten Vorstellungen von »Gut« und »Schlecht«, »Richtig« und »Falsch« verknüpft. Jeder von uns hält sich an Tausende von Regeln. Wann immer wir nicht so genau wissen, was wir tun sollen, folgen wir dem Beispiel unserer Vorfahren. Kinder machen's ihren Eltern nach, die es wiederum *ihren* Eltern nachmachen …, und so geht's immer weiter in die Vergangenheit zurück.

Das heißt, dass wir vielfach nicht deshalb Christen, Juden oder politisch rechts beziehungsweise links eingestellt sind, weil wir uns bewusst dafür entschieden hätten, sondern einfach, weil wir zu einer bestimmten Zeit in eine bestimmte Familie hineingeboren wurden und aufgrund von Memetik sowie sozialer Konditionierung ein bestimmtes Set an Meinungen und Einstellungen übernommen haben. Daher kann es gut sein, dass wir nur deshalb einen bestimmten Beruf ergreifen (wie ich, als ich Informatiker wurde), Jura studieren, einen Master in Geisteswissenschaften machen oder ins Familienunternehmen einsteigen, weil wir von der Gesellschaft darauf programmiert wurden. Und nicht etwa aufgrund einer bewussten Entscheidung.

Vom Standpunkt der Evolution aus betrachtet, ergibt die Orientierung an den Altvorderen durchaus Sinn. Ideen, wie man am besten erntet, jagt, kocht und kommuniziert, werden über die Generationen hinweg tradiert; und so tragen sie zur stetig zunehmenden Komplexität einer Zivilisation bei. Es hat allerdings auch zur Folge, dass wir uns in unserer Lebensführung an Modellen orientieren, die seit Jahren, Jahrzehnten oder sogar Jahrhunderten nicht aktualisiert wurden. Blind Folge zu leisten, mag effektiv sein, besonders clever ist es allerdings nicht unbedingt.

Wer sich die *Brules* näher anschaut, stellt fest, dass die meisten der Zweckmäßigkeit halber eingeführt wurden. Sie in Zweifel zu ziehen, ist der erste Schritt in Richtung eines außergewöhnlichen Lebens.

Ich habe schon mit neun damit angefangen. Als nämlich ganz in der Nähe meines Zuhauses ein McDonald's aufmachte. Wo man auch hinsah: Überall tauchten plötzlich Werbeplakate mit Cheeseburgern auf, die einem das Wasser im Mund zusammenlaufen ließen. Mann, sahen die lecker aus! Und ich hätte so gern mal ein Happy Meal probiert. Da ich aber in der Tradition des Hinduismus erzogen worden war, hatte ich wiederholt zu hören bekommen, dass ich absolut nie und unter gar keinen Umständen Rindfleisch essen dürfe.

McDonald's hatte ein Phänomen hervorgebracht, das auch als »künstlich erzeugte Nachfrage« bezeichnet wird, und bei mir ist die Rechnung voll aufgegangen: Obwohl ich noch nie mit dem Geschmack von Rindfleisch in Berührung gekommen war, vermittelten mir all die Plakate mit den Leuten, die voller Entzücken in ihren Burger bissen, den Eindruck, dass diese platten Klopse die köstlichste Mahlzeit sein würden, die ich in meinem ganzen neunjährigen Leben je genossen hätte. Das Einzige, was mich davon abhielt, mir einen zu besorgen, war, dass ich aus kulturellen Gründen kein Rind essen durfte, wollte ich die Götter nicht gegen mich aufbringen (oder Schlimmeres).

Meine Eltern hatten mich immer ermutigt, Dinge infrage zu stellen. Also scheute ich mich auch nicht, meine Mutter zu fragen, warum genau ich eigentlich kein Rind essen dürfe.

Es liege an unserer Kultur und Religion, erklärte sie mir.

»Aber andere Leute essen doch auch Rind. Wieso dürfen dann ausgerechnet Hindus das nicht?«, hakte ich nach.

Kluge Pädagogin, die sie war, gab meine Mutter zurück: »Warum versuchst du es nicht selbst herauszufinden?«

Da es damals noch kein Internet gab, zog ich die *Encyclopaedia Britannica* zurate und bastelte mir eine Theorie über das alte Indien, die Hindus, Kühe und den Verzehr von Rindfleisch zusammen, die ich meiner Mutter vortrug. Sie lautete in etwa so: »Mama, meiner Meinung nach hatten die alten Hindus Kühe als Haustiere, weil die so sanft waren und so schöne große Augen hatten. Außerdem waren sie auch ziemlich nützlich: Sie halfen beim Pflügen der Felder und gaben Milch. Vielleicht lag es daran, dass die Hindus damals kein Rind essen mochten, sondern lieber Gänse, Schweine oder andere Tiere, die nicht so niedlich sind. Aber wir haben doch gar keine Kuh, sondern einen Hund, und deshalb glaube ich eigentlich, dass ich ruhig mal so einen Burger probieren dürfen müsste.«

Was meiner Mutter in dem Moment durch den Kopf gegangen sein mag, weiß ich nicht, jedenfalls gab sie nach. Und so kam ich in den Genuss meines allerersten Hamburgers ..., den ich offen gesagt gar nicht so toll fand. Aber egal: Ein Dogma war zerschmettert. Mit einem Fingerschnipsen.

Von da an zog ich alles in Zweifel. Mit neunzehn hatte ich die Religion ad acta gelegt. Nicht etwa, weil ich nicht spirituell gewesen wäre; doch es hätte mich, fand ich, von Milliarden anderer spiritueller Menschen isoliert, wenn ich mich weiterhin als Hindu bezeichnet hätte. Stattdessen wollte ich die spirituelle Essenz aller Religionen wertschätzen und nicht nur die einer einzigen. Schon als Teenager war es mir also unverständlich, warum man sich bis zu seinem Lebensende an ein bestimmtes Glaubensbekenntnis binden sollte.

Nun hatte ich zwar das Glück, dass mich meine Eltern ernst nahmen und mich meine eigenen Überzeugungen herausbilden ließen. Aber wenn schon ein Neunjähriger eine Bullshit-Regel über den Haufen werfen kann, dürftest auch du in der Lage sein, die eine oder andere infrage zu stellen.

Nimm dir einen Moment, um über die religiösen und kulturellen Normen nachzudenken, die dir mit auf den Weg gegeben wurden. Wie viele davon würden deiner Meinung nach einer rationalen Überprüfung standhalten? Vielleicht sind sie längst überholt oder wurden von heutigen Denkern beziehungsweise Wissenschaftlern widerlegt? Möglicherweise verursachen manche sogar schrecklichen Schmerz.

Ich plädiere keineswegs dafür, dass du mit einem Mal alle Regeln in den Wind schießt, an die du dich je gehalten hast. Ich finde allerdings, dass du diese Regeln ständig überprüfen solltest, um dem Code gemäß leben zu können, der deinen Zielen und Bedürfnissen am besten entspricht. Denn ein Argument wie »In meiner Familie/Kultur/Bevölkerungsgruppe ist das nun aber mal so« zieht schlicht und ergreifend nicht.

WEIT VERBREITETE *BRULES*, DIE ES WERT SIND, HINTERFRAGT ZU WERDEN

Wenn du in ein außergewöhnliches Leben aufbrechen möchtest, musst du dir immer wieder vor Augen führen, dass die *Brules* unserer Umwelt keine heiligen Kühe sind, die nicht geschlachtet werden dürfen. Politik, Bildungswesen und Arbeitswelt stecken genau wie unsere Traditionen, die Kultur und sogar die Religionen voller *Brules,* die endlich ausrangiert gehören.

Ich nenne gleich vier weit verbreitete *Brules,* nach denen wir leben – oft ohne es richtig zu bemerken –, und erläutere, wie ich heute über sie denke. Unter denen, die ich aufs Korn genommen habe, sind es mit die wichtigsten. Und die Ablösung von ihnen hat mich in vielerlei Hinsicht entscheidend vorangebracht.

Auf den folgenden Gebieten habe ich je eine *Brule* aus meiner Weltsicht eliminiert:

1. Uni
2. Bindung an meine Herkunftskultur
3. Religion
4. Arbeitsethos

Achte beim Lesen darauf, ob du dich nicht vielleicht ebenfalls von der einen oder anderen dieser *Brules* eingeschränkt fühlst.

 1. Um erfolgreich sein zu können, braucht man einen Uniabschluss.

Mal ganz abgesehen davon, dass sich viele junge Menschen massiv verschulden, um studieren zu können, zeigen wissenschaftliche Untersuchungen, dass ein akademischer Abschluss keineswegs Garant für beruflichen Erfolg ist. Vielleicht aber für herausragende Leistungen im Job? Auch das nicht unbedingt. Die Zeiten ändern sich wahnsinnig schnell.

Beim Internet-Giganten Google achtet man bei der Neubesetzung von Arbeitsplätzen, die spezielle technische Anforderungen stellen, zwar durchaus noch auf einen guten Abschluss. 2014 räumte Laszlo Bock, oberster Personalentscheider bei Google, in einem Interview gegenüber der *New York Times* trotzdem ein, Uniabschlüsse seien längst nicht mehr so wichtig wie früher. »Schauen Sie sich doch einmal die Leute an, die nie auf einer höheren Schule waren und trotzdem ihren Weg gehen«, sagte Bock. »Das sind die wahrhaft außergewöhnlichen Typen. Und wir müssen unser Möglichstes tun, um genau die aufzuspüren.«

In einem Artikel für dieselbe Zeitung hatte Bock bereits 2013 angegeben, dass der Anteil von »Mitarbeitern und Mitarbeiterinnen ohne Uniabschluss im Lauf der Zeit zugenommen« habe und in bestimmten Bereichen bis zu 14 Prozent betrage.

Anderen Unternehmen bleibt diese Entwicklung nicht verborgen. 2015 weist ein Artikel auf iSchoolGuide darauf hin, Ernst and Young, »die bedeutendste Personalvermittlungsagentur Großbritanniens und eine der größten Wirtschaftsprüfungsgesellschaften weltweit«, habe »kürzlich angekündigt, dass Abschlüsse und Zensuren bei der Suche nach geeigneten Arbeitskräften künftig nicht mehr das wichtigste Kriterium sein werden«. In diesem Artikel wurde Maggie Stilwell, geschäftsführende Partnerin für Nachwuchsförderung bei Ernst and Young, mit den Worten zitiert: »Wissenschaftliche Qualifikationen werden weiterhin berücksichtigt werden und bei der Beurteilung von Bewerbern insgesamt auch eine wichtige Rolle spielen; ihr Fehlen wird jedoch kein Ausschlusskriterium mehr sein.«

Ich persönlich habe im Lauf der Jahre mehr als tausend Bewerbungsgespräche geführt und Mitarbeiter(innen) eingestellt. Irgendwann habe ich aufgehört, mir Diplome anzuschauen oder auch nur zu gucken, an welcher Uni die jeweiligen Bewerber studiert hatten. Und zwar, weil ich keinerlei Zusammenhang mit den zu erwartenden beruflichen Erfolgen des oder der Betreffenden erkennen konnte.

Uniabschlüsse als Voraussetzung erfolgreicher Karrieren stellen also allem Anschein nach tatsächlich nicht viel mehr dar als eine gesellschaftlich hoch gehandelte *Brule,* die aktuell offenbar schnell an Durchschlagskraft verliert. Damit will ich bestimmt nicht sagen, dass ein Studium unnötig sei – im Gegenteil: Ich habe nur die schönsten Erinnerungen daran und mich auch selten so schnell weiterentwickelt wie am College. Das hatte aber weder viel mit dem Abschluss zu tun noch mit meinem eigentlichen Studienfach.

 2. Der Ehepartner sollte derselben Religionsgemeinschaft oder Ethnie angehören wie man selbst.

Ich entstamme der winzigen ethnischen Minorität der Sindhis, die einst im Westen Indiens beheimatet war. Nach 1947 verließen die Sindhis das Land und leben seither in der Diaspora, das heißt über die ganze Welt verstreut. Wie bei vielen Gruppierungen, die dieses Schicksal teilen, besteht auch unter Sindhis ein großes Bedürfnis, ihre Kultur und Traditionen zu bewahren. Wozu in unserem Fall unter anderem gehörte, dass eine Eheschließung außerhalb unserer Ethnie – selbst mit einem Inder beziehungsweise einer Inderin – absolut tabu war.

Da kannst du dir den Schock in meiner Familie bestimmt vorstellen, als ich mitteilte, dass ich Kristina heiraten wollte, die Estin ist. Ich erinnere mich noch genau an die Fragen meiner Verwandten, die es natürlich alle nur gut meinten: »Ist das dein Ernst? ... Dann kämen doch eure Kinder vollkommen durcheinander! ... Warum musst du deine Familie dermaßen enttäuschen?«

Zunächst hatte ich Angst, meinem Herzen zu folgen, denn enttäuschen wollte ich meine Angehörigen auf keinen Fall. Dann aber wurde mir klar, dass ich in einer so entscheidenden Angelegenheit niemand anderen glücklich zu machen brauchte als mich selbst. Und da ich unbedingt mit Kristina zusammenbleiben wollte, haben wir uns also das Jawort gegeben. Damit verstieß ich gegen die in meiner Generation weit verbreitete *Brule*, der zufolge ich eine Frau hätte heiraten sollen, die derselben Ethnie, Religion und Rasse angehört wie ich, weil so die Wahrscheinlichkeit am größten wäre, dass ich glücklich würde. Und weil es sich so gehörte.

Kristina und ich sind jetzt seit sechzehn Jahren zusammen – dreizehn davon als ein Ehepaar.

Nicht nur, dass unsere beiden Kinder alles andere als »durcheinander« sind. Nein, sie lernen mehrere Sprachen und sind auf dem besten Weg, glückliche Weltbürger zu werden. (Mit achtzehn Monaten war mein Sohn Hayden bereits in ebenso vielen Ländern gewesen.) Wenn sie bei ihren Großeltern sind, kommen meine Kinder sowohl mit den Traditionen der russisch-orthodoxen und lutherischen Kirche in Kontakt als auch mit denen des Hinduismus. Aber niemand versucht, sie auf eine einzige Religion festzulegen. Vielmehr erleben sie das Schöne aller Glaubensrichtungen, ohne in eine bestimmte Richtung gedrängt zu werden.

Womit wir auch schon bei der nächsten *Brule* wären.

3. Man sollte sich nur einer einzigen Religion verpflichtet fühlen.

Okay, das wird jetzt heikel: Brauchen wir überhaupt eine bestimmte Religion – oder kommt Spiritualität nicht auch ohne Glaubensdogmen aus? Das ist nur eine von vielen Fragen, die sich die Religion meines Erachtens heute gefallen lassen muss. Zeitgleich mit dem Aufschwung des Fundamentalismus beobachten wir im Moment auch eine Zunahme der Kritik an ihm.

Und ich frage dich jetzt noch mal: Erinnerst du dich an den Tag, an dem du dich für deine Konfession entschieden hast? Nur die wenigsten können das, weil nämlich kaum einer seine Religion bewusst gewählt hat. Im Allgemeinen werden wir schon in ganz jungen Jahren auf sie geprägt, je nach Glaubensrichtung der Eltern. Und bei vielen ist das Bedürfnis nach Zugehörigkeit so stark, dass es ihre rationalen Überlegungen aushebelt und sie dazu veranlasst, Ansichten zu übernehmen, die unter Umständen höchst schädlich sein können. Religiosität kann sehr viel Schönes haben, doch durchaus auch Dogmen beinhalten, die Schuldgefühle, Scham und Ängste hervorrufen.

Heutzutage fühlt sich weltweit die große Mehrheit aller Gläubigen einer bestimmten Konfession verpflichtet. Der Prozentsatz ist jedoch am Sinken, weil sich immer mehr Menschen, insbesondere unter den Millennials, für das Modell einer »religionsunabhängigen Spiritualität« entscheiden.

Für die menschliche Evolution war Religion, denke ich, notwendig; denn vor Hunderten, ja Tausenden von Jahren half sie uns, Richtlinien für moralisch erwünschtes Verhalten und die Kooperation innerhalb des Stammes zu entwickeln. Heute aber, da die Menschheit so vernetzt ist wie nie zuvor und viele von uns Zugang zu den Weisheiten und spirituellen Traditionen der ganzen Welt haben, dürfte sich die Zugehörigkeit zu einer einzigen Glaubensgemeinschaft überlebt haben.

Mehr noch: Ich bin fest davon überzeugt, dass die künftige Weiterentwicklung der Spezies Mensch von der blinden Akzeptanz religiöser Dogmen erheblich behindert wird.

Im Kern aller Konfessionen steckt eine Menge wunderbarer spiritueller Ideen. Um dieses Herzstück herum haben jedoch im Lauf der Jahrhunderte *Brules* angedockt, die mittlerweile zwar überholt sind, aber trotzdem nur von wenigen infrage gestellt werden. Kann jemand, der im Ramadan nicht fastet, ein guter Muslim sein? Kann jemand ein guter Christ sein, ohne an das Konzept der Sünde zu glauben? Rindfleisch essen und trotzdem noch ein Hindu sein? Ist das Modell der Religionszugehörigkeit inzwischen vielleicht veraltet und überholungsbedürftig? Meines Erachtens wäre es das Beste, keiner bestimmten Konfession anzugehören, sondern sich aus dem großen Pantheon aller Religionen und spirituellen Traditionen jeweils die Elemente herauszupicken, von denen man sich besonders angesprochen fühlt.

Ich wurde in eine hinduistische Familie hineingeboren, doch im Lauf der Jahre habe ich mir meinen eigenen Glauben erschaffen, der sich aus den für meine Begriffe besten Aspekten aller Religionen und heiligen Bücher zusammensetzt, mit denen ich je in Kontakt gekommen bin.

Wir essen doch auch nicht jeden Tag das Gleiche. Warum also sollten wir uns für eine einzige Konfession entscheiden? Weshalb können wir nicht Jesu Idee der Nächstenliebe übernehmen, wie jeder gute Muslim zehn Prozent unseres Einkommens für wohltätige Zwecke spenden und zugleich von der Wiedergeburt überzeugt sein?

In der christlichen Lehre, der islamischen Strömung des Sufismus, der jüdischen Kabbala, den Weisheiten der *Bhagavadgita* oder dem Buddhismus des Dalai Lama gibt es so, so viel Schönes. Doch leider hat die Menschheit zu großen Teilen auf religiösen Absolutismus gesetzt – nach dem Motto: *Einmal* Christ (Muslim, Jude, Hindu etc.) – *immer* Christ (Muslim, Jude, Hindu etc.). Und sieh bloß zu, dass du früh genug anfängst, den Nachwuchs entsprechend zu indoktrinieren, damit er auch Christ (Muslim, Jude, Hindu etc.) wird und bleibt. Und so geht das dann über Generationen hinweg immer weiter.

Such dir ruhig eine Religion, wenn sie deinem Leben Sinn gibt und dir Zufriedenheit schenkt. Mach dir aber auch klar, dass du sie nicht in allen Aspekten übernehmen musst, um dazuzugehören. Du kannst durchaus an Jesus glauben, ohne von der Existenz einer Hölle überzeugt zu sein. Oder als Jüdin gern Schinkenbrote futtern. Lass dich nicht von strikten, vorgefertigten Leitlinien eines bestimmten spirituellen Weges einengen, nur weil du meinst, du müsstest ihm *in jeder Hinsicht* folgen. Du solltest deine Spiritualität selbst entdecken und sie nicht einfach blind übernehmen.

⚡? 4. Erfolg setzt harte Arbeit voraus.

Anfänglich ist es eine gute Idee – nur dass daraus leider leicht die Tyrannei einer *Brule* wird. Eltern möchten ihre Kinder ermuntern, Herausforderungen anzunehmen, auf ihre Ziele hinzuarbeiten und nie aufzugeben. Daraus aber kann schnell die *Brule* werden: Wenn du dich nicht ständig bis zum Äußersten anstrengst und sehr hart arbeitest, bist du ein Faulpelz, der es nie zu etwas bringen wird.

Dies führt zu einer weiteren *Brule:* Arbeit muss quälende Plackerei sein; sie kann weder spannend noch sinnvoll sein und schon gar keinen Spaß machen.

Dabei zeigt eine Gallup-Studie, dass Menschen, die einen Beruf haben, der sie erfüllt und der ihnen Freude bereitet, viel später in Rente gehen als Leute, die keinen Sinn in ihrer Arbeit sehen. Das heißt: Wenn du dich nicht krummlegen musst für dein Gehalt, bringst du wahrscheinlich größeres Engagement für deinen Job auf und identifizierst dich auch mehr mit ihm. Was meinst du angesichts der vielen Zeit, die wir am Arbeitsplatz verbringen, eigentlich, wie lange du es dir leisten kannst, keinen Spaß an deinem Beruf zu haben?

Der Pädagoge und Geistliche Lawrence Pearsall Jacks schrieb einst:

> »Ein wahrer Lebenskünstler unterscheidet nicht starr zwischen Arbeit und Spiel, Aktivität und Muße, Geist und Körper, Weiterbildung und Erholung. Er kann beides kaum auseinanderhalten, sondern strebt einfach in allem, was er tut, nach dem Vorzüglichen. Mögen andere entscheiden, ob er arbeitet oder spielt. Für ihn selbst ist es immer so, als wäre es beides zugleich.«

Ich habe mich immer bewusst dafür entschieden, Jobs anzunehmen, bei denen ich das, was ich tue, so sehr liebe, dass es sich gar nicht mehr wie Arbeit anfühlt. Denn dann ist das Leben gleich doppelt so schön – und der Begriff »Arbeit« existiert eigentlich gar nicht mehr. Der Beruf wird stattdessen zu einer Challenge, einer Mission oder einem Spiel.

Ich kann jeden nur ermutigen, sich nach einer solchen Arbeit umzusehen. Denn sich den größten Teil des Tages abzuschuften, nur um weiterhin so leben zu können, dass man sich den größten Teil des Tages abschuftet, ergibt doch keinen Sinn. Da kommt man ja nie aus dem Hamsterrad raus. Such dir deshalb unbedingt eine Beschäftigung, die du liebst! Denn alles andere geht am Sinn des Lebens vorbei.

Es klappt vielleicht nicht auf Anhieb, aber hinkriegen kannst du es. Und wie es am schnellsten geht, erfährst du in diesem Buch.

FÜNF ARTEN, WIE WIR DIE *BRULES* ÜBERNEHMEN

Wie wir die *Brules* erkennen, die uns behindern, und uns von ihnen befreien können? Der erste Schritt besteht darin, dass du herausfindest, auf welche Weise du sie dir überhaupt angeeignet hast. Denn sobald du dir der *Übertragungswege* bewusst bist, kannst du viel besser unterscheiden, welche Normen des Umfelds dir bei deiner Lebensplanung behilflich sein können und welche nur *Brules* sind.

1. Indoktrination in der Kindheit

Die meisten unserer Überzeugungen bilden sich im Lauf der beim Menschen extrem langen Entwicklungszeit bereits in der Kindheit heraus. Tiere reifen sehr schnell heran und sind schon kurz nach der Geburt in der Lage, um ihr Leben zu rennen beziehungsweise zu schwimmen. Wir Menschen dagegen kommen vollkommen hilflos auf die Welt und hängen noch jahrelang total von den Eltern ab.

In dieser ganzen Zeit ähneln wir »geschmolzenem Glas«, wie es Yuval Noah Harari, der Autor von *Eine kurze Geschichte der Menschheit,* ausdrückt – höchst formbar von Umwelt und Bezugspersonen:

»Die meisten anderen Tiere kommen weitgehend fertig aus dem Mutterleib, wie gebrannte Töpfe aus einem Ofen. Jeder Versuch, sie zu verändern, würde sie zerbrechen. Menschliche Säuglinge kommen dagegen eher wie geschmolzenes Glas aus dem Ofen; sie lassen sich noch erstaunlich gut ziehen, drehen und formen. Deshalb können wir unsere Kinder heute zu Christen oder Buddhisten, Kapitalisten oder Sozialisten, Kriegern oder Pazifisten erziehen.«

Die Plastizität des Hirns, die wir als Kinder haben, macht uns überaus lernfähig, für jede Erfahrung empfänglich und kulturell beliebig prägbar. Denk nur mal an Kinder aus multikulturellen Familien und daran, wie mühelos sie zwei- oder gar dreisprachig aufwachsen. Aber das heißt natürlich auch, dass wir in der frühen Jugend für jede Art der Konditionierung empfänglich sind.

Sind dir die vielen Warum-Fragen von Kindern schon mal aufgefallen? Auf dieses ständige »Wieso-weshalb-warum«-Trommelfeuer reagieren Eltern typischerweise mit Antworten wie: »Weil ich es so sage«, »Weil es nun eben mal so ist«, »Weil der liebe Gott es so will«, »Weil Papa sagt, du sollst es machen.«

Solche Statements locken die Kinder in ein Dickicht aus *Brules,* von dem sie nicht einmal ahnen, dass sie es auch infrage stellen können. Und als Erwachsene lassen sie sich dann von Regeln und Normen einschränken, die sie für »Wahrheit« halten.

So also übernehmen wir die Regeln, die uns von der Kultur vermittelt werden, und agieren auf der Basis der daraus gewonnenen Überzeugungen. Die meisten Konditionierungen erfolgen vor dem zehnten Lebensjahr, und ihren Überzeugungen bleiben die meisten bis zum Tod treu – es sei denn, sie fangen an, sie zu hinterfragen.

Da ich selbst Vater bin, weiß ich natürlich, dass es gar nicht so leicht ist, jede Frage unserer Kinder ehrlich und offen zu beantworten.

Im Sommer 2014 saß ich mit meinem Sohn im Auto, als Nicki Minajs Song »Anaconda« im Radio lief, was ich zunächst gar nicht mitbekommen hatte. Dann aber kam der Refrain, in dem es um eine bestimmte »Anakonda« geht, die »nichts will, was keine ordentlichen Pobacken [engl. *buns*] hat«, und der damals siebenjährige Hayden fragte mich: »Dad, warum will denn die Anakonda nur Brötchen [engl. *buns*]?«

Ich lief puterrot an (wie es wahrscheinlich bei den meisten Eltern in so einer Situation der Fall gewesen wäre). Und dann tat ich etwas, was ihr mir hoffentlich verzeiht und was wohl jeder andere Vater auch getan hätte: Ich log.

»In dem Lied geht es eben um eine Schlange, die nur Backwaren mag«, antwortete ich nämlich.

Hayden hat es geschluckt. Puh, was'n Glück. Und wenige Stunden später teilte er mir mit, er beabsichtige, ein Lied über eine Schlange mit gesünderen Essgewohnheiten zu schreiben.

Meine beiden Kids haben mich mit einer Menge kniffliger Warum-Fragen belatschert. Genau wie ich meine Eltern. Und jede Wette: du bestimmt auch. Deine Mutter und dein Vater haben sich mit Sicherheit alle Mühe gegeben, dir angemessene Antworten zu geben. Und trotzdem: Einige davon, allen voran das berühmte »Weil es nun eben mal so ist«, könnten sich bei dir zu *Brules* verfestigt haben, an die du dich auch heute noch hältst.

2. Autoritätspersonen

Bei den Angehörigen unseres Clans, die wir als Autoritätspersonen betrachten und von denen wir meistens auf irgendeine Weise abhängig sind, handelt es sich um mächtige Vermittler von Regeln und Normen. Zu diesem Kreis gehören nicht nur die Eltern, sondern neben der übrigen Verwandtschaft auch die Betreuer im Kindergarten, Lehrer, Geistliche und Freunde. Viele davon sind bestimmt verständnisvolle Leutchen, die nur auf unser Wohl bedacht sind und uns einzig und allein lebensdienliche Grundsätze vermitteln wollen – zum Beispiel die Goldene Regel: *Was du nicht willst, das man dir tu, das füg auch keinem andern zu.*

Wenn wir jemanden aber als Autorität anerkennen, sind wir auch für *Brules* empfänglich, mit denen wir entweder manipuliert werden sollen oder an die der Betreffende selbst glaubt, seien sie auch noch so falsch. Ja, Autoritäten haben erwiesenermaßen einen erstaunlichen, potenziell mitunter gefährlichen Einfluss auf uns.

In den Anfängen war die Menschheit auf Anführer und Autoritätspersonen angewiesen, um sich organisieren und überleben zu können. Aber dann kam irgendwann die Bildung. Und mit Schreiben und Lesen sowie weiteren Möglichkeiten der Informationsbeschaffung, -speicherung und -vermittlung wurde das Wissen auf immer mehr Köpfe verteilt, sodass es heute allgemein zugänglich ist. Deshalb sollten wir schleunigst aufhören, uns wie die unterwürfigen Angehörigen eines prähistorischen Stammes aufzuführen, und endlich anfangen, einiges von dem zu hinterfragen, was unsere Leitfiguren so von sich geben.

Nehmen wir zum Beispiel Politiker. Überall auf der Welt versuchen sie heutzutage, die Leute für sich zu gewinnen, indem sie die Angst vor bestimmten gesellschaftlichen Gruppen schüren. Juden, Muslime, Christen, Flüchtlinge, Schwule und Lesben – jede dieser Gruppierungen wird in irgendeinem Land als Feindbild hergenommen, um Wählerstimmen zu akquirieren. Ein Missbrauch von Autorität, dem wir dringend einen Riegel vorschieben müssen!

Aber natürlich sind es nicht nur Autoritäten auf höchster Ebene, die über uns bestimmen. Interessanterweise empfinden viele den Tod der Eltern als eine Art Befreiung, weil sie das Gefühl haben, sich das Leben endlich den eigenen Wünschen, Meinungen und Zielen entsprechend einrichten zu können, losgelöst von den elterlichen Erwartungen und ohne Anpassungsdruck an die von ihnen aufgestellten Regeln.

3. Das Bedürfnis nach Zugehörigkeit

Zur Übernahme von *Brules* neigen wir auch, weil wir dazugehören wollen. Als Stammesspezies haben wir uns so entwickelt, dass wir Sicherheit und Geborgenheit in Familien und anderen Gruppen suchen. In der Gemeinschaft war das Leben bedeutend weniger riskant als für Einzelgänger. Also hing das Überleben des Individuums von der Akzeptanz durch den Clan ab. Und um von ihm nicht abgelehnt zu werden, sind wir mitunter sogar bereit, uns sogar die irrationalsten Überzeugungen zu eigen zu machen.

Das Gefühl der Zugehörigkeit hat also seinen Preis: die Einbuße an Individualität und Unabhängigkeit. Ein gängiges Beispiel dafür, das beinahe schon zum Klischee geworden ist, wäre das ständige Hin-und-her-Balancieren von Teenagern zwischen Eigenständigkeit und Gruppendruck.

Wenn ich hier von »Stamm« oder »Clan« rede, dann sind damit alle Gruppierungen gemeint, in denen feste Überzeugungen und Traditionen herrschen – also Religionen, politische Parteien, Clubs, Mannschaften und so weiter. Sobald wir uns mit einer bestimmten Ansicht identifizieren, steigt automatisch die Wahrscheinlichkeit, dass wir auch andere Überzeugungen der entsprechenden Gruppierung übernehmen – selbst wenn sie allen Fakten und wissenschaftlichen Erkenntnissen zuwiderlaufen.

Am deutlichsten wird das Bedürfnis nach Zugehörigkeit, wenn wir uns die irrationalen Überzeugungen von Leuten anschauen, die einer Sekte beitreten. Bei ihnen ist der Wunsch, akzeptiert zu werden, so groß, dass sie ihre Fähigkeit, Dinge infrage zu stellen, quasi ausknipsen und sich den aberwitzigsten Überzeugungen verschreiben, selbst wenn sie jeder Vernunft Hohn sprechen.

Tim Urban, der treibende Kopf hinter dem superinteressanten Blog *waitbutwhy.com*, spricht in diesem Zusammenhang von blindem Tribalismus. Er schreibt:

»Die Menschen sehnen sich auch nach dem Trost und der Geborgenheit der Sicherheit; und nirgends sind feste Überzeugungen präsenter als im Gruppendenken des blinden Tribalismus. Während die auf Fakten fußenden Auffassungen von Wissenschaftlern immer nur so aussagekräftig sein können wie die erbrachten Beweise und daher naturgemäß der Veränderung unterliegen, beruht der Stammesdogmatismus auf reinem Glauben, reiner Überzeugung, und da er sich eben nicht auf Fakten beruft, sind die Mitglieder des jeweiligen Stammes in ihren blinden Überzeugungen unerschütterlich.«

Natürlich kannst du Überzeugungen deines Stammes übernehmen; aber es müssen nicht *alle* sein – schon gar nicht, wenn sie unwissenschaftlich, nutzlos oder unwahr sind.

4. Soziale Beeinflussung

Wenn wir uns Regeln zu eigen machen, nur weil irgendjemand so etwas sagt wie: »Das machen doch alle«, übernehmen wir Überzeugungen aufgrund sozialer Beeinflussung. Das kannst du dir als eine Art Stellvertreterzustimmung vorstellen: Wir lassen uns von Dingen, die uns jemand auftischt, überzeugen, weil wir uns selbst die Mühe sparen wollen, sie auf ihren Wahrheitsgehalt hin zu überprüfen. Und wenn doch anscheinend »alle« etwas Bestimmtes tun, glauben oder kaufen, könnten wir es ja eigentlich auch tun.

Ein Beispiel ist die Werbung: Alle essen dies, kaufen das …, dies ist gesund, das andere eher nicht so …, dieses und jenes braucht man, um Beachtung zu finden … und so weiter und so fort. Du kennst ja die ganzen Spots und Anzeigen. Das moderne Werbezeitalter ist unglaublich geschickt darin, mithilfe sozialer Beeinflussung eine künstliche Nachfrage zu erzeugen.

Aber hallo, kein Mensch braucht so viel Glukose-Fruktose-Sirup. Auch wenn es uns dreimal als Glück in roten Dosen verkauft werden soll. Und genauso wenig benötigen wir die zigtausend anderen Produkte, die überhaupt nur deshalb existieren, weil sie eine Lücke füllen sollen, die die Werbung erst für sie geschaffen hat. Durch den wirksamen Einsatz der Mechanismen sozialer Beeinflussung zur Erzeugung künstlicher Nachfrage können selbst die gesundheitsschädlichsten Artikel als absolutes Must-have gehypt werden. Denn wenn alle die haben wollen, dann muss doch was dran sein.

5. Innere Unsicherheit

Stell dir vor, du hast ein Date mit jemandem, den du wirklich attraktiv findest – und der (oder die) meldet sich danach nicht mehr. Bei vielen von uns schlägt die Unsicherheit dann richtig Purzelbäume: *Ich war nicht hip genug angezogen …, vielleicht hab ich zu viel gequasselt …, den Witz hätt ich mir lieber sparen sollen …* und so weiter. Und obwohl wir vielleicht nie erfahren, warum die Person nicht mehr angerufen hat, erfinden wir einen Haufen *Brules* über Liebe, Partnersuche, das Verhalten bei Dates und Männern und

Frauen im Allgemeinen. Dabei singt die Wirklichkeit womöglich ein ganz anderes Lied: Vielleicht hatte der Betreffende sein Handy verloren und deine Nummer nicht im Kopf? Oder die Frau war bis über beide Ohren mit Arbeit eingedeckt, hatte familiäre Probleme – was weiß ich.

Doch statt uns um die Realität zu kümmern, fangen wir an, der Sache irgendeine »Bedeutung« zu geben, alles Mögliche in sie hineinzuinterpretieren. Der »Bedeutungsmacher« in unseren Köpfen verleiht den Erfahrungen, die wir machen, am laufenden Band irgendwelche Bedeutungen – vor allem, wenn sie mit Leuten zu tun haben, nach deren Liebe oder Aufmerksamkeit wir uns sehnen.

Hast du je versucht, dir aufgrund des Verhaltens eines Menschen dir gegenüber ein Bild davon zu machen, wie er dich findet? Siehst du: Da war der Bedeutungsmacher am Werk.

* * *

Von bestimmten *Brules* ahnst du jetzt sicher schon, wie sie in dein Leben gekommen sind. Erinnerst du dich an Leute, die du als Autoritätspersonen angesehen hast und die großen Einfluss auf dich hatten? Oder an Dinge, die du nur getan hast, um nicht aus der Menge herauszustechen? Hast du dich an Normen gehalten, die dir halfen dazuzugehören?

Ich will das gar nicht beurteilen, denn schließlich lernen wir Menschen ja so. Alle Informationen, über die die früheren Generationen verfügten, sind auf diese Weise zu uns gelangt – auch so feine Dinge wie Feuermachen, die Herstellung von Rädern, das Witze-Erzählen, Grilltechniken, Wiederbelebungsmaßnahmen und das Dekorieren des Weihnachtsbaumes. Keineswegs alles war also schlecht; nur müssen wir uns klarmachen, dass auch nicht alles gut war. Manche Regeln taugen nicht mehr oder haben es vielleicht noch nie getan. Und heute geht es darum, alles auszusortieren, was nicht (mehr) funktioniert.

WIE MAN EINE DELLE INS UNIVERSUM SCHLÄGT

Viele Ideen unseres kulturellen Umfelds sind allein schon aufgrund der schieren Masse von Leuten, die daran glauben, so mächtig. Denken wir nur an Vorstellungen wie Nationalstaaten, Geld, Transportwesen und Bildungssystem, um bloß einige zu nennen. Aber hin und wieder kommt dann ein Rebell daher und entlarvt eines dieser etablierten Riesenkonstrukte als reine *Brule*. Die meisten dieser Rebellen quasseln davon, etwas daran ändern zu wollen, und werden bestenfalls für Idealisten gehalten oder im schlimmsten Fall für verrückt erklärt. Doch gelegentlich packt einer dieser Rebellen die Wirklichkeit auch bei den Hörnern und bewirkt auf Dauer tatsächlich eine Veränderung.

Die beiden folgenden Zeichnungen illustrieren das: Das kreisartige Gebilde steht für das kulturelle Umfeld; die vielen Punkte darin stellen die Mehrheit der Bevölkerung dar. Zunächst löst sich ein Einzelner – vielleicht ja du? – von der Sichtweise der anderen … und wird daraufhin als Sonderling, Rebell, Querulant etikettiert.

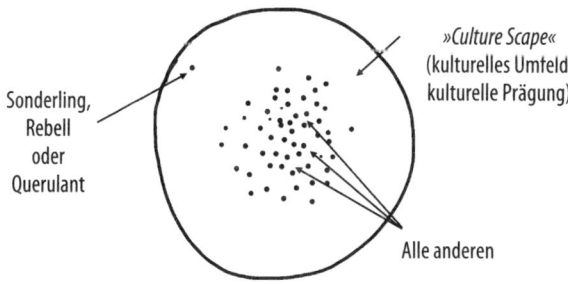

Dann aber tust du etwas Originelles, Wildes. Vielleicht schreibst du eine völlig neue Art von Kinderbuch, wie es J. K. Rowling mit ihren Harry-Potter-Büchern getan hat. Oder du beschließt, dich vom traditionellen Sound zu lösen, und erschaffst eine vollkommen neue Musikrichtung. Vielleicht nimmst du dir auch so etwas vor wie der Unternehmer Elon Musk, der das Elektroauto salonfähig gemacht hat. Manche Rebellen scheitern. Aber manche setzen sich auch durch und schlagen damit eine Beule in die »*Culture Scape*«.

Das ist der Moment, in dem sie nicht mehr als Sonderlinge bezeichnet werden, sondern als Visionäre.

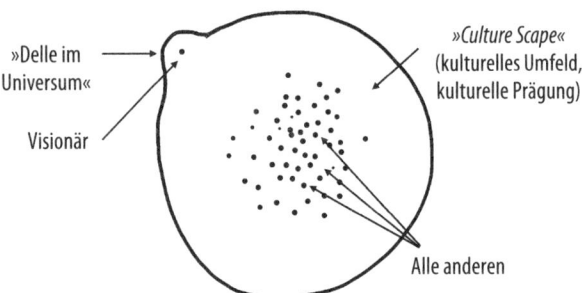

Ein solcher Visionär ist Dean Kamen. 2015 durfte ich ihn besuchen, und er erzählte uns übers Brechen von *Brules* eine der unglaublichsten Geschichten, die ich je gehört habe.

Dean Kamen ist ein moderner Thomas Alva Edison. Er besitzt über 440 Patente. Mit dem iBOT revolutionierte er die Elektrorollstuhltechnologie; er war der Vorkämpfer des mobilen Dialysesystems; und endgültig zur Ikone wurde er mit der Erfindung des Segway Personal Transporters. Für seine Leistungen erhielt Dean unter anderem die National Medal of Technology und wurde in die National Inventors Hall of Fame aufgenommen. Mit dem Segway hat er die *Brule* aufs Korn genommen, dass Städte ohne Autoverkehr undenkbar sind.

Aber wie Dean sich über die Idee des Nationalstaates hinweggesetzt hat, beeindruckt mich persönlich fast noch mehr. Aus lauter Frust über die US-Regierung hat er seine eigene Nation ins Leben gerufen und bezeichnet sich heute als Lord Dumpling (engl. *dumpling* = dt. *Knödel*), Präsident von North Dumpling – einem Inselchen im Long Island Sound, das er 1986 erwarb und das nun neben den USA und Kanada das dritte Staatsgebilde Nordamerikas darstellt.

An blöde Regeln hat sich Dean Kamen nie gehalten. Als einer der größten Erfinder legte er schon immer eine entschieden antibürokratische Haltung an den Tag. Und diese Mischung aus gesunder Ablehnung sinnloser Normen und Erfindergeist kann ziemlich explosiv sein. Wie er mir und einer kleinen Gruppe anderer Gäste im Mai 2015 erklärte, fing alles mit einem Windrad an.

Ursprünglich sollte es eigentlich nur ein Jux sein, aber dann wurde viel mehr daraus. Als entschiedener Befürworter alternativer Energien wollte Dean sich auf Dumpling Island ein Windrad bauen, um damit einen Teil des Energiebedarfs seines Hauses zu decken. Doch obwohl die Insel nur wenige Kilometer vor der Küste Connecticuts liegt, fällt sie juristisch in den Zuständigkeitsbereich New Yorks. Und die New Yorker Bürokratie meinte, das geplante Windrad sei zu groß und sein Lärm würde die Nachbarn stören. »Hallo?«, hielt Dean dagegen, »das ist eine *Insel* – da *gibt* es keine Nachbarn.« Doch die Bürokraten ließen sich nicht überzeugen.

Aber auch Dean war nicht bereit, klein beizugeben. Dass sich der Staat New York, der so weit von North Dumpling entfernt war, anmaßte, ihm vorschreiben zu wollen, was er auf seiner Insel tun und lassen dürfe, machte ihn echt sauer, wie er uns erzählte. Das musste ein Ende haben. Also besprach er sich mit einem Freund, Fachmann für Verfassungsrecht in Harvard, und der fand ein Schlupfloch, das es Dean erlaubte, sich abzuspalten – nicht nur von New York, sondern von den gesamten Vereinigten Staaten. Und so konnte denn am 22. April 1988 in der *New York Times* ein Artikel erscheinen, der den Titel trug: »Im Long Island Sound ist eine neue Nation entstanden.«

Dean beschränkte sich jedoch nicht auf die Gründung seines Inselstaates, sondern stattete ihn auch mit eigener Verfassung, Nationalhymne und Währung aus (die natürlich »Dumpling« heißt – wie auch sonst?).

Das nenn ich mal *Brules*-Brechen. Nur wenige von uns haben wohl je mit dem Gedanken gespielt, eine eigene Nation zu begründen. Oder eine Währung. Aber Dean ist nun mal keine gewöhnliche Person. Dank seines innovativen Geistes hatte er mit seiner Erfindung des Segways bereits die *Brules* des Transportwesens infrage gestellt. Und nun nahm er sogar die Idee der Nation aufs Korn. Für Dean reichte das allerdings noch lange nicht.

New York ließ nicht locker. Wegen des Windrades überschütteten die Bürokraten ihn mit Drohbriefen. Dean schickte sie einfach an die New Yorker Presse – mit dem Kommentar: »Da sieht man mal, wie respektlos die New Yorker Bürokraten sein können: Sie trauen sich doch tatsächlich, dem Oberhaupt eines unabhängigen Nationalstaates zu drohen.«

Solche Briefe kamen danach keine mehr. Einige Monate später brachte Dean bei einem Besuch im Weißen Haus (ja, er hat mächtige Freunde) Präsident George H.W. Bush im Spaß dazu, einen Nichtangriffspakt mit North Dumpling zu unterzeichnen.

Wie du dir vorstellen kannst, hat das alles für enorme Publizität gesorgt. Die Redaktion einer morgendlichen Talkshow kam auf die Idee, eine ihrer Sendungen direkt auf der Insel zu produzieren. Wie Dean uns erzählte, fragte er einen der Gäste, ob er nicht Lust habe, US-Dollar in Dumplings zu wechseln. Irritiert fragte sein Gegenüber, ob die Knödel denn überhaupt eine echte Währung darstellten. Dean meinte daraufhin, Zweifel seien eher am Dollar angebracht. Schließlich sei die US-Währung schon vor Jahrzehnten vom Goldstandard abgekoppelt worden und werde heute nur noch von Luft gestützt. Der Dumpling dagegen von der Eiscreme-Marke Ben und Jerry's. (Im Ernst. Dean kennt die Gründer.) Und da Speiseeis bis 0 Grad Celsius hart bleibt, sei die Währungsstütze des Knödels »felsenfest« und grundsolide.

Das wahrscheinlich wichtigste Dokument hing in einem Bilderrahmen bei Dean zu Hause an der Wand und war mit den Worten »Entwicklungshilfe – Schatzanleihe« überschrieben. Demnach hatte North Dumpling Island den Vereinigten Staaten, vertreten durch Präsident Bush, einen Entwicklungshilfekredit gegeben – in Höhe von 100 Dollar.

Auf die Frage nach der Geschichte hinter dem Dokument erzählte mir Dean, North Dumpling sei tatsächlich die erste Nation gewesen, die den USA Entwicklungshilfe leistete. Aber warum? Die Antwort gibt das Zertifikat, in dem es heißt: »Auf dem Gebiet der Technologie einstmals führend, sind die Bürger der Vereinigten Staaten mittlerweile in beklagenswerte Ignoranz und bestürzende Gleichgültigkeit gegenüber Wissenschaft und Technologie abgeglitten. Dadurch droht den USA der bittere Absturz in den wissenschaftlichen und technologischen Analphabetismus. ... Hiermit geht North Dumpling

Island die feierliche Verpflichtung ein, einen Beitrag zur Rettung seiner Nachbarnation vor diesem Schicksal zu leisten, indem wir die Bemühungen der Foundation for Inspiration and Recognition of Science and Technology unterstützen, Leistungen auf dem Gebiet der Naturwissenschaften und ihrer technologischen Anwendung zu fördern und ihnen zu größerem Ansehen zu verhelfen.«

Aus Spaß hat Dean der Supermacht die 100 Dollar nicht gegeben. Vielmehr nutzte er seine Rolle als Vertreter einer neuen, unabhängigen Nation, um einen weiteren Bruch einer *Brule* einzuleiten. Diesmal ging es ihm um die Veränderung des globalen Bildungssystems mit dem Ziel, Naturwissenschaften und Ingenieurwesen zu größerer Aufmerksamkeit zu verhelfen.

Das Geld, das Dean den Vereinigten Staaten zukommen ließ, sollte in die Gründung von FIRST (For Inspiration and Recognition of Science and Technology) einfließen, eine Robotik-Organisation, deren Mission es ist, »unsere Kultur durch die Schaffung einer Welt zu verändern, in der Naturwissenschaften und Technologie gefeiert werden und junge Leute davon träumen, Spitzenleistungen auf diesen Gebieten zu erbringen«. FIRST organisiert riesige Competitions, bei denen Kids Roboter aller Art bauen und wie bei den Olympischen Spielen gegeneinander antreten.

Als ich 2015 die FIRST-Roboter-Challenge in St. Louis, Missouri, besuchte, kämpften an die 37.000 Teams aus weiterführenden Schulen überall auf der Welt darum, ihre Roboter in die Endausscheidung zu bringen. Und was die Kids da alles zustande brachten, war überwältigend.

Für Dean besteht, wie er sagte, eines der Probleme unserer Welt darin, dass die Kinder und Jugendlichen heutzutage Sportler anbeten, wogegen er eigentlich auch nichts hat; nur findet er eben, dass Intelligenzleistungen genauso bewundert werden sollten: Ingenieure, Wissenschaftlerinnen, Leute, die die Menschheit durch ihre Innovationen voranbringen. Dafür setzt er sich mit FIRST ein. Und eines ist mal klar: North Dumpling hat der Organisation zu ordentlicher Publicity verholfen.

Ob die Insel nun tatsächlich eine eigenständige Nation darstellt oder nicht, ist dabei gar nicht der Punkt. Wichtig ist vielmehr, dass Dean in einer ganz anderen Liga spielt als die Mehrheit. Um das Leben zu verbessern, verbiegt und bricht er ständig Regeln, hackt sich in Überzeugungen und kulturelle Normen, die die meisten von uns unhinterfragt akzeptieren.

- Mit der Erfindung des Segway definierte er das Personenbeförderungssystem neu.
- North Dumpling Island stellte die spielerische Neudefinition der Idee des Nationalstaates dar.
- Mit FIRST definierte er das Bildungssystem neu, indem er Jugendlichen die Wissenschaften als genauso cool präsentiert wie Sport.

Besondere Menschen denken unkonventionell und außergewöhnlich; sie lassen sich durch die gesellschaftlichen *Brules* nicht vom Engagement für eine bessere Welt abhalten. Und du solltest das auch nicht tun. Jeder von uns ist in der Lage und verantwortlich dafür, die *Brules* auszumisten, die uns an der Verwirklichung unserer Träume hindern. Und alles fängt damit an, dass du die von anderen übernommenen Überzeugungen hinterfragst.

Nutze doch genau das Superhirn, mit dem du diese *Brules* übernommen hast, um sie durch Überzeugungen zu ersetzen, die dich echt stärker machen. Das allein ist bereits unwahrscheinlich befreiend.

Womit wir auch schon beim zweiten Update wären.

Update 2: Stelle die Bullshit-Regeln infrage

Unkonventionell und außergewöhnlich Denkende stellen die »*Brules*« infrage, sobald sie das Gefühl haben, dass sie nicht zu ihren Träumen und Anliegen passen. Denn sie erkennen, dass vieles im Leben genau deshalb suboptimal läuft, weil sich die Leute blind an *Brules* halten, die ihr Verfallsdatum längst überschritten haben.

DIE *BRULES* BEI DEN HÖRNERN PACKEN

Wir müssen unsere inneren und äußeren Systeme dringend aufmöbeln, sowohl die persönlichen als auch die institutionellen. Und das tun wir zunächst einmal dadurch, dass wir die *Brules,* die wir im Kopf haben, deinstallieren und dann so viel Druck auf die gesellschaftlichen Systeme ausüben, dass sie sich zum Positiven hin weiterentwickeln.

Anfänglich fühlst du dich dabei vielleicht wie im freien Fall – und genauso ist es, denn du hast ja den Autopiloten ausgeschaltet. Und auch wenn es dir womöglich leicht chaotisch vorkommt, die Dinge in die Hand zu nehmen: Vertrau auf dich. Du bist dazu geboren. Denn wir Menschen zeichnen uns ja gerade durch die Fähigkeit aus, uns eine andere Welt vorzustellen, neue Lösungen zu finden und unser Wissen dann einzusetzen, um unser Leben und unser Umfeld zu verändern. Kultur ist nichts Statisches. In Echtzeit von uns erschaffen, lebt und atmet sie und ist dafür da, sich mit dem Fluss des Lebens zu verändern.

Packen wir es also an! Alles beginnt bei dir. In deinem Leben und zu deinen Bedingungen.

ÜBUNG: DER *BRULES*-TEST

Lass uns mal überlegen: Welche *Brules* befolgst du? Von den moralischen beziehungsweise ethischen Standards der Goldenen Regel (Seite 64 und Seite 77) darfst du dich natürlich nie verabschieden. Regeln aber, die uns an alte Gewohnheiten fesseln und irrationale Selbsturteile fördern, sind eine kritische Überprüfung allemal wert. Denn dahinter könnte sich eine *Brule* verbergen. (Zum Beispiel: *Ich muss mich ständig bis zur totalen Erschöpfung abschuften, andernfalls arbeite ich nicht genug ... Wenn ich eine gute Tochter / ein guter Sohn sein möchte, muss ich die Eltern täglich anrufen ... Um spirituell sein zu können, muss ich dieselbe Religiosität an den Tag legen wie meine Familie ... Will ich eine gute Partnerin / ein guter Partner sein, muss ich mich meinem Mann / meiner Frau gegenüber so und so verhalten.*)

Mithilfe des folgenden, aus fünf Fragen bestehenden Tests findest du heraus, ob es sich um eine Regel handelt, an die du dich weiterhin halten möchtest, oder um eine *Brule,* die in die Tonne gehört.

Frage 1: Beruht die Regel auf Vertrauen in und Hoffnung auf die Menschheit?

Beruht die Regel auf dem Gedanken, dass der Mensch prinzipiell gut ist oder eher böse? Regeln, die auf negativen Annahmen über die Menschheit basieren, stelle ich eigentlich immer infrage.

Ein Beispiel: In unserer heutigen Welt ist die Sexualität mit einer Menge Schuldgefühl, Scham und Regeln befrachtet. In Indien wurde kürzlich versucht, den Zugriff auf pornografische Webseiten zu verbieten. Doch der Protest gegen diese Maßnahme war so groß, dass sie nach vier Tagen zurückgenommen werden musste. Das ist ein gutes Beispiel für *Brules,* die auf der Vorstellung beruhen, der Mensch sei von Grund auf schlecht oder böse: Gib den Leuten freien Online-Zugang zu Pornografie, und sie drehen vollkommen durch und schlagen über die Stränge.

Ein weiteres Beispiel für grundsätzliches Misstrauen gegenüber der Menschheit ist das christliche Konzept der Erbsünde. Bei zahllosen Männern und Frauen löst es Schuld- und Schamgefühle aus, die so weit gehen, dass sie meinen, weder Erfolg noch sonst etwas Gutes im Leben verdient zu haben. Die Erbsünde ist der typische Fall einer relativen Wahrheit. Nur ein Teil der Weltbevölkerung glaubt daran, das heißt: Nicht alle Kulturen stimmen darin überein. Und auch weil es keinen wissenschaftlichen Beweis dafür gibt, dass wir als Sünder geboren werden, kann es sich nicht um eine absolute Wahrheit handeln. Trotzdem: Auf Millionen von Menschen wirkt sich diese Vorstellung ausgesprochen negativ aus.

Also glaube an die Menschheit und setze Vertrauen in sie. Ich denke immer gern an die Aussage Mahatma Gandhis:

> *»Ihr dürft den Glauben an die Menschheit nie verlieren. Mit ihr ist es wie mit dem Meer: Selbst wenn ein paar Tropfen verschmutzt sind, wird dadurch der Ozean noch lange nicht dreckig.«*

Frage 2: Verstößt sie gegen die Goldene Regel?

Die Goldene Regel lautet: **Behandele jeden so, wie du selbst behandelt werden möchtest.** Demzufolge sind alle Normen, die einige erhöhen und andere abwerten, *Brules*. Das Gleiche gilt für jede Diskriminierung aufgrund von Hautfarbe, sexueller Orientierung, Religionszugehörigkeit, Nationalität, Genderzugehörigkeit oder anderer willkürlicher beziehungsweise subjektiver Kriterien.

Frage 3: Entstammt sie meiner Kultur oder Religion?

Handelt es sich hier um eine Norm oder Überzeugung, die von den meisten Menschen nicht geteilt wird? Handelt es sich um den Glauben an einen ganz bestimmten Lebensstil beziehungsweise um eine Regel, die sich auf eine ganz spezielle Gewohnheit bezieht, zum Beispiel eine bestimmte Ernährungsweise oder Kleidervorschrift? Falls ja, liegt vermutlich eine kulturelle oder religiöse Regel vor. Solltest du damit Probleme haben, musst du dich nicht an sie halten – so wie ja auch ich seinerzeit beschlossen habe, Rindfleisch zu essen, wann immer mir danach war. Aber ich hatte auch Glück: Meine Eltern haben mich solche Regeln hinterfragen lassen, obwohl sie es bestimmt nicht immer toll fanden.

Wenn es dir gegen den Strich geht, musst du dich nicht auf eine bestimmte Art kleiden oder ernähren, musst nicht auf eine bestimmte Art fromm sein und dich in der Partnerwahl auf einen eng begrenzten Personenkreis beschränken, nur weil es die Kultur, in die du hineingeboren wurdest, so will. Die Kultur *soll* sich weiterentwickeln, *soll* fließend sein – ähnlich dem Wasser. Das ist auch immer dann am schönsten und nützlichsten, wenn es in Bewegung ist – als Fluss, Stromschnelle, Wasserfall oder im Meer. Stehendes Wasser dagegen kippt schnell um. Und so ähnlich ist es eben auch mit der Kultur: Stagniert sie und gerinnt zu Dogmatismus oder religiösem Fundamentalismus, vergiftet sie bald.

Versuch also, deine Kultur zu begreifen, lass sie aber fließen und sich entwickeln. Lass dir nicht einreden, dass an ihren seit Generationen bestehenden Regeln bezüglich Gebet, Kleidung, Ernährung und Sexualverhalten nicht gerüttelt werden dürfe.

Frage 4: Beruht sie auf rationaler Entscheidung oder sozialer Ansteckung?

Befolgst du eine Regel, weil sie dir schon als Kind eingetrichtert wurde? Nützt sie dir – oder hältst du dich nur daran, weil du nie auf die Idee gekommen bist, die Dinge auch mal anders zu tun? Eine Menge gefährlich ungesunder Regeln befolgen wir allein aufgrund von Memetik und gesellschaftlicher Konditionierung. Lässt du dich von ihnen begrenzen? Wenn ja, versuche sie zu verstehen, analysiere sie und stelle sie infrage. Ergeben sie Sinn – oder hältst du dich nur daran, weil andere es auch tun? Frage dich, ob du von diesen Regeln profitieren kannst und sie auch deinen Kindern gern weitergeben würdest. Oder wirken die betreffenden Vorstellungen – etwa in Bezug auf Kleidung oder Moral – erdrückend und einengend? Sollte dies der Fall sein, gönne ihnen einen friedlichen Tod und schneide die Nabelschnur durch, die dich mit ihnen verbindet, damit sich unsere Kinder nicht anstecken.

Frage 5: Dient sie meinem Glück?

Manchmal hängen wir Überzeugungen an, die nicht unserem Glück dienen, sich aber so anfühlen, als wären sie Teil eines unausweichlichen, allgemein akzeptierten Lebensstils. Dabei kann es sich um den Beruf handeln, den wir nur ergreifen, weil Familie oder Gesellschaft ihn für den einzig richtigen halten (wie es bei mir mit der Informatik war), aber auch um die Wahl des Ehepartners, den Wohnort und dergleichen.

Stelle dein Glück immer an die erste Stelle. Denn erst, wenn du selbst glücklich und zufrieden bist, kannst du auch anderen etwas Gutes tun – gesellschaftlich, in der Liebe, für deine Angehörigen und die Community.

* * *

Ich denke immer gern an die folgenden weisen Worte, die Steve Jobs an die Absolventen eines Stanford-Jahrgangs richtete:

»Eure Zeit ist begrenzt, vergeudet sie also nicht, indem ihr das Leben eines anderen führt. Fallt nicht auf Dogmen rein – wie es geschieht, wenn man nach den geistigen Ergüssen anderer Leute lebt. Lasst nicht zu, dass eure innere Stimme von den Meinungen anderer übertönt wird. Und was am wichtigsten ist: Habt den Mut, eurem Herzen und eurer Intuition zu folgen. Irgendwie wissen die schon, was ihr wirklich werden wollt. Alles andere ist zweitrangig.«

JETZT IST ES ZEIT, MIT DEM (IN)FRAGE(N)STELLEN ANZUFANGEN

Welche Überzeugungen möchtest du hinterfragen? Picke dir fürs Erste ein paar heraus und unterziehe sie dem *Brules*-Test. Danach machst du dasselbe auch mit anderen. Aber überschlage dich nicht und glaube vor allem nicht, dass du beim Aufwachen morgen alle *Brules* los bist, bloß weil du sie als solche identifiziert hast. *Brules* haben große Macht, und sich mit denen zu konfrontieren, die einen am meisten beeinflussen, kann ganz schön heavy sein.

In diesem Buch werde ich immer wieder von Strategien berichten, wie du deine *Brules* ausmisten und sie durch neues Gedankengut ersetzen kannst, das dir zu mehr Zufriedenheit, Verbundenheit und Erfolg verhilft. Doch vor dem Start in ein neues Leben musst du dich erst einmal aus deinem alten herauswinden.

In diesem Zusammenhang fällt mir immer eine Stelle aus L.P. Hartleys 1953 erschienenem Roman *The Go-Between* ein, in der es heißt, die Vergangenheit sei ein fremdes Land, in dem man die Dinge anders mache. Nun denn, jetzt hast du Gelegenheit, die Grenze zu einem solchen fremden Land zu überschreiten, viel aufregendes Neues zu entdecken und einen alternativen Lebensstil kennenzulernen.

Eines sollte dir allerdings klar sein: Sobald du mit dem Hinterfragen beginnst, wirst du allerlei zu hören bekommen: dass du auf dem Holzweg seist und die Familie oder ihre Traditionen beziehungsweise Normen verrietest. Vielleicht werfen dir die Leute auch Egoismus vor.

Aber halte dir mal Folgendes vor Augen: Das Herz wird von vielen als das selbstsüchtigste Organ des Körpers angesehen, weil es das ganze gute Blut für sich behält. Es nimmt den besten, sauerstoffreichsten Lebenssaft auf und verteilt den Rest an die anderen Organe. So betrachtet, ist das Herz vielleicht wirklich egoistisch.

Würde es das gute Blut aber nicht für sich beanspruchen, müsste es sterben. Und wenn das Herz stirbt, zieht es die anderen Organe mit in den Tod: die Leber, die Nieren, das Hirn ... Das Herz *muss* also geradezu egoistisch sein. Einfach zu seinem Schutz.

Deshalb lass dir von niemandem einreden, du seist egoistisch und es sei falsch, deinem Herzen zu folgen. Ich möchte dich ermutigen, ja ich beschwöre dich geradezu, die Regeln zu brechen und außerhalb der traditionellen Normen deiner Gesellschaft zu denken. Die *Brules* der Väter sollten nicht auf die Söhne und Töchter übergehen.

LEBEN JENSEITS DER *BRULES*

Sobald du anfängst, dein Leben auf diese Weise zu hacken, gewinnst du gleich viel mehr Kraft und Kontrolle. Und damit einher geht auch ein höheres Maß an Verantwortung für dein Leben. Denn indem du dir genau überlegst, an welche Regeln du dich halten möchtest, nimmst du dein Leben in die Hand. Und dann gibt es keine Ausreden mehr. Außerdem liegt es an dir, verantwortungsbewusst zu hacken, also mithilfe des *Brules*-Tests sicherzustellen, dass du keinesfalls gegen die Goldene Regel verstößt.

So zu leben, setzt einen gewissen Mut voraus. Denn sobald eine *Brule* einen Schmerzpunkt bei dir trifft und du merkst, dass du nicht mehr mit ihr leben kannst, kann sich die Ablösung von ihr doch auch ein bisschen so anfühlen, als müsstest du von einer für dich wichtigen sozialen Struktur Abschied nehmen. Ein Leben jenseits der *Brules* kann beängstigend, überraschend und beglückend sein – oft sogar alles auf einmal. Manche Leute werden dich vielleicht meiden oder auch drangsalieren, du aber musst stark bleiben und auf deinem Anspruch auf Glück beharren.

Ich denke immer gern an den Rat meiner Freundin Psalm Isadora, ihres Zeichens Schauspielerin und bekannte Tantralehrerin:

> »Leute, die dir ein schlechtes Gewissen einreden wollen, weil du deinen eigenen Weg gehst und eigenständige Entscheidungen triffst, sagen dir im Grunde einfach: ›Schau mich an: Ich bin besser als du, weil meine Fesseln fester sitzen als deine.‹ Aber es braucht eben Mut, diese Fesseln zu sprengen und sein eigenes Leben zu führen.«

Trau dich also, deine kostbare Lebenszeit voll auszukosten; bleib dir treu, hab ein offenes Herz und einen aufgeschlossenen Geist sowie den Mut, alles zu verändern, was für dich nicht (mehr) funktioniert, und die Konsequenzen zu tragen. Damit kommst du womöglich viel, viel weiter, als du es dir je hättest vorstellen können.

> »Was aber ..., wenn all die Regeln und Gewohnheiten, die wir so im Kopf haben, in Wahrheit gar nicht existieren würden? Wenn wir nur glauben, dass es sie gibt, weil wir glauben wollen, dass es sie gibt? All die Formalitäten und Sitten und die Entscheidungen, die wir treffen, um besser zu sein (oder gar der/die Beste) ... Was, wenn wir zwar denken, wir hätten alles unter Kontrolle ..., es aber gar nicht stimmt? Was, wenn dein Weg eigentlich einer ist, den einzuschlagen du dich nie trauen würdest, weil du dich ihn nie hast gehen sehen? Und was, wenn dir das dann eines Tages klar wird? Gehst du dann deinen Weg? Oder hältst du doch eher an deinen Regeln und deinen Ausreden fest? An deinen Sitten und Hoffnungen? Und was, wenn deine Hoffnungen und deine eigene Moral eigentlich in eine ganz andere Richtung gehen?«

C. Joybell C.

TEIL II

DAS ERWACHEN

VON DER MACHT, DIR DEINE VERSION DER WELT SELBST AUSZUSUCHEN

Als Kind hat mich mein Vater zum Taekwondo angemeldet, einer koreanischen Karateform, bei der Disziplin und Selbstverteidigung trainiert werden. Ich fand es super! Ein ganzes Jahr lang haben wir jeweils hart an der Verbesserung unserer Techniken gearbeitet, um die Prüfung zum nächsten Gürtel zu bestehen. Ich fing mit einem weißen an und steigerte mich allmählich so, dass ich den gelben, grünen, blauen, braunen und schließlich auch den heiß begehrten schwarzen Gürtel machen konnte. Das System mit den Gürteln gibt den Schülern die Möglichkeit, es in überschaubaren Einzelschritten zur Meisterschaft zu bringen. Es erleichtert die Entwicklung und motiviert viel mehr als ein vages Ziel wie etwa »Perfektion erreichen«. Jeder neue Gürtel ist eine Bestätigung harter Arbeit und gemachter Fortschritte.

Vom Aufbau her lehnt sich dieses Buch an das Gürtelsystem an, nur dass es hier um die stufenweise Steigerung des Bewusstseins geht. So machst du also mit dem Übergang vom ersten zum zweiten Teil den nächsten Gürtel in Sachen Erkenntnisgewinn. Heutzutage operiert die Menschheit hauptsächlich innerhalb der kulturellen Prägung – oder anders gesagt: auf der Ebene I –, gefangen in den *Brules* der Vergangenheit.

Sobald du aber beginnst, die kulturelle Umwelt als das zu erkennen, was sie ist, verändert sich etwas in dir. Statt blind am Status quo festzuhalten, stellst du deine eigenen Regeln auf. Du fängst an, Fragen zu stellen. Und je mehr du infrage stellst, desto bewusster wirst du. Je mehr sich dein Bewusstsein erweitert, desto weiter entwickelst du dich. Und je weiter du dich entwickelst, desto außergewöhnlicher wird das Leben, das du führst.

An diesem Punkt hast du Ebene II erreicht: das Erwachen. Auf einen Bierdeckel skizziert würde das in etwa so aussehen:

Teil II: Das Erwachen

Ebene I
Das Leben innerhalb der »*Culture Scape*«, des kulturellen Umfelds. Die Kreuzchen stehen für mögliche *Brules*.

Ebene II
Das Leben innerhalb der »*Culture Scape*«. Du lernst, dir deine eigene Version des Lebens zu erschaffen. In deiner Welt (veranschaulicht durch die Blase, die dich umgibt) kannst du selbst bestimmen und filtern, welche der von außen kommenden *Brules* du aussortieren willst.

Die gezeichneten Kreuzchen kannst du dir als die *Brules* deines Umfelds vorstellen. Indem du dir deine eigene Blase innerhalb dieser Umwelt erschaffst, in der DU die Regeln bestimmst, entziehst du dich ihnen. Als Tool für diese höhere Ebene, auf der du Einfluss auf die Welt nehmen und dich entscheidend weiterentwickeln kannst, bietet sich eine Praxis an, die ich »Bewusstseinsengineering« nenne. Stelle sie dir als Schnittstelle zwischen dir und deinem kulturellen Umfeld vor. Und du selbst bist es, der/die festlegt, wovon dein Bewusstsein geformt und beeinflusst wird.

Welche Gedanken, Ideen, Werte (die ich als »Realitätsmodelle« bezeichne) möchtest du dir zu eigen machen? Wie willst du leben, lernen und dich weiterentwickeln (dafür verwende ich den Begriff »Lebenssysteme«)? In den folgenden Kapiteln wirst du Modelle und Systeme zu wählen lernen, die dich auf dem Weg in ein außergewöhnliches Leben voranbringen.

3

ÜBE DICH IM »BEWUSSTSEINSENGINEERING«

INDEM DU LERNST, DEIN PERSÖNLICHES WACHSTUM DADURCH ZU BESCHLEUNIGEN, DASS DU BEWUSST ENTSCHEIDEST, WAS DU AUS DEINEM UMFELD AKZEPTIERST UND WAS DU ABLEHNST

Will man jemandem eine neue Art des Denkens näherbringen, sollte man gar nicht erst versuchen, es ihm irgendwie eintrichtern zu wollen. Viel effektiver ist es, den Leuten ein Instrument an die Hand zu geben, dessen Verwendung ganz wie von selbst zu einem neuen Denken führt.

Buckminster Fuller

VON DER INFORMATIK ZUM BEWUSSTSEINSENGINEERING

So elend ich mich in der Informatik auch gefühlt habe – einen Nutzen hatte die Ausbildung zum ITler doch: Sie vermittelte mir eine Art des Denkens, das sich für das Infragestellen von *Brules* des kulturellen Umfelds als perfekt erweist: ein computergestütztes Herangehen.

Beim rechnergestützten Denken lernst du, Probleme aus jedem Blickwinkel heraus zu analysieren: sie in Prozesse und die einzelnen Bestandteile zu zerlegen, Muster zu erkennen (Musterkennung) und auf eine sehr logische, lineare Art zu lösen (Algorithmen). Die reine Lösung des Problems ist dabei nicht das einzige Ziel; darüber hinaus muss diese Lösung auch replizierbar sein, das heißt, dass jeder – Mann, Frau, Kind aus Indien, Malaysia oder Nordamerika – am Ende auf dasselbe Ergebnis kommt. Das rechnergestützte Denken zwingt dich zu einem Höchstmaß an Logik und macht dich zugleich zu einem sehr guten Problemlöser. Was auch der Grund dafür ist, dass Programmierer und Hacker so im Vorteil sind.

Seit ich mit neun die Rindfleisch-*Brule* über den Haufen warf, will ich mein ganzes Leben hacken. Da meine Eltern mich ganz in Ruhe meine Fragen stellen ließen, betrachtete ich alles im Leben unter dem Aspekt »Warum ist das eigentlich so?«. Aber dass ich diese Fragestellung auch einmal auf den menschlichen Geist anwenden würde, hätte ich nie gedacht.

IN ZEHN MONATEN VOM INSOLVENTEN VERSAGER ZUM SUPERPERFORMER

Um dir erklären zu können, wie ich auf die Tools für ein außergewöhnliches Leben kam, von denen in diesem und den folgenden Kapiteln die Rede ist, muss ich zunächst von meinen eher mageren Jahren berichten.

Für das Thema »Persönlichkeitsentwicklung« habe ich mich zu interessieren begonnen, weil ich eine echt harte Zeit durchmachte. 2001, unmittelbar nach dem College, bin ich ins Silicon Valley gezogen, um dort ein Start-up-Unternehmen zu gründen. Da war ich fünfundzwanzig. Und so etwas wie Y-Combinator, 500 Start-ups oder eines der anderen Programme zur Finanzierung der Dotcom-Träume junger, aufstrebender ITler gab es noch nicht. An Geld zu kommen, war also gar nicht so leicht, und erst recht nicht für Leute meiner Altersgruppe. Aber ich nahm alle meine Ersparnisse, pumpte mir noch was von meinem Vater und zog aus, das Glück zu finden.

Mein Timing war, gelinde gesagt, beschissen. Denn wenige Monate nachdem ich im Silicon Valley eingetroffen war, platzte die Dotcom-Blase. Ich erinnere mich, gelesen zu haben, dass im April 2001 14.000 Menschen auf die Straße gesetzt wurden. Entlassungspartys, bei denen sich die nunmehr Arbeitslosen zum Netzwerken trafen und sich ihre Situation schönsoffen, waren an der Tagesordnung. Pleite und verzweifelt bewarb ich mich auf jeden Job, den ich auf *craigslist.org* finden konnte, und bekam null Antwort. Meine finanzielle Lage spitzte sich so zu, dass ich mir nicht einmal mehr ein Zimmer leisten konnte, von einer Wohnung ganz zu schweigen. Also mietete ich ein Sofa.

Und nicht einmal für ein dreisitziges reichte es, sondern nur für eine Zweiercouch, bei der meine Füße nachts über den Rand hingen. Der Besitzer des Sofas war ein Student vom Berkeley College, der seine finanziellen Mittel durch die Vermietung dieses von ihm nicht sehr geliebten Möbels aufbesserte. Darauf und auf dem Heizkörper daneben lag nun mein gesamtes Leben. Alle meine Klamotten, Bücher, mein Laptop und meine geplatzten Träume. Als fertiger Informatiker in einer Unistadt zu leben und erkennen zu müssen, dass die meisten Studenten mehr Kohle hatten als ich, war eine bittere Erfahrung. Und sehr demütigend.

Eines Tages – ich hatte gerade wieder eine Unmenge Bewerbungen rausgeschickt – bekam ich endlich eine Antwort. Und zwar von einem Unternehmen, das Managementsoftware für Rechtsanwaltskanzleien anbot und Leute für die Telefonakquise suchte. Rein auf Provisionsbasis. Das heißt: Kein Abschluss – nix zu futtern. Die Wirtschaft damals lag so am Boden, dass es sich Start-ups erlauben konnten, auf die Zahlung eines Grundgehalts zu verzichten.

Ich hatte weder vom Verkauf noch von Marketing auch nur den blassesten Schimmer. Da aber weit und breit kein anderer Job in Sicht war, griff ich zu. In meiner ersten Woche im Büro wurden die Gebiete aufgeteilt. Mir fiel San Antonio in Texas zu.

Die Arbeit selbst sah dann so aus: Ich musste in die Stadtbibliothek von San Francisco, mir das Branchentelefonbuch besorgen, die Nummern der Anwaltskanzleien heraussuchen und sie der Reihe nach von A bis Z durchtelefonieren, bis ich jemanden an der Strippe hatte, der gerade so wenig zu tun hatte, dass er mich mein Sprüchlein aufsagen ließ, ohne vorher aufzulegen. Da mein Chef sich keinen Texaner vorstellen konnte, der in der Lage wäre, den Namen Vishen zu buchstabieren, wurde ich vorübergehend zu Mr. Vincent Lakhiani. In den ersten Monaten verdiente ich gerade mal an die 2500 Dollar – was in der Gegend zum Sterben zu viel, zum Leben aber eindeutig zu wenig war.

Doch es ist ja oft so: Just in dem Moment, in dem es uns so richtig mies geht, machen wir den nächsten Schritt in unserer persönlichen Entwicklung. Erinnerst du dich an die Zeichnung im ersten Kapitel, aus der hervorgeht, dass ein außergewöhnliches Leben immer auch etwas holprig ist? Nun, da stand ich also vor dem nächsten Stolperstein. Und genau der sollte mir helfen, mich weiterzuentwickeln und dazuzulernen.

Gelangweilt und leicht depressiv suchte ich im Netz nach Kursen, die mich auf andere Gedanken brachten. Was ich genau in die Google-Suchmaske eingegeben habe, weiß ich gar nicht mehr – »Hoffnung« oder »Erfolg« vielleicht, möglicherweise aber auch »Warum muss das Leben eigentlich so scheiße sein?« Und da hab ich ihn dann gefunden: einen Kurs über Meditation und Intuition. Er fand in Los Angeles statt und schien mir ziemlich interessant, nicht zuletzt, weil die Dozentin Pharmareferentin war und auch darüber sprechen sollte, wie sie mithilfe dieser Methoden ihr Auftragsvolumen rasant hatte steigern können.

Das war's doch! Aus einem Impuls heraus beschloss ich, nach L.A. runterzufliegen und den Kurs zu besuchen. Wie sich herausstellte, war ich der einzige Teilnehmer (so große Popularität wie heute genoss die Meditation damals noch lange nicht). Also absolvierte ich das gesamte Zwei-Tages-Programm in einem Rutsch und flog noch am selben Abend nach San Francisco zurück.

Unmittelbar darauf begann ich die ersten der gelernten Techniken anzuwenden. Dazu gehörte auch eine einfache Meditationsübung, die den Geist in den sogenannten »Alphazustand« versetzt. Darunter versteht man eine bestimmte Frequenz der Hirnwellen, die sich im entspannten Zustand der Meditation oft einstellt. Besagte Alphawellen stimmen einen – laut den Vertretern dieser Meditationsform – auf Intuition, Kreativität und Problemlösung ein. Und das war überhaupt einer der wichtigsten Punkte, die ich in dem Seminar gelernt hatte: auf meine innere Stimme zu hören, die Intuition.

Bei der Arbeit übte ich mich nun darin. Ich telefonierte die Anwälte nicht länger von A bis Z ab, wie es meine Kollegen nach wie vor taten, sondern versetzte mich in einen entspannten, meditativen Geisteszustand, fuhr mit dem Finger über meine Liste und rief die Nummer derjenigen Kanzlei an, bei der ich einen *Impuls* verspürte. Das hatte zwar mitunter etwas von einem Rate- oder Glücksspiel, aber ich blieb dabei. Dass das logisch keinerlei Sinn ergibt, ist mir schon klar. Trotzdem: Irgendwie schien es mir auf der Impuls-Schiene gelungen zu sein, gerade die Anwälte zu kontaktieren, bei denen die Chance, dass sie die Software kauften, relativ hoch war. Die Zahl meiner Abschlüsse steigerte sich jedenfalls erheblich.

Aber was kann man sich vom Erlernen der Meditation schon groß erhoffen? Meine Erwartungen waren jedenfalls ziemlich gering, abgesehen von etwas Entspannung und besserer Stressbewältigung vielleicht. Bereits die erste Woche nach meiner Rückkehr aus L.A. wurde dennoch zur umsatzstärksten, die ich je gehabt hatte. Ich hielt das für reinen Zufall und hätte nie gedacht, dass dieser Erfolg von Dauer sein würde. In der nächsten Woche schloss ich allerdings gleich zwei Verträge ab. In der darauffolgenden ebenfalls. Und es wurde immer besser. Einen Monat später hatte ich mich auf wöchentlich drei Abschlüsse gesteigert. Seit ich mich von meiner Intuition leiten ließ, schien sich bei mir die Wahrscheinlichkeit, auf einen interessierten Anwalt zu stoßen, sage und schreibe verdreifacht zu haben.

Auch andere Dinge veränderten sich zu meinem Vorteil: Ich wurde insgesamt zufriedener und betrachtete mein Leben mit größerer Zuversicht. Mein Selbstvertrauen stieg, und der Kontakt mit den Kollegen verbesserte sich. Das alles erkläre ich mir damit, dass ich zu dieser Zeit täglich zwischen fünfzehn und dreißig Minuten meditierte, gut auf meine Intuition hörte und mir bildlich vorstellte, wie ich mit Leichtigkeit zu meinen Abschlüssen kam.

Dann wendete ich zusätzlich eine Methode an, die ich in einem anderen Seminar gelernt hatte: eine simple Technik zur Steigerung der Empathiefähigkeit, die einem hilft, besser auf andere zuzugehen. Vor jedem Anruf sagte ich mir, dass ich mich mit dem potenziellen Kunden auf einer unbewussten Ebene verbinden können, mich in seine Bedürfnisse einfühlen und genau wissen würde, was ich wann in das Gespräch einzubringen hätte. Und dann würde ich den Abschluss machen – aber nur, wenn die betreffende Software der jeweiligen Kanzlei tatsächlich von Nutzen wäre. Beim Meditieren visualisierte ich den Anwalt, mit dem ich es zu tun haben würde, und stellte mir vor, dass ich ihm wahre Güte und tief empfundenes Mitgefühl entgegenbrachte. Nach drei Minuten beendete ich die Übung mit der Affirmation, dass es zu einem Abschluss kommen würde, sofern dieser im Interesse aller Beteiligten lag.

Und wieder steigerten sich meine Verkaufserfolge dramatisch. Bald machte ich mehr Abschlüsse als jeder andere in der Firma. Und so kam es, dass ich als Sechsundzwanzigjähriger ohne jegliche Erfahrung im Verkauf innerhalb der folgenden vier Monate dreimal befördert und schließlich sogar zum Verkaufsleiter ernannt wurde. Im September 2002 – zu diesem Zeitpunkt gehörte ich der Firma gerade einmal neun Monate an – schickte mich mein Chef als Büroleiter nach New York.

Im Unternehmen konnte ich mich immer weiter entwickeln, und zugleich verfeinerte ich meine Meditationspraxis. Mit jedem Schritt, den ich auf diesem Gebiet machte, schienen sich auch meine beruflichen Leistungen zu verbessern. Bald arbeitete ich – buchstäblich – für zwei: als Business Development Manager (der die Werbung des Unternehmens bei Google AdWords verantwortete) sowie als Chef der New Yorker Niederlassung. In beiden Rollen leistete ich Hervorragendes. Und mein Gehalt hatte sich innerhalb weniger Monate verdreifacht.

RECHNERGESTÜTZTES DENKEN TRIFFT PERSÖNLICHES WACHSTUM

Der rasante Erfolg in der Welt des Verkaufens entfachte bei mir die Faszination für die Dekodierung des menschlichen Geistes. Mir wurde klar, dass wir unsere Leistungen auf logisch nachvollziehbaren Wegen – etwa durch Lektüre – steigern können, wogegen überhaupt nichts zu sagen ist; dass es darüber hinaus aber auch Techniken gibt, die uns so richtig Gas geben lassen. Durch die, die ich erlernt habe, hat sich mein Leben *in nur einer Woche* drastisch verbessert.

Zu Hilfe kam mir das rechnergestützte Denken, in dem ich mich geschult hatte. Und zwar so was von! Ich wollte das menschliche Verhalten – das auf den ersten Blick wie ein einziger riesiger Knoten aus Gedanken, Handlungen, Reaktionen, Emotionen, Impulsen, Triebkräften, Sehnsüchten, Gewohnheiten und weiß Gott was noch allem wirkt – in seine Einzelteile zerlegen und den Code knacken, wie wir Menschen wirklich ticken.

Je besser ich bei der Meditation und anderen mentalen Praktiken wurde, desto mehr wurmte es mich, dass ich in dem Seminar in Los Angeles doch wahrhaftig der einzige Teilnehmer gewesen war. Dabei gab es so viel zu lernen! Und ich brannte förmlich darauf, das, was bei mir so super funktioniert hatte, auch weiterzuvermitteln. Also kündigte ich meinen Software-Vertreter-Job und machte einen kleinen Shop im Internet auf, den ich »Mindvalley« nannte. Unsere ersten Produkte waren Meditations-CDs von etablierten Verlagen. In dem Maße, in dem Mindvalley größer wurde, nahm ich so viele Anbieter wie möglich unter Vertrag, um Achtsamkeit, Meditation und Kontemplationspraktiken zu verbreiten; mir war daran gelegen, dass die Leute ihre Beziehungen verbesserten, sich gesünder ernährten, überhaupt auf ihre Gesundheit achteten und sich mit dem Wellness-Gedanken vertraut machten. Im Grunde wollte ich das gesamte Wissensspektrum abdecken, das wir benötigen, um ein ausgefüllteres, heilsameres, sinnvolleres Leben führen zu können – ein Wissen, das uns das Bildungswesen des Industriezeitalters nicht vermittelt. Bald verlegten wir viele der führenden Denker Amerikas auf den Gebieten Gesundheit, Wellness und Bewusstseinsentwicklung – angefangen bei Ken Wilber über JJ Virgin bis hin zu Michael Beckwith. Gegründet hatte ich Mindvalley 2003 mit einem Startkapital von nicht mehr als 700 Dollar. Zwölf Jahre später hatte das Unternehmen 200 Angestellte sowie mehr als eine halbe Million zahlender »Schüler« – und alles ohne einen einzigen Bankkredit oder irgendwelches Beteiligungskapital.

In diesen Jahren lernte ich viele der führenden Köpfe Amerikas auf dem Gebiet der Persönlichkeitsentwicklung sehr gut kennen. So lud mich etwa der Autor und Motivationsredner Tony Roberts für neun Tage auf sein Anwesen auf den Fidschi-Inseln ein. Bei dem weltbekannten Biohacker Dave Asprey, der die verschiedenen Bewusstseinszustände untersuchte, ließ ich mich an Elektroden anschließen, die meine Hirnströme maßen. Ich traf spirituelle Meister und Gurus aus Indien, Milliardäre auf dem Höhepunkt ihrer Schaffenskraft und lebende Legenden aus Wirtschaft und Gesellschaft. Und jede Begegnung, jedes Interview und jede Erfahrung, die ich mit diesen Menschen machte, analysierte ich; ich verglich und entwickelte so die Basis für dieses Buch.

Heute halte ich geradezu obsessiv nach neuen Modellen und Systemen der Selbsterkenntnis und -optimierung Ausschau. Dabei zwingt mich meine Hackermentalität, immer nach der effektivsten Lösung zu suchen, die zugleich aber auch replizierbar ist – weil diese einer größtmöglichen Menge von Menschen den größtmöglichen Nutzen bringt. Und so habe ich auch das Modell entwickelt, das ich dir als Nächstes gern nahebringen möchte: das Bewusstseinsengineering.

EIN BETRIEBSSYSTEM FÜR DAS MENSCHLICHE BEWUSSTSEIN

Wenn du schon länger einen Computer hast, musstest du wahrscheinlich wiederholt ein neues Betriebssystem installieren. Innerhalb der vergangenen gut zwanzig Jahre wurde Windows 95 schrittweise durch immer neuere Systeme ersetzt, und an die Stelle des langweiligen Macintosh-Rechners, den ich zu Anfang meines Studiums an der University of Michigan benutzt hatte, trat das großartige Mac OS, das aktuell auch noch das MacBook antreibt. Unser Betriebssystem rüsten wir also alle paar Jahre nach, damit der Rechner schneller und besser wird und immer komplexere Aufgaben mühelos bewältigt.

Aber wer von uns käme schon auf die Idee, das Gleiche auch mit sich selbst zu tun? Das Bewusstseinsengineering ist ein Betriebssystem für den menschlichen Geist. Und das Schöne daran: Wie die meisten Hacks ist es echt leicht. Letztlich geht es einfach nur um die folgenden zwei Dinge:

1. DEINE REALITÄTSMODELLE (DIE HARDWARE)

Deine Überzeugungen sind die Realitätsmodelle, die du hast. Im zweiten Kapitel haben wir gesehen, wie die Regeln, die wir für wahr halten, in unsere Köpfe kommen und dass sie, wie Steve Jobs sagte, von Leuten stammen, »die auch nicht schlauer sind als du«. Unsere heutige Gesellschaft basiert auf den angesammelten Überzeugungen unserer Vorfahren: in Sachen Wirtschaft, was die Definition der Ehe angeht, Ernährung, Schulsystem und Arbeitswelt. All diese Strukturen wurden vor sehr langer Zeit von Menschen erschaffen, die unter ganz anderen Umständen lebten als wir aktuell.

Einige von uns sind mit positiven Überzeugungen über sich und die Welt aufgewachsen. Aber die meisten haben doch wenigstens ein paar negative, schwächende Überzeugungen mit auf den Weg bekommen, die ihnen nur hinderlich sind. Eines musst du dir klarmachen: Egal, welcher Art diese Überzeugungen auch sein mögen, »wahr« konnten sie nur dadurch werden, dass wir entsprechend handelten und dachten. Insofern wird unsere Welt tatsächlich von unseren Überzeugungen geprägt.

Du bist aber nicht identisch mit deinen Überzeugungen. Mithilfe des Bewusstseinsengineerings kannst du alte ab- und dir neue Überzeugungen zulegen. Und du kannst zu einem Verständnis der Welt gelangen, das dir mehr bringt.

Stelle dir – um in der Computer-Analogie zu bleiben – deine Realitätsmodelle als deine Hardware vor. Du willst einen schnelleren Rechner oder einen Monitor mit höherer Auflösung? Dann tauschst du eben dein altes Modell gegen das aktuellste aus. Du brauchst mehr Speicherplatz? Dann ersetze doch deine 250-Gigabyte-Festplatte durch eine mit 500 Gigabyte. Genauso geht das mit Überzeugungen: *Sobald dich eine alte Überzeugung nicht mehr weiterbringt, hast du alles Recht der Welt, sie auszutauschen.* Aber das tun wir nicht. Doch wenn du mithilfe des vorgestellten Tests alle *Brules* als solche identifizierst und durch tauglichere Denk- und

Verhaltensweisen ersetzt, machst du im Grunde genau das Gleiche wie mit deinem Rechner: Du rüstest die Hardware auf, damit dein Betriebssystem optimal läuft. Oder anders ausgedrückt: Du selbst wählst, wovon du überzeugt sein möchtest, und nimmst auf diese Weise dein Leben in die Hand.

Der Ersatz alter Realitätsmodelle durch aktuellere ist von essenzieller Bedeutung. Denn sie prägen ja nicht nur unsere Gefühle in Bezug auf bestimmte Ereignisse oder das Leben im Allgemeinen, sondern scheinen sich in geradezu erstaunlichem Maße auch auf die Welt auszuwirken, wie wir sie tagtäglich erleben.

◆ **Was du denkst, das kriegst du**

Unsere Realitätsmodelle machen uns zu dem, was wir sind. Das Problem dabei: Wie wir im zweiten Kapitel schon gesehen haben, beruhen sie mehr auf sozialer Nachahmung als auf rationalen Entscheidungen. Unsere Überzeugungen in Sachen Leben, Liebe, Arbeit, Erziehung, Körper und Selbstwert resultieren häufig aus der angeborenen Neigung, die Menschen aus unserem Umfeld nebst ihren Gepflogenheiten zu imitieren. Was du über das Leben denkst und glaubst, prägt nicht nur, wer du bist, sondern auch das Erleben deiner Umwelt. Leg dir andere Realitätsmodelle zu, und dein ganzes Leben verändert sich dramatisch.

Ein Beispiel: 2007 berichtete *Psychological Science* über eine von Dr. Ellen Langer und Dr. Alia J. Crum durchgeführte Studie. Die beiden Forscherinnen hatten 84 Zimmermädchen danach befragt, wie viel Sport sie trieben. Bei all den körperlich anspruchsvollen Arbeiten der Frauen hätte man eigentlich gedacht, dass sie mit »Unglaublich viel« antworten würden. Obwohl jede von ihnen täglich an die fünfzehn Hotelzimmer sauber machte, gaben über dreißig Prozent von ihnen an, sie würden gar keinen Sport treiben, und die anderen sagten, sie kämen nur unregelmäßig dazu.

Nun wird wohl jeder, der mal die Wohnung auf Vordermann gebracht hat, bestätigen können, dass das eine Riesenschufterei ist: durchwischen, Betten beziehen, saugen und so weiter. Doch in ihrem Realitätsmodell betrachteten die Zimmermädchen diese Arbeiten nicht als »Sport«. Und siehe da: Diese subjektive Einschätzung bestätigte sich, als die Forscherinnen die Frauen untersuchten und herausfanden, dass sie auch nicht fitter waren als Menschen, die einer sitzenden Tätigkeit nachgehen.

Hier wird es richtig interessant: Langer und Crum veränderten nämlich das Realitätsmodell, das die Zimmermädchen im Kopf hatten. Vierundvierzig von ihnen wurden darüber informiert, dass ihre täglichen Arbeiten den Vorschlägen der Centers for Disease Control (CDC) in puncto körperlicher Bewegung entsprachen und über jene des Surgeon General sogar hinausgingen; außerdem erhielten diese Frauen eine Liste, der sie die bei ihren einzelnen Tätigkeiten verbrauchte Kalorienanzahl entnehmen konnten, auch im Vergleich zu bestimmten Sportarten. Bei diesen Zimmermädchen legte das den Schalter um. Die für sie neuen Infos verhalfen ihnen zu der Erkenntnis, dass es sich bei ihrer Arbeit in Wirklichkeit auch um Sport handelt.

Nach einem Monat wurden die Frauen erneut befragt und untersucht. Mit verblüffenden Ergebnissen: Die Zimmermädchen, die über die Fitness-Infos verfügten, hatten durchschnittlich circa ein Kilo abgenommen, ihr Blutdruck war gesunken, und sie konnten – auf der Basis von Körperfettanteil, Body-Mass-Index und Taille-Hüfte-Verhältnis – als »insgesamt entscheidend gesünder« gelten. Und stell dir vor: Wie sie den Forscherinnen berichteten, hatte keines der Zimmermädchen auch nur das Geringste an seiner täglichen Routine verändert. Der einzige Unterschied bestand in den – wahrheitsgetreuen – Informationen, die sie erhalten hatten.

Den Forscherinnen war es also gelungen, bei den Frauen ein altes Realitätsmodell durch ein neues zu ersetzen. Von da an betrachteten die Zimmermädchen ihre Arbeit als »Sport«. Und das hatte die körperlichen Veränderungen zur Folge. Daraus zogen die Wissenschaftlerinnen den Schluss, dass der sogenannte Placebo-Effekt – also Wirkungen, die nicht auf eine bestimmte Arznei oder medizinische Behandlung zurückzuführen sind, sondern rein im Kopf des Patienten entstehen – auch in Sachen Sport zum Tragen kommt.

Ist das nicht geil? Messbare Veränderungen zum Positiven, allein aufgrund der neu gewonnenen Überzeugung, dass die Arbeit im Grunde eine gesunde körperliche Ertüchtigung darstellt!

Nicht auszudenken, was das für die Motivation von Angestellten bedeutet, sich mehr für ihre Arbeit zu engagieren. Oder wenn sie abnehmen wollen. Wenn der Geist derart mächtig ist, dass er allein durch eine veränderte Einstellung sogar physische Verbesserungen bewirken kann, dann muss man sich nur mal vorstellen, wozu er sonst noch in der Lage sein mag – etwa im Hinblick auf Stimmungslage, Selbstvertrauen, Zufriedenheit und all die anderen Dinge, die die Lebensqualität ausmachen.

Die Zimmermädchen-Studie zeigt ganz deutlich: Identisch sind wir zwar nicht mit unseren Realitätsmodellen, aber sie machen uns zu dem, wer wir sind. Sobald dir das klar ist, kannst du ein schlechtes oder überholtes Modell durch ein tauglicheres ersetzen und nimmst damit enormen Einfluss auf deine Welt.

Lass uns in diesem Zusammenhang noch mal kurz auf die Computer-Analogie zurückkommen. Wenn deine Hardware nicht (mehr) in der Lage ist, die Aufgaben zu bewältigen, die du von ihr erwartest, besorgst du dir einen schnelleren, leistungsstärkeren Rechner, einen Bildschirm mit einer höheren Auflösung oder eine neue Maus. Und überleg nur mal, wie schnittig und leistungsstark die Computer in den vergangenen dreißig Jahren geworden sind: Wäre es da nicht klasse, wenn wir Menschen ein ähnliches Level an Eleganz, Schnelligkeit und Effizienz erreichen könnten? Aber wenn es um unsere Realitätsmodelle geht, hängen die meisten immer noch an ihrem 1980er-Macintosh, statt sich das neue MacBook zuzulegen. Wir bleiben eben, scheint's, lieber bei unseren alten Modellen, statt uns mal ein Update zu gönnen.

Die Zimmermädchen aus der Studie haben abgenommen und sind nur deshalb fitter und gesünder geworden, weil sie eine neue Überzeugung gewonnen haben. Und? Wie wäre es, wenn es dir auch so gehen könnte? In Bezug auf dein Liebesleben? Die Arbeit? Deinen Körper? Verdienstmöglichkeiten? Wie du das anstellst, erörtern wir im nächsten Kapitel.

Seit ich mir der Macht unserer Überzeugungen bewusst bin, suche ich bewusst nach Realitätsmodellen, die mir helfen, gesund und jung zu bleiben. Ich bin nämlich fest entschlossen, hundert zu werden. Und so habe ich zum Beispiel ein Modell gewählt, in dem allmorgendlich sieben Minuten Sport genauso wirksam sind wie stundenlange Plackerei im Fitnessstudio. Mit dem Ergebnis, dass ich jetzt, in meinem fünften Lebensjahrzehnt, fitter und besser in Form bin als mit zwanzig. Auch habe ich mich für die Überzeugung entschieden, dass die Arbeit eines der angenehmsten Dinge im Leben ist, und genieße mein tägliches Tun jetzt in vollen Zügen. Wir alle können entscheiden, welche Realitätsmodelle für uns gelten sollen. Du hast die freie Wahl!

Das wichtigste Realitätsmodell, das du dir jetzt sofort zu eigen machen kannst, besteht darin, dass diese Modelle austauschbar sind. Du musst nicht an den Überzeugungen und Einstellungen festhalten, die dir als Kind eingeimpft wurden. Im nächsten Kapitel zeige ich dir, wie du sie durch ein neues, optimales Set von Überzeugungen ersetzen kannst. Aber vorher noch etwas anderes, das für das Gesamtbild ebenfalls von Bedeutung ist.

2. DEINE LEBENSSYSTEME (DIE SOFTWARE)

Durch deine Gewohnheiten beziehungsweise Lebenssysteme setzt du deine Realitätsmodelle in die Praxis um. Und wenn diese Realitätsmodelle die Hardware der »Maschine« Mensch sind, dann stellen die Lebenssysteme ihre Software dar. Sie bestimmt dein Tun und die tägliche Routine – zum Beispiel, wie und was du isst (auf Basis deiner Überzeugungen in Sachen Ernährung), was und wie du arbeitest (beruhend auf deinen Überzeugungen bezüglich Berufswahl und Arbeitsethos), oder den Umgang mit Geld (je nachdem, wie schwer oder leicht du meinst, dein Gehalt verdienen zu können, und entsprechend deinen Überzeugungen in puncto Reichtum – Grund zu Schuldgefühlen oder besondere Ehre?). Es gäbe noch viele andere Beispiele, angefangen bei Erziehung und Sex über Freundschaft, Sport, Problemlösung bis hin zu der Rolle, die du in der Gesellschaft spielen möchtest, und was du unter Spaß verstehst.

Lebenssysteme sind flexibel. Man kann ständig dazulernen und sich ein neues aneignen. Das Problem ist nur, dass uns das noch aus dem Industriezeitalter stammende Bildungssystem nicht auf solche Aktualisierungen vorbereitet. Wie man am besten Sport macht, liebt, die Kinder erzieht, sich ernährt und möglichst lange gesund bleibt? Ist uns in der Schule alles nicht beigebracht worden. Da haben wir ja noch nicht mal das Schnelllesen gelernt. Für mich stellen die Lebenssysteme so etwas wie Apps für bestimmte Zwecke oder

Probleme dar, die sich im Handumdrehen downloaden und updaten lassen. Klappt nicht? Dann lade dir doch die neuste Version runter. Gibt's noch 'ne bessere? Dann löschst du die andere eben. Der Trick ist nur, dass man die Software (also die Lebenssysteme) kennen muss, die man draufhat, und sich selbst oft genug beobachtet, um zu wissen, welche aktualisiert gehören.

Was uns auch schon zu Update Nummer 3 bringt:

> **Update 3: Übe dich im Bewusstseinsengineering**
>
> Außergewöhnliche Leute haben begriffen, dass ihr persönliches Wachstum von zwei Dingen abhängt: von ihren Realitätsmodellen und den Lebenssystemen. Deshalb wählen sie ihre Modelle und Systeme mit größter Sorgfalt, damit sie möglichst viel Kraft daraus beziehen können, und bringen sich selbst immer wieder auf den neusten Stand.

DIE GRENZEN UNSERER HEUTIGEN MODELLE UND SYSTEME

Die heutigen Realitätsmodelle und Lebenssysteme schränken uns in dreierlei Hinsicht ein:

1. Unsere Realitätsmodelle beruhen auf Programmen, die in unserer Kindheit aktuell waren.
2. Realitätsmodelle (und zwar sowohl die guten als auch die schlechten) bestimmen über unsere Lebenssysteme. Oder anders gesagt: Aus falschen Überzeugungen werden schlechte Angewohnheiten.
3. Die aktuellen Modelle und Systeme lassen praktisch keinen Raum für Bewusstseinsbildung – über die wirkliche Macht des Geistes wissen wir noch lange nicht genug.

Um die genannten drei Einschränkungen in ihrer vollen Tragweite begreifen zu können, müssen wir unsere aktuelle Welt von außen betrachten. Was leider gar nicht so einfach ist, wie es sich anhört.

Weil ich aber unbedingt herausfinden wollte, wie wir unsere Modelle und Systeme verbessern können, habe ich beschlossen, eine in jeder Hinsicht weit, weit von unserer modernen westlichen Welt entfernte Kultur zu besuchen.

DENKWÜRDIGE LEKTIONEN AUS DEM AMAZONAS-REGENWALD

Unmittelbar vor Sonnenuntergang trafen Kristina und ich tief im Amazonasgebiet Ecuadors ein. Gestartet war unsere kleine Maschine in Puyo, einem heruntergekommenen Städtchen am Rande des Dschungels. Nach einem Flug über das grüne Blättermeer landeten wir auf einer schmalen Piste mitten im Regenwald. Eine Bootsfahrt und einen längeren Fußmarsch später kamen wir in Tingkias an. Das meilenweit von der nächsten »zivilisierten« Ortschaft entfernte Dorf gehörte einer Familie aus dem Stamm der Achuar. Nichts umgab uns als grüner, regenfeuchter Dschungel, untermalt vom Sound unzähliger Vögel und anderer Tiere. Hier wollten wir die nächsten fünf Tage verbringen: in einer radikal anderen Kultur, in der viele der allgemein akzeptierten Normen menschlicher Zivilisation – etwa Schlafgewohnheiten, Körperpflege, Essen und Trinken oder religiöse Gepflogenheiten – keine Gültigkeit haben.

Das Volk der Achuar im ecuadorianischen Amazonas-Regenwald hatte über Generationen hinweg kaum Kontakt mit der übrigen Welt, die erst 1977 überhaupt von seiner Existenz erfuhr. Eine Kultur, die weniger Berührungspunkte mit uns »modernen Menschen von heute« hat, ließe sich daher wohl kaum finden. Und weil die Achuar den Einflüssen der kulturellen Umwelt nicht ausgesetzt waren, unterscheiden sich ihre Realitätsmodelle dramatisch von den unsrigen. Damit meine ich nicht solche Sachen wie Essen, Kleidung,

Musik und Volkstanz, bei denen man davon ausgehen kann, dass sie nicht sind wie bei uns. Nein, es geht um Dinge, von denen du dir, würdest du in einem historischen Text darauf stoßen, nie und nimmer vorstellen könntest, dass Leute das heute noch so machen.

Für diese Menschen haben Wahrheiten, die wir für absolut halten, keinerlei Bedeutung: etwa dass man Wasser trinkt oder morgens frühstückt. Die Zeit bei den Achuar hat mir die Augen geöffnet. Was ich dort beobachten konnte, veränderte mein Verhältnis zu den hierzulande als unerschütterlich geltenden Wahrheiten von Grund auf.

Lektion 1: Unsere Realitätsmodelle beruhen auf Programmen, die in der Welt aktuell waren, in der wir aufgewachsen sind

Wenn du in dem Dorf ankommst, bist du reif für ein Bad und ein großes Glas Wasser. Baden kannst du im nahe gelegenen Teich. Aber Trinkwasser? Fehlanzeige. Weit und breit gibt es nur den Teich, in dem du gerade warst – und in dem sich auch alle Stammesangehörigen waschen –, und der ist so voller Bakterien, dass du besser nicht daraus trinkst.

Wir gehen stillschweigend davon aus, dass alle Menschen Wasser trinken; wir halten dies wahrscheinlich sogar für eine absolute Wahrheit. Die Achuar aber sind auf einen brillanten Hack gestoßen, um damit klarzukommen, dass sie kein sauberes Wasser haben: Die Frauen sammeln, kochen und zerquetschen die Wurzeln von Palmlilien, dann kauen sie eine Zeit lang darauf herum und spucken das Ganze schließlich in eine Schüssel. Die Mixtur aus Palmlilie und Spucke wird dann mit Wasser aus dem Teich vermischt und bleibt einige Tage so stehen. In dieser Zeit gärt sie, und der dabei entstehende Alkohol tötet alle Bakterien ab. Das entstehende Getränk, eine Art Bier auf der Basis vergorener Spucke, heißt *Chicha*, und jede Stammesfrau hat dafür ihr eigenes Rezept. Sie kredenzt das *Chicha* ihrem Mann (der oft mehrere Gattinnen hat) und den Kindern. Entsprechend der Zusammensetzung ihres Speichels schmeckt das Getränk bei jeder Frau ein wenig anders. Während die Männer auf der Jagd sind, verbringen die weiblichen Stammesangehörigen tagtäglich viele Stunden mit Wurzelkauen und

Ausspucken. Die Herstellung des *Chichas* ist eine wichtige Aufgabe – etwas anderes zu trinken gibt es ja praktisch nicht.

Wie *Chicha* schmeckt? Nun, für mich persönlich ganz fürchterlich. Aber das liegt ausschließlich daran, dass ich nicht gelernt habe, den Geschmack zu lieben. Für die Achuar ist das *Chicha* ein Hochgenuss.

Und wenn die Männer endlich nach Hause kommen, können sie den ersten Schluck kaum erwarten. Uns mutet das komisch an, aber für die Achuar ist es vollkommen normal. So leben und *überleben* sie nun einmal an einem der unwirtlichsten Orte der Welt.

Ob es normal ist, Wasser zu trinken? Für den größten Teil der Menschheit schon. Aber für die Achuar ist eben Wasser etwas Seltsames, und es schmeckt ihnen nicht. Wir sehen also: Unsere Definition von Normalität ist letztlich reine Programmierung.

Auch das, was wir als unsere Kultur bezeichnen, ist in Wirklichkeit nicht viel mehr als eine Laune der Geschichte. Nicht unbedingt richtig, aber auch nicht unbedingt falsch. Dasselbe gilt für den Lebensstil der Achuar. Unsere Kultur ist das Ergebnis einer mehrtausendjährigen Geschichte, in der Ideen aufkommen, aufeinanderprallen, wieder in der Versenkung verschwinden und um die Vorherrschaft ringen. Und eines kann ich dir versichern: Auf rationalen Entscheidungen allein beruht unsere Kultur nicht. Eher im Gegenteil: In vielerlei Hinsicht nahm sie ihre Gestalt durch reine Nachahmung und Zufall an. Aber wir hängen an unserer Kultur – und zwar sowohl an ihren guten als auch an ihren schlechten Aspekten –, als wäre kein anderer Lebensstil überhaupt denkbar. Doch wenn du dir die Achuar anguckst und sie mit uns vergleichst, stellst du fest, dass so ziemlich jeder Aspekt der menschlichen Kultur – des alltäglichen Lebens – veränderbar, zu ersetzen, steuerbar ist und infrage gestellt werden kann.

Lektion 2: Unsere (guten und schlechten) Realitätsmodelle bestimmen über unsere Lebenssysteme

Ein Modell für Gott wie die meisten anderen Menschen haben die Achuar nicht. Sie glauben, dass Tiere und Pflanzen menschliche Seelen besitzen, die verbal und durch Gesten kommunizieren können. Um mit dieser Welt in Kontakt zu treten, trinken die Achuar Ayahuasca, eine natürliche Pflanzendroge, die Visionen und metaphysische Erfahrungen hervorruft.

Als ein Schamane unser Dorf besuchte, beschloss ich, an der Ayahuasca-Zeremonie teilzunehmen, die er abhielt. Auf einem Podest kniete ich mich vor ihm hin. Sein Gesicht konnte ich in der Dunkelheit nicht erkennen, sah nur das schnelle Aufglimmen des Tabaks, den er rauchte. Es war eine surreale Situation, beinahe so, als wäre ich Jahrhunderte zurückgegangen und in eine alte Kultur eingetreten. Der Schamane murmelte ein paar Worte, blies mir Rauch ins Gesicht, berührte mich mit einem Zweig und verabreichte mir dann ein Schlückchen von dem kostbaren Ayahuasca.

Einen Moment lang war alles noch in Ordnung. Doch plötzlich bekam ich Magenschmerzen – so unerträglich, dass ich mich über den Rand des Podests beugen musste, um mich zu übergeben. Helfer hielten mich an Armen und Beinen fest, damit ich nicht herunterfiel. Nach vier oder fünf Minuten ließ der Brechreiz nach, aber ich war immer noch so schwach, dass ich kaum laufen konnte. Die Leute halfen mir in eine Hängematte. Sobald ich die Augen schloss, sah ich nur noch Fraktale. Ganz so, als wäre die Welt ein einziges Geflecht wirbelnder, kreisender, ineinanderfließender Dreiecke in den verschiedensten Farben.

Als ich die Augen wieder öffnete und in den Dschungel schaute, kamen mir die Bäume vor wie die riesigen, freundlichen Monster aus Maurice Sendaks Kinderbuch *Wo die wilden Kerle wohnen,* und irgendwie hatte ich das Gefühl, in meinem Gehirn ertöne das berühmte Signal »Jetzt machen wir Krach!«. Ich weiß nicht, wie lange ich die Baummonster noch anstarrte, bevor mich ein dringendes Schlafbedürfnis überfiel. Aber sobald ich die Augen schloss, befand ich mich wieder in der faszinierenden Welt der tanzenden Fraktale mit ihren rasant wechselnden Formen.

Zunächst hatte ich Angst, doch dann senkte sich ein tiefer Frieden über mich. Ich fühlte mich eins mit dem Wald, den Bäumen, der feuchten Luft und dem Himmel. Es war herrlich – ganz im Jetzt zu sein, ohne den geringsten Gedanken an Vergangenheit oder Zukunft. Wie wunderbar, das Leben!

Irgendwann muss ich doch eingeschlafen sein. Jedenfalls wachte ich im Morgengrauen auf und gesellte mich zu den anderen, um etwas zu essen und mich mit ihnen über die gemachten Erfahrungen zu unterhalten.

Aus ihrem Glauben an die Geister des Waldes ergab sich für die Achuar die Praxis, das Göttliche mithilfe des Ayahuascas zu erleben.

So ähnlich lief es auch mit vielen unserer Lebenssysteme: Sie entwickelten sich mit der Kultur – als Reaktion auf bestimmte Überzeugungen der Zeit. Heute sind sie zur Gewohnheit geworden, weil ..., nun, eben »weil es immer schon so war«. Dieses und jenes machen wir mittlerweile so lange, dass wir gar nicht mehr wissen, wie es angefangen hat. Wir nehmen diese Systeme hin, »weil es nun mal so ist, wie es ist«, doch du musst nur etwas genauer hinschauen und erkennst, dass sie alten Vorstellungen entstammen, die du mit der Kultur aufgesogen hast, in der du groß geworden bist.

Lektion 3: Unsere aktuellen Modelle und Systeme lassen praktisch keinen Raum für Bewusstseinsbildung

Die meisten unserer Modelle und Systeme beziehen sich auf die rein physischen Aspekte des Lebens: Ernährung, Körper- beziehungsweise Schönheitspflege und dergleichen. Auf mentalem und spirituellem Gebiet gab es bis vor Kurzem praktisch keine Innovationen.

Die Achuar stehen jeden Morgen um vier auf. Danach versammeln sich die Stammesangehörigen um ein Feuer und trinken Wayusa, einen bestimmten Tee. Dabei tauschen sie sich über ihre Erfahrungen, Probleme, Sorgen und die Träume der vergangenen Nacht aus.

Die meisten von uns können sich ja nur schwer an ihre Träume erinnern. Wir neigen dazu, sie für flüchtige Bilder zu halten, und im harten Alltagsgeschäft sind sie sofort wieder vergessen. Für die Achuar dagegen sind die Erfahrungen der Nacht genauso wichtig wie die, die sie bei Tag machen; irgendwie scheinen sie sich simultan im Wach- und im Traumzustand zu befinden. In der Vermischung dieser Welten lösen sie ihre Probleme, erleben Abenteuer und kommunizieren sowohl untereinander als auch mit dem Reich der Spirits. Beim gemeinsamen Tee erzählen sie sich von ihren Erfahrungen, die Stammesoberen hören konzentriert zu und geben guten Rat. Das Zusammensitzen am Morgen ist für sie ein Ritual der mentalen und spirituellen Reinigung.

Ob sich die Achuar vielleicht besonders gut an ihre Träume erinnern können? Möglich. Aber es steckt noch mehr dahinter. Wir hatten unsere Reise in den Dschungel zusammen mit der berühmten Philanthropin und Entwicklungshelferin Lynne Twist unternommen. Sie erzählte mir, wie sie überhaupt mit den Achuar in Kontakt gekommen war: Sie hatte wiederholt von Angehörigen eines indigenen Volkes mit charakteristischen roten Mustern im Gesicht geträumt, die sie um Hilfe zu bitten schienen. Als sie Freunden von diesen Visionen berichtete, sagte einer, diese roten Muster erinnerten ihn an die Achuar. So kam Lynne nach Ecuador, um den Stamm kennenzulernen. Aufgrund der massiven Abholzung des Amazonas-Regenwaldes durch die Ölkonzerne droht den Achuar die Vertreibung aus ihrer Heimat. Lynne, die sowohl mit der ecuadorianischen Regierung als auch mit den Achuar zusammenarbeitet, trug das ihre zum Erlass von Gesetzen bei, die die Rettung von ganzen vier Millionen Morgen Regenwald zur Folge hatten.

Und das alles ging auf jene Menschen zurück, die sich dem Anschein nach in Lynnes Träume geschlichen hatten, um sie um Hilfe zu bitten. Sollten Träume also doch wichtiger sein, als wir in der westlichen Welt meinen? Ist an den morgendlichen Erörterungen der Traumwelt bei den Achuar vielleicht mehr dran, als wir uns vorstellen können?

Kaum auszudenken, welche spirituellen Erfahrungen und Kompetenzen wir uns in unserer modernen Welt entgehen lassen. Womöglich sind wir für bestimmte spirituelle Erfahrungen genauso blind wie die Himba, die die Farbe Blau nur schwer wahrnehmen können?

Als die Körperwesen, die wir nun einmal sind, arbeiten wir volle Pulle an unseren physischen Systemen. Denk nur mal an die vielen neuen Diät- und Sporttipps, von denen du allein im letzten Jahr gehört beziehungsweise gelesen hast. In unserer spirituellen Entwicklung dagegen hinken wir enorm hinterher. In den Dogmen der traditionellen Religionen finden sich viele von uns nicht wieder, aber das ist ja nichts Neues. Doch erst in allerjüngster Zeit wird uns bewusst, wie groß und variantenreich die spirituelle Landschaft ist und dass es neben der Konfession, in die wir hineingeboren wurden, noch viele, viele andere Möglichkeiten gibt. Ich glaube, unsere spirituellen Systeme bedürfen dringend einer umfassenden Erneuerung. Deshalb hat mich auch das Morgenritual der Achuar so fasziniert, bei dem sie sich ihre Träume erzählen und den Geist reinigen, während sie ihren Tee trinken, der den Körper durchputzt.

In den folgenden beiden Kapiteln werden wir über entstehende neue Modelle und Systeme sprechen, die dazu beitragen können, die Lücke in der Entwicklung von Körper und Geist zu schließen.

DIE MERKWÜRDIGKEITEN DER KULTUR

Uns mag das Leben der Achuar merkwürdig erscheinen – doch *sie* finden *uns* wiederum seltsam. Wir rennen morgens wie angestochen los, um bloß nicht zu spät an einem oft stressigen Arbeitsplatz anzukommen, und überlassen derweil die Kinder der Obhut anderer. In unseren Büros hocken wir den ganzen Tag herum und starren ins Kunstlicht des Bildschirms. Abends machen wir wie die Irren Sport, um uns die Kalorien abzutrainieren, die wir tagsüber massenhaft in uns reingestopft haben. Unsere Eltern stecken wir in ein Altenheim und haben ein schlechtes Gewissen, weil wir uns nicht genug um sie kümmern können. Wir nehmen Pillen gegen Angst und andere Emotionen, die wir für negativ halten. Wir trinken Energydrinks, um wach zu bleiben, und zum Einschlafen werfen wir wiederum Pillen ein. Wir essen und trinken im Übermaß, zum Teil, weil wir so viel mehr haben, als wir brauchen, zum Teil aber auch wegen all dem Stress. So hat eben jede Kultur ihre Probleme. Bei den Achuar aber habe ich gelernt, dass das, was wir für richtig, für Kultur und das wahre Leben halten – der geregelte Bürojob, Ehe und Erziehung, der Umgang mit alten Menschen und unser ganzer Alltagstrott –, nur ein Ensemble von Überzeugungen und Routinen darstellt, an das wir uns halten, weil …, nun, weil es anno dazumal richtig schien. Doch sobald du dir das bewusst gemacht hast, gewinnst du auch die Fähigkeit, aus diesen kulturellen Normen auszubrechen und dir neue zu erarbeiten.

VOM AUFMÖBELN DER INNENWELT

Ich hatte die Gelegenheit, einem Mann zu begegnen, den viele für den brillantesten Kopf unserer Zeit halten. Mit fünfundzwanzig Büchern in etwa dreißig Sprachen ist Ken Wilber der meistübersetzte Wissenschaftsautor der Vereinigten Staaten. Auf ihn geht eine höchst umfassende Philosophie zurück: die integrale Theorie, eine Art Theorie von allem, in der sich – um nur einige zu nennen – Kulturwissenschaften, Anthropologie, Systemtheorie, Entwicklungspsychologie, Biologie und Spiritualität vereinen. Von Bill Clinton bis hin zu Kermit dem Frosch haben schon so ziemlich alle Wilber zitiert, und seine integrale Theorie findet auf ganz verschiedenen Gebieten Anwendung, zum Beispiel in Ökologie und Nachhaltigkeit, Psychotherapie, Psychiatrie, Erziehung, Betriebswirtschaft, Medizin, Politik, im Sport und in der Kunst.

Im Rahmen der Recherchen für dieses Buch habe ich ein fünfstündiges Interview mit Ken Wilber geführt, in dem ich mich nach seinem Modell der Entwicklung von Mensch und Bewusstsein erkundigte.

Eine meiner Fragen lautete: »Wie würde Ihrer Meinung nach der ideale Lehrplan für Kinder aussehen?«

Wilbers Antwort darauf:

> »*Die Menschheit bleibt einfach deshalb weit unter ihrem Potenzial, weil das Erziehungsziel nicht der ganze, der vollständige Mensch ist. Unser Bildungssystem bezieht sich nur auf einen kleinen Aspekt, ein Scheibchen, ein Fragment all dessen, was uns möglich wäre ... Denn nach den großen Weisheitstraditionen der Welt verfügt der Mensch nicht nur über die üblichen Bewusstseinszustände wie Wachsein, Träumen oder Tiefschlaf, sondern auch über sehr viel höhere, etwa Erleuchtung beziehungsweise Erwachen – und NICHTS davon wird in unserem Bildungs- oder Erziehungssystem gelehrt. Aber alle diese Faktoren, die ich gerade genannt habe ..., keiner von ihnen ist als selten, isoliert, esoterisch, jenseitig, merkwürdig oder okkult zu bezeichnen. Nein, sie gehören zu*

> den elementarsten, grundlegendsten Aspekten des Menschen überhaupt; sie sind Teil des menschlichen Einmaleins. Dieses menschliche Einmaleins wird aber nicht gelehrt. Was wir lehren, ist höchstens ein Einmalnull. Deshalb, ja, ich bin tatsächlich der festen Überzeugung, dass wir erheblich zur Gesundung dieses Planeten und seiner Bewohner beitragen können, wenn wir endlich anfangen, den gesamten Menschen zu erziehen und zu bilden – mit all seinen Grundpotenzialen und Fähigkeiten und Fertigkeiten –, und mit dem fragmentierten, teilorientierten, kaputten System aufräumen, das wir im Moment haben.«

Beim Bewusstseinsengineering geht es nicht nur darum, glücklich und zufrieden zu werden – obwohl das natürlich ein feiner Nebeneffekt ist. Aber nein, es geht darum, dieses menschliche Einmaleins zu erfassen, sogar noch darüber hinauszugehen und auf das höchste Niveau der menschlichen Entwicklung zu gelangen, das nur möglich ist, damit wir unser größtes Potenzial realisieren können und diese Welt, wie man so schön sagt, besser verlassen, als sie vor uns war.

Es gibt viele Methoden, über das menschliche Einmaleins hinauszugehen; da aber jede persönliche Weiterentwicklung auf der Veränderung unserer Realitätsmodelle sowie der Aktualisierung von Lebensmodellen beruht, stellt das Bewusstseinsengineering das beste, wirkmächtigste Tool dafür dar.

Die zu Wachstum führende Veränderung eines Realitätsmodells resultiert oft aus einer Art Erweckungserlebnis oder aus einer plötzlichen Erkenntnis, die bewirken können, dass eine Überzeugung in sich zusammenfällt. Und sobald du dir ein neues Realitätsmodell zu eigen gemacht hast, gibt es kein Zurück. Mir zum Beispiel ging es so, als ich die Arbeit nicht mehr als Job betrachtete, sondern als Berufung. Andere legen vielleicht ihre Religionszugehörigkeit ad acta, sobald sie die Spiritualität für sich entdeckt haben.

Die Veränderung eines Lebenssystems dagegen stellt einen Prozess dar, das schrittweise Upgraden eines bestimmten Vorgangs – wie zum Beispiel beim Umstieg vom Fahrrad als Transportmittel aufs Auto.

· 3 · Übe dich im »Bewusstseinsengineering«

Sobald du das Prinzip des Bewusstseinsengineerings einmal begriffen hast, kannst du dich als feinst abgestimmtes Betriebssystem betrachten, dem du im Bedarfsfall jederzeit neue Hardware (Realitätsmodelle) zuordnen oder neue Apps (Lebenssysteme) aufspielen kannst. Dann wirst du nie mehr auf Gedeih und Verderb an denen festhalten, die du schon hast, weil du es besser weißt – und weißt, dass ständig Besseres entwickelt wird. Und dann bist du – kurz gesagt – bereit für Wandel und persönliches Wachstum.

Wie wir wachsen

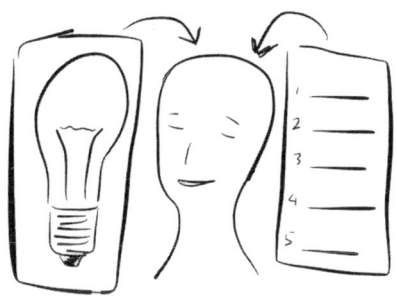

Neue Realitätsmodelle
Wachstum aufgrund
veränderter Überzeugungen

Neue Lebenssysteme
Wachstum durch
Upgrades von Routinen

WIE DU VIEL SCHNELLER DAZULERNST

Bewusstseinsengineering schafft die Voraussetzungen dafür, dass du künftig viel schneller lernst und dich weiterentwickelst, und zwar dadurch, dass es dich mit einer Art mentaler Landkarte versorgt.

»Wie kommt es eigentlich, dass du so schnell dazulernst?«, wurde Elon Musk auf *Reddit.com* einmal gefragt. Seine Antwort:

»Wissen muss man als semantischen Baum betrachten.
Das heißt: Vor allem ist dafür zu sorgen, dass man die

Grundprinzipien versteht, also den Stamm und die großen Äste. Erst danach sollte man sich um die Blätter/Details kümmern, weil die sonst ja nichts haben, wo sie dranhängen können.«

Im Hinblick auf dein Persönlichkeitswachstum stellt das Bewusstseinsengineering diesen Stamm dar. Die beiden großen Äste sind die Realitätsmodelle und die Lebenssysteme. Denn alles, was du über persönliches Wachstum lernen kannst, ist entweder ein Modell (beispielsweise eine neue Überzeugung in Sachen Geld) oder ein System (sagen wir: ein neues Fitnessprogramm oder die Umstellung der Ernährung). Die Beispiele stehen für Dinge, die an den großen Ästen hängen.

Seit ich dieses Bild im Kopf habe, ist mir aufgefallen, dass ich viel schneller lerne und mich weiterentwickle als früher.

Hast du das Bewusstseinsengineering erst einmal verinnerlicht, wirst du in jedem Buch etwa über Persönlichkeitsentwicklung oder Gesundheit oder auch in Autobiografien bedeutender Menschen nach einem Modell-Upgrade suchen, das du eintauschen, oder nach einem neuen System, das du dir zulegen kannst.

In den nächsten beiden Kapiteln werden wir diesen Lernprozess noch verfeinern. Und zwar dadurch, dass ich dir zeige, wie du deine Modelle und Systeme optimal upgradest.

Wir alle haben Unmengen unentdeckter Fähigkeiten. Wann immer wir von Lebensgeschichten hören, in denen Wille und Einfallsreichtum triumphieren, werden wir daran erinnert. Ob es sich dabei nun um die Innovationen eines Mannes wie Dean Kamen, einer der größten Erfinder der USA, handelt oder um einen herausragenden Staatsbürger, der für seine Gemeinde alles gibt. Manche mögen von Mut, Brillanz, Visionen, ja sogar von Wundern sprechen, aber Fakt ist nun einmal: Bewusstseinsengineering holt das Beste aus einem heraus. Es macht einen zum außergewöhnlichsten Menschen, der man überhaupt nur sein kann. Und diese Möglichkeit, meine lieben Hacker-Freundinnen und -Freunde, steht uns allen offen.

Jetzt kommt gleich eine wichtige Übung. Denn das Bewusstseinsengineering funktioniert am besten, wenn es sich holistisch auf das ganze Leben erstreckt. Dazu müssen wir nur zwei Dinge verstehen: Erstens müssen wir die wichtigsten Bereiche benennen, auf die wir es anwenden wollen. Und zweitens müssen wir genau herausfinden, an welcher Stelle wir ein Rebalancing benötigen, einen Neuausgleich.

ÜBUNG: DIE ZWÖLF LEBENSBEREICHE, DIE IM GLEICHGEWICHT SEIN SOLLTEN

Mein Freund Jon Butcher ist der Inhaber von Precious Moments, einem berühmten amerikanischen Mail-Order-Imperium, das Geschenkartikel in Form niedlicher Porzellanfiguren und -püppchen anbietet. Er gehört zu den erfolgreichsten Unternehmern unseres Landes. Was ihn aber ganz besonders auszeichnet, ist die Ausgeglichenheit seiner Lebensführung. Jon scheint einfach alles zu haben: Wohlstand, Erfolg, eine perfekte Ehe, tolle Kinder und viel Abenteuer. Obwohl bereits Großvater, ist er so gut in Form, dass man ihn für höchstens Anfang, Mitte vierzig halten würde. Sein Geheimnis, behauptet er, bestehe in der Art und Weise, wie er sich Ziele setzt.

Jon hat sein Leben in zwölf Kategorien unterteilt. Und für jede dieser Kategorien hat er seine Überzeugungen, seine Visionen ausgearbeitet und sich auch die Frage gestellt, welchen Zweck er damit verfolgt. Tiefgründiger kann man seine Ziele nicht bestimmen. Wann immer Freunde nach seinem Geheimnis fragten, erklärte Jon ihnen sein System. Und daraus wurde dann irgendwann Lifebook, ein Gruppenseminar mit wenigen Teilnehmern zur Persönlichkeitsentwicklung, das in Chicago stattfindet. Vier Tage sind dort ganz der intensiven Erforschung der verschiedenen Aspekte des Lebens gewidmet. Und am Ende dieses Prozesses steht ein höchst detaillierter individueller Lebensplan.

Zu einem nicht unerheblichen Teil ist die Übung, die ich hier vorstelle, von Jon Butchers Lifebook-Seminar inspiriert, an dem ich 2010 teilnahm. Ich habe Jons Kategorien allerdings etwas abgeändert, damit du die Modelle und Systeme, die du auf dein Leben anwendest, leichter erkennen und dann auch herausfinden kannst, welche du upgraden möchtest. Diese Kategorien bezeichne ich als die *»Zwölf Lebensbereiche, die im Gleichgewicht sein sollten«*. Jeder dieser Bereiche beeinflusst und formt dich ganz entscheidend. Und die folgende Übung wird dich in jedem der zwölf erheblich weiterbringen, sodass kein Teil deines Lebens davon ausgeschlossen bleibt.

Bereit für den Start ins Bewusstseinsengineering? Gut, dann los:
Betrachte dein Leben und das Wachstum, das du anstrebst, ganzheitlich. Allzu vielen fehlt es an Balance. Vielleicht sind sie sehr wohlhabend, aber ihr Verhältnis zur Verwandtschaft ist miserabel. Oder sie haben ein unglaublich hohes Fitnesslevel, sind kerngesund, dafür ständig pleite. Andere legen vielleicht eine tolle Karriere hin, leiden jedoch unter Liebeskummer und Einsamkeit. Ein außergewöhnliches Leben dagegen ist auf allen Ebenen im Gleichgewicht. Und das holistische Denken stellt sicher, dass du nicht auf einem Gebiet der King bist und auf einem anderen der totale Loser. Ich nutze die zwölf Kategorien, um mein gesamtes Leben in Balance zu halten.
So, und nun bist du dran.

Bewerte dein Leben in jeder der folgenden Kategorien auf einer Skala von 1 bis 10 – wobei 1 für »miserabel« steht und 10 für »toll, super«. Solltest du einen Stift zur Hand haben, schreibst du deine Ziffern am besten gleich in die dafür vorgesehenen Zeilen. Und denke über keine zu lange nach. Der erste Impuls – das Bauchgefühl – ist meistens am verlässlichsten.

1. LIEBESBEZIEHUNG. Hier geht es um die Zufriedenheit mit deinem Beziehungsstatus – darum, ob du gebunden oder ein glücklicher Single bist oder ob du dir eine Beziehung wünschst.
Deine Bewertung: _____

2. FREUNDSCHAFTEN. Hier geht es um die Qualität deines persönlichen Netzwerks. Hast du mindestens fünf Leute, die immer hinter dir stehen und mit denen du gern zusammen bist?
Deine Bewertung: _____

3. ABENTEUER. Wie viel Zeit hast du zum Reisen, um die Welt zu erkunden und Dinge zu unternehmen, die dir neue Erfahrungen erlauben und deinen Horizont erweitern?
Deine Bewertung: _____

4. UMGEBUNG. Hier geht es um die Qualität deines Zuhauses, deines Autos, deiner Arbeit und insgesamt um die Orte, an denen du deine Zeit verbringst – auch auf Reisen.

Deine Bewertung: _____

5. GESUNDHEIT UND FITNESS. Wie würdest du (unter Berücksichtigung des Lebensalters) deine Gesundheit und körperliche Verfassung beurteilen?

Deine Bewertung: _____

6. INTELLEKTUELLE ENTWICKLUNG. Wie sehr und wie schnell entwickelst du dich weiter und lernst dazu? Wie viele Bücher liest du? Wie viele Seminare oder Kurse besuchst du? (Weiterbilden sollte man sich auch noch nach dem Schul- und/oder Studienabschluss.)

Deine Bewertung: _____

7. FÄHIGKEITEN UND FERTIGKEITEN. Wie schnell verbesserst du dich in den Fähigkeiten, die dich einzigartig machen und dir beim Aufbau einer erfolgreichen Karriere helfen? Bist du auf dem Weg, es darin zur Meisterschaft zu bringen, oder stagnierst du?

Deine Bewertung: _____

8. SPIRITUALITÄT. Wie viel Zeit nimmst du dir für spirituelle, meditative oder besinnliche Praktiken, die dir das Gefühl von Verbundenheit, Ausgeglichenheit und Frieden geben?

Deine Bewertung: _____

9. BERUF. Entwickelst du dich weiter, kommst du voran und erbringst Höchstleistungen? Oder hast du das Gefühl, dich in einem Hamsterrad abzustrampeln? Wenn du selbstständig bist: Wie laufen die Geschäfte, geht's vorwärts oder stagnieren sie?

Deine Bewertung: _____

10. KREATIVITÄT. Malst oder schreibst du? Spielst du ein Instrument oder betreibst du irgendetwas, worin sich deine Kreativität ausdrückt? Bist du eher Konsument oder selbst schöpferisch tätig?

Deine Bewertung: _____

11. FAMILIE. Kehrst du nach einem harten Arbeitstag in ein liebevolles Zuhause zurück? Solltest du unverheiratet sein und keine Kinder haben, betrachte bitte deine Geschwister als Familie.

Deine Bewertung: _____

12. GEMEINSCHAFTSLEBEN. Was trägst du zum Leben deiner Community bei? Spielst du darin eine klar definierte Rolle?

Deine Bewertung: _____

Hast du schon Bereiche ausgemacht, in denen es für dich besser laufen könnte? Das ist genau der Punkt: Damit hast du jetzt nämlich eine klare Ausgangsbasis für die Reise in dein künftiges außergewöhnliches Leben. Für den Moment reicht es, wenn du dir überlegst, wie du dich in jeder Kategorie einschätzt.

In den nächsten Kapiteln werden wir wiederholt auf die *Zwölf Lebensbereiche, die im Gleichgewicht sein sollten,* zurückkommen, und ich werde dir dabei behilflich sein, herauszufinden, auf welche Gebiete du dich konzentrieren solltest, um deine Realitätsmodelle und Lebenssysteme optimieren zu können.

4

SCHREIBE DEINE REALITÄTSMODELLE UM

INDEM DU LERNST, DEINE ÜBERZEUGUNGEN BEWUSST ZU WÄHLEN UND SIE UPZUGRADEN

Überzeugungen sind wie unhinterfragte Regieanweisungen, die uns darüber informieren sollen, was möglich und was unmöglich ist, was geht und was nicht. Jede unserer Handlungen, alle Gedanken und Gefühle, die wir haben, werden von ihnen diktiert. Jeder, der echte und bleibende Veränderungen für sein Leben will, muss sie deshalb unbedingt ablegen.

Tony Robbins

EMPFEHLUNG EINES MÖNCHS IM WHIRLPOOL

»Hättest du jetzt Zeit?«, fragte mich der junge Mönch. »Lass uns ein bisschen reden.«

Ob ich Zeit hatte? Es war unser letzter Abend auf den Fidschi-Inseln. Wir saßen an einem großen Tisch und genossen eine der fantastischsten Mahlzeiten, die ich je gesehen hatte. Wir schrieben das Jahr 2009. Mike, mein damaliger Geschäftspartner, und ich nahmen an einem neuntägigen Meditationsretreat teil. Unserer bunt gemischten Gruppe gehörten unter anderem Hollywood-Schauspieler, ein Börsenguru und eine ehemalige Miss America an – sowie die Mönche aus Indien, die das Retreat leiteten. Dass mich Tony Robbins und seine Frau eingeladen hatten, daran teilzunehmen und ihr schönes Zuhause auf der Insel kennenzulernen, empfand ich als große Ehre.

Nun also begingen wir feierlich den Abschluss unserer neuntägigen Selbsterkundung, während der wir alles darangesetzt hatten, uns selbst und das volle Potenzial zu erkennen, über das wir verfügen. Wie uns mitgeteilt worden war, sollte an diesem Abend jeder von uns ein Vier-Augen-Gespräch mit einem der Mönche führen dürfen, in dem uns etwas »offenbart« werden würde.

Aus Gründen, die ich nie erfahren werde, beschloss »mein« Mönch, das Beratungsgespräch ausgerechnet während des üppigen Essens abzuhalten, nachdem ich gerade mein drittes Glas Wein getrunken hatte. Aber wenn dich dein Mönch ruft, gehorchst du.

»Wo wollen wir hingehen?«, fragte ich also.

»Am besten setzen wir uns in den Whirlpool«, antwortete er.

Natürlich, was denn sonst?

Also begaben wir uns in den Außenwhirlpool unter dem Sternenhimmel Fidschis. Ich kletterte hinein. Der Mönch nahm am Rand Platz und tauchte die Zehen in das warme Wasser.

»Weißt du, was dein Problem ist?«

»Nein«, gab ich überrascht und offen gestanden auch ein bisschen ärgerlich zurück. »Was für ein Problem hab ich denn?«

»Ein zu geringes Selbstwertgefühl.«

Hallo? Was soll das denn?

»Das glaub ich kaum«, antwortete ich möglichst sachlich und versuchte mir meine zunehmende Gereiztheit nicht anmerken zu lassen. »Ich finde eigentlich eher, dass ich ziemlich viel Selbstvertrauen habe. Schließlich führe ich ein Unternehmen. Und habe ein tolles Le...«

»Nein, nein, nein«, fiel er mir ins Wort. »Du hast wenig Selbstwertgefühl. Und das ist auch die Ursache deiner Probleme. Ich habe dich beobachtet. Wenn dein Partner beim Brainstorming eine Idee von dir verwirft, wirst du immer ganz nervös und gehst sofort in die Defensive. Ich könnte wetten, dass du nicht nur Probleme in der Ehe hast, sondern auch mit anderen Leuten. Du bist nicht in der

Lage, Kritik anzunehmen. Und das alles nur aus einem einzigen Grund: weil du ein zu geringes Selbstwertgefühl hast.«

Es war wie ein Schlag mitten ins Gesicht. Das warme Wasser, in dem ich hockte, fühlte sich mit einem Mal nicht mehr so wohlig an. Aber der Mönch hatte vollkommen recht. Und nach neun Tagen der Meditation und Selbstreflexion war ich offen für derlei Erkenntnisse, auch wenn sie wehtaten.

Beim Brainstorming ging ich tatsächlich allzu sehr in die Defensive, vor allem meinem Geschäftspartner gegenüber. Privat war ich schnell verletzt und fühlte mich leicht missverstanden. Das eigentliche Problem war aber nicht, dass jemand meine Ideen verwarf, nicht auf mich hörte oder mich missverstand. Nein, letztlich lief alles auf die tief in mir verankerte Überzeugung hinaus, dass ich, ich selbst, *nie gut genug* war.

Deshalb verhielt ich mich in Meetings immer so defensiv. Die Ablehnung meiner Ideen empfand ich als Ablehnung meiner Person. *Deshalb* war ich Unternehmer geworden: um zu beweisen, dass ich eine große Nummer und gut genug war. *Deshalb* unterhielt ich die schönsten Büros in meiner Stadt: um unter Beweis zu stellen, dass ich es konnte. *Deshalb* hatte ich es zu Wohlstand gebracht: weil ich etwas beweisen wollte.

Meine Überzeugung, ständig unter Beweis stellen zu müssen, dass ich gut genug war – das Realitätsmodell, dem ich sehr lange anhing –, hatte mich so erfolgreich gemacht, wurde mir klar. Aber ich erkannte auch, mit wie viel Schmerz dieser innere Zwang einhergegangen war.

Könnte es also sein, dass ich ohne diese einschränkende Überzeugung sowohl geschäftlich als auch privat noch weitaus erfolgreicher wäre … und keinen so hohen Preis dafür zahlen müsste? Was wäre wohl, wenn ich mir die Überzeugung zu eigen machen würde, dass ich gut genug bin und nicht das Geringste zu beweisen habe?

Viele unserer Realitätsmodelle kennen wir gar nicht. Manche allerdings schon. So weiß ich zum Beispiel, dass ich von der Wichtigkeit einer Berufung, von der Macht der Dankbarkeit und davon überzeugt bin, dass ich nett zu

Lektion 1: Realitätsmodelle liegen unter der Oberfläche. Oft nehmen wir sie erst dann wahr, wenn sie uns von jemandem oder auch durch eine kontemplative Praxis bewusst gemacht werden.

den Menschen sein muss, mit denen ich zusammenarbeite. Daneben aber gibt es, wie schon gesagt, auch Realitätsmodelle, die so tief in uns verankert sind, dass wir sie praktisch überhaupt nicht wahrnehmen. Und der Teil deiner Überzeugungen, derer du dir bewusst bist, ist viel kleiner als der, von denen du keinen Schimmer hast.

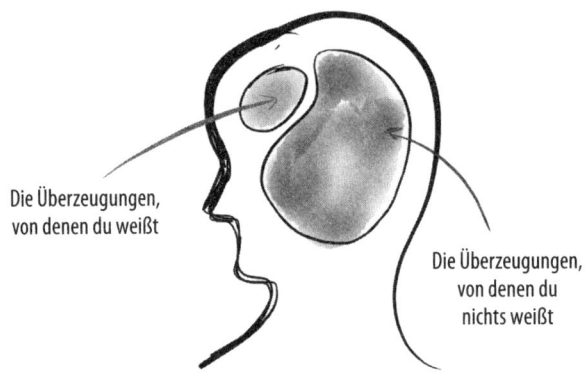

Überzeugungen, von denen du (nichts) weißt

Hinzulernen und Außergewöhnlichwerden hängen zu einem sehr großen Teil davon ab, dass du dir der Realitätsmodelle bewusst wirst, die du unwissentlich mit dir herumträgst.

Ich zum Beispiel hatte nichts von meiner Überzeugung gewusst, nie gut genug zu sein. Indem ich sie nun wahrnahm und daran arbeitete, mich von ihr zu befreien, hat sich sowohl meine Lebensqualität erheblich verbessert als auch mein Umgang mit Freunden, Kollegen und meiner Frau.

In diesem Kapitel wollen wir herausfinden, wie sich unsere Vergangenheit in bestimmten Überzeugungen niedergeschlagen hat – und auf welche Weise diese nun unsere Gegenwart und Zukunft prägen. Außerdem werden wir schauen, wie du dir deiner verborgenen Realitätsmodelle bewusst werden und untaugliche gegen aktuellere austauschen kannst. Der erste Schritt besteht darin, zu erkennen, wie wir uns diese Modelle überhaupt zu eigen machen.

EIN DENKWÜRDIGES TANZVERGNÜGEN

Wo die Überzeugung vom »Nicht-gut-genug-Sein« und die anderen einschränkenden Realitätsmodelle eigentlich herkommen? Nun, bei den meisten von uns sind sie wohl schon in der Kindheit entstanden.

Aufgewachsen bin ich im malaysischen Kuala Lumpur; da meine Wurzeln aber in Nordindien liegen, sah ich anders aus als meine Mitschüler, die chinesischer oder südostasiatischer Herkunft waren. Ich hatte eine andere Hautfarbe, eine größere Nase und mehr Körperbehaarung. In der Grundschule wurde ich viel gehänselt. Aufgrund meiner dicht behaarten Beine nannten mich die Klassenkameraden »Gorilla« – oder »Hakennase« wegen meines römisch geformten Riechorgans, um nur zwei der Namen zu nennen, die sie mir verpassten. Das Ergebnis war, dass ich mich anders fühlte. Und die lange Nase genauso hasste wie meine »Gorilla«-Beine.

Mit dreizehn meldete mich mein Vater in einer Privatschule für im Ausland lebende Kinder an. Die Schüler in meiner Klasse kamen aus fünfzehn Ländern, und aufgrund der vielen Unterschiede, die dort herrschten, fühlte ich mich total normal. Aber die Pubertät hielt neue Herausforderungen für mich bereit. Ich bekam eine schwere chronische Akne, die ich im Alter von sechzehn Jahren fast regelmäßig medikamentös behandeln musste. Was mir einen weiteren üblen Spitznamen einbrachte: »Pickelface«.

Doch es sollte alles noch schlimmer kommen. Als Teenager wurden meine Augen so schlecht, dass ich eine Brille mit megadicken Gläsern tragen musste. Da zu allem Überfluss auch noch das Gestell regelmäßig kaputtging, sah ich mich gezwungen, es mit Klebeband immer wieder notdürftig zu reparieren, was mich endgültig zum wandelnden Stereotypen des Nerds machte. Wie du dir vielleicht vorstellen kannst, gestaltete sich mein Leben zu der Zeit also alles andere als einfach.

In meinen ersten Jahrzehnten auf diesem Planeten hatte ich aufgrund der negativen Überzeugungen bezüglich meines Äußeren praktisch null Selbstbewusstsein. Im Umgang mit Gleichaltrigen war ich gehemmt, sodass ich mit anderen nur selten mal etwas unternahm. Ich interessierte mich für Mädels, traute mich aber nie, jemanden anzusprechen. Im College sah ich mich als Computerfreak, den die jungen Frauen vielleicht als Kumpel wollten, nicht aber als Lover. Was dazu führte, dass ich noch mit zweiundzwanzig nie eine Freundin gehabt hatte.

Dann aber änderte sich etwas. Und alles begann mit einem Kuss. Es war bei einem Tanzabend auf dem College. Wahrscheinlich hatte ich ein Bier zu viel, denn anders kann ich mir nicht erklären, dass ich auf einmal mit dem hübschesten Mädchen im Raum tanzte. Sie hieß Mary. Ich kannte sie seit Jahren und hatte sie die ganze Zeit über schon angeschmachtet, aber sie spielte in einer ganz anderen Liga als ich. Bis heute weiß ich nicht, was da über mich gekommen ist, jedenfalls gab ich ihr plötzlich mitten auf der Tanzfläche einen Kuss. Zog den Kopf allerdings sofort wieder zurück und stammelte so etwas wie: »Das wollte ich nicht, tut mir echt leid.« Weil ich fest davon ausging, dass ich Mary beleidigt hätte.

Doch sie schaute mich nur an und sagte: »Spinnst du? Hey, du bist ein verdammt heißer Typ!« Sie zog mich an sich und küsste mich mit Schmackes auf den Mund. Eines führte zum anderen und mündete schließlich in einer der wunderbarsten Nächte meines ganzen Collegelebens.

Sobald sich ein Realitätsmodell verändert, verändert sich auch dein gesamtes Auftreten. Am nächsten Morgen kam es mir so vor, als wäre ich in einer vollkommen neuen Welt aufgewacht. Wenn mich die bildhübsche Mary heiß fand, war ich womöglich gar nicht so hässlich, wie ich immer gedacht hatte. Und vielleicht würden dann ja auch andere Mädels Gefallen an mir finden.

Diese eine Erkenntnis zerstörte meine Überzeugung, fürs andere Geschlecht unsichtbar zu sein. Und revolutionierte mein Verhältnis zu Frauen. Mary sei Dank fing ich an zu daten. Äußerlich hatte ich mich um keinen Deut verändert. Doch mit dem neuen Realitätsmodell hinsichtlich meiner Attraktivität schien ich die Mädels nun beinahe magnetisch anzuziehen. Unglaublich: die Wende, die mein Leben aufgrund meines neuen Selbstbildes nahm.

Kurz darauf kam Kristina mich besuchen, eine hübsche junge Dame aus Estland, auf die ich schon lange scharf war – ihr erinnert euch. Sie sah ausgesprochen gut aus, war frech, hochintelligent – und rothaarig. Ich liebe rothaarige Frauen. Seit Jahren verband uns (leider nur) eine Freundschaft, und sie war meine absolute Traumfrau. Jetzt aber, mit meinem gewandelten Realitätsmodell, konnte ich ganz anders auf Kristina zugehen. Wir fingen an zu daten. Nach drei Jahren machte ich ihr einen Heiratsantrag. Heute, anderthalb Jahrzehnte später, sind wir immer noch zusammen und haben zwei wunderbare Kinder.

Mittlerweile stelle ich mich ganz selbstverständlich auf die Bühne. Stehe vor der Kamera, ohne einen einzigen Gedanken an mein Äußeres zu verschwenden. Und all das nur, weil mir ein Mädchen, das ich toll fand, geholfen hatte, ein lang von mir gehegtes Realitätsmodell auf den Kopf zu stellen. Es gab noch eine Menge anderer schädlicher Überzeugungen, die ich loswerden musste; doch nun hatte ich den Beweis, dass sich selbst die am festesten verwurzelten Realitätsmodelle aus der Kindheit restlos beseitigen lassen. Mit unglaublich positiven Folgen.

Lektion 2: Die schwächenden Realitätsmodelle, die wir mit uns herumschleppen, haben ihren Ursprung oft schon in der Kindheit.

DIE HYPNOTISEURIN IM HOTEL

2015 habe ich eine Erfahrung gemacht, mit deren Hilfe es mir gelang, ein weiteres Realitätsmodell abzulegen, das mich unglaublich eingeschränkt hatte: mein Verhältnis zum Geld. Geschäftlich lief es gut, aber auch den *finanziellen* Erfolg für mich zu reklamieren, fiel mir unwahrscheinlich schwer.

Das A-Fest zum Beispiel, ein festivalartiges Event, das ich organisiere, war profitabel, doch spendete ich praktisch den gesamten Gewinn, den ich damit erwirtschaftete, für gute Zwecke und behielt im Grunde nichts davon für mich.

Ich war Miturheber mehrerer Kurse zur Persönlichkeitsentwicklung, hatte allerdings nie verhandelt, nie versucht, die Honorare zu erhalten, die ich für angemessen hielt. Total falsch war diese Distanz zum materiellem Wohlstand zwar nicht, aber sie hatte doch auch einen Nachteil, wie ich fand: Sie konnte das weitere Wachstum meines Unternehmens und unsere Projekte behindern.

2015 hatte ich gerade ein weiteres A-Fest (eine Reihe von Festivals, die ich 2010 ins Leben gerufen hatte) zum Abschluss gebracht, diesmal im kroatischen Dubrovnik. Der Schlussakkord war eben verklungen, und zu Hunderten traten die Teilnehmer den Heimweg an. Im Restaurant mit Aussicht auf die Adria saßen die Hypnotherapeutin Marisa Peer und ihr Mann, der britische Unternehmer John Davy, beim Frühstück.

Marisa ist eine ganz außergewöhnliche Frau, die schon vielen Menschen mit ernsthaften Problemen sehr schnell zu tiefgreifenden Fortschritten in der Entwicklung ihrer Persönlichkeit verholfen hat. Sie gehört zu den kompetentesten Transformatoren menschlicher Glaubens- und Überzeugungssysteme, denen ich je begegnet bin; ihre Arbeit und die Erfolge, die sie damit erzielt, sind legendär. Zu ihren Klienten zählt sie neben Mitgliedern des britischen Königshauses ein ganzes *Who's who* der Hollywood-Prominenz.

Marisas Präsentation auf dem A-Fest war mit stehenden Ovationen quittiert und zum besten Vortrag des ganzen Events gewählt worden. Darin hatte sie erklärt, warum die Vorstellung, »nicht gut genug« zu sein, die schlimmste und häufigste Erkrankung der Menschen überhaupt darstellt. Denn diese Überzeugung ist nicht auf die Kindheit beschränkt, sondern belastet uns auch noch als Erwachsene und verursacht viele unserer Probleme.

Als wir beim gemeinsamen Frühstück über ihre Arbeit sprachen, fragte ich Marisa, ob sie vielleicht bereit wäre, auch mich einmal in Hypnose zu versetzen. Da ich eine solche Erfahrung noch nie gemacht hatte, war ich neugierig auf die Wirkung.

Wenige Stunden später kam Marisa in die Suite meines Hotels und erkundigte sich, was ich mit der Sitzung erreichen wolle.

»Mein Verhältnis zum Geld klären«, sagte ich ihr. Denn ich fragte mich, ob sich dahinter vielleicht ein Realitätsmodell verbarg, das ich besser schleunigst ablegen sollte.

Durch Erinnerungen und Bilder führte Marisa mich in meine Vergangenheit zurück. Fast fühlte es sich so an, als versetzte mich ihre Stimme in einen leichten Schlaf.

»Gehe jetzt in die Situation zurück, in der diese Überzeugung entstanden ist«, sagte sie dann.

Plötzlich sah ich Mr. John vor mir, einen Lehrer, den ich als Teenager gehabt und stets sehr bewundert hatte, weil er einfach toll war. Die ganze Klasse mochte ihn. Doch zugleich hatten wir alle auch ein bisschen Mitleid mit ihm. Denn er schien immer so einsam zu sein. Wie wir wussten, hatte seine Frau ihn verlassen, und nun lebte er in einer ganz kleinen Wohnung und hatte offenkundig sehr wenig Geld. Aber wir alle liebten ihn eben und sprachen oft darüber, was für ein super Lehrer er doch war und welche Schande es sei, dass er so leben müsse.

»Erkennst du vielleicht ein Denkmuster, das sich für dich in diesem Moment herausgebildet hat?«, fragte mich Marisa.

Und mir wurde klar, dass die *Brule*, die ich aus dieser Situation abgeleitet habe, lautete:

Um ein großartiger Lehrer sein zu können, musst du leiden.

Ich betrachte mich als Lehrer, weil ich eine Bildungseinrichtung leite und mich sowohl in Vorträgen als auch in Artikeln dem Thema der persönlichen Weiterentwicklung widme. Und unbewusst war ich damals wohl der Überzeugung, um ein großartiger Lehrer sein zu können, müsse ich leiden – was in meinem Fall hieß, immer ziemlich knapp bei Kasse zu sein.

Aber damit ließ Marisa es nicht bewenden. Sie führte mich noch in eine weitere Situation zurück:

Ich saß hinten im Auto meiner Eltern. Es war mein Geburtstag, der neunte oder zehnte, und wir fuhren zu einem Geschäft, in dem ich mir ein Geschenk aussuchen durfte. Unterwegs tat ich so, als würde ich schlafen, aber ich hörte die Besorgnis in den Stimmen meiner Eltern. Sie sprachen über Geld. Wohlhabend waren sie zu der Zeit nicht, doch sie kamen eigentlich immer ganz gut über die Runden. Meine Mutter war Lehrerin und mein Vater Kleinunternehmer. Ich erinnere mich noch an das schlechte Gewissen, das mich überkam, als ich meine Eltern über das Geschenk für mich sprechen hörte.

Als wir dann in dem Laden angekommen waren, entschied ich mich für ein Buch.

»Ist das schon alles?«, fragte meine Mutter. »Such dir doch noch was anderes aus.«

Meine Wahl fiel auf einen Hockeyschläger. »Hey«, sagte meine Mutter. »Wünschst du dir denn nicht *mehr*? Schließlich geht es doch um deinen Geburtstag.«

Aber ich wollte meine Eltern nicht mit einer zusätzlichen Ausgabe belasten.

Diese Situation kristallisierte sich zu einem weiteren Realitätsmodell, das ich mit mir herumtrug. Es lautete:

⚡? *Verlange nicht zu viel, sonst schadest du jemandem.*

Marisa führte mich in die nächste Situation zurück. Ich war sechzehn, stand auf einem Basketballfeld in der prallen Sonne. Der Schuldirektor, ein ehemaliger Gewichtheber, der mich aus irgendeinem Grund verabscheute, obwohl ich zu den besten Schülern gehörte, bestrafte mich. An jenem Tag hatte ich meine Turnhose zu Hause vergessen. Und für diesen winzigen Regelverstoß erhielt ich nun die Quittung: Ganze zwei Stunden musste ich unter der brennenden Sonne auf dem Basketballfeld stehen bleiben. Weil mir das keine Angst einzujagen schien, verschärfte der Direx die Bestrafung noch, indem er vor meinen Augen bei meinem Vater anrief. Und zu mir sagte er: »Du fliegst!« Damit drehte er sich um und ging davon.

Als mein Vater eintraf, wütend angesichts der unangemessenen Reaktion des Schulleiters auf so ein geringfügiges Vergehen, erklärte ihm der Direktor, dass er mich nicht wirklich der Schule hätte verweisen wollen. »Ich wollte ihm nur etwas Angst einjagen und eine Lektion erteilen.«

Ich aber hatte mir sein Verhalten gefallen lassen.

Marisa fragte mich: »Kannst du heute, als Erwachsener, verstehen, warum er dir das angetan hat?«

Woraufhin die nächste *Brule* in meinem Kopf aufpoppte:

⚡? *Falle nicht auf! Herauszustechen ist gefährlich.*

Ich wusste sofort, in wie vieler Hinsicht mir diese drei Realitätsmodelle meiner Kindheit im Weg gestanden hatten. Allesamt unterminierten sie mich. Dabei war mir nie bewusst gewesen, dass ich diese Ansichten überhaupt gehabt hatte.

Doch als ich sie los war, kam es zu tiefgreifenden Veränderungen bei mir. In den folgenden Monaten geschah Unglaubliches: Weil ich meine Überzeugung, nur ja nicht aufzufallen, abgelegt hatte, fing ich an, häufiger Vorträge zu halten. Beinahe über Nacht erhielt ich zwei größere Aufträge als Redner und damit auch das bis dato höchste Honorar. Ich trat häufiger vor die Kamera und engagierte erstmalig eine PR-Firma. Wie aus dem Nichts trudelten plötzlich Interview- und Auftrittsanfragen bei mir ein. Ich landete auf dem Cover dreier Zeitschriften, steigerte meine Aktivitäten in den sozialen Netzwerken, und die Anzahl meiner Follower auf Facebook stieg ganz enorm.

Da ich darüber hinaus beschlossen hatte, nie mehr zu den leidenden Lehrern zu gehören, gewährte ich mir nach fünf Jahren die erste Gehaltserhöhung.

Das Ergebnis? Innerhalb von nur vier Monaten verdoppelte sich mein Einkommen. Mein Unternehmen begann zu wachsen. Wir konnten Rekordeinnahmen verbuchen. Wie sich herausstellte, hatten also meine Überzeugungen nicht nur mich persönlich behindert, sondern auch meine Firma und alle Mitarbeiter. Diese Erfahrungen zeigten mir, wie stark der Einfluss ist, den die Ablösung alter Realitätsmodelle auf unser Leben hat.

Lektion 3: Sobald du schwächende Realitätsmodelle durch solche ersetzt, die dich stärken, kann es in deinem Leben sehr schnell zu enormen Veränderungen kommen.

DER BEDEUTUNGSMACHER IN DEINEM KOPF

Jeder (oder doch die meisten von uns) hat seine ganz eigenen schwächenden Überzeugungen: was sein Aussehen betrifft, das Verhältnis zum Geld, seinen Selbstwert. Die Wurzeln dieser Überzeugungen können ganz unterschiedlich sein: ein schikanöser Lehrer, das

Mithören eines Gesprächs der Eltern oder anderer Autoritätspersonen oder auch die Aufmerksamkeit (beziehungsweise eher deren Fehlen) eines Menschen, von dem wir uns angezogen fühlen.

Dadurch, dass wir solche Dinge für wahr halten, *werden* sie wahr. Jeder sieht die Welt durch seine eigene Brille und in den Farben seiner Erfahrungen, der Bedeutung, die er ihnen zuweist, und der Überzeugungen, die sich im Lauf der Jahre ansammeln.

Es ist ganz so, als hätten wir eine bedeutungsgenerierende Maschine im Kopf, die bei jeder Erfahrung, die wir machen, anspringt und *Brules* ausspuckt: Die Kids veräppeln mich und geben mir Tiernamen? Das kann ja nichts anderes heißen, als dass ich hässlich bin. Die viel wahrscheinlichere Erklärung wäre natürlich, dass Kinder eben Kinder sind und einander deshalb oft aufziehen. Da ich das als kleiner Junge aber noch nicht verstehen konnte, machte ich mir stattdessen das Realitätsmodell zu eigen, unattraktiv zu sein.

Der Meinungsmacher in uns schläft nie. Er werkelt im Erwachsenenalter noch genauso vor sich hin wie in der Kindheit: bei einem Date, im Umgang mit Ehepartner und Sprösslingen, mit dem Chef, bei Geschäftsabschlüssen, in Gehaltsverhandlungen und bei diversen anderen Gelegenheiten.

Alle Situationen, in denen wir uns befinden, versehen wir mit Bedeutungen, die wir dann als vereinfachte, oft verzerrte und gefährliche Realitätsmodelle mit uns herumschleppen. Und wir verhalten uns, als hätten diese Modelle Gesetzescharakter. Mir persönlich lieferten die Erfahrungen, von denen ich gerade berichtet habe, den Beweis.

Aber auch die Wissenschaft hat mittlerweile begonnen, diesem Phänomen nachzugehen. Und das mit erstaunlichen Ergebnissen. Wobei die schlechte Nachricht lautet: Unsere Realitätsmodelle sind tatsächlich für viel Stress, Traurigkeit, Einsamkeit und Sorgen verantwortlich. Doch es gibt auch eine gute Nachricht: Wir können sie nämlich zum Positiven verändern. Sobald wir sie durch tauglichere Modelle ersetzen, verbessert sich unser Leben drastisch.

Hier möchte ich nur von einigen der Studien berichten, in denen die Macht unserer Überzeugungen untersucht wurde.

WIE SICH UNSERE ÜBERZEUGUNGEN
AUF AUSSEHEN UND GESUNDHEIT AUSWIRKEN

Schon ein kleiner Anstoß kann genügen, um unsere Selbsteinschätzung oder gar den Körper zu verändern, von innen wie von außen. In dem Artikel, den Langer und Crum für *Psychological Science* über ihre mittlerweile berühmte Zimmermädchen-Studie verfassten, konstatieren sie, allein die Erwähnung, »ihre Arbeit (das Saubermachen in Hotelzimmern) sei Sport und entspreche vollauf den Empfehlungen des Surgeon General für einen aktiven Lebensstil«, habe genügt, damit die Frauen »das Gefühl bekamen, mehr Sport zu machen als früher«, und es bei ihnen im Vergleich mit den Zimmermädchen, denen dies nicht mitgeteilt worden war, »zu einer Verringerung von Gewicht, Blutdruck, Körperfettanteil, Taille-Hüfte-Verhältnis und Body-Mass-Index« gekommen war.

Und es wird sogar noch verrückter: Im Rahmen einer 1994 durchgeführten Studie stimmten zehn unter Knieschmerzen leidende Männer einem Eingriff zu, der sie von ihren Beschwerden befreien sollte. Sie würden sich einer arthroskopischen OP unterziehen. Dachten die Männer jedenfalls. Denn in Wirklichkeit wurden gar nicht alle operiert. Vielmehr waren sie Teil eines faszinierenden Experiments: Dr. med. J. Bruce Moseley ging der Frage nach, ob sich der bei einfachen Medikamenten gängige Placebo-Test auch auf schwerere Erkrankungen anwenden ließe, unter anderem solche, die eigentlich eine Operation verlangten. Die Patienten wurden mit dem vollen Programm auf ihren Eingriff vorbereitet. Für die Zeit nach der OP bekamen sie Gehhilfen zur Verfügung gestellt und Schmerztabletten verschrieben. Aber lediglich zwei der betreffenden Männer wurden komplett operiert. An drei anderen vollzog Dr. Moseley nur einen Teil der Prozedur. Und die fünf übrigen erhielten bloß kleine Schnitte am Knie, sodass es für sie so aussah und sich anfühlte, als wären sie operiert worden. Dabei erfuhr sogar Dr. Moseley selbst erst unmittelbar vor dem Eingriff, welcher der Männer welche Behandlung erhalten würde, damit er sich ihnen gegenüber nicht etwa unabsichtlich verriet. Das Krankenhaus verließen schließlich alle zehn Patienten in dem Glauben, eine Knie-OP hinter sich zu haben.

Zehn Monate später wusste immer noch keiner von ihnen, wer operiert worden war und wer nicht. Aber *alle zehn* berichteten, ihre Schmerzen hätten sich erheblich verringert.

Stell dir das doch nur mal vor! Da verbessert sich ein ernsthaftes Leiden, gegen das normalerweise nur eine Operation hilft, ohne die geringste medizinische Intervention.

Der sogenannte *Placebo-Effekt* ist so stark, dass heute alle Medikamente vor ihrer Zulassung gegen ein Placebo getestet werden müssen. Einem Artikel der Zeitschrift *Wired* zufolge »scheitert die Hälfte aller Medikamente, die die letzten Stationen des Erprobungsverfahrens erreichen, daran, dass sie (die Wirkung des Placebos) nicht übertreffen«.

Dr. Moseleys Arbeiten erschütterten das gesamte medizinische Establishment – bewiesen sie doch, dass der Placebo-Effekt auch bei Erkrankungen zum Tragen kommen kann, denen normalerweise operativ begegnet wird. Die Überzeugungen, die wir in Bezug auf unsere Physis haben, scheinen sich also auf geradezu unheimliche Weise auf unser Erleben des Körpers auszuwirken – zum Guten wie auch zum Schlechten.

WIE SICH UNSERE ÜBERZEUGUNGEN AUF ANDERE AUSWIRKEN

Wenn sich Überzeugungen dermaßen drastisch auf den Körper auswirken können, stellt sich die Frage: Wozu sind sie sonst noch imstande? Können sie vielleicht sogar die Menschen in unserem Umfeld beeinflussen?

Die bahnbrechenden Studien Dr. Robert Rosenthals zum *Erwartungseffekt* belegen, in welch hohem Maße wir von den Realitätsmodellen anderer Leute tangiert werden, wie richtig oder falsch sie auch sein mögen. Nachdem Rosenthal herausgefunden hatte, dass Laborratten, die sich in einem Labyrinth zurechtfinden mussten, je nach den Erwartungen der Wissenschaftler (welche davon ausgingen, mit klügeren und beschränkteren Exemplaren zu arbeiten, während es sich bei allen nur um ... na ja, eben Ratten handelte) mit dieser Aufgabe besser oder schlechter klarkamen, weitete er seine Untersuchungen auf die Schule aus. Zunächst wurden Kinder einem Intelligenztest unterzogen. Dann teilte man den Lehrern mit, fünf der Schüler seien besonders leistungsstark und würden ihre Klassenkameraden höchstwahrscheinlich weit übertrumpfen. In Wirklichkeit waren sie rein zufällig ausgewählt worden. Aber weißt du was? Der IQ stieg im Lauf des Jahres bei allen Schülern, doch die besagten fünf erhielten tatsächlich mit Abstand die besseren Noten.

Die 1968 veröffentlichten Ergebnisse der Studie sind heute unter der Bezeichnung »Pygmalion-Effekt« bekannt – nach dem Mythos von Pygmalion, einem Künstler, der sich in die von ihm erschaffene Statue einer umwerfend schönen Frau verliebt, welche daraufhin zum Leben erwacht – ganz ähnlich, wie sich auch die Erwartungen, die die Lehrer auf jene fünf Schüler projizierten, erfüllten.

Die nächsten dreißig Jahre widmeten sich Dr. Rosenthal und seine Mitarbeiter der Verifizierung ihrer These und untersuchten, was dem Pygmalion-Effekt zugrunde liegt, der auch im geschäftlichen Bereich, bei Gericht und in Pflegeheimen zu beobachten ist. Die Quintessenz: Überzeugungen wirken sich nicht nur auf einen selbst aus, sondern auch auf die Menschen, von denen man umgeben ist. Mit anderen Worten: Man bekommt, was man erwartet.

Wir erschaffen Realitätsmodelle bezüglich des Verhaltens unserer Ehepartner, Liebhaber, Chefs, Angestellten, Kinder. Dabei belegt die Forschung, dass es unsere Überzeugungen sind, die darüber bestimmen, wie andere auf uns reagieren. In welchem Maß also entsprechen wohl die Eigenschaften deiner Mitmenschen, die du als ärgerlich oder negativ empfindest, in Wirklichkeit eher den Überzeugungen, die du auf sie projizierst?

Und damit wären wir auch schon beim vierten Update.

§ Update 4: Schreibe deine Realitätsmodelle um

Außergewöhnliche Menschen haben Realitätsmodelle, die sie stärken und befähigen, die Welt entsprechend ihren Visionen umzugestalten.

BESSERE MODELLE – AUCH FÜR UNSERE KINDER

Jedes schwächende Realitätsmodell, das wir haben, ist im Grunde nicht mehr als eine Bullshit-Regel, die wir aufstellen – und die, wie alle anderen *Brules* auch, hinterfragt beziehungsweise angezweifelt gehört.

Der Mönch im Whirlpool half mir, die *Brule* zu entlarven, dass ich mich ständig beweisen müsste, um mir meinen Selbstwert zu bestätigen. Marys Kuss zerstörte meine *Brule*, dass ich für Frauen nicht attraktiv sei. Die Sitzung bei Marisa machte der *Brule*, nur Leidende könnten gute Lehrer sein, ebenso den Garaus wie meiner Idee, anderen könnte es schaden, wenn ich mich sichtbar und erfolgreich zeigte.

Und was ist die Hauptursache dieser *Brules*?

Unsere Erziehung.

Im zweiten Kapitel habe ich den Historiker Dr. Yuval Noah Harari zitiert, der Neugeborene mit flüssigem Glas verglich. Kinder sind in der Tat unglaublich formbar. Während sie heranwachsen und versuchen, sich die Welt zu erklären, übernehmen sie eine Menge Überzeugungen. Bis zu einem Lebensalter von neun Jahren sind wir für falsche Bedeutungszuweisungen besonders empfänglich. Diese werden dann zu schwächenden Realitätsmodellen, an denen wir kleben bleiben.

Sie loszuwerden ist wichtig. Wir müssen jedoch auch darauf achten, dass wir unsere Kinder nicht mit Vorstellungen befrachten, die sie in ihren Möglichkeiten beschneiden.

Die Techniken, mit denen ich dich im Folgenden bekannt mache, eignen sich aber auch für den Umgang mit Erwachsenen. Denn du weißt ja: Der Bedeutungsmacher in unseren Köpfen stellt sich nie ab – jedenfalls nicht einfach nur, weil wir kein Kind mehr sind. Doch es gibt immer Möglichkeiten, anderen dabei zu helfen, sich neue Überzeugungen zu- und alte, destruktive abzulegen.

WIE SICH BEI KINDERN ÜBERZEUGUNGEN BILDEN

Die Autorin Shelly Lefkoe und ihr inzwischen verstorbener Mann Morty haben sich äußerst intensiv mit den Auswirkungen von Überzeugungen auf unser Leben beschäftigt. Shelly fragte ich einmal nach dem wichtigsten Rat, den sie Eltern geben könnte. Ihre Antwort: »Egal, worum es genau geht: Du musst dich in jeder Situation fragen: *Welche Überzeugungen wird das Kind daraus gewinnen?* Denkt es: *Ich habe einen Fehler gemacht, dabei aber etwas ganz Wichtiges gelernt?* Oder denkt es: *Ich bin eine Null?*«

Gelegenheiten, diesen weisen Rat praktisch umzusetzen, gibt es viele.

Mal angenommen, du sitzt mit den Kindern am Esstisch, und dein Sohn lässt die Gabel auf den Boden fallen. Jetzt könntest du sagen: »Billy, lass das!« Woraufhin er seinen Löffel auf den Boden fallen lässt. Was du mit den Worten quittierst: »Billy, ich habe dir doch gesagt, dass du das nicht tun sollst! Dafür stellst du dich jetzt zehn Minuten in die Ecke und denkst über dein Verhalten nach.«

Vielleicht meinst du, dass du eigentlich recht gut mit der Situation klargekommen bist. Du bist ganz ruhig geblieben. Hast nichts anderes getan, als Billy in die Ecke zu schicken. Dabei hast du dir in Wirklichkeit die Chance entgehen lassen, Einfluss auf die Schlüsse zu nehmen, die der Junge aus seinem Erlebnis zieht. Denk an die Frage, die du dir stellen solltest: *Welche Überzeugungen wird das Kind daraus gewinnen?*

Vielleicht hat Billy die Gabel ja gar nicht absichtlich fallen lassen. Nach deinem Tadel ist er verwirrt und fragt sich: »Warum glaubt Mom mir denn nicht?« Den Löffel wirft er dann mit voller Absicht auf den Boden, weil er sich noch nicht vollends im Klaren ist, was er von dem Ganzen halten soll. Aber ja, Mom wird sauer und stellt ihn in die Ecke. Daraus entwickelt er nun die neue Überzeugung: »Mom glaubt mir nicht, und ich nerve sie.« Sobald Billy dann in der Ecke steht, kommt eine weitere Überzeugung hinzu: »Ich tauge nichts und habe kein Recht, meine Meinung zu sagen.«

Hast du bemerkt, wie der Bedeutungsmacher auf Touren gekommen ist?

Shelly würde empfehlen, den Jungen im Anschluss zu fragen: »Billy, was war da gerade? Welche Folgen hat es? Was kannst du daraus lernen?« Shelly ist hier ziemlich deutlich. Frag Billy also nicht: »Warum hast du das getan?« Denn *Warum*-Fragen treiben das Kind in die Enge, in die Defensive. Zum einen ist es in dieser Situation emotional aufgewühlt, und unter solchen Umständen wären nicht einmal alle Erwachsenen in der Lage, eine Antwort auf das Warum zu geben. Zum anderen darf man von einem jungen Menschen nicht erwarten, dass er genug psychologisch geschult ist, seine Reaktionen genau zu analysieren und die Frage nach dem Grund seines Tuns korrekt beantworten zu können. Stelle stattdessen lieber *Was*-Fragen: »Was ist passiert, das dich dazu gebracht hat, den Löffel fallen zu lassen?« So bekommt das Kind die Möglichkeit, in sich zu gehen und nachzudenken. Dann sagt es vielleicht: »Ich hab das getan, weil ich dachte, dass du mir nicht zuhörst.« *Was*-Fragen erlauben es dir, bis zur Wurzel des Problems vorzudringen und es so auch schneller zu lösen.

Wie Shelly mir weiter erklärte, hat *Warum* immer etwas mit Interpretationen zu tun, und die sind alle frei erfunden – mentale Konstrukte aus der Welt der relativen Wahrheit. Selbst wenn Billy in der Lage gewesen wäre zu sagen, warum er den Löffel hatte fallen lassen, hätte ihn das nicht stärker gemacht. Indem du der Situation aber auf den Grund gehst – das *Was* herausfindest –, sorgst du dafür, dass dein Kind tatsächlich etwas lernt.

Fazit: Wie Shelly empfiehlt, solltest du dich nach jeder Interaktion mit dem jungen Menschen fragen: *Zu welchen Schlüssen wird mein Kind jetzt kommen? Denkt es: Ich bin völlig in Ordnung? Oder: Ich bin ein Loser? Denkt es: Ich habe einen Fehler gemacht und etwas daraus gelernt? Oder: Ich bin eben ein Idiot*?

Aber auch wenn du keine Kinder hast, ist das ein wichtiger Gedanke. Überleg nur mal, wie viele gefährliche Überzeugungen du schon von Menschen übernommen hast, die es immer nur gut mit dir gemeint haben. Gar nicht auszudenken, was alles hätte geschehen können, wenn diese Leute nicht stets dein Bestes im Sinn gehabt hätten.

ABENDLICHE ÜBUNGEN ZUR NEUVERDRAHTUNG VON ÜBERZEUGUNGEN

Da ich genau weiß, wie empfänglich wir als Kinder sind, bin ich im Umgang mit meinen eigenen immer besonders vorsichtig. Im Lauf der Jahre habe ich den folgenden simplen Trick entwickelt, um mögliche negative Überzeugungen im Keim zu ersticken, damit sie sich in den Köpfen der Kleinen gar nicht erst festsetzen können.

Jeden Abend versuche ich nach der Arbeit einige Zeit mit meinem Sohn Hayden zu verbringen (unsere Dad-und-Hayden-Zeit). Nachdem wir eine Weile mit Legos gespielt oder in einem Buch gelesen haben, bringe ich Hayden ins Bett. Dabei stelle ich ihm zwei Fragen, von denen ich mir erhoffe, dass sie seinen Tag auf einer positiven Note ausklingen lassen. Zunächst bitte ich ihn, an etwas zu denken, wofür er an diesem Abend dankbar sein darf. Das kann die weiche Bettwäsche sein, in der er liegt, das Spielen mit einem Freund, ein Gespräch, das wir hatten, oder auch ein Buch. Ich zeige ihm, dass es eigentlich nichts gibt, wofür er nicht dankbar sein kann. Als Nächstes erkundige ich mich: »Hayden, was fandest du heute besonders gut an dir?«, und bitte ihn, mir von irgendetwas zu erzählen, was er an dem Tag gemacht hat. Vielleicht war er nett zu jemandem – etwa zu einem Klassenkameraden, dem er bei einer Schulaufgabe geholfen hat. Oder er machte Gebrauch von seiner Intelligenz, er hat etwas herausgefunden oder eine kluge Bemerkung gemacht. Vielleicht ging es auch um Hilfsbereitschaft – zum Beispiel im Umgang mit seiner kleinen Schwester. Sollte Hayden selbst nichts einfallen, sage ich ihm, was ich besonders toll an ihm finde. Beim Spielen vor dem Zubettgehen versuche ich immer, sehr genau hinzuschauen. Und wenn es dann so weit ist, spreche ich es an. Vergangene Woche zum Beispiel: »Ich liebe deine Fragen zu den Naturwissenschaften und glaube, dass du gut Probleme lösen kannst.«

Wenn du dir angewöhnst, so etwas mit deinen Kindern zu machen, werden sie *Brules* gegenüber viel unempfänglicher sein, weil sie dann nämlich bedeutend mehr Selbstsicherheit haben.

Für mich hat dieses abendliche Ritual den Zweck, dafür zu sorgen, dass sich in Haydens Realitätsmodellen *Brules* gar nicht erst festsetzen können. Aber es ist nie zu spät, damit anzufangen. Deshalb möchte ich dich ermutigen, die folgenden Übungen in deine Abendroutine zu integrieren. Auf diese Weise hast auch du die Möglichkeit, etwaige schädliche Realitätsmodelle bei dir auszurotten, bevor sie Wurzeln schlagen können.

Die beiden Übungen wirken bei Erwachsenen genauso gut wie bei Kindern. Mach sie jeden Abend vor dem Zubettgehen, mit den Kids oder auch für dich allein.

ÜBUNG: DANKBARKEIT

Nimm dir ein paar Minuten Zeit und überlege dir drei bis fünf Dinge, für die du heute dankbar sein kannst:

- Vielleicht für die Sonnenstrahlen, die dein Gesicht berührten, als du morgens das Haus verlassen hast.
- Oder für die Musik, die du auf dem Weg zur Arbeit gehört hast.
- Könnte es vielleicht der Gruß sein, den du mit der Verkäuferin am Kiosk getauscht hast?
- Oder waren es die Kollegen, die dich angelächelt haben?
- Vielleicht auch der spezielle Blick, den dir dein Partner, deine beste Freundin, dein Kind oder das Haustier zugeworfen hat?
- Oder der gute Work-out-Tipp des Trainers in deinem Fitnessstudio?
- Oder bist du einfach nur dankbar für das schöne Gefühl, nach Hause zu kommen, die Schuhe auszuziehen und den Feierabend genießen zu können?

ÜBUNG: »WAS ICH AN MIR LIEBE«

Denke an eine Eigenschaft oder Handlung von dir, auf die du heute stolz sein kannst. Vielleicht hat nie jemand sie der Erwähnung wert gefunden, daher ist es an der Zeit, dass du dich selbst dafür würdigst. Überlege, was du als Mensch an dir hast, das du lieben kannst. Ist es dein individueller Kleidungsstil? Hast du am Arbeitsplatz ein kompliziertes Problem gelöst? Könnte es dein Umgang mit Tieren sein? Deine Art zu tanzen? Dein Sprungwurf? Die tolle Mahlzeit, die du am Abend gezaubert hast? Dass du die Texte aller Songs aus den Disney-Filmen auswendig kannst, angefangen mit *Die kleine Meerjungfrau*? Bei den Dingen, die du findest, muss es sich um nichts Großes handeln, aber es sollten pro Tag drei bis fünf sein, die dich stolz machen.

Diese simple Selbstaffirmation kannst du morgens nach dem Aufwachen machen oder unmittelbar vor dem Zubettgehen.

Bei der Behebung der Punkte, die mir der Mönch im Whirlpool genannt hatte, hat mir diese Übung jedenfalls enorm geholfen.

Marisa Peer ist der Auffassung, dass in jedem von uns ein Kind steckt, das nie die Liebe und Wertschätzung erfahren hat, die es verdient.

Zurückgehen und die Vergangenheit bereinigen geht natürlich nicht. Aber wir können *jetzt* die Verantwortung für uns übernehmen und uns selbst die Liebe und Wertschätzung zukommen lassen, nach der wir uns einst so gesehnt haben. Glaub mir: Auch du kannst dein inneres Kind heilen.

ÄUSSERE REALITÄTSMODELLE

Bislang haben wir die inneren Realitätsmodelle betrachtet, die damit zu tun haben, wie wir uns selbst wahrnehmen. Die äußeren Realitätsmodelle aber – die Überzeugungen, die wir von der Welt haben – sind genauso wirkmächtig.

Ich spreche jetzt über vier der stärksten neuen Modelle, von denen ich mich im Lauf der Jahre überzeugt habe. Für mich sind sie an die Stelle alter, niederer Modelle getreten und bereichern mein Leben inzwischen ganz erheblich.

Versuche bitte beim Lesen, aufgeschlossen zu sein.

1. Wir alle sind intuitionsbegabt.

Dieses Realitätsmodell ersetzte mein früheres, demzufolge »Wissen« ausschließlich auf Daten und Fakten beruhte. Heute glaube ich fest an mein Bauchgefühl und orientiere mich an meiner inneren Stimme. Die Intuition hilft mir, bessere Entscheidungen zu treffen, die richtigen Mitarbeiter einzustellen, und sie ist mir sogar beim Schreiben dieses Buches zugutegekommen.

Erinnerst du dich, dass meine Karriere als Telefonverkäufer erst in dem Moment so richtig in Fahrt kam, als ich intuitiver an die Arbeit heranging? Menschen können logisch *und* intuitiv agieren. Wenn wir uns beider Fähigkeiten bedienen, schaffen wir die Grundlagen für überragende Erfolge.

Wissenschaftlich hat sich bestätigt, dass wir auf zwei Ebenen operieren. Die eine, die man vielleicht als *Instinkt* bezeichnen kann, liegt unterhalb des rationalen Bewusstseins. Sie spielt sich in den prähistorischen Arealen des Gehirns ab und ist blitzschnell. Die andere Ebene ist die rationale Seite, die sich menschheitsgeschichtlich erst später entwickelt hat und unser heutiges Denken und Tun ganz maßgeblich bestimmt.

Die Teilnehmer einer Studie bekamen zwei Kartendecks ausgehändigt und erhielten die Information, sie würden um Geld spielen. Was sie nicht wussten: Beide Decks waren nach einem bestimmten Prinzip gestapelt: das eine so, dass das Ziehen der Karten einer Achterbahn glich – hohe Gewinne, große Verluste –, das andere etwas weniger extrem: geringere Verluste, kleinere Gewinne.

Nachdem die Spieler etwa fünfzig Karten gezogen hatten, kam ihnen der Verdacht, dass sich bei dem einen Deck Gewinn und Verlust mehr die Waage hielten. Und ungefähr nach der achtzigsten Karte hatten sie die ganze Chose durchschaut. Aber das Ding ist: Bereits nach nur *zehn* Karten hatten die Schweißdrüsen der Spieler mehr gewusst als diese selbst – ja, bei jedem Griff nach dem Achterbahnstapel öffneten sie sich ein bisschen. Und nicht nur das. Ungefähr zur selben Zeit fingen die Leute auch an, die Hand häufiger nach dem weniger extremen Stapel auszustrecken. Ohne sich dessen bewusst zu sein! Ihr intuitives Selbst schien das Ganze irgendwie zu durchschauen und veranlasste sie, das geringere Risiko einzugehen.

Wie gesagt, ich bin fest von der Kraft der menschlichen Intuition überzeugt. Und wenn wir sie trainieren, können wir uns ihrer in Entscheidungssituationen immer besser bedienen. Dass wir die Zukunft voraussagen können, glaube ich zwar nicht. Was aber Entscheidungen angeht, so vertraue ich ganz auf mein Bauchgefühl. Im Alltag versuche ich meiner Intuition so oft wie möglich zu folgen. Probier's aus – und schau, was passiert!

2. Einflussnahme auf den Geist kann körperliche Heilung bewirken.

Die schlimme Akne, unter der ich als Teenager litt, habe ich schon erwähnt. Und da ich damals mangels nennenswerter Sozialkontakte nicht viel anderes zu tun hatte, blieb mir reichlich Zeit zum Lesen. So erfuhr ich auch von der kreativen Visualisierung, einer Technik, bei der du mithilfe von Meditation Einfluss auf deine Überzeugungen nimmst und den Verlauf deines Lebens dann so verbildlichst, wie er deinen Wünschen entspricht.

Das Prinzip der kreativen Visualisierung beruht auf der Idee, dass das Unbewusste nicht zwischen realen und vorgestellten Erfahrungen zu unterscheiden vermag. Also begann ich mir auszumalen, dass sich der Zustand meiner Haut verbesserte. Ich verwendete dreimal täglich nur je fünf Minuten auf diese Visualisierung. Dafür benutzte ich Bilder, die ich als besonders stark empfand: Ich stellte mir vor, ich würde die Hand in den Himmel strecken, mir ein bisschen von seinem strahlenden Blau nehmen und es auf meinem Gesicht verteilen. Ich sah das Blau aushärten, und dann wurde es abgezogen. Dabei ging die tote Haut mit ab, und zum Vorschein kam neue, sanft schimmernde. Im Grunde habe ich bei diesem Prozess mein Unbewusstes darauf trainiert, eine neue Überzeugung auszubilden – nämlich dass ich schöne Haut bekomme. Indem ich diese Technik einen Monat lang dreimal täglich für fünf Minuten anwendete, habe ich mich selbst von der Akne geheilt.

Die geistige Heilung des Körpers beruht auf der regelmäßigen Durchführung bestimmter Achtsamkeits- beziehungsweise Visualisierungsübungen. Zu der Zeit hatte ich fünf Jahre unter der Akne gelitten und zahlreiche Ärzte aufgesucht, ohne größeren Erfolg. Doch mithilfe der kreativen Visualisierung heilte ich meine Haut innerhalb von vier Wochen – was mir zusätzlich eine ordentliche Portion Selbstvertrauen und -bewusstsein einbrachte.

3. Zufriedenheit bei der Arbeit ist die neue Produktivität.

Den meisten bläut man ein, hart zu schuften, aber nur wenige werden ermuntert, in ihrer Arbeit Glück und Zufriedenheit zu suchen. In der entwickelten Welt verbringen wir bis zu 70 Prozent unserer wachen Zeit im Job – den, wie verschiedene Erhebungen belegen, fast jeder Zweite nicht mag. Ein für Milliarden Menschen äußerst bedauernswerter Zustand. Denn wenn wir nicht wenigstens einen Aspekt der Arbeit, die wir verrichten, lieben, heißt das, dass wir mit einem großen Teil unseres Lebens unzufrieden sind.

Die Arbeit, finde ich, sollte uns dazu inspirieren, morgens voller Begeisterung aus dem Bett zu springen. Bei Mindvalley orientieren wir uns schon seit den Anfängen an dem Gedanken »Zufriedenheit bei der Arbeit ist die neue Produktivität«. Unsere Firmenkultur ist so ausgerichtet, dass wir alle unseren Job machen, dabei aber auch jede Menge Spaß haben. Dies erreichen wir mithilfe verschiedener Modelle und Systeme, die darauf abzielen, eine Atmosphäre der Zufriedenheit bei der Arbeit zu schaffen. So investieren wir etwa in schöne, inspirierende Büroeinrichtung, bieten flexible Arbeitszeiten an; bei Erreichen unserer geschäftlichen Ziele organisieren wir jährlich Betriebsausflüge auf paradiesische Inseln, darüber hinaus fast im Wochenrhythmus gesellige Treffen, die die Entstehung von Freundschaften und ein Gemeinschaftsgefühl in der Belegschaft fördern.

Diese Glücks- und Zufriedenheitskultur im Arbeitsleben trägt erheblich zur Verminderung des Stresses bei, der mit dem schnellen Wachstum der Firma einhergeht. Mir persönlich hat sie geholfen, trotz zahlloser Überstunden den Verstand nicht zu verlieren. Eine solche Glückskultur lässt sich in jedem Arbeitsumfeld etablieren. Egal, ob du Chefin oder Freiberufler bist, Assistent oder Abteilungsleiterin: Entscheidend ist, dass du einen Weg findest, Spaß an deiner Arbeit zu haben.

Geh einmal im Monat (oder besser noch: in der Woche) mit Kollegen essen. Mach täglich jemandem ein Kompliment für seine

Arbeit. Oder beherzige Richard Bransons Rat, der einmal sagte: »Ich war schon immer ein vehementer Befürworter gelegentlicher Büropartys nach Feierabend. Denn sie stellen eine wichtige Zutat in dem Mix dar, aus dem sich eine familiäre, fröhliche, nonkonformistische Firmenkultur ergibt. Und auch noch das letzte Anzeichen vermeintlich starrer Hierarchien löst sich in Wohlgefallen auf, wenn man die Finanzchefin dabei beobachten kann, wie sie mit einer Flasche Bier in der Hand auf der Tanzfläche abhottet.«

Kurz gesagt: Zufriedenheit und Arbeit müssen Hand in Hand gehen.

4. Man muss keiner Religion angehören, um spirituell sein zu können.

Das traditionelle Realitätsmodell lautet: Spirituell kann ich nur sein, wenn ich mich an eine bestimmte Religion halte. Aber warum eigentlich sollte man nicht auch in Betracht ziehen, dass unser spirituelles Selbst unabhängig von irgendwelchen religiösen Glaubenssystemen existiert und moralisches Verhalten nicht an Konfessionen oder den Glauben an Gott gebunden ist?

Güte, Freundlichkeit und die Goldene Regel müssen nicht unbedingt via Religion vermittelt werden. Wie der humanistische Seelsorger an der Harvard University Greg M. Epstein in seinem Buch *Good without God* konstatiert, hat der Humanismus nach Christentum, Islam und Hinduismus heute weltweit die viertmeisten Anhänger. Der Humanismus vertritt die Auffassung, dass man keine Religion braucht, um ein guter Mensch sein zu können. Vom Atheismus unterscheidet er sich insofern, als seine Vertreter durchaus an eine Art Gott glauben. Für sie aber verurteilt »Er« niemanden; und anders, als es viele religiöse Schriften nahelegen, sehen sie in »Ihm« auch kein zorniges Wesen.

Für Humanisten ist »Gott« oft gleichbedeutend mit dem Universum, der Verbundenheit allen Lebens oder mit dem Geist. Für Menschen, die zwar die *Brules* der Religion verworfen, zugleich aber auch nichts mit dem Atheismus am Hut haben, bahnt der Humanismus einen neuen spirituellen Weg. Schätzungsweise eine Milliarde Humanisten gibt es gegenwärtig bereits auf dieser Erde, und es werden immer mehr.

Vielleicht magst du dich mal mit dem Humanismus beschäftigen. Aber du kannst dir auch deine eigene Theologie zimmern – reich an Tradition und selbst gemachten Erfahrungen, aber frei von allen *Brules* der organisierten Religion.

In seinem Buch *A Religion of One's Own* schlägt Thomas Moore vor, jeder von uns sollte sich seine eigene Religion erschaffen. Er schreibt:

> »*Diese neue Religionsform setzt voraus, dass man vom Jünger zum Schöpfer avanciert. Ich sehe eine neue Art der spirituellen Kreativität voraus, bei der es nicht mehr darum geht, einem bestimmten Glauben anzuhängen und blind einer bestimmten Tradition zu folgen. Stattdessen erlauben wir uns jetzt einen gesunden und vielleicht sogar frommen Skeptizismus. Aber was das Wichtigste ist: Wir fühlen uns nicht mehr gezwungen, eine Tradition der anderen vorzuziehen, sondern sind in der Lage, viele Wege zu beschreiten, um unserer Spiritualität Ausdruck zu verleihen. Diese neue Religion ist eine Mischung aus individueller Inspiration und inspirierender Tradition.*«

Ich persönlich habe mich zunächst schwergetan, nachdem ich meiner Religion den Rücken gekehrt hatte. Da ich durchaus an eine höhere Macht glaubte, war der strikte Atheismus nichts für mich. Nachdem ich mich eingehend mit Modellen wie dem Humanismus und dem Pantheismus beschäftigt hatte, fand ich schließlich meinen Weg. Heute kombiniere ich Ideen aus Humanismus, Pantheismus und spirituelle Praktiken wie die Meditation mit Elementen aus den Konfessionen meiner Eltern: Hinduismus und Christentum – und zwar unter dem Aspekt, ob ich sie als stärkend empfinde oder nicht.

ÜBUNG: UNTERSUCHE DEINE REALITÄTSMODELLE IN DEN ZWÖLF LEBENSBEREICHEN, DIE IM GLEICHGEWICHT SEIN SOLLTEN

Im Folgenden findest du noch einmal die Liste der zwölf Lebensbereiche, von denen im vorherigen Kapitel die Rede war. Notiere dir die Realitätsmodelle, die du in jeder dieser Kategorien hast. Um dir den Einstieg zu erleichtern, habe ich beispielhaft einige der gängigsten ausgewählt und erläutert. Dir fällt bestimmt ein Zusammenhang mit den Bewertungen auf, die du im dritten Kapitel vorgenommen hast. Oder anders ausgedrückt: In den Kategorien, in denen dein Rating am niedrigsten war, wirst du mit größter Wahrscheinlichkeit auch die schwächendsten Realitätsmodelle haben.

1. LIEBESBEZIEHUNG. Wie definierst du »Liebe«? Was erhoffst du dir von einer Beziehung, was möchtest du darin bekommen, was bist du bereit zu geben? Glaubst du, dass die Liebe gleichbedeutend ist mit Verletztwerden? Meinst du, dass sie ein Leben lang halten kann? Hältst du dich für eine großartige Liebende beziehungsweise einen tollen Liebhaber? Was denkst du: Hast du es verdient, geliebt und hoch geschätzt zu werden?

2. FREUNDSCHAFTEN. Wie definierst du »Freundschaft«? Glaubst du, dass sie ein ganzes Leben halten kann? Hast du das Gefühl, dass deine Freunde mehr nehmen, als sie dir geben? Fällt es dir schwer oder leicht, Freundschaften zu schließen?

3. ABENTEUER. Was sind für dich »Abenteuer«? Geht es dabei ums Reisen? Um körperliche Aktivitäten? Kunst und Kultur? Neue Eindrücke aus Stadt oder Land? Möchtest du sehen, wie die Menschen in Gegenden der Welt leben, in denen es ganz anders zugeht als bei dir zu Hause? Sorgst du dafür, dass dir auch ja genügend Zeit und Raum für Abenteuer bleiben? Meinst du, dass du dich erst um deine Altersversorgung kümmern musst, bevor du dir eine große Reise gönnen kannst? Hättest du ein schlechtes Gewissen, wenn du ohne Rücksicht auf Job oder Familie allein in Urlaub führest? Findest du es leichtfertig, Geld auszugeben, um eine bestimmte Erfahrung machen zu können (beispielsweise einen Fallschirmsprung)?

4. UMGEBUNG. Wo bist du am glücklichsten? Bist du mit deinem Wohnort und deinen Lebensumständen zufrieden? Wie definierst du »zu Hause«? Welche Aspekte deiner Umgebung sind dir am wichtigsten (Farben, Geräuschkulisse, Möblierung, Nähe zur Natur oder zu kulturellen Einrichtungen, Sauberkeit, Bequemlichkeit/ Luxus und so weiter)? Meinst du, ein Superzuhause verdient zu haben? Beziehungsweise ein Fünfsternehotel, wenn du auf Reisen bist? Und ein großartiges Arbeitsumfeld?

5. GESUNDHEIT UND FITNESS. Wie definierst du »körperliche Gesundheit« und »gesunde Ernährung«? Meinst du, genetisch bedingt zu Fettleibigkeit oder anderen Problemen zu neigen? Glaubst du, dass du genauso lange leben wirst wie deine Eltern – oder länger? Hast du den Eindruck, dass du eher gut oder eher schlecht altern wirst?

6. INTELLEKTUELLE ENTWICKLUNG. Bildest du dich viel weiter? Wie steht es um dein persönliches Wachstum? Inwieweit hast du deinen Geist und dein Alltagsdenken unter Kontrolle? Glaubst du, intelligent genug zu sein, um deine Ziele erreichen zu können?

7. FÄHIGKEITEN UND FERTIGKEITEN. Worin meinst du »gut« zu sein? Und worin eher weniger? Was glaubst du, woher diese Selbstwahrnehmung kommt? Was hält dich davon ab, etwas Neues dazuzulernen? Gibt es auch Fähigkeiten, auf die du gut verzichten könntest? Und warum leitest du diesen Wandel nicht ein? Welche deiner besonderen Begabungen und Charakterzüge hältst du für die wertvollsten? Worin glaubst du zu »versagen«?

8. SPIRITUALITÄT. Welche spirituellen Werte vertrittst du? Wie praktizierst du sie und wie oft? Ist die Spiritualität für dich eher eine gemeinschaftliche oder eine individuelle Erfahrung? Hängst du (noch) an kulturellen oder religiösen Modellen, die dir eigentlich nicht sehr zusagen, die du dich aber nicht aufzugeben traust, aus Angst, jemandem damit wehzutun?

9. BERUF. Wie definierst du »Arbeit«? Was verstehst du unter »Karriere«? Wie viel Spaß bringt dir deine Beschäftigung? Fühlst du dich in deinem Beruf wahrgenommen und geschätzt? Meinst du, es jobmäßig noch weit bringen zu können?

10. KREATIVITÄT. Hältst du dich für kreativ? Gibt es einen Menschen, den du für seine schöpferische Fantasie bewunderst? Was genau findest du an dieser Person so toll? Wie verleihst du deiner Kreativität Ausdruck? Meinst du, dass du in dieser Hinsicht über irgendein besonderes Talent verfügst?

11. FAMILIE. Worin besteht deiner Ansicht nach deine wichtigste Rolle als Lebenspartner? Oder als Sohn beziehungsweise als Tochter? Bist du zufrieden mit deinem Familienleben? Welche Werte galten für dich in Sachen Familie, als du aufgewachsen bist? Hältst du die Familie, was dein Lebensglück betrifft, eher für eine Last oder für eine Bereicherung?

12. GEMEINSCHAFTSLEBEN. Teilst du die Werte, die in den Gemeinschaften gelten, denen du angehörst? Worin, glaubst du, besteht der höchste Zweck von Gemeinschaften? Meinst du, du trägst etwas dazu bei? Und hast du darauf überhaupt Lust?

ZWEI INSTRUMENTE ZUR RUNDERNEUERUNG DEINER REALITÄTSMODELLE

Nach dieser Übung dürftest du in etwa wissen, welchen deiner Realitätsmodelle ein Upgrade guttäte. Um diese Aktualisierungen durchführen zu können, musst du dich weder mit Mönchen im Whirlpool treffen noch dich hypnotisieren lassen. (Obwohl ...) Verschwinden können die falschen Modelle in Form einer plötzlichen Erkenntnis (wie ich sie in dem Whirlpool hatte), beim Meditieren, durch die Lektüre inspirierender Texte oder andere Achtsamkeitsübungen – zu denen es auch gehören kann, dass du allein in einem Zimmer sitzt, über dein Leben nachdenkst und dir die Frage stellst: *Woher habe ich eigentlich diese spezielle Weltsicht?*

Beim Lesen dieses Buches wirst du immer wieder zu Einsichten gelangen und Aha-Erlebnisse haben, die es dir ermöglichen, schwächende Modelle abzulegen. Auch werde ich dir Übungen zeigen, die dich aufrütteln und so dazu führen, dass du dich von solchen Modellen trennst.

Zunächst aber habe ich hier zwei Ad-hoc-Techniken für dich, die du anwenden kannst, um negative Realitätsmodelle loszuwerden, die sich möglicherweise im Alltag bei dir aufbauen. Beide beruhen darauf, dass sie deinen rationalen Verstand auf den Plan rufen, bevor du dir womöglich unbewusst ein Modell aneignest.

Frage 1: Entspricht dieses Realitätsmodell einer absoluten oder einer relativen Wahrheit?

Manche Dinge sind absolute Wahrheiten, das heißt, sie sind für alle Menschen wahr, unabhängig von ihrer Kultur: zum Beispiel, dass sich Eltern um ihre Kinder kümmern müssen, solange diese selbst noch nicht dazu in der Lage sind; oder dass man essen muss, um zu überleben. Andere Dinge stellen dagegen nur eine relative Wahrheit dar: Sie werden in unterschiedlichen Kulturen unterschiedlich gehandhabt; dies betrifft etwa bestimmte Aspekte der Erziehung, die Ernährung, den Ausdruck der Spiritualität, den Umgang mit dem Liebespartner und so weiter und so fort.

Entspricht dein Realitätsmodell der absoluten oder einer relativen Wahrheit? Sollte es einer wissenschaftlichen Untersuchung nicht standhalten, darfst du dich frei fühlen, davon Abschied zu nehmen.

Einer der Gründe, warum ich als Kind die Regel meiner Kultur, kein Rindfleisch zu verzehren, hinterfragt habe, lautet, dass Millionen Menschen überall auf der Welt dieses Fleisch essen. Warum sollte ich das also nicht auch tun dürfen?

Gibt es irgendeinen Aspekt an deiner Kultur, von dem du weißt, dass er nur eine relative Wahrheit ist, weil er für einen größeren Teil der Menschheit keine Gültigkeit besitzt? Wenn du trotzdem davon überzeugt bleiben möchtest – warum nicht?! Sollte es sich aber um etwas handeln, das gefährlich ist und/oder dazu führt, dass du dich auf eine bestimmte Art kleiden oder verehelichen musst, um etwas, das dich in deiner Ernährung beziehungsweise Lebensführung einschränkt ..., dann bist du es dir schuldig, davon Abstand zu nehmen. Denn *Brules* sind nun einmal dafür da, gebrochen zu werden.

Denke daran: Keine einzelne Kultur oder Religion ist heutzutage dominant auf unserem Globus. Keine Glaubensgemeinschaft hat das Gros der Weltbevölkerung hinter sich. Und sei dir auch der Tatsache bewusst: Egal, welcher Kultur du angehörst – mehr Menschen sind wahrscheinlich anderen Glaubens als du. Falls du magst, kannst du dich ihnen jederzeit anschließen. Die Macht, Überzeugungen anzunehmen und abzulegen, gehört zu den größten Geschenken, die wir uns selbst machen können.

Am besten bist du meistens beraten, wenn du auf dein Herz und deinen Bauch hörst. Und vergiss nicht: Jedes unserer Realitätsmodelle hat sein Verfallsdatum. Selbst Dinge, die wir heute für eine absolute Wahrheit halten, müssen das künftig nicht mehr unbedingt sein.

Diese Frage eignet sich hervorragend im Hinblick auf alle Überzeugungen, welche die Kultur und die Gesellschaft uns einflüstern. Doch wir dürfen nie vergessen, dass auch wir selbst uns mithilfe des Bedeutungsmachers in unseren Köpfen immer wieder neue Realitätsmodelle erschaffen. Und an diesem Punkt kommt die zweite Frage ins Spiel.

Frage 2: Hat das wirklich die Bedeutung, die ich ihm gebe?

Von Morty und Shelly Lefkoe kenne ich ein interessantes Modell zum Hacken von Überzeugungen. Es hat mit dem Ausschalten unseres mentalen Bedeutungsmachers zu tun. Morty zufolge fabrizieren wir bis zu 500 verschiedene »Bedeutungen« (das heißt: Interpretationen) pro Woche. Doch sobald wir uns regelmäßig die Frage stellen: *Stimmt das denn auch wirklich? Bin ich mir hundertprozentig sicher, dass genau das der Fall ist?*, wird diese Zahl allmählich immer kleiner und wir interpretieren längst nicht mehr so viel in alles Mögliche hinein.

Von 500 auf nur noch 200 Interpretationen pro Woche zu kommen, meinte Morty, sei leicht, wenn man nur regelmäßig prüfe, ob man Dingen eine Bedeutung gibt, die sie eigentlich gar nicht haben. Alles Weitere ist reine Übungssache. Irgendwann hörst du einfach auf, Ereignisse mit Interpretationen zu belasten. Dann gerätst du weniger leicht unter Stress und ärgerst dich nicht mehr so viel über andere. Deine Ehe wird besser laufen, auch das Verhältnis zu deinen Kollegen oder dem Chef.

Als Geschäftsführer kann ich eines mit Fug und Recht behaupten: Die besten Führungskräfte sind diejenigen Mitarbeiter und Mitarbeiterinnen, die ihre mentalen Bedeutungsmacher im Griff haben.

* * *

Das Beste, was wir mit überholten Realitätsmodellen machen können, ist, glaube ich, sie in Eleganz zu entlassen. Deckel drauf, und gut ist's. Feiern wir die Riesenfähigkeit, uns emotional, mental, spirituell das ganze Leben lang weiterzuentwickeln, uns neue Ideen, Gedanken, Philosophien, Daseins- und Lebensweisen zu eigen zu machen. Sobald erst einmal genügend Leute die *Brules* hinterfragen und sich besseren Modellen zuwenden, stellt das einen großen Fortschritt in der Evolution des Menschen dar. Und wenn dies genügend Leute *gleichzeitig* tun, wird daraus ein revolutionärer Akt, der uns in eine ganz neue Ordnung katapultiert, angetrieben vom Impetus unseres kollektiven Erwachens.

> »Wahrhaft brillantes Denken äußert sich nicht darin, die Welt zu erkennen und in ihr zu Ordnung, Logik und Spiritualität zu finden. Sondern vielmehr in der Erkenntnis, dass es die Sicht auf Ordnung, Logik und Spiritualität ist, die die eigene Welt überhaupt erst erschaffen hat. Und dass man deshalb jederzeit alles verändern kann.«
>
> *Mike Dooley*

Nun, da du ein bisschen mehr über die Entstehung von Realitätsmodellen weißt und einige der für dich und dein Leben entscheidendsten identifiziert hast, ist es an der Zeit, diese Einsichten mit dem nächsten Schritt des Bewusstseinsengineerings zu verbinden.

Im folgenden Kapitel erfährst du, wie dein Alltagsleben – deine Lebenssysteme – mit deinen Modellen verschränkt ist, und lernst, deine Systeme so zu optimieren, dass sie die Bühne bereiten für eine außerordentliche Weiterentwicklung auf allen Gebieten deines Lebens.

5

GÖNNE DEINEN LEBENSSYSTEMEN EIN UPGRADE

INDEM DU ERFÄHRST, WIE WIR UNSER LEBEN DURCH STÄNDIGES AKTUALISIEREN UNSERER SYSTEME VERBESSERN KÖNNEN

> *Wichtig ist, glaube ich, dass wir eine Feedback-Schleife haben, in der wir unser Handeln permanent reflektieren und überlegen, was sich verbessern lässt. Und das wäre auch schon der beste Rat, den ich geben könnte: ständig zu überlegen, was man verbessern kann, und sich regelmäßig selbst zu hinterfragen.*
>
> Elon Musk

RICHARD BRANSONS GEHEIMSYSTEM

Es war eine sternenklare Nacht auf Necker Island, der Privatinsel Richard Bransons, und die Strandparty hatte ein Stadium erreicht, in dem alle total entspannt waren, in den Himmel schauten und einfach die Schönheit des Augenblicks genossen. Ich hielt mich schon zum zweiten Mal in Bransons schönem Zuhause auf, und zwar als Teil einer Gruppe von Unternehmern zu einem viertägigen Mastermind- und Abenteuertrip.

In dieser ruhigen Atmosphäre gegen Ende der Party hatte ich die Gelegenheit, mich unter vier Augen mit dem Gastgeber zu unterhalten. Wir sprachen über alles Mögliche, von Kindererziehung bis Lebensphilosophie. Zu der Zeit versuchten meine Frau und ich schon vier Jahre lang, ein zweites Kind zu bekommen. Richard gab mir doch tatsächlich (was ich nie vergessen werde) Tipps zur Verbesserung meiner Zeugungsfähigkeit. Seine Empathie und Authentizität – echt beeindruckend! Irgendwann aber wurde mir klar, dass ich da mit einem der bedeutendsten Unternehmer der Welt zusammensaß und mit ihm vielleicht statt über meine Samenqualität besser über Dinge sprechen sollte, die etwas mehr mit seinen Kernkompetenzen zu tun hatten. Also fragte ich ihn: »Richard, du hast in acht verschiedenen Branchen Firmen gegründet und sie zu Milliarden-Unternehmen gemacht. Wenn du in einem Satz erklären müsstest, wie du das angestellt hast: Wie würde er lauten?«

Richard zuckte nicht einmal mit der Wimper, sondern antwortete weise und gütig, wie er nun einmal ist: »Alles hängt davon ab, dass du Leute findest und einstellst, die klüger sind als du. Die gewinnst du für deine Geschäftsidee, gibst ihnen interessante Aufgaben, vertraust ihnen und lässt sie dann in Ruhe arbeiten, damit du dich ganz auf deine Visionen konzentrieren kannst. Dich aus dem Alltagsgeschäft herauszuhalten ist wichtig. Vor allem aber kommt es darauf an, dass deine Leute ihre Arbeit als Mission betrachten.«

So also beschreibt Richard Branson sein »System« für den Aufbau bahnbrechender Unternehmen. Er konzentriert sich auf die Suche nach den klügsten Mitarbeitern und Mitarbeiterinnen, gibt ihnen bei ihrer Arbeit die volle Freiheit und hält sich dann aus allem Weiteren heraus, um sich ganz seiner Vision zu widmen und sicherzustellen, dass das Unternehmen von ihr getragen wird.

Lebenssysteme sind wiederholte, optimierte Muster, Dinge zu tun. Wie wir uns morgens anziehen ist so ein System. Oft auch die Art und Weise, die Mails durchzugehen. Arbeit, Erziehungsstil, sexuelle Praktiken und das Verhalten in Beziehungen – vieles davon entspricht bestimmten Lebenssystemen.

Diese Lebenssysteme vergleiche ich immer gern mit der Software, die bestimmte Rechneroperationen ermöglicht. Dabei geht es um all das, was du tust, um in der Welt zu funktionieren, angefangen beim morgendlichen Aufstehen bis hin zur Abendroutine, dass du dir zum Beispiel ein Nachthemd oder einen Schlafanzug anziehst oder vor dem Zu-Bett-Gehen noch in einem Buch liest. Aber es gibt auch soziale Systeme, etwa das Bildungswesen, Unternehmens- oder Gemeindestrukturen.

Wo diese Systeme herkommen? Wie du im dritten Kapitel erfahren hast, leiten sie sich aus unseren Überzeugungen ab: davon, was wir für wahr, falsch, richtig, gut, gesund, erforderlich, angemessen und wirksam halten. Neben unseren Realitätsmodellen stellen die Lebenssysteme also den zweiten Aspekt des Bewusstseinsengineerings dar, das es uns erlaubt, unser Potenzial zu erweitern und zu außergewöhnlichen Menschen zu werden.

Das Problem dabei: Die meisten von uns verwenden Systeme, die längst überholt sind. In seinem Buch *Future Strong* schreibt Bill Jensen:

> »Beim jetzigen Eintritt in eine der revolutionärsten Phasen der Menschheitsgeschichte besteht mit das größte Problem darin, dass die gegenwärtigen Systeme und Strukturen weiterexistieren, obwohl ihr Verfallsdatum doch längst überschritten ist. So bleiben wir in den Herangehensweisen des zwanzigsten Jahrhunderts stecken und blockieren dadurch selbst die nächsten grundlegenden Fortschritte in der Weiterentwicklung unserer Fähigkeiten.«

VERBESSERTE SYSTEME FÜR EIN VERBESSERTES LEBEN

Gute Software wird ständig aktualisiert. Heutzutage noch mit Windows 95 zu arbeiten, wo doch längst bedeutend bessere Versionen vorliegen, wäre nichts anderes als lächerlich. Was aber unsere Lebenssysteme betrifft – unsere innere Software –, hinken wir oft bedenklich hinterher.

Doch wie wäre es, wenn du anfingst, mit deinen Lebenssystemen genauso umzugehen wie mit den Apps, die du dir auf dein

Smartphone lädst? Wenn du überholte Realitätsmodelle gegen leistungsstärkere austauschst und diese mit neuen Anwendungssystemen synchronisierst, verbessert sich dein Leben exponentiell – und rasend schnell.

In diesem Kapitel lernst du einen strukturierten Umgang mit deinen Lebenssystemen, der es dir ermöglicht, in kürzerer Zeit mehr zu erreichen, kreativer zu werden – und dabei noch einen Riesenspaß zu haben.

In diesem Zusammenhang möchte ich noch einmal auf den Abend bei Richard Branson auf Necker Island zurückkommen. Zu der Zeit spielte ich schon lange mit dem Gedanken, ein Buch zu schreiben, wusste aber nicht, wie ich es anstellen sollte. So weit war ich einfach noch nicht. In dem Buch wollte ich praktische Tipps und Übungen mit faszinierenden Geschichten verknüpfen, die das Interesse der Leserinnen und Leser aufrechterhalten sollten. Eines meiner Lieblingsbücher dieser Art war Richard Bransons Autobiografie *Like a Virgin: Erfolgsgeheimnisse eines Multimilliardärs*. Was mich an diesem Buch besonders beeindruckte, war das harmonische Nebeneinander von Lebensgeschichten und großartigen Lektionen zur Persönlichkeitsentwicklung. Unter anderem dieses Buch nahm ich mir für mein eigenes künftiges Schreiben zum Vorbild.

Bis dahin hatte ich allerdings lange nicht so viel erreicht und erlebt wie Richard Branson. Deshalb kam ich auch nicht weiter. Ich verschob das Schreiben, bis ich mich bewiesen – und ein mächtiges Unternehmen auf die Beine gestellt – haben würde.

An besagtem Abend, als ich mich mit Richard Branson über Kindererziehung unterhielt und ihm von meiner persönlichen Lebensphilosophie erzählte, unterbrach er mich plötzlich und sagte: »Eigentlich solltest du ein Buch schreiben.«

Wow! Dieser kleine Motivationsschub (an den sich Branson vermutlich gar nicht mehr erinnert) hatte genügt, um mich in die Spur zu bringen.

Trotzdem sollte es noch drei Jahre dauern, bis mir klar war, was genau ich schreiben wollte.

Für die Struktur brauchte ich ein weiteres Jahr.

Das erste Kapitel schrieb ich innerhalb von drei Monaten.

Es war ein langwieriger, schmerzhafter Prozess.

Aber täglich optimierte ich meine Systeme.

Ich arbeitete verschiedene Methoden aus: eine zur Entwicklung von Überschriften, eine für die Struktur sowie eine für das Verfassen der persönlichen Geschichten. Sogar verschiedene Whiskeysorten probierte ich, um herauszufinden, welche mich am meisten inspirierte (Scotch, Kentucky und japanischen – gewonnen hat übrigens, wenn du es unbedingt wissen willst, Jim Beam Kentucky Bourbon).

Durch das Verfeinern dieser Systeme steigerte sich meine Produktivität beim Schreiben exponentiell. Heute schaffe ich ein Kapitel an einem einzigen Tag – was vor drei Monaten praktisch undenkbar war. Aus der folgenden Kurve geht diese Entwicklung chronologisch hervor. Schau, wie schwer ich mich am Anfang tat – und um wie viel schneller ich durch die Formalisierung meines Systems wurde.

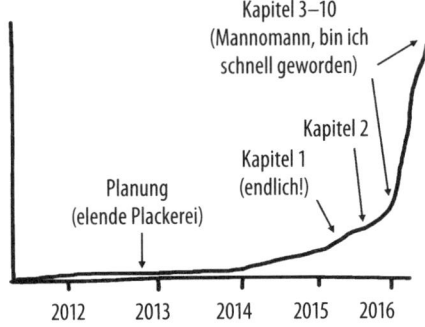

Durch die Optimierung deiner Lebenssysteme kannst du dich auf den Gebieten, die dir wirklich wichtig sind, exponentiell weiterentwickeln.

AUSSERGEWÖHNLICHE MENSCHEN ENTDECKEN AUSSERGEWÖHNLICH EFFEKTIVE SYSTEME

Außergewöhnliche Menschen haben nicht nur besondere Realitätsmodelle. Vielmehr sorgen sie auch dafür, dass ihre Lebenssysteme – das heißt: ihr *Handeln* – bestens definiert und strukturiert sind und ständig optimiert werden.

Ich versuche pro Woche mindestens eines meiner Lebenssysteme zu aktualisieren, und zwar nicht, weil ich denke, es würde nicht mehr funktionieren, sondern weil ich weiß, wie viel Energie ich aus dem Experimentieren mit Neuem beziehe. Die Idee, mir ein neues System genauso anzueignen, wie ich mir eine neue App runterlade, finde ich einfach spannend.

Methodisch besteht das Aktualisieren deiner Systeme aus drei Schritten:

1. DER ENTDECKUNGSPROZESS. Viele beziehen ihre neuen Systeme aus Büchern, Konferenzen oder Online-Kursen. Vielleicht liest du etwas über eine neue Methode des Gewichtstrainings. Nach einigem Recherchieren beschließt du, sie in dein Work-out zu integrieren. Und einen oder zwei Monate später schaust du, was dabei herausgekommen ist. Oder du erfährst auf einer Konferenz von einer neuen Managementstrategie und beschließt, sie mit deinem Team zusammen auszuprobieren. Ich habe mir angewöhnt, regelmäßig Sachbücher über eine große Bandbreite von Themen zu lesen, die mich interessieren, zum Beispiel Erziehung, Arbeit und Sport, und so entdecke ich immer wieder neue Systeme. Stell dir das so vor, als würdest du im App-Store stöbern. Auf etwas zu stoßen, was für andere funktioniert und vielleicht auch für einen selbst infrage kommt, kann ausgesprochen amüsant und erhellend sein.

2. DIE AKTUALISIERUNGSQUOTE. Gemeint ist damit, wie oft du deine Lebenssysteme aktualisierst. Ich zum Beispiel versuche jedes Jahr mit einer neuen Art Sport zu experimentieren. 2013 etwa habe ich dreißig Tage mit Langhanteln trainiert, genauer gesagt mit Les Mills Bodypump. Im Jahr darauf mit der »minimalen effektiven

Dosis« (speziell mit Christine Bullocks Programm »Total Transformation«). 2015 habe ich es mit Kugelhanteln versucht. Diese Methoden waren alle nicht zufällig gewählt. Ich entschied mich für sie, nachdem ich Bücher darüber gelesen oder mich mit fitnessbegeisterten Freunden unterhalten hatte und weil ich wusste, was ich erreichen wollte (nämlich meinen »Rettungsring« loswerden). Die Trainingsmethoden verändere ich nicht unbedingt, weil meine alten versagen, sondern einfach, weil mir klar ist, dass ich umso mehr Sport treibe, je mehr Abwechslung ich habe (das heißt, je weniger ich mich langweile). Außerdem stelle ich auf diese Weise sicher, dass ich die verschiedenen Muskelgruppen alle mal trainiere und insgesamt fit und gesund bleibe.

3. SET-POINTS (SOLLWERTE) UND MESSUNGEN. Wie effektiv sind deine Lebenssysteme eigentlich? Ist das neue wirklich besser als dein früheres? Hier werden wir Möglichkeiten erörtern, wie du die Effektivität deiner Systeme beim Entdecken und Aktualisieren messen und aufrechterhalten kannst. Diesen wichtigen Punkt – das Überprüfen der Wirksamkeit ihrer Systeme – vernachlässigen viele. Wie hältst du es damit? Die Set-Points stellen die Leistungslevels dar, deren Unterschreitung du dir partout nicht gestattest. Ich zum Beispiel habe einen solchen Set-Point für meine Körpermitte; ihm verdanke ich, dass ich an dieser Stelle seit zehn Jahren nicht zugelegt habe. Ich achte einfach darauf, dass bei meinem Lieblingsgürtel der Dorn der Schließe immer bequem im selben Loch bleibt. Wenn ich diesen Set-Point auch nur das geringste bisschen zu überschreiten drohe, sobald ich also den Gürtel eigentlich weiter schnallen müsste, beginne ich sofort mit einer Diät oder mache mehr Sport. Der Kauf eines neuen Gürtels kommt für mich jedenfalls nicht infrage.

Durch die Verbindung der genannten drei Punkte erschaffst du dir wirksame Systeme, mit denen du dein Leben stets im Griff behältst.

DER ENTDECKUNGSPROZESS

Patrick Grove gehört zu den erfolgreichsten Unternehmern Australiens und der gesamten Asien-Pazifik-Region. Seinen geschäftlichen Leistungen hat er es zu verdanken, dass er (der »Business Review Australia's Rich 200 List« zufolge) zu den zweihundert reichsten Menschen Australiens zählt. An der Börse wird Grove als *der* Senkrechtstarter der Region Asien-Pazifik schlechthin gehandelt, weil er den schier unglaublichen Rekord hält, vier Unternehmen gegründet und sie alle an die Börse gebracht zu haben.

Patrick ist ein enger Freund von mir. Einmal habe ich ihn in der Gegend, in der wir beide wohnen, zufällig im Starbucks getroffen, wo er dabei war, wie wild ein Stück Papier vollzukritzeln. Als ich ihn fragte, was er da mache, antwortete er mir: »Ich hab da ein Riesenproblem, das ich unbedingt lösen möchte.«

»Worum geht's denn?«, erkundigte ich mich.

Und Patrick antwortete: »Ich will rauskriegen, wie ich in einem Jahr hundert Millionen machen kann.«

Ich lächelte. Wusste aber genau, dass Patrick es total ernst meinte. Er ist einer der schärfsten Denker, die ich kenne. Und ein Zugewinn von hundert Millionen Dollar in einem Jahr hört sich für die meisten von uns zwar wie ein Ding der Unmöglichkeit an – für Grove dagegen war es eine durchaus vernünftige Frage. Ein lösbares Problem. Für ihn ging es nicht darum, ob es möglich war, sondern nur um das »Wann«.

Diese Begegnung fand 2008 statt. 2013 packte Patrick es an. In Südostasien erwarb er drei kleine Websites für Gebrauchtwagen, benannte sie in »iCar Asia« um, brachte die Gruppe in Australien an die Börse und erzielte mit seinem Investment eine Bewertung von mehr als hundert Millionen Dollar. Alles innerhalb *eines* Jahres.

Patrick liebt es, sein Büro zu verlassen, um sich mit großen, schweren Fragen herumzuschlagen. Und wie er sagt, kommen ihm dabei oft die nächsten Geschäftsideen. Aber dafür verschafft er sich auch die nötige Zeit und genügend gedanklichen Freiraum.

Wir anderen sind in der Mehrzahl so auf unser Tun fokussiert, dass wir gar nicht dazu kommen, uns mal zu fragen, *was* wir da eigentlich machen. Oder *warum*. Die »Geschäftigkeitsfalle«, so nenne ich das: Wir sind so damit beschäftigt, zu tun, was zu tun ist, dass wir gar nicht mitbekommen, ob unsere Lebenssysteme womöglich längst überholt oder sogar totaler Mist sind.

Deshalb verlassen Leute wie Patrick so gern ihr Büro und nehmen sich die Zeit, um ihre Systeme zu hinterfragen und sich neue, ambitioniertere Ziele zu stecken.

Die Essenz des Entdeckens ist Achtsamkeit, bewusste Erkenntnis. Deshalb solltest du dein gewohntes Handeln immer wieder mal unterbrechen und stattdessen lieber etwas recherchieren.

Ich kenne viele Leute, die ganz regelmäßig ein paarmal die Woche ins Fitnessstudio gehen. Ob sie dabei aber auch optimal trainieren? Ich zum Beispiel lasse den Besuch meines Fitnessstudios einmal im Monat bewusst ausfallen und informiere mich stattdessen über neue Work-out-Methoden, lege mir eine neue Fitness-App zu oder befasse mich mit neuen Fitness-Theorien zur Optimierung der Zeit, die ich im Studio verbringe.

Das meine ich mit »Entdeckungsprozess«: Du trittst einen Schritt von deinen gegenwärtigen Aktivitäten zurück und versuchst herauszufinden, wie es noch besser gehen könnte.

Bei Mindvalley umgehen wir die Geschäftigkeitsfalle mithilfe unserer sogenannten »Lern-Tage«. Jeden ersten Freitag im Monat arbeitet keiner von uns (sofern nicht irgendwo etwas brennt). Stattdessen konzentrieren wir uns alle darauf, wie wir unsere Leistungen verbessern können. So beschäftigen sich die Mitarbeiter im Kundendienst etwa mit der Frage, wie sie gezielter auf die Bedürfnisse des Einzelnen eingehen können, oder analysieren das Feedback der Kunden im Hinblick auf die Optimierung unserer Produkte. Die ITler experimentieren vielleicht mit einer neuen Programmiersprache. Alle dürfen den ganzen Tag lesen – vorausgesetzt, es handelt sich um Bücher, die etwas mit ihrem Beruf zu tun haben. Dadurch entstehen neue Ideen, Strukturen und Arbeitsweisen.

Egal, ob es sich um Arbeit, Gesundheit, Fitness, persönliches Wachstum, Kultur oder anderes handelt: Die Entdeckung von etwas Neuem ist immer ein lebensbejahender Prozess. Dabei geht es nie nur darum, das Leben ein bisschen interessanter zu machen. Viel wichtiger ist, dass es dir hilft, in dem, was du tun willst, besser zu werden.

Patrick Grove ist der Chef vier börsennotierter Unternehmen. Und trotzdem findet er immer die Zeit, einen Schritt zurückzutreten und seine Systeme zu überdenken. (Man könnte sogar sagen, *genau deshalb* sei er der Chef von vier börsennotierten Unternehmen.) Und bestimmt können wir alle uns gelegentlich frei machen, um neue Möglichkeiten der Problemlösung zu entdecken.

DEINE AKTUALISIERUNGSQUOTE

Wann hast du zum letzten Mal ein Buch über ein Thema gelesen, das dich zwar interessiert, von dem du aber nicht die leiseste Ahnung hast? Oder ein Seminar besucht? Einen Freund beziehungsweise eine Freundin um ehrliches Feedback gebeten? Wann hast du zum letzten Mal in einem Starbucks gesessen und dir Ideen zu irgendeinem verrückten Traum notiert, den du dir gern erfüllen möchtest? Oder deine Lebenssysteme auf eine andere Art und Weise aktualisiert?

Diese Systeme wiederholt auf den neuesten Stand zu bringen ist selbst ein System. Und die Häufigkeit, mit der du es tust, bezeichne ich als »Aktualisierungsquote«.

ÜBUNG: WIE HOCH IST DEINE AKTUALISIERUNGSQUOTE?

Lass uns noch einmal auf die *Zwölf Lebensbereiche, die im Gleichgewicht sein sollten* und von denen bereits im dritten Kapitel die Rede war, zurückkommen. Hast du deine Lebenssysteme auf einem dieser Gebiete in letzter Zeit aktualisiert? Wenn nicht, ist es höchste Zeit.

Notiere dir die Lebensbereiche, von denen du weißt, dass sie einer Veränderung bedürfen. Dabei kann es sich um deine Partnerschaft, die Erziehung der Kinder, um deinen Umgang mit Kollegen und Projekten handeln oder auch um Fragen wie: Fühlst du dich in deinem Zuhause beziehungsweise im Zusammenleben mit deinen Mitmenschen wohl? Räumst du deinen großen Träumen, neuen Erfahrungen, spirituellen Erkenntnissen oder der Entwicklung deiner Kreativität genügend Platz ein? Aber vielleicht möchtest du auch auf jedem dieser Gebiete weiterkommen. Nur zu – du kriegst das hin!

Worauf es dabei am meisten ankommt: dass du nie vergisst, dich darüber zu informieren, wie du deine Lebenssysteme verbessern kannst, und dafür auch etwas investierst.

Im Folgenden habe ich die zwölf Kategorien noch einmal aufgereiht und sie um mein Lieblingsbuch zum jeweiligen Thema ergänzt. Bei all diesen Büchern gehe ich davon aus, dass sie dir zu einer neuen, ambitionierteren Sichtweise auf den jeweiligen Lebensbereich verhelfen können.

1. LIEBESBEZIEHUNG. *Männer sind vom Mars, Frauen von der Venus.* Dieses humorvolle, schön geschriebene Buch von John Gray handelt vom Umgang mit und der Liebe zum anderen Geschlecht.

2. FREUNDSCHAFTEN. *Wie man Freunde gewinnt* von Dale Carnegie habe ich schon vor meinem zwanzigsten Geburtstag sieben Mal gelesen und kann es jedem nur empfehlen.

3. ABENTEUER. *Like a Virgin: Erfolgsgeheimnisse eines Multimilliardärs* von Richard Branson. Das Buch inspiriert dazu, große Ziele zu verfolgen und dabei ein abenteuerliches Leben voller Spaß zu führen.

4. UMGEBUNG. *Denken Sie groß – Erfolg durch großzügiges Denken* von Dr. David J. Schwartz regt dazu an, die eigene Lebensqualität zu verbessern und sich in Sachen Wohnen, Büro, Auto nicht mit dem Erstbesten zufriedenzugeben.

5. GESUNDHEIT UND FITNESS. Hier habe ich zwei unterschiedliche Vorschläge.

Männern empfehle ich *Die Bulletproof-Diät* von Dave Asprey. Dave ist ein Freund von mir und einer der berühmtesten Biohacker weltweit. In diesem Buch vereint er Wissenschaft und Ernährung.

Frauen empfehle ich *The Virgin Diet* von JJ Virgin. Das Buch wird alles revolutionieren, was du über Kalorien und Sport zu wissen meinst, und dich davon überzeugen, dass es nicht darum geht, wie viel du isst, sondern darum, das für deine Körperchemie Richtige zu dir zu nehmen – und zum richtigen Zeitpunkt.

6. INTELLEKTUELLE ENTWICKLUNG. Welche Methode, dein intellektuelles Leben zu optimieren, könnte besser sein als die Aktualisierung deiner Lernsysteme, das Erlernen von Schnelllesemethoden und die Verbesserung deines Erinnerungsvermögens? Dafür empfehle ich die Kurse von Jim Kwik.

7. FÄHIGKEITEN UND FERTIGKEITEN. In *Die 4-Stunden-Woche: Mehr Zeit, mehr Geld, mehr Leben* von Timothy Ferriss finden sich hervorragende Hacks zur Herausbildung individueller Fähigkeiten.

8. SPIRITUALITÄT. *Gespräche mit Gott* von Neale Donald Walsch ist das beste Buch über spirituelles Wachstum, das ich je gelesen habe. Fast genauso interessant finde ich allerdings das Lieblingsbuch des verstorbenen Steve Jobs, *Autobiographie eines Yogi* von Paramahansa Yogananda.

9. BERUF. Was die Frage angeht, wie man im Beruf kreativer und außergewöhnlich wird, wie man sich besser verkauft und Veränderungen bewirken kann, kenne ich kaum ein besseres Buch als *Nonkonformisten. Warum Originalität die Welt bewegt* von Adam Grant.

10. KREATIVITÄT. Steven Pressfields *Morgen fange ich an … warum nicht heute?* inspiriert dazu, etwaige künstlerische Blockaden zu überwinden und endlich kreativ zu werden. Außerdem gehört dieses Buch zu den am schönsten geschriebenen, die mir je untergekommen sind.

11. FAMILIE. Da ich fest davon überzeugt bin, dass die meisten familiären Probleme aus fehlender Selbstliebe resultieren, empfehle ich *Vollendung in Liebe – Von der Kunst, mit sich selbst und anderen glücklich zu werden* von Don Miguel Ruiz.

12. GEMEINSCHAFTSLEBEN. *Delivering Happiness – Wie konsequente Kunden- und Mitarbeiterorientierung einzigartige Unternehmen schaffen* von Tony Hsieh, dem CEO von Zappos, ist ein inspirierendes Buch über die Gründung eines gewaltigen Unternehmens und darüber, der Welt etwas Bedeutendes zurückzugeben.

Willst du besonders schnell Fortschritte erzielen? Dann empfehle ich dir die Lektüre eines Buchs pro Woche. Sollte dir das zu viel vorkommen, schlage ich vor, dass du zunächst einen Schnelllesekurs besuchst (und damit dein Lesesystem aktualisierst). Denn schon mit ein paar kleinen Tricks kannst du dein Lesetempo enorm erhöhen.

Lesen stellt eine ebenso einfache wie hervorragende Möglichkeit dar, deine Aktualisierungsquote anzukurbeln. Aber auch Online-Kurse, Mastermind- oder Netzwerkgruppen und den Besuch von Seminaren solltest du in Betracht ziehen.

Patrick Grove ist ein Lern-Junkie. Angefreundet haben wir uns aufgrund unseres gemeinsamen Interesses am persönlichen Wachstum und weil wir uns in verschiedenen Seminaren und Kursen immer wieder begegneten.

Auch mein Aufenthalt auf Necker Island war Teil einer Lernerfahrung. Ich war dort, weil ich andere aufstrebende Unternehmer kennenlernen, mich mit ihnen vernetzen und austauschen und gleichzeitig in den Genuss von täglichen Sitzungen mit Branson kommen wollte, der als unser Mentor fungierte.

Die *MindvalleyAcademy.com*, die aktuell (Stand: 2016) mehr als eine Million Mitglieder hat, habe ich gegründet, um Interessierten eine Möglichkeit zu bieten, sich von den besten Lehrern der Welt in neue Modelle und Systeme einführen zu lassen. Diese Lehrer unterrichten in der Academy und bieten Webinare an, von denen viele sogar vollkommen gratis sind.

Je mehr Gelegenheiten du findest, etwas dazuzulernen und das Gelernte auch praktisch anzuwenden, desto schneller erhöht sich deine Aktualisierungsquote.

SET-POINTS UND MESSUNGEN

Dass du deine Lebenssysteme aktualisierst, ist toll. Aber wie stellst du sicher, dass die einmal erreichten Erfolge auch erhalten bleiben?

Das kennst du bestimmt: Du hast dir vorgenommen, irgendetwas in deinem Leben entscheidend zu verbessern. Aber dann musst du feststellen, dass sich deine Fortschritte auch schnell wieder verflüchtigen. Erst tust du alles, um so und so viele Kilos abzuspecken – doch ganz allmählich kommen sie wieder zurück. Oder du fängst erneut an, die Dinge auf die lange Bank zu schieben. Gibst wieder mehr aus, als du einnimmst. Oder du hältst den Kontakt mit deinen Freunden nicht mehr so, wie du eigentlich wolltest. Hörst ein weiteres Mal mit Meditieren auf, verbringst immer weniger Zeit mit den Kindern beziehungsweise dem oder der Liebsten.

All diese Probleme kenne ich selbst zur Genüge. Aber ich habe mir etwas einfallen lassen, das mich zurückpfeift, sobald meine Systeme zu versagen drohen. Und zwar meine nichtverhandelbaren Set-Points oder Sollwerte.

Hier ein praktisches Beispiel: Ich liebe Wein, Whisky, Schokolade und Käse. Zugleich aber will ich nicht aus dem Leim gehen, denn ich fühle mich immer dann am besten und auch am leistungsfähigsten, wenn meine körperliche Energie auf dem Höhepunkt ist.

Im Lauf der Jahre habe ich mir einfache mentale und physische Hacks angeeignet, die den Alterungsprozess verlangsamen und dafür sorgen, dass mein Wohlbefinden erhalten bleibt. Was den Körper betrifft, so besteht mein unverhandelbarer Set-Point darin, dass ich stets in der Lage bin, mich auf den Boden zu begeben und fünfzig Liegestütze zu machen. Ausreden gelten nicht. Nach einem vierundzwanzigstündigen Flug von L.A. nach Kuala Lumpur schlafe ich mich erst einmal ordentlich aus. Falls ich danach aber meine fünfzig Dinger nicht hinkriege ..., stimmt etwas nicht mit mir. Anhand der fünfzig Push-ups messe ich sozusagen den Puls meines Gesundheitszustandes. Ich weiß also jederzeit, wann mich meine vielen Reisen oder ein paar allzu üppige Mahlzeiten aus dem Gleichgewicht bringen – weil ich mich dann nämlich mit den für mich üblichen fünfzig Liegestützen im Rahmen meines Trainings schwerer tue als sonst. Und wann immer das der Fall ist, weiß ich, dass ich echt aufpassen muss, wie ich mit meinem Körper umgehe, und es höchste Zeit ist, das Ruder herumzureißen.

Solche Systemtests lassen sich auch auf das Gebiet der Finanzen anwenden, auf die Zeit, die wir mit den Kindern verbringen, auf Ausdauer, die Anzahl der Bücher, die wir wöchentlich lesen, und auf vieles mehr.

Ohne eine Methode, mit deren Hilfe wir herausfinden können, wann etwas aus dem Ruder läuft, bemerken wir es womöglich nicht einmal. Und diese Methode sind eben die Set-Points.

ÜBUNG: DEINE NICHTVERHANDELBAREN SET-POINTS

Ein Set-Point markiert eine Schwelle, das absolute Minimum, das zu unterschreiten du dir einfach nicht gestattest. Dabei handelt es sich also keineswegs um ein Ziel. Die Verfolgung eines Ziels treibt dich an; Set-Points dagegen sorgen dafür, dass du das bislang Erreichte nicht wieder verlierst. Und du brauchst beides.

Set-Points kannst du für alles festlegen, was dir wichtig ist. Das Geheimnis dabei: Du kannst sie nicht nur nutzen, um dich vor dem Scheitern zu bewahren oder es rückgängig zu machen, sondern auch, um dich im Lauf der Zeit sogar zu *verbessern*.

Stell dir vor, dass du mit zunehmendem Alter fitter wirst …, müheloser mit deiner Partnerin/deinem Partner klarkommst …, finanziell besser dastehst … oder intensiveren Kontakt zu deinen Kindern hast. Und das alles mit einem supersimplen Trick. Also los, fang an, deine Set-Points zu bestimmen!

Schritt 1: Bestimme die Bereiche deines Lebens, für die du Set-Points aufstellen möchtest.

Schau dir die zwölf Lebensbereiche aus dem dritten Kapitel noch einmal an. In welchen Kategorien hast du deiner Einschätzung nach am schlechtesten abgeschnitten? Wo fehlt's am meisten?

Suche dir zunächst zwei oder drei Bereiche aus, für die du konkrete und realistische Set-Points aufstellen möchtest. Zu einem späteren Zeitpunkt kannst du gern mehr hinzunehmen; anfangen aber solltest du mit den Kategorien, die dir am allerwichtigsten sind.

Schritt 2: Lege deine Set-Points fest.

Als Nächstes bestimmst du für jeden der von dir gewählten Lebensbereiche einen Set-Point. *Achte dabei aber unbedingt darauf, dass sie auch realistisch sind.* Warum das so wichtig ist, erfährst du gleich.

Bei allem Quantifizierbaren (wie zum Beispiel Körpergewicht oder Kontostand) kannst du dich auf eine bestimmte Zahl einschießen: *Mein Set-Point in Sachen Gewicht beträgt X Kilo. In puncto*

Kontostand liegt mein Set-Point bei X Euro. Auf dieselbe Weise kannst du auch einen Set-Point für deine intellektuelle Weiterentwicklung festlegen (etwa: *Monatlich lese ich X Bücher*) oder sogar für den Beruf *(Zwei Stunden pro Woche recherchiere oder lese ich etwas, was mich bei meiner Arbeit weiterbringt).* Je präziser du dabei bist, desto leichter wirst du deine Set-Points – auch auf Dauer – im Blick behalten können.

Hier einige Beispiele möglicher Set-Points für die *Zwölf Lebensbereiche, die im Gleichgewicht sein sollten.*

1. LIEBESBEZIEHUNG. Hier könnten die Set-Points darauf abheben, wie viel Zeit du mit dem Partner/der Partnerin verbringst: wie oft ihr abends ausgeht, gemeinsam Sport treibt – oder vielleicht auch miteinander Sex habt.

2. FREUNDSCHAFTEN. Vielleicht möchtest du Set-Points aufstellen, die dafür sorgen, dass der Kontakt nicht abreißt: zum Beispiel, dass du dich mindestens einmal pro Woche telefonisch bei einem engen Freund/einer engen Freundin meldest; dass du einmal monatlich für Freunde kochst oder jemandem, dem es gerade schlecht geht, allwöchentlich ein Kärtchen schreibst.

3. ABENTEUER. Überleg mal: Wie wäre es mit einem Set-Point, der sich auf die Häufigkeit von Urlauben oder Abenteuerreisen bezieht? Ich zum Beispiel verbringe jedes Jahr zwei lange Ferien mit der ganzen Familie. Das muss nichts Exotisches sein und auch nicht die Welt kosten; aber indem ich mich dazu verpflichte, zeige ich ihnen, wie sehr ich sie alle liebe, und wir erschaffen uns gemeinsame Erinnerungen. Du könntest dir fest vornehmen, jeden Monat einen neuen Ort zu besuchen, auch wenn er sich ganz in deiner Nähe befindet. Das ist nicht teuer, aber sobald du regelmäßig einen anderen Flecken der Welt erkundest, wird sie sich für dich gleich viel größer und schöner anfühlen.

4. UMGEBUNG. Stell ein paar einfache Set-Points auf, die dafür sorgen, dass dein Zuhause immer hübsch ordentlich bleibt; dass du zum Beispiel jeden Morgen dein Bett machst, allabendlich das Geschirr spülst; täglich die Post durchgehst und etwaigen Papiermüll sofort entsorgst. Und auch in puncto Lebensqualität kannst du dir wunderbare Set-Points setzen: dass du dir etwa einmal in der Woche eine Ganzkörpermassage gönnst oder dergleichen.

5. GESUNDHEIT UND FITNESS. Stelle gezielt Set-Points auf, die dir als Maßstab deiner körperlichen Fitness dienen. Von der Nagelprobe meiner Liegestütze habe ich ja schon berichtet. Aber genauso gut könntest du dir vornehmen, einen bestimmten Taillenumfang nicht zu überschreiten. Oder dass du regelmäßig einmal in der Woche zum Yoga beziehungsweise Pilates gehst, dein Sehvermögen in bestimmten Abständen überprüfen lässt oder den Blutdruck misst.

6. INTELLEKTUELLE ENTWICKLUNG. Lass dir etwas einfallen, was dich intellektuell bereichert. Dass du zum Beispiel abends vor dem Einschlafen immer noch ein paar Seiten in einem Buch liest, wöchentlich je eine Kunstgalerie oder eine Abteilung im Museum besuchst oder einmal im Monat ins Theater gehst. Ein großartiger Set-Point in dieser Kategorie ist auch die bereits erwähnte Lektüre von mindestens zwei Büchern pro Monat.

7. FÄHIGKEITEN UND FERTIGKEITEN. Hier könntest du dich darauf verpflichten, dass du eine bestimmte Anzahl von Wochenstunden auf den Ausbau deiner Fähigkeiten und Fertigkeiten verwendest. Mein Set-Point für diesen Lebensbereich besteht darin, dass ich mir einen Tag pro Monat freinehme, um zu recherchieren und nach Wegen zu suchen, wie ich mich beruflich weiterentwickeln kann.

8. SPIRITUALITÄT. Du könntest zum Beispiel täglich eine Viertelstunde meditieren, einige Seiten eines spirituellen Textes lesen, beten oder einer Person, die sich mit einem ernsten Problem herumschlägt, gute Gedanken schicken. Mein persönlicher Set-Point auf diesem Gebiet besteht in der täglichen fünfzehnminütigen Meditation.

9. BERUF. Vielleicht möchtest du dich einem Berufsverband anschließen und sicherstellen, dass du an einer bestimmten Anzahl von Treffen teilnimmst. Solltest du umsatteln wollen, könntest du dich verpflichten, eine bestimmte Anzahl von Online-Artikeln über das dich interessierende neue Berufsgebiet und eventuelle Einstiegsmöglichkeiten zu lesen.

10. KREATIVITÄT. Suche dir ein Feld, auf dem du deiner Kreativität freien Lauf lassen kannst; bleib dabei und leg einen realistischen Set-Point fest, der es dir ermöglicht, dein diesbezügliches Engagement zu einem festen Bestandteil deiner Alltagsroutine zu machen. Das könnte heißen, dass du täglich zwanzig Minuten Tagebuch schreibst, an einem wöchentlich stattfindenden Kurs für Improvisationstheater teilnimmst oder dir vornimmst, ein bestimmtes Projekt weiterzuverfolgen, das entweder bereits existiert oder das du schon seit Langem ins Leben rufen willst. Mein persönlicher Set-Point besteht in der Anzahl von Seiten, die ich pro Woche schreibe.

11. FAMILIE. Nimm dir vor, jede Woche eine gewisse Zeit mit einer familienorientierten Tätigkeit zu verbringen, sei es mit den Kindern, der ganzen Familie, mit deinen Eltern oder anderen Verwandten. Dein Set-Point könnte darin bestehen, ohne bestimmten Anlass alle zwei Tage bei deinem Vater oder deiner Mutter anzurufen, sonntags mit allen zu frühstücken oder jeden Abend mit den Kindern zu spielen.

12. GEMEINSCHAFTSLEBEN. Leg einen jährlichen Spendenbetrag für wohltätige Zwecke fest oder such dir eine Einrichtung, in der du dich regelmäßig ehrenamtlich engagierst. Mein Set-Point auf diesem Gebiet ist ein bestimmter, nicht zu geringer Geldbetrag, den ich alljährlich an eine karitative Organisation überweise.

Schritt 3: Checke deine Set-Points und nimm gegebenenfalls Korrekturen vor.

Meinen Liegestütz-Set-Point überprüfe ich einmal die Woche. Sobald ich mal keine fünfzig hinkriege – vielleicht weil ich zu wenig Sport gemacht, nicht genügend Energie oder zugenommen habe –, beginne ich sofort mit der Korrektur dieses Set-Points. Die bringt mich schnell wieder in die Spur. In puncto Fitness geht es darum, wieder so in Form zu kommen, dass ich die fünfzig Liegestütze schaffe. Eine Woche lang ernähre ich mich Low-Carb, um mein Normalgewicht zurückzugewinnen, und gehe dreimal wöchentlich ins Fitnessstudio. Normalerweise bin ich dann schon nach einer Woche wieder so weit, dass ich meine fünfzig Push-ups locker hinbekomme.

In dem Jahr, in dem dieses Buch (die englischsprachige Originalausgabe) herauskam, wurde ich vierzig. Ich will aber hundert werden und meine Liegestütze auch dann noch machen. Ich glaube nämlich nicht, dass man mit dem Alter nachlassen muss.

Die Set-Point-Korrektur ist für den ganzen Prozess von entscheidender Bedeutung. Sobald du nachlässt und einen deiner Sollwerte mal nicht mehr schaffst, musst du diszipliniert genug sein, das wieder hinzubiegen. Und damit wären wir auch schon bei Schritt 4.

Schritt 4:   Lege noch einen drauf.

Solltest du einen deiner Set-Points mal nicht erreichen, setzt du dir das Ziel, ihn sogar noch ein bisschen zu übertreffen. Angenommen, dein Fitness-Set-Point wären fünfzig Liegestütze. Schaffst du sie nicht, gibst du alles, um sie wieder zu erreichen – und sie zu toppen, um ein oder zwei zusätzliche vielleicht. Ein anderes Beispiel: Solltest du das wöchentliche Ausgehen mit dem Partner/der Partnerin vernachlässigt haben, nimmst du es wieder auf – ergänzt um eine gemeinsame Turnstunde am nächsten Morgen. Lege also immer noch eine Schippe drauf – aber eine so kleine, dass du es selbst kaum mitbekommst. Und sobald du dieses höhere Level erreicht hast, definierst du es als deinen neuen Set-Point.

Damit beugst du nicht nur der Stagnation vor, sondern steigerst dich sogar noch. Grafisch dargestellt sieht das Set-Point-System so aus:

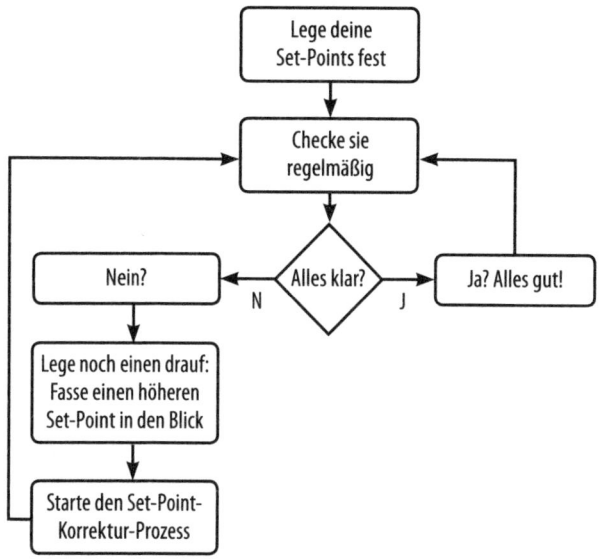

Mit zunehmendem Alter lassen die meisten nach. Das muss aber nicht sein. Wenn du über solche nichtverhandelbaren Set-Points verfügst, kannst du dich im Lauf der Jahre sogar steigern. Ich bin überzeugt, dass wir alle in dem Maße, in dem wir altersmäßig Strecke machen, immer besser werden können. Wir müssen nur dafür sorgen, dass unsere Set-Points tatsächlich unverhandelbar bleiben.

DIE POSITIVE PSYCHOLOGIE DER SET-POINTS

Dass das mit den Set-Points funktioniert, hat einen guten Grund. Normalerweise empfinden wir es ja als Scheitern, wenn wir unsere Ziele nicht erreichen. Mit den Set-Points dagegen wird aus möglichem Versagen eine spannende Challenge. Wenn du keine fünfzig Liegestütze schaffst, verordnest du dir eben was Neues: einundfünfzig. So ersetzt du das Gefühl der Niederlage durch das positive Empfinden, auf ein Ziel hinzuarbeiten. Entscheidend dabei ist, dass sich dieses neue Ziel leicht erreichen lässt.

Du erinnerst dich: Bei der Korrektur meines Fitness-Set-Points habe ich tatsächlich nur *einen* draufgesetzt und mir keine fünfundfünfzig oder sechzig Liegestütze vorgenommen. Sich selbst die Latte zu hoch zu legen, fühlt sich an wie eine Bestrafung; denn dass du aus dem Stand derart große Fortschritte machst, ist kaum realistisch. Verordnest du dir dagegen nur eine winzige Steigerung, gewinnst du neuen Schwung, ohne mit einem Scheitern rechnen zu müssen.

Indem du deine Set-Points immer ganz leicht nach oben korrigierst, bereitest du den Weg dafür, dich in jedem Bereich deines Lebens permanent zu verbessern.

Was uns zum fünften Update bringt.

 Update 5: Gönne deinen Lebenssystemen ein Upgrade

Außergewöhnliche Menschen verwenden ständig etwas Zeit darauf, in puncto Alltag, Arbeit, Herz und Seele neue Lebenssysteme zu entdecken, zu aktualisieren und auf den Prüfstand zu stellen. So befinden sie sich permanent in einem Zustand des Wachstums und der Selbsterneuerung.

DIE SYSTEME DER ZUKUNFT

Jetzt möchte ich dich bitten, eine Übung mit mir zu machen:

Wenn du dieses Buch in einem Flugzeug, in der U-Bahn oder irgendwo sonst liest, wo Menschen um dich herum sind, möchte ich, dass du versuchst, deinen Nachbarn zu riechen. Los, mach schon – geh etwas näher ran und nimm ein Näschen voll!

Solltest du gerade allein im Raum sein, versuch dich selbst zu erschnüffeln. Was nimmt deine Nase wahr? Höchstwahrscheinlich irgendein Parfum, Aftershave, den Duft einer Seife, eines Deos. Oder einen Hauch von alledem. Und so soll es auch sein.

Hättest du diese Übung allerdings vor 150 Jahren gemacht, hätten alle gestunken. So etwas wie die tägliche Dusche gab es damals nicht. Niemand putzte sich die Zähne. Eau de Toilettes und Parfums waren den Allerreichsten vorbehalten, Deodorants noch nicht erfunden. Die Menschheit hatte sich an ihren eigenen Gestank gewöhnt.

Heutzutage stellen wir morgens alles Mögliche an, um uns zu säubern und auf den Tag vorzubereiten: Wir putzen uns die Zähne, duschen, besprühen uns mit exquisiten Düften und ziehen uns schön an – alles, um körperlich frisch und rein zu sein.

Milliarden von uns beginnen allerdings auch jeden neuen Tag mit Sorgen, Stress, Nervosität, Ängsten – und tun nichts dagegen. Wir mögen das für normal erachten. Ist es aber nicht. Genauso, wie wir unseren Körper sauber halten, können wir uns auch Systeme aneignen, die dafür sorgen, dass wir geistig »sauber« und frei von derart schwächenden Gefühlen bleiben.

Wie die »Riech-an-deinem-Nachbarn«-Übung auf amüsante Weise zeigt, schenken wir den Systemen der Körperpflege bedeutend mehr Aufmerksamkeit als denen zur Pflege von Geist und Seele.

Wir haben uns eine Gesellschaft erschaffen, in der es als normal gilt, morgens gestresst, voller Angst und Sorgen aufzuwachen. Aber das ist *nicht normal!* Gefühle dieser Art sollten kein Dauerzustand sein. Denn im Grunde stellen sie ein Alarmsystem dar, dessen Aufgabe darin besteht, uns auf Dinge aufmerksam zu machen, um die wir uns kümmern müssen (mit denen wir aber nicht auf Dauer zu leben brauchen).

Du solltest deine Arbeit nicht hassen oder dich vor dem bevorstehenden Tag fürchten müssen. Und die Happy Hour – die »glückliche Stunde« – sollte sich nicht auf die Drinks beschränken, die du freitagabends zu dir nimmst, um zu feiern, dass du eine weitere Woche deines Lebens hinter dich gebracht hast.

Statt Pillen zu schlucken oder gesundheitsschädliche Gewohnheiten zur Unterdrückung unserer Gefühle zu pflegen, können wir uns auch Systeme aneignen, die uns von ihnen befreien. Sie gewinnen zunehmend an Beliebtheit – und bewirken unglaublich starke Veränderungen. Ich bezeichne diese Systeme als transzendente Praktiken. Dazu gehören Übungen in Dankbarkeit genauso wie Meditation, Mit- und Glücksgefühl sowie alle anderen Praktiken, die uns über das normale Alltagsempfinden hinausführen.

Nun, da du gelernt hast, deine Lebenssysteme um die Set-Points zu ergänzen und sie zu aktualisieren, werden wir uns im Rest dieses Buches ganz auf die Bewusstseinssysteme konzentrieren, ebenjene transzendenten Praktiken. Wie du im folgenden Kapitel sehen wirst, zahlt es sich enorm aus, wenn du sie auf dein Leben und deine Arbeit anwendest.

Zuvor aber möchte ich dir noch kurz erzählen, wie eine der mächtigsten Frauen der Welt solche transzendenten Praktiken einsetzt.

WIE ARIANNA HUFFINGTON IHREN GEIST BEHERRSCHT

2014 hatte ich die Gelegenheit, Arianna Huffington zu interviewen. Ich verehre Arianna – nicht nur, weil sie rund um die *Huffington Post* ein bedeutendes Medienunternehmen aufgebaut hat, sondern auch wegen der enormen Ruhe und Güte, die sie ausstrahlt. In unserem Gespräch erzählte sie mir von den Transformationen, zu denen es in ihrem Leben gekommen ist, seit sie sich inmitten ihres geschäftigen Alltags Zeit für transzendente Praktiken nimmt.

Die Wende trat am 6. April 2007 ein. Die *Huffington Post* war zu dem Zeitpunkt zwei Jahre alt, Arianna hatte unglaublichen Erfolg damit ..., arbeitete sich aber auch beinahe kaputt. Und mit einem Mal realisierte sie, dass Geld und Macht nicht die einzigen Maßstäbe für den Erfolg sein können, sondern dass es da noch einen dritten gibt, der viel zu wenig Beachtung erfährt.

Mir sagte sie: »In der Gründungsphase lässt man sich schnell einreden, man müsse rund um die Uhr schuften, um die Firma auf die Beine zu stellen. Aber es ist ja nicht nur die Arbeit, wir haben ja auch sonst noch ein Leben. Als wir die *Huffington Post* aufbauten, fuhr ich mit meiner älteren Tochter von einem College zum anderen, damit sie entscheiden konnte, wo sie sich bewerben wollte. Bei meiner Rückkehr von dieser College-Tour hatte ich einen Zusammenbruch. Burn-out, totale Erschöpfung, viel zu wenig Schlaf. Ich kam mit dem Kopf auf der Schreibtischplatte auf, brach mir dabei das Jochbein und musste mit vier Stichen am rechten Auge genäht werden. Anschließend rannte ich von Arzt zu Arzt, um herauszufinden, ob ich vielleicht krank war. Und dabei stellte ich mir all die Fragen, mit denen wir uns nach der Uni oft gar nicht mehr beschäftigen: ›Was ist eigentlich ein schönes Leben? Und was Erfolg?‹ Ich kam zu dem Schluss, dass unsere Definition von Erfolg – bei der es ja nur um Geld und Macht geht – vollkommen unzureichend ist. So, als würde man auf einem Schemel mit zwei Beinen sitzen: Es ist nur eine Frage der Zeit, bis man hintenüberkippt. Und so kam ich auf den dritten Maßstab für Erfolg, der auf den folgenden vier Säulen beruht: Wohlbefinden, Weisheit, Staunen und Geben.«

Anschließend beschrieb Arianna mir ihre Systeme für das Alltagsleben.

Über die Meditation sagte sie: »Ich will nicht mehr bloß leistungsfähig oder produktiv sein. Ich will Freude empfinden. Nachts schlafe ich jetzt acht Stunden. Und jeden Morgen meditiere ich mindestens zwanzig Minuten lang. Am Wochenende oft auch eine Stunde oder anderthalb. Das liebe ich!«

Im Folgenden sprachen wir über Dankbarkeit: »Früher war das Erste nach dem Aufwachen für mich immer der Griff nach dem Smartphone. Heute nicht mehr. Inzwischen nutze ich die Zeit, wenn es auch manchmal nur ein Augenblick ist, um an den bevorstehenden Tag zu denken, mich mit Dankbarkeit für alle Segnungen meines Lebens zu erfüllen und Vorsätze für die Stunden zu fassen, die vor mir liegen. Das allein nimmt mir schon den Druck der ganzen vermeintlichen Zwänge, die so viel unnötigen Stress verursachen.«

Ariannas Botschaft begeistert mich. In ihren Lebenssystemen ist auch Platz für Meditation, Bewegung, Dankbarkeit und das Fassen guter Vorsätze für die bevorstehenden vierundzwanzig Stunden.

Ja, stell dir vor – so beginnt eine der mächtigsten Frauen der Welt ihren Tag.

Bei einem meiner Vorträge habe ich die Zuhörer mal nach der größten Schwierigkeit gefragt, die sie mit dem Meditieren hätten. Die meisten sagten, das größte Problem sei, dass es ihnen einfach an Zeit dafür fehle.

Das nenne ich das »Geschäftigkeitsparadox«. Paradox, weil einem die Meditation eigentlich zusätzliche Zeit gibt: indem sie nämlich unser Denken und unsere Kreativität optimiert und so dafür sorgt, dass wir in kürzerer Zeit mehr geregelt kriegen.

Arianna ist *sehr* beschäftigt. Laut *Time*-Magazin zählt sie zu den hundert einflussreichsten Menschen der Welt und im *Forbes*-Ranking zu den hundert mächtigsten Frauen überhaupt. Und doch sagte sie zu mir: »Viel Zeit erfordert es gar nicht. Dann aber kann ich diese Qualität in meinen Tag einbringen. In meinem Leben – bestimmt auch in Ihrem und im Leben aller anderen Menschen – kommt es zu Schwierigkeiten, mit denen wir uns auseinandersetzen müssen. Sobald das der Fall ist – was mir unvermeidlich scheint –, kann ich mich den Problemen stellen, ohne überzureagieren. Ich kann schnell entscheiden, worum ich mich sofort kümmere, und lasse mich von Dingen, die vielleicht später noch auf mich zukommen könnten, nicht stressen.«

Für den Anfang, meinte Arianna, genügen schon täglich fünf Minuten. »Nach und nach kann man sich dann bis auf zwanzig, dreißig Minuten steigern. Aber selbst wenige Minuten reichen schon, um die Tür für eine neue Gewohnheit und all die Vorteile aufzustoßen, die damit einhergehen. In meinem Buch gibt es übrigens ganze fünfundfünfzig Seiten mit wissenschaftlichen Anmerkungen dazu.«

TRANSZENDENTE PRAKTIKEN – UND WAS DICH ALS NÄCHSTES ERWARTET

Ariannas Weisheiten passen gut zu den im dritten Kapitel wiedergegebenen Äußerungen Ken Wilbers, die sich mit der nötigen Integration transzendenter Praktiken in die Modelle und Systeme unserer modernen Welt befassen.

Ich selbst bin der festen Überzeugung, dass wir nunmehr in ein Zeitalter eintreten, in dem Körper, Geist und Seele viel enger verbunden sind als je zuvor. Und genau damit befassen wir uns im folgenden Teil dieses Buches, in dem es um die Innenwelt gehen wird.

TEIL III

PROGRAMMIERE
DICH NEU

DIE TRANSFORMATION
DEINER INNENWELT

Beim Bewusstseinsengineering geschieht etwas sehr Schönes. Denn sobald du dich von den *Brules* befreit hast und spürst, wie viel Kraft und Freiheit dir das gibt, beginnt sich dein persönliches Wachstum erheblich zu beschleunigen. In diesem Stadium dürfte sich eine große Sehnsucht in dir breitmachen: *Du willst jetzt mehr tun, mehr sein und einen bedeutenderen Beitrag leisten.*

Dieser Teil des Buches stattet dich mit allem aus, was du dafür benötigst.

In den bisherigen Kapiteln hast du dich auf deine Umwelt konzentriert und gelernt, die Modelle der Vergangenheit abzulegen. Jetzt schauen wir uns deine Gegenwart und Zukunft an und konzentrieren uns auf etwas anderes: deine Innenwelt mit all ihren widerstreitenden Gewohnheiten, Überzeugungen, Emotionen, Wünschen und Ambitionen. In diese Welt bringen wir nun Ordnung und Ausgewogenheit.

Zwei Fragen wirst du dir stellen:

- *Was genau verstehe ich eigentlich unter Glück – und wie kann ich auch schon in der Gegenwart zufrieden sein?*
- *Welche Ziele und Visionen habe ich für die Zukunft?*

Du wirst neue Lebenssysteme kennenlernen, die es dir ermöglichen, dein Glückslevel deutlich anzuheben. Dazu gehören unter anderem drei Ansätze, auch im Alltag überaus zufrieden zu werden – »Glücksziplin« nenne ich sie: die Disziplin des täglichen Glücks und der täglichen Zufriedenheit.

Außerdem wirst du lernen, dir für die Zukunft spannende Ziele zu setzen, ohne dich den *Brules* des kulturellen Umfelds zu unterwerfen. Du wirst den Unterschied zwischen Bestimmungszielen (tolle Idee) und Zweckzielen (gar keine gute Idee) kennenlernen. Und das Beste: All das gelingt, indem du dir drei ganz einfache, aber tiefgründige Fragen stellst.

Wenn du im Moment zufrieden bist und zugleich von einer Vision angetrieben wirst, gehen deine Außen- und Innenwelt nahtlos ineinander über. Fast fühlt es sich so an, als hättest du das Glück auf deiner Seite und die Unterstützung des Universums im Rücken. Wenn du dich in diesem Zustand befindest, scheint sich das Leben für dich aufs Schönste zu entfalten – als wärest du gesegnet. Und auch dafür habe ich einen Ausdruck: Ich nenne es »Krümmen der Wirklichkeit«.

6

KRÜMME DIE WIRKLICHKEIT

INDEM DU DEN ULTIMATIVEN ZUSTAND DER MENSCHLICHEN EXISTENZ ERKUNDEST

Mir ist klar geworden, dass Vergangenheit und Zukunft reine Illusion sind; sie existieren nur in der Gegenwart, die alles ist und alles umfasst.

Alan Watts, Zen-Philosoph

DIE LIEBE UND IHRE AUSWIRKUNGEN AUF DEN BERUF

Im Anschluss an das College-Studium war ich nicht gerade die am meisten Erfolg versprechende Person auf Erden. Drei Jahre nach dem Abschluss sah meine Bilanz nämlich so aus:

- Ich hatte mich an der Gründung zweier Start-ups versucht und war in beiden Fällen gegen die Wand gefahren.
- Als ich mich schließlich auf eine »ordentliche« Arbeit eingelassen hatte, wurde ich gefeuert. Und zwar gleich zweimal.

Nach meiner Phase als Couch-Mieter bekam ich 2002 diesen Job als Telefonverkäufer von Jura-Software und war darin immerhin so gut, dass ich (aufgrund der Umstände, die ich im dritten Kapitel geschildert habe) zum Verkaufsdirektor befördert und nach New York geschickt wurde, um dort das Ostküsten-Büro der Firma aufzubauen.

Aber schon stieß ich wieder auf ein neues Hindernis.

Die Liebe.

Meine Freundin Kristina war der Hammer – die Sorte Frau, nach der sich alle Welt umdrehte. Ein Problem aber gab es: Sie lebte in Tallinn, Estland, 4167 Meilen weit entfernt. (Ja, genau, ich hab das nachgerechnet.) Trotzdem versuchten wir uns alle vier Monate zu treffen. In Paris etwa. Oder in Griechenland. Und da haben wir – Romeo und Julia mit schmalstem Budget – es uns dann immer so hübsch und romantisch gemacht, wie es in den billigen Absteigen, die wir uns nur leisten konnten, eben möglich war. Aber man trifft nun mal nicht täglich eine Frau, die eine dreijährige Fernbeziehung wert ist.

Irgendwann habe ich ihr dann doch einen Antrag gemacht, und zwar aus zweierlei Gründen. Erstens natürlich aus den naheliegenden: Ich war verrückt nach Kristina und wollte endlich in derselben Stadt leben wie sie. Zweitens auch aus finanziellen: Diese ganzen Transatlantikflüge und Hotelrechnungen drohten mich auszubluten. Also bat ich meinen Chef um vier Wochen Urlaub. Die Idee dahinter: Kristina und ich wollten heiraten, eine Hochzeitsreise machen und danach noch unsere beiden Familien besuchen.

Das lief auch alles gut. Aber an dem Tag, als ich frischvermählt wieder in New York eintraf, erhielt ich einen Anruf von meinem Chef: »Du weißt ja, wie viel ich von dir halte«, sagte er, »und dass ich dich wirklich mag. Deinen Job aber musste ich inzwischen leider jemand anderem geben. Geschäft ist Geschäft.«

Wie vom Donner gerührt war ich. Ich hatte keine Greencard für die Staaten und deshalb auch keine Aussicht, eine neue Anstellung zu finden.

»Aber weißt du was«, fügte mein Chef hinzu, »ich hab was anderes für dich. Allerdings zur Hälfte deines bisherigen Gehalts.«

Ich weiß noch, wie ich dastand, mit dem Telefon in der Hand, und mich fühlte, als wäre das das Ende der Welt. Doch ich zwang mich zur Ruhe und sagte: »Mhm, na gut. Geht in Ordnung.« Innerlich aber stauten sich Kraftausdrücke in mir auf, die jeden Mariner zum Erröten gebracht hätten.

Kristina, die ebenfalls keine Greencard hatte, konnte in den USA nicht arbeiten. Das Geld würde also äußerst knapp werden, doch unseren amerikanischen Traum aufzugeben waren wir nicht bereit.

Manchmal ergeben sich Chancen ja gerade in den beschissensten Situationen. Da ich nun mit dem halben Einkommen zwei Personen zu ernähren hatte, musste ich eine Möglichkeit finden, zusätzlich an Geld zu kommen. Ich las ein paar Bücher über Online-Marketing. Und mit meinen Programmier- und Marketingkenntnissen sollte es für mich ja ein Leichtes sein, mir eine Website zuzulegen und darüber irgendwelche Produkte zu verticken. Da ich mich für Meditation interessierte, dachte ich, warum nicht mit entsprechenden CDs anfangen? Also sicherte ich mir die erste preisgünstige Domain, die ich finden konnte – *mindvalley.com* – und startete einen kleinen Online-Shop. Mit dem beschäftigte ich mich immer abends, wenn ich aus dem Büro kam.

Im ersten Monat machte ich einen Verlust von 800 Dollar. Im zweiten noch 300 Miese. Doch schon im dritten Monat konnte ich einen Gewinn verbuchen – alles in allem vier Dollar fünfzig pro Arbeitstag. Also nicht die Welt, aber es gab mir ein gutes Gefühl. Ich konnte mir von dem Geld ein Frühstück leisten – na ja, wenigstens einen Kaffee. Ich liebte den von Starbucks. Und meine winzige Website warf nun schon täglich einen »Grande Café Mocha« ab. Mein Mikrobusiness wuchs allerdings immer weiter, und bald nahm ich täglich fünf Dollar fünfzig ein. Und konnte mich schnell auf meinen ersten »Venti« steigern. Wow, das war ein irrer Moment!

Nach einem halben Jahr betrug mein täglicher Gewinn sage und schreibe sechs Dollar fünfzig – genug für einen »Venti« mit – tatatataaaa! – Haselnussaroma. Noch einige Monate später erwirtschaftete meine kleine Website neben dem täglichen Starbucks-Kaffee sogar noch ein Subway-Sandwich zu Mittag.

Aufregende Zeiten waren das, kann ich dir sagen. Ich weiß noch, dass ich mal mit ein paar Freunden beim Bier in einer Kneipe hockte und mit meiner nebenberuflichen Mini-Selbstständigkeit prahlte, die mir täglich Frühstück und Mittagessen einbrachte – und bestimmt bald auch ein Abendbrot.

Im Grunde waren das die Anfänge von Mindvalley. Der Aufbau eines großen Unternehmens war mir gar nicht in den Sinn gekommen. Ich hatte keine Riesenziele. Mir keinerlei Fristen gesetzt. Das Ganze war für mich mehr ein Spielchen, bei dem es darum ging, wie viel Essen ich mir von den Gewinnen kaufen konnte. Ohne mir dessen bewusst zu sein, war ich auf ein Geheimnis gestoßen, das unter Videospiel-Designern und Psychologen schon lange bekannt war: Ich »gamifizierte« mein Leben.

Das Geld, das ich einnahm, wurde immer mehr. Und bald setzte ich mir das nächste Ziel: Um über die Runden zu kommen, musste ich monatlich viertausend Dollar verdienen. So viel brauchten Kristina und ich, damit wir etwas zu essen hatten, die Miete zahlen, ein bescheidenes Leben in Manhattan führen und auch noch etwas in Mindvalley investieren konnten. Mein Brotjob brachte siebeneinhalbtausend monatlich ein, aber wie gesagt, vier genügten uns damals eigentlich.

Dann, 2003 kurz vor Thanksgiving, war es so weit: Meine kleine Website brachte regelmäßig genau diese Summe ein. Also rief ich meinen Chef an und kündigte.

VOM SPIEL ZUR PLACKEREI

Dass ich meinen Job als Verkäufer von Software für Rechtsanwälte an den Nagel hängte, hatte allerdings den Verlust meines US-Visums zur Folge. Nun sahen Kristina und ich uns also vor die Wahl gestellt: Entweder wir gingen nach Estland, wo meine Frau zu Hause war, oder in mein Geburtsland Malaysia. Estland ist toll, aber der Winter dort gruselig. Wegen des wärmeren Klimas entschieden wir uns schließlich für Malaysia.

Nun würde ich gern behaupten, dass das alles gewesen wäre. War es aber nicht. In den Jahren nach dem elften September befanden sich die Vereinigten Staaten in höchster Alarmbereitschaft. Und aus irgendeinem Grund war ich auf einer Beobachtungsliste gelandet. »Special Registration« hieß sie und diente der Überprüfung von Besuchern aus bestimmten Ländern. Malaysia gehörte leider auch dazu. Und im Außenministerium war wohl irgendjemand auf die Idee gekommen, ich sei so »verdächtig«, dass ich besonders überprüft werden müsste. Das bedeutete, dass ich nur ausgewählte Flughäfen benutzen durfte und zwei bis drei Stunden länger als andere vor der Immigration auf meine Spezialuntersuchung warten musste. Was aber das Schlimmste war: Bei jedem Aufenthalt in den Staaten musste ich mich alle dreißig Tage bei der lokalen Einwanderungsbehörde melden. Davor stand ich stundenlang an – oft draußen in der Kälte, in einer schier endlosen Menschenschlange –, bis mich endlich ein Beamter empfing, mir die Fingerabdrücke nahm, mich fotografierte und meine Kreditkartenabrechnungen überprüfte, um sich zu vergewissern, dass ich auch ja nichts irgendwie Gefährliches eingekauft hatte. Dieses ganze schreckliche Prozedere empfand ich als ausgesprochen demütigend.

Nachdem ich es vier Monate hatte über mich ergehen lassen, beschlossen Kristina und ich, dass wir unseren amerikanischen Traum nun doch wohl oder übel begraben und woanders hinziehen mussten. Was an meiner Liebe zu den Vereinigten Staaten allerdings nichts änderte. Obwohl ich in Malaysia aufgewachsen bin, fühle ich mich als Amerikaner. Doch in einem Land, in dem ich wie ein Sträfling auf Bewährung leben musste, konnte ich einfach nicht bleiben.

Also landete ich wieder in Malaysia, genauer gesagt in der Hauptstadt Kuala Lumpur, einmal um die halbe Welt von meinen New Yorker Freunden entfernt. Und auch von meinen Kunden und Lieferanten.

In Kuala Lumpur bestand Mindvalley zunächst nur aus mir und meinem treuen Labradoodle Ozzy (den ich zu meinem PR-Manager ernannte und der damit zum »ersten Hund mit einer Anstellung im E-Commerce« wurde). Doch schon bald ging es bergauf. Ich konnte weitere – diesmal menschliche – Mitarbeiter anheuern, und wir bezogen in einem heruntergekommenen Stadtviertel sogar erste kleine Büroräume, im Hinterhof eines Lagerhauses. Von da aus nahm die Klitsche Fahrt auf: mehr Angestellte, mehr Projekte. Mit einem Mal hatte ich ein »richtiges« Unternehmen mit allem Drum und Dran an der Backe: Miete zahlen; Personal einstellen; Buchführung; Steuerformulare ausfüllen; mich mit den Banken herumschlagen. Die Arbeit als solche liebte ich, doch die damit verbundenen Alltagsprobleme zogen mich ziemlich runter. Und die große Entfernung von den Vereinigten Staaten brachte zusätzliche Schwierigkeiten mit sich.

Ich kämpfte mich durch, kam aber kaum noch zum Schlafen, so viel Zeit verbrachte ich bei der Arbeit. Und was alles noch schlimmer machte: Irgendwie kam ich nicht weiter. In den folgenden vier Jahren geschah nichts Bemerkenswertes. Es gab Höhen und Tiefen, die Zahl der Angestellten war auf achtzehn gestiegen, irgendwie aber befand sich Mindvalley immer noch in einer Art Orientierungsphase. Wenigstens brachte die Firma genügend ein, um ihre Leute zu ernähren. Im Mai 2008 allerdings sah ich mich vor ein echtes Dilemma gestellt: Das Unternehmen machte zwar monatlich einen Umsatz von einer Viertelmillion Dollar – zugleich aber auch fünfzehntausend Verlust. Wenn sich daran nicht bald etwas änderte, würden Entlassungen unvermeidlich werden.

Das Spiel hatte sich in eine elende Plackerei verwandelt. Und ich erlebte zweifellos eine jener Tiefphasen, über die ich schon im ersten Kapitel gesprochen habe. Im Hintergrund jedoch entwickelte sich bereits etwas sehr, sehr Schönes. Ich wusste es nur noch nicht. Aber es sollte eine entscheidende Veränderung meiner Realitätsmodelle bewirken. Mich zu neuen Lebenssystemen inspirieren, sowohl privat als auch in Bezug auf die Arbeit …, sodass es schließlich innerhalb von nur acht Monaten geschäftlich besser lief, als ich es mir selbst in meinen schönsten Träumen je hätte vorstellen können, und auch in meinem persönlichen Leben kein Stein auf dem anderen blieb.

WAS ALS NÄCHSTES GESCHAH

Was genau sich da in mir verändert hatte, erzähle ich gleich. Hier erst einmal alles, was sich in den acht Monaten nach besagter Veränderung abspielte:

- **DAS UNTERNEHMEN GING DURCH DIE DECKE.** Eben noch kurz davor, Leute entlassen zu müssen, steigerten wir unsere Umsätze innerhalb dieser acht Monate um ganze 400 Prozent.

So gewachsen war die Firma noch nie. Im Mai 2008 hatte der Monatsumsatz noch zweihundertfünfzigtausend Dollar betragen. Im Dezember desselben Jahres stieg er erstmalig auf eine Million.

▪ **AUS ARBEIT WURDE SPASS.** Ich fühlte mich nicht länger so unter Druck und empfand mein Engagement nicht mehr als Plackerei.

▪ **ALLMÄHLICH STELLTEN SICH UNSERE TRAUMKUNDEN EIN.** Kein dummes Am-Telefon-Hängen mehr. Kein Herumfeilschen. Viele der Kunden kamen jetzt von sich aus auf uns zu. Und ich musste sogar lernen, Nein zu sagen.

▪ **UNSER TEAM WURDE IMMER TOLLER.** Innerhalb eines Jahres hatten wir fünfzig statt nur achtzehn Angestellte.

Das Beste aber sollte erst noch kommen … Im Mai 2009, also nur ein Jahr nach der Beinahe-Pleite, hatte sich mein Leben total verändert. Diesen Monat werde ich nie vergessen. Ich verbrachte nämlich nur sechs Tage davon im Büro und den ganzen Rest an schönen Stränden überall auf der Welt: Im mexikanischen Cabo war ich zur Hochzeit eines Freundes eingeladen. Neun Tage verbrachte ich mit Tony Robbins in seinem Resort auf den Fidschi-Inseln. Ein paar weitere Tage mit anderen auf der Privatinsel Necker Island von und bei Richard Branson – auch das eine traumhafte Zeit! Und währenddessen hatte die Firma ihren bis dahin besten Monat überhaupt – inklusive eines neuen Eintagesverkaufsrekords. Als ich telefonisch darüber informiert wurde, befand ich mich gerade in der Villa von Tony Robbins und seiner Gattin. Ich besaß ein Wahnsinnsunternehmen. Hatte Frau und Familie. Ein supertolles Leben. Und war rundum mehr als zufrieden. Zum allerersten Mal.

Es kam mir wie Magie vor. Meine schönsten Träume gingen gerade in Erfüllung. Ganz so, als hätte mich jemand plötzlich mit dem Zauberstab berührt.

Aber welche Einsicht war es denn nun, die mein Leben dermaßen schnell dermaßen dramatisch verändert hatte?

DAS KRÜMMEN DER WIRKLICHKEIT – ODER: SPASS UND PROFIT

Wenn du die bisherigen Kapitel gelesen und auch die Übungen gemacht hast, dürfte dir jetzt schon ziemlich klar sein, warum wir Menschen kopfmäßig so dazu neigen, uns an »Wahrheiten« zu orientieren, die uns das kulturelle Umfeld eingeflüstert hat. Du hast die *Brules* erkannt, die dich am meisten einschränken, und begonnen, mithilfe der Prinzipien des Bewusstseinsengineerings die Realitätsmodelle und Lebenssysteme zu erkunden, die dich in deiner Entwicklung hemmen. Auf diese Weise hast du dir einen neuen, belastbaren Rahmen für künftiges persönliches Wachstum erschaffen.

Aber es geht noch weiter. Sobald du einmal angefangen hast, dich spielerisch als Bewusstseiningenieur(in) zu betätigen, und mit neuen Arten des Denkens und Empfindens experimentierst, fühlt sich das Leben gleich viel umfassender an und wird spannender. Allmählich steigt deine Bereitschaft, mehr zu tun, zu sein und menschlich zu erreichen. Nachdem du nun die Kunst deiner Befreiung aus der kulturellen Umwelt beherrschst, bist du an dem Punkt angelangt, an dem du dich daranmachen kannst, es auch auf einem weiteren Gebiet zur Meisterschaft zu bringen: dem der Herrschaft über dein Innenleben. Jetzt bist du so weit, dich zu einem neuen Typ Mensch zu programmieren und deine eigene Delle ins Universum zu schlagen.

Das aber wirst du nicht auf konventionelle Art und Weise tun (Kulturhacker arbeiten nun einmal nicht so). Vielmehr wirst du zwei der bedeutendsten Säulen unserer Definition von Erfolg hinterfragen und umdefinieren – nämlich Lebensglück und Zufriedenheit sowie das Erreichen von Zielen.

Beides wirst du in Mengen erleben und schaffen. Aber nicht etwa durch Kampf oder Anstrengung. Nein, Glück und Erfolg werden sich aufgrund eines Gleichgewichts einstellen – der empfindlichen Balance deines Daseinszustands im Spannungsfeld von aktueller Zufriedenheit und Zukunftsvisionen. Diesen Zustand bezeichne ich nicht ohne Grund als »Krümmen der Wirklichkeit« – denn wann immer ich mich in ihm befinde, scheint es mir fast so, als hätte ich die Rückendeckung des Universums und das Glück an meiner Seite. Als könnte ich mir die Wirklichkeit so hinbiegen, dass mein Tag perfekt wird und sich meine Visionen mit unglaublichem Tempo entfalten.

In genau diesen Zustand geriet ich im Sommer 2008, als sich mir privat und geschäftlich vollkommen neue Horizonte auftaten. Und ganz der Ingenieur, der ich bin, beschloss ich, diesen Zustand nach Möglichkeit zu entschlüsseln, um ihn nicht nur bei mir selbst, sondern auch bei anderen jederzeit replizieren zu können.

ALLES FINDET IM KOPF STATT

Im Frühjahr 2008, als es meinem Unternehmen so schlecht ging, beschloss ich, mal alles gut sein zu lassen und mir eine Pause zu gönnen. Statt mich rastlos mit Start-up- und Marketingstrategien zu beschäftigen und unendlich viele Überstunden runterzureißen, wollte ich mich eine Weile um mein eigenes Wachstum kümmern.

Dass irgendwas im Argen lag, war mir klar. Nur wusste ich nicht, was genau. Aber es musste etwas mit meinem Innenleben zu tun haben. Ich las zahllose Bücher und besuchte eine Menge Seminare. Bob Proctors und Neale Donald Walschs Bücher ließen mich ähnlich tiefe Einsichten gewinnen wie die Seminare von T. Harv Eker und Esther Hicks. Und mit am bedeutsamsten war die Erkenntnis, dass es die Überzeugungen sind, die unsere Welt formen.

Rein vom Verstand her leuchtete mir das ein. Aber irgendwie gelang es mir nicht, diese Einsicht auch praktisch umzusetzen. Deshalb rannte ich im Versuch, mich und mein Unternehmen zu retten, immer weiter mit dem Kopf gegen die Wand. Die finanziellen Rücklagen schmolzen nur so dahin, und dem Tag, an dem ich tatsächlich die ersten Mitarbeiter würde entlassen müssen, sah ich voller Angst entgegen. Im Büro gab ich zwar den Selbstbewussten, aber in Wirklichkeit fühlte ich mich als Totalversager.

Wann genau mich die entscheidende Erkenntnis traf, weiß ich gar nicht mehr. Aber sie traf mich wie ein Donnerschlag. Und sie lautete:

Hör auf, dein Lebensglück auf den Sankt-Nimmerleins-Tag zu verschieben. Sei JETZT glücklich und zufrieden! Deine Gedanken und Überzeugungen mögen ja deine Realität erschaffen, das gilt aber nur, wenn du dich in einem Zustand der Freude befindest.

Mit einem Mal wurde mir klar, dass mein Tank leer war. Und dass ich glücklich und zufrieden sein musste. Denn das war der einzige Treibstoff, der mir weiterhelfen konnte. Im Grunde gab es vieles, was mich hätte glücklich machen können, aber ich war so besessen und gestresst von all den Bemühungen um das Erreichen unserer Umsatzziele, dass ich eigentlich nur noch aus Angst und Sorgen bestand.

Ich dachte an die Anfangszeiten zurück, in denen ich mich wie ein Schnitzel über die vier fünfzig für einen Kaffee bei Starbucks gefreut hatte. Damals schien alles so easy gewesen zu sein – weil ich selbst für den kleinsten Profit voller Dankbarkeit war. Und mir wurde klar, dass überhaupt kein Grund bestand, mir dieses Realitätsmodell nicht neu anzueignen.

Halte an deinen großen Zielen fest – aber verknüpfe bloß dein Lebensglück nicht damit! Sei lieber jetzt schon glücklich und zufrieden.

Ich entschied mich für ein neues Spiel und eine andere Geisteshaltung. Setzte mir zwar weiterhin Ziele, um das Umsatztief zu überwinden, beschloss aber, zugleich auch den Spaß und mein Lebensglück nicht länger zu kurz kommen zu lassen. Ich war nicht mehr bereit, das Glücklich-und-zufrieden-Sein so lange zu verschieben, bis ich endlich irgendwelche Zukunftsziele erreicht hätte.

Sobald ich angefangen hatte, mein Leben und meine Arbeit entsprechend zu hacken, kam Bewegung in die Sache. Für den Juni notierte ich mir ein Umsatzziel von dreihunderttausend Dollar. Als wir es erreicht hatten, lud ich die ganze Belegschaft auf eine Insel ein, um den Erfolg zu feiern und gemeinsam Spaß zu haben. Dann bezifferten wir das nächste Umsatzziel: fünfhunderttausend Dollar monatlich. Ich habe heute noch ein Foto von 2008, das unser Team mit einem Schild zeigt, auf dem wir diese Zahl festgehalten hatten.

Wir strengten uns nach Kräften an …, ließen es gleichzeitig aber auch ordentlich krachen. Im Oktober hatten wir die fünfhundert Riesen erreicht. Und setzten uns gleich ein neues Ziel: eine Million.

Ich weiß nicht genau, wie es geschah, aber schon im Dezember desselben Jahres hatten wir auch diese Marke geknackt. Zwischen Mai 2008 und Dezember 2008 war unser Monatsumsatz doch tatsächlich von einer Viertelmillion auf eine Million gestiegen. Also in gerade mal acht Monaten. In denen ich wahnsinnig viel Spaß hatte und mein ganzes Leben einfach bombig war.

Und angefangen hatte alles mit jener veränderten Geisteshaltung von mir:

Setze dir ruhig große Ziele. Aber verknüpfe dein Lebensglück nicht mit ihnen. Du musst auch schon glücklich und zufrieden sein, bevor du deine Ziele erreicht hast.

Seither habe ich dieses Modell zu einer Philosophie verdichtet, die ich als »Krümmen der Wirklichkeit« bezeichne. Ich nenne sie so, denn sobald du aus diesem Zustand heraus agierst, bekommst du das Gefühl, dass das ganze Leben sich dir zuneigt, dass du deine Ziele völlig mühelos erreichst … und dass plötzlich einfach alles möglich ist. Es handelt sich allerdings um ein empfindliches Gleichgewicht:

1. *Du musst eine kühne Zukunftsvision haben, die dich antreibt.*
2. *Und zugleich bist du schon im Jetzt glücklich und zufrieden.*

Worauf es dabei ankommt: *Beides* ist fest in der Gegenwart verankert. Ganz wie Paulo Coelho in *Der Alchimist* schrieb:

»Denn ich lebe weder in der Vergangenheit noch in der Zukunft. Ich habe nur die Gegenwart, und nur diese interessiert mich. Wenn du immer in der Gegenwart leben kannst, dann bist du ein glücklicher Mensch.«

In der Vergangenheit herumzudümpeln und sich von ihr definieren zu lassen, hat nicht den geringsten Sinn, und Entsprechendes gilt für Zukunftsängste. Nur im gegenwärtigen Augenblick befindest du dich im Möglichkeitsfeld. Die weitere Entwicklung deines Lebens hängt ausschließlich davon ab, wie du dich in *diesem* Moment verhältst.

Wenn du die Wirklichkeit krümmst, wirst du von deiner Vision ständig vorangetrieben – aber es fühlt sich nicht wie Arbeiten an. Sondern eher wie ein Spiel, das du magst. Zugleich aber darf dein Lebensglück nicht an diese Vision von der Zukunft gebunden sein. Glücklich und zufrieden bist du schon beim Verfolgen deiner Vision und nicht erst, wenn sie Wirklichkeit geworden ist. Weil du eben in der Gegenwart verwurzelt bist.

Bist du bereit, dieses neue Modell auszuprobieren? Ich sag dir nur noch eben schnell, wie es funktioniert.

DIE VIER ZUSTÄNDE MENSCHLICHEN LEBENS

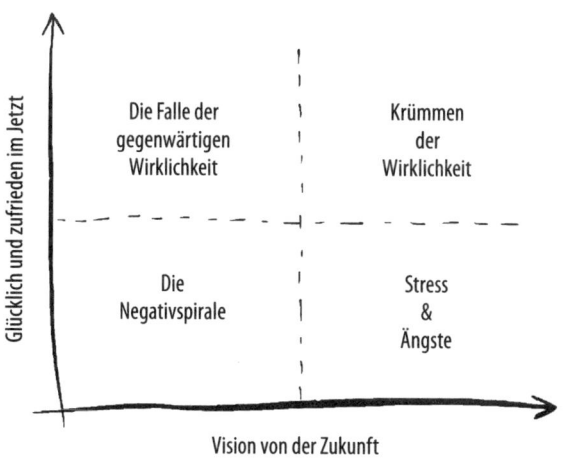

Dein Glücklich-und-zufrieden-Sein im Jetzt und die Vision von der Zukunft kannst du dir wie zwei Zutaten vorstellen, die kombiniert werden können, aber im Gleichgewicht sein müssen. Ein Zuviel von einer der beiden sorgt für Unausgewogenheit und Einschränkungen. Je nachdem, in welchem Verhältnis sie gerade zueinander stehen, befinden wir uns in einer von vier möglichen Verfassungen, die ich zum besseren Verständnis hier skizziert habe.

1. DIE NEGATIVSPIRALE. In diesem Zustand bist du weder im Jetzt glücklich und zufrieden noch hast du eine Vision für deine Zukunft. Da es kaum etwas gibt, woran du Spaß findest oder worauf du dich freust, ist dieser Zustand quälend – kein Zustand, in dem du dich länger aufhalten möchtest. Oft kommt es in dieser Verfassung auch zu lähmender Niedergeschlagenheit.

2. DIE FALLE DER GEGENWÄRTIGEN WIRKLICHKEIT. In diesem Zustand fühlst du dich großartig, weil du nämlich im Jetzt glücklich und zufrieden bist. Nichts spricht dagegen, hin und wieder in einer solchen Verfassung zu sein – zum Beispiel, wenn du etwas Tolles erlebst oder im Urlaub bist. Aber vergiss nicht: Glücksgefühle allein sind in aller Regel flüchtig. Auch ein Joint kann glücklich machen. Doch länger andauernde Glücksgefühle und Erfüllung beruhen auf mehr: auf dem Bedürfnis, einen Beitrag zu leisten, sich weiterzuentwickeln und etwas zu tun, was von Bedeutung ist. Kurzfristig mag dieser Zustand mit gewissen Glücksgefühlen einhergehen, *Erfüllung* bringt er allerdings auf lange Sicht nicht.

3. STRESS & ÄNGSTE. In dieser Verfassung war ich in den ersten Jahren des Aufbaus meiner Firma. Viele Unternehmer und Karrieresüchtige befinden sich in diesem Zustand. Man verfolgt vielleicht große Ziele, hat sein Lebensglück aber auch an sie gekoppelt. Dann wartet man auf den nächsten großen Deal, bezieht neue Büroräume, erreicht das nächste Umsatzhoch – und feiert höchstens hinterher. In großen Dimensionen zu denken und ganz tolle Dinge erreichen zu wollen ist prima, der damit verbundene Zustand jedoch nicht optimal. Weil man nämlich unterwegs sein Lebensglück aus den Augen verliert. Solltest du viel und hart arbeiten, aber trotzdem nicht richtig vorankommen oder das Gefühl haben, dass du dich verausgabst, ohne irgendetwas zu erreichen, befindest du dich womöglich in diesem Zustand.

4. KRÜMMEN DER WIRKLICHKEIT. Dieser Zustand ist der ideale: wenn du bereits im Jetzt glücklich und zufrieden bist, zugleich aber auch eine Vision von der Zukunft hast, die dich vorwärtsbringt. Von dieser Vision wirst du angetrieben, bist jedoch jetzt schon glücklich und zufrieden – obwohl sie sich noch gar nicht realisiert hat. In diesem Zustand empfindest du ein Gefühl von Wachstum und Vergnügen. Es geht dabei auch um die Reise an sich – nicht weniger als um ihr Ziel. Und in der Regel wirst du den Eindruck bekommen, die »Rückendeckung« des Universums zu haben. Nenn es, wie du willst – doch allmählich fühlt es sich so an, als hättest du das große Los gezogen. Chancen, Ideen und Menschen scheinen dir nur so zuzufliegen. Gerade so, als wären dein Glücksempfinden und deine Zufriedenheit der Raketentreibstoff, der dich der Erfüllung deiner Vision in Schallgeschwindigkeit näher bringt.

DIE ZWEI ELEMENTE, DIE DAS KRÜMMEN DER WIRKLICHKEIT ERMÖGLICHEN

Nun, da du eine Ahnung davon bekommen hast, was das Krümmen der Wirklichkeit alles bewirken kann, wollen wir uns die beiden Hauptelemente etwas näher anschauen, die zusammenspielen müssen, um diesen Zustand hervorzurufen.

SEI JETZT SCHON GLÜCKLICH UND ZUFRIEDEN

Mit entscheidend ist, dass du dein Lebensglück nicht vom Realisieren deiner Visionen abhängig machst. Zielorientierung ist zwar wichtig, aber das Krümmen der Wirklichkeit beruht auf deren Kombination mit der Dankbarkeit für alles, was du jetzt schon hast.

Auf diese Weise musst du nicht darauf warten, dass du endlich glücklich wirst. Sondern du *bist* es einfach – als ganz natürliche Nebenwirkung deines Strebens. Du empfindest eine große Erfüllung. Und bist dabei total motiviert weiterzukommen. Deine Arbeit wird für dich beinahe zu einem Verlangen. Du kannst dich zwölf Stunden am Stück abschuften und wirst dabei vielleicht müde, riskierst aber keinen Burn-out.

Bei allen herausragenden Persönlichkeiten, die ich kenne, ist das so: Sie verfolgen ihre Ziele und sind dabei total happy. Ja, ich glaube sogar, dass das im Grunde die einzige Möglichkeit ist, wie sich visionäre Vorhaben realisieren lassen: indem man während des ganzen langen, mühsamen Weges dorthin nie die gute Laune verliert.

Als wir bei Richard Branson auf Necker Island waren, in einer Mastermind-Gruppe mit ihm arbeiteten und von ihm lernten, wurde er von einem Teilnehmer gefragt: »Du scheinst immer so glücklich und zufrieden zu sein. Aber was machst du, wenn du doch einmal traurig bist?«

Er antwortete: »An schlechte Zeiten erinnere ich mich überhaupt nicht. Ich merke mir nur das Gute, das mir widerfährt.«

Eines ist mir besonders an Richard aufgefallen: dass er sich pausenlos zu amüsieren scheint. Er verfolgt die ambitioniertesten Ziele und gehört zu den bedeutendsten Denkern, denen ich je begegnet bin, und trotzdem scheint er irgendwie ständig am Spielen zu sein.

Das trifft jedoch nicht nur auf ihn zu. Vor hundert Jahren gab es auch so einen Titanen seiner Zeit. Aus dessen Feder stammt das folgende kurze Gedicht:

> *»Ich lernte früh die Arbeit und das Spiel,*
> *Mein Leben: eine große Glückspartie;*
> *Voller Arbeit und voller Spiel –*
> *Der Sorgen wurden immer weniger viel –*
> *Und der liebe Gott, der verließ mich nie.«*

Dieser Titan war John D. Rockefeller, und die zitierten Zeilen verfasste er im Alter von sechsundachtzig Jahren. Zu seinen Lebzeiten war Rockefeller einer der reichsten Menschen der Welt. In einfachen und klaren Worten erzählt er hier, dass er sich zunehmend weniger von Sorgen quälen ließ, und berichtet über die Verschmelzung von Arbeit und Spiel, die sein Leben zu einer einzigen »großen Glückspartie« machte. Anstelle des »lieben Gottes«, der ihn nie verließ, würden heute vielleicht viele von »Glücksfällen«, einem »günstigen Schicksal« oder auch vom »Universum« sprechen.

Also, egal, wie es gerade um dich bestellt ist – diese Lektion solltest du dir einprägen: Verknüpfe dein Lebensglück nicht mit deinen Zielen! Du musst dich auch schon gut fühlen können, bevor du sie erreicht hast. Auf diese Weise wird dein Leben viel freudvoller und verspielter. Und das wiederum hat auch zur Folge, dass du dich deinen Zielen viel schneller näherst.

◆ Auf dem Weg: Hacks zum Glücklich- und Zufriedensein

Das Glücklichwerden machen wir uns selbst unnötig schwer, weil wir nämlich die falschen Vorstellungen davon haben. Viele von uns sind in die Falle des »Wenn …, dann …« gegangen, zum Beispiel: *Wenn X eintritt (wenn ich erst einmal den richtigen Job, den perfekten Partner, mein Traumhaus gefunden habe, ein Kind bekomme oder einen Bestseller schreibe), dann bin ich glücklich und zufrieden.*

Etwas an dieser Vorstellung stimmt für mich nicht:

1. SIE ENTZIEHT DAS LEBENSGLÜCK DEM EIGENEN ZUGRIFF. Und verknüpft es stattdessen mit einem Job, einem anderen Menschen, einem Haus, einem Baby, einem Buch oder was auch immer. Ja, wie verrückt ist das denn?

2. STATTDESSEN GILT: WENN WIR GLÜCKLICH UND ZUFRIEDEN SIND, LEISTEN WIR MEHR, WIRKEN ATTRAKTIVER … UND ROCKEN DAS LEBEN. Seinerzeit bin ich in Stress und Ängsten versunken, weil ich das Wägelchen meines Lebensglücks an den künftigen Erfolg meines Unternehmens gekoppelt hatte. Als das in die Krise schlitterte, geriet auch ich in die Krise. Und damit in eine innere Verfassung, die sich wiederum denkbar ungünstig aufs Geschäftliche auswirkte. Woraufhin sich meine persönliche Krise so verschärfte, dass ich in eine Negativspirale abrutschte und immer unglücklicher wurde. Und ich bin nicht der Einzige, dem so etwas passierte, ich kenne viele erfolgreiche Menschen, die genau das Gleiche durchgemacht haben.

*Wir sollten nie etwas tun, um glücklich werden zu können.
Sondern sollten immer glücklich sein, um überhaupt
etwas erreichen zu können!*

Wenn du glücklich und zufrieden bist, näherst du dich deinen Zielen schneller an, aber das eine darf nicht vom anderen abhängig gemacht werden. Nichts ist besser zum Erreichen deiner Ziele als die richtige Life Balance – ein ausgeglichenes Leben, das es dir ermöglicht, bereits jetzt glücklich zu sein. Ergänze deine Alltagsroutine um Dinge, die dich zufrieden machen und dein Augenmerk mehr auf die Reise selbst lenken als auf das Ziel. So befreist du dich von Stress und Ängsten und bist optimal in der Lage, deine Visionen zu realisieren. Welche Dinge das sein können, erörtern wir im nächsten Kapitel.

VERSCHAFFE DIR EINE SPANNENDE ZUKUNFTSVISION

Mir ist aufgefallen, dass praktisch allen außergewöhnlichen Persönlichkeiten, denen ich begegnet bin oder über die ich etwas gelesen habe, eines gemeinsam ist: Sie haben eine Vision von ihrer Zukunft. Dabei kann es sich um ein Kunstwerk handeln, das sie erschaffen, um eine Dienstleistung, die sie anbieten wollen, oder um ein neues Produkt. Manche nehmen sich auch die Bezwingung eines bestimmten Berges vor oder planen die Gründung einer Familie.

In gewisser Weise leben diese Menschen in der Zukunft. Die spirituelle Literatur spricht sich ja gemeinhin dafür aus, unbedingt »in der Gegenwart« zu leben. Aber für mich ist das nur die halbe Geschichte. Natürlich verankert es dich in der Gegenwart, wenn du glücklich und zufrieden bist. Aber wilde Träume, die dich vorantreiben, brauchst du ebenfalls. Außergewöhnliche, unkonventionelle Menschen sind immer darauf aus, der Welt ihren Stempel aufzudrücken.

Eine Warnung allerdings muss ich doch aussprechen: *Achte unbedingt darauf, dass deine Ziele nicht auf* Brules *beruhen!* Andernfalls läufst du Gefahr, etwas anzustreben, das sich vollkommen bedeutungslos anfühlt, sobald du es erreicht hast. So, wie es mir erging, nachdem ich bei Microsoft anfangen durfte.

Zahllose Unternehmer(innen) können ein Lied davon singen: Sie wollten eine Firma aufbauen, um ihren Lebensunterhalt zu bestreiten. Hatten sie dieses Ziel schließlich erreicht, fanden sie sich allerdings in der üblichen Falle des Acht-Stunden-Bürojobs wieder.

Deine Vision sollte also auch deine Seele ansprechen. Ist dies der Fall, sprechen wir von »Bestimmungszielen«. Wie du sie dir mithilfe der *Drei wichtigsten Fragen* setzt, erfährst du im achten Kapitel.

◆ Auf dem Weg: Visions-Hacks

Ich weiß gar nicht mehr, wie viele Bücher mit Tipps zu Zielsetzungen ich in meinem Leben schon gelesen habe, angefangen bei geschäftlichen Belangen bis hin zur simplen Organisation des Alltags. Aber ganz ähnlich, wie wir uns die falschen Vorstellungen über das Glücklich-und-zufrieden-Sein antrainiert haben, führen auch die modernen Strategien des Zielesetzens in die Irre. Und zwar auf dreierlei Weise:

1. WIR VERWECHSELN *BRULES* MIT ZIELEN. Wenn wir uns zum Beispiel Ziele setzen – wie einen bestimmten Job zu ergattern, einen bestimmten Lebensstil oder ein bestimmtes Aussehen –, handelt es sich dabei oft um gesellschaftlich oktroyierte *Brules*. Außergewöhnliche Persönlichkeiten aber kümmern sich nicht um die ansteckenden »Wünsche« des kulturellen Umfelds. Vielmehr erschaffen sie sich ihre eigenen Ziele.

2. WAS WIR NICHT KENNEN, KÖNNEN WIR AUCH NICHT GUT VISUALISIEREN. Im Grunde spricht nichts dagegen, Dinge zu visualisieren und sich vorzunehmen, von denen man denkt, dass sie einen glücklich machen könnten. Richtig visualisieren können wir aber nur, was wir bereits kennen.

Und wie wäre es, wenn deine Visionen und Ziele noch weit schöner sein könnten – Geschenke, die nur *du* der Welt machen kannst –, weil auch das Unsichtbare, Unerhörte, Unbekannte in dir zum Vorschein käme?

Wie das funktioniert, werden wir im vierten Teil des Buches erörtern.

**3. BEIM ÜBERREISSEN DESSEN, WAS WIR IN EINEM BESTIMM-
TEN ZEITRAUM ERLEDIGEN KÖNNEN, SIND WIR GROTTEN-
SCHLECHT.** Denn was in kurzer Zeit geschafft werden kann, wird meistens überschätzt. Dagegen ahnen wir oft nicht einmal annähernd, was uns auf längere Sicht alles möglich ist. Beide Aspekte aber stehen erfolgreichen Visionen im Wege. Weil wir *über*schätzen, was wir in einem Jahr erreichen, und *unter*schätzen, wo wir innerhalb von drei Jahren sein können!

In den folgenden beiden Kapiteln werden wir uns weiter mit dem Glück im Jetzt und der Kunst befassen, sich passende Visionen für die Zukunft zu erschaffen. Jetzt aber kommen wir erst einmal zum sechsten Update.

§ Update 6: Krümme die Wirklichkeit

Außergewöhnliche Menschen sind in der Lage, ihre Wirklichkeit zu krümmen. Sie haben fantastische, spannende Zukunftsvisionen, machen aber ihr Lebensglück nicht von deren Realisierung abhängig, sondern sind schon im Jetzt happy. Aufgrund dieser Ausgeglichenheit ist es ihnen möglich, sich ihren Zielen sehr schnell anzunähern und dabei auch noch viel Spaß zu haben. Von anderen werden sie deshalb oft für »Glückspilze« gehalten.

ÜBUNG: DIE ACHT AUSSAGEN

Anhand der folgenden acht Aussagen kannst du abschätzen, wie weit du beim Krümmen der Wirklichkeit schon gekommen bist. Dafür musst du entscheiden, wie sehr sie jeweils auf dich zutreffen. (Die drei vorgegebenen Antwortmöglichkeiten sollen dir dabei helfen.) Es geht hier nicht um Richtig oder Falsch. Wenn du erst noch in den Startblöcken hockst, macht das gar nichts. Denn ganz bald wirst du erfahren, wie du aus den Puschen kommst.

1. Ich liebe meinen gegenwärtigen Job so sehr, dass er sich überhaupt nicht wie Arbeit anfühlt.
   Stimmt kein bisschen ○   Stimmt teilweise ○   Stimmt total ○

2. Ich empfinde meine Arbeit als sinnvoll.
   Stimmt kein bisschen ○   Stimmt teilweise ○   Stimmt total ○

3. Manchmal bin ich bei der Arbeit so glücklich und zufrieden, dass ich gar nicht mitkriege, wie die Zeit vergeht.
   Stimmt kein bisschen ○   Stimmt teilweise ○   Stimmt total ○

4. Wenn mal etwas nicht so läuft, mache ich mir keine Sorgen. Ich weiß ja, dass bald wieder etwas Gutes geschieht.
   Stimmt kein bisschen ○   Stimmt teilweise ○   Stimmt total ○

5. Ich freue mich auf die Zukunft, weil ich weiß, dass alles nur noch besser wird.
   Stimmt kein bisschen ○   Stimmt teilweise ○   Stimmt total ○

6. Stress und Ängste spielen für mich keine Rolle, denn ich vertraue ganz fest darauf, dass ich meine Ziele erreichen kann.
   Stimmt kein bisschen ○   Stimmt teilweise ○   Stimmt total ○

7. Weil ich einzigartige, ambitionierte Visionen habe, freue ich mich auf die Zukunft.
   Stimmt kein bisschen ○   Stimmt teilweise ○   Stimmt total ○

8. Ich beschäftige mich ziemlich oft und voller Begeisterung mit meinen Visionen.
   Stimmt kein bisschen ○   Stimmt teilweise ○   Stimmt total ○

Wenn du die Aussagen 1 bis 4 mit »Stimmt total« beantwortet hast, bist du höchstwahrscheinlich auch jetzt schon glücklich und zufrieden. Wenn du die Aussagen 5 bis 8 mit »Stimmt total« beantwortet hast, hast du höchstwahrscheinlich eine prima Zukunftsvision. Wenn du alle Aussagen mit »Stimmt total« beantwortet hast, bist du höchstwahrscheinlich schon dabei, die Wirklichkeit zu krümmen.

Bei den meisten wird es jedoch so sein, dass sie entweder eher die glücksbezogenen Aussagen mit »Stimmt total« beantworten können oder aber die, bei denen es um die Visionen für die Zukunft geht.

WIE SICH DAS KRÜMMEN DER WIRKLICHKEIT ANFÜHLT

Das Krümmen der Wirklichkeit fühlt sich wie Magie an. Plötzlich scheint es »Klick« zu machen. Du arbeitest, aber es fühlt sich gar nicht so an. Weil du das, was du tust, einfach liebst. Wenn ich mich in diesem Zustand befinde, habe ich immer den Eindruck, es gäbe überhaupt keine Arbeit. Hinzu kommen die vielen intuitiven Erkenntnisse und Einsichten, die sich wie aus dem Nichts heraus einstellen. Das liegt vielleicht daran, dass du so auf deine Vision fokussiert bist, dass du auch die kleinste Kleinigkeit wahrnimmst, die bei ihrer praktischen Umsetzung hilfreich sein kann. Außerdem bist du zufrieden und voller Freude – was dich gleich viel kreativer macht. Manchmal scheint es so, als würden sich dir genau die richtigen Leute sowie glückliche Zufälle und Chancen geradezu aufdrängen, an dir zupfen und dich mehr oder weniger sanft auf dein Ziel zustupsen. Ist da womöglich dieses mysteriöse *Gesetz der Anziehung* am Werk? Oder das ominöse aufsteigende retikuläre Aktivierungssystem (ARAS) im Hirn? Mir ist das vollkommen schnuppe. Für mich reicht es völlig, dass es sich hier um ein Realitätsmodell handelt, das echt was taugt.

Wenn du dir ohnehin jedes beliebige Realitätsmodell aneignen und es für wahr halten kannst – warum dann nicht eines wählen, das es dir erlaubt, die Wirklichkeit buchstäblich nach deinen Wünschen zu krümmen?

Aus allen diesen Gründen bezeichne ich das Krümmen der Wirklichkeit als den ultimativen Zustand der menschlichen Existenz. Und unter rein pragmatischen Gesichtspunkten ist es auch der ultimative Produktivitäts-Hack. In diesem Zustand fühlt es sich an, als würdest du dir die Realität so zurechtformen, dass du auf deine Visionen förmlich zufliegst. Visionen im Übrigen, die mit keinerlei Zukunftsängsten verbunden sind.

Fast jeder hat so etwas irgendwann schon einmal erlebt. Der Trick ist nur, möglichst lange und immer länger in diesem Zustand bleiben zu können. Wie es den meisten unkonventionellen, außergewöhnlichen Persönlichkeiten gelingt.

Im Grunde handelt es sich um eine Methode, ein Lehrfach, eine Disziplin, die du erlernen und in der du dich üben kannst. Der Ausdruck, den ich dafür ge- und erfunden habe, lautet: »Glücksziplin«. Im nächsten Kapitel werde ich ausführlich darüber sprechen.

Erstmals habe ich meine Gedanken zum Krümmen der Wirklichkeit in einem Vortrag öffentlich dargelegt, den ich 2009 auf einer Konferenz hielt, bei der auch der Dalai Lama sprach. Damals sprach ich noch vom »Flow«. Doch nach eingehenderer Beschäftigung damit habe ich den Terminus verändert. In dem Maße, in dem du dich in diesem Prozess übst, wirst auch du feststellen, dass du dich nicht nur selbst in den »Flow« bringen, sondern auch auf dein gesamtes Umfeld einwirken kannst.

7

LEBE DIE »GLÜCKSZIPLIN«

INDEM DU ERFÄHRST, WARUM DAS ALLTÄGLICHE GLÜCK SO WICHTIG IST

> *Wie sich herausstellt, ist das Hirn tatsächlich so veranlagt, dass es nicht etwa dann am besten funktioniert, wenn wir uns in einem negativen oder auch nur neutralen Gemütszustand befinden, sondern wenn wir positiv gestimmt sind. Doch absurderweise opfern wir unser Lebensglück heute oft dem Erfolg ... und schränken damit selbst die Leistungsfähigkeit des Hirns ein.*
>
> *Shawn Achor, The Happiness Advantage*

DER MILLIONÄR, DER AUF DEM TISCH TANZT

Es war einer dieser herrlichen Abende auf Necker Island, Richard Bransons wunderschöner, zu den Kleinen Antillen gehörender Privatinsel. Mit Richard und seinen anderen Gästen saß ich neben Kristina an einem langen Holztisch, genoss die erlesensten Speisen und reichlich feine Getränke. Wir waren gerade vom Strand zurückgekommen, und alle waren verspielter Laune – wahrscheinlich, weil genau dies Richards Grundgestimmtheit entspricht. Doch während des Hauptgangs versuchten einige der versammelten Unternehmer, das Tischgespräch in eine andere, ernstere Richtung zu lenken, und fingen an, Richard mit betriebswirtschaftlichen Fragen zu bombardieren. Einer bat um Rat in einer Management-Angelegenheit, ein anderer erkundigte sich nach vielversprechenden Investitionsmodellen.

Im Grunde konnte ich es ihnen nicht mal verdenken. In Anwesenheit einer derartigen Business-Ikone ist die Versuchung natürlich groß, ihr ein paar Bröckchen ihrer Weisheit entlocken zu wollen. Trotzdem hatte ich das Gefühl, dass das Timing einfach nicht stimmte. Wir saßen hier beim Essen, und die Atmosphäre sollte locker und leicht bleiben, fand ich.

Nun tat Richard etwas, das uns alle überraschte: Sehr höflich unterbrach er das Gespräch und kletterte in seinen Flip-Flops auf den Tisch, mitten zwischen unsere Teller und Gläser. Dann beugte er sich zu Kristina herab, streckte ihr seine rechte Hand entgegen und half ihr hinauf. »Komm, wir tanzen ein wenig«, sagte er.

Und genau das taten sie. Nach dem Motto »Lass doch Geschirr Geschirr sein« bewegten sie sich langsam und wunderbar rhythmisch. Während die anderen zuschauten – ebenso verblüfft wie amüsiert.

Es war die perfekte Erinnerung daran, dass das Leben mehr ist als Geschäft. Unsere Zeit hier auf der Erde ist so kurz, und ihr Sinn besteht darin, dass wir zusammen glücklich sind.

Aber es war auch typisch Richard Branson, der ein so unkonventioneller, außergewöhnlicher Mensch ist. Und der mich nicht zuletzt deshalb immer wieder inspiriert, weil er die Kunst beherrscht, im Hier und Jetzt glücklich und zufrieden zu sein, ohne je seine großen Visionen aus dem Blick zu verlieren.

»GLÜCKSZIPLIN«:
DIE DISZIPLIN DES GLÜCKS
UND DER ZUFRIEDENHEIT IM ALLTAG

Dadurch, dass er jenes Dinner wieder zu einem großen Spaß machte, demonstrierte Richard Branson, dass wir unser Glücklich-und-zufrieden-Sein selbst in der Hand haben. Auch wenn die Dinge mal aus der Balance geraten, kannst du dich jederzeit neu auf Glück programmieren.

Wissenschaftlichen Erkenntnissen zufolge hängt die Funktionstüchtigkeit im Alltag entscheidend von der Fähigkeit ab, unsere Grundgestimmtheit selbst zu steuern. Diese ist auch eine Voraussetzung für das Krümmen der Wirklichkeit. Es lässt sich zwar erlernen, viele haben aber doch ihre Schwierigkeiten damit.

In diesem Kapitel möchte ich dich mit einem einfachen System bekannt machen, schon im Jetzt glücklich zu sein – also nicht nur eine friedliche Grundstimmung zu haben, sondern wahre Freude und Zufriedenheit zu erleben. Dieses System verbindet Spirituelles mit dem überaus weltlichen Bedürfnis, Ziele zu erreichen und Vorhaben zu realisieren. Ich bezeichne dieses System als »Glücksziplin«, die Disziplin der Zufriedenheit im Alltag.

WARUM ES SO WICHTIG IST, GLÜCKLICH UND ZUFRIEDEN ZU SEIN

Eine Unmenge von Studien belegt den Zusammenhang von Glück/Zufriedenheit und Effektivität. Hier nur einige der wichtigsten Erkenntnisse.

GLÜCK UND ZUFRIEDENHEIT KÖNNEN DIE BERUFLICHE LEISTUNGSFÄHIGKEIT STEIGERN. In seinem hervorragenden Buch *The Happiness Advantage* beschreibt Shawn Achor eine in der Mediziner-Ausbildung gebräuchliche Übung, bei der die angehenden Ärzte aufgrund der Krankengeschichte des Patienten eine Diagnose stellen müssen. Dabei geht es darum, ihre Kenntnisse zu überprüfen und herauszufinden, ob sie auch zu außergewöhnlichem Denken fähig sind, anstatt sich vorschnell auf eine Diagnose festzulegen.

Eine solche Aufgabe bekamen in einer Studie drei Gruppen von Ärzten im Praktikum. Die Mitglieder der ersten wurden vor der Übung »darauf eingestellt, glücklich und zufrieden zu sein«; die zweite Gruppe forderte man auf, im Vorfeld »neutrale« Artikel über medizinische Fragen zu lesen, während die »Kontroll«-Gruppe in keiner Weise auf die Übung vorbereitet wurde.

Die auf Zufriedenheit eingestellten Ärzte stellten die – richtige – Diagnose annähernd doppelt so schnell wie jene in der Kontrollgruppe und gerieten auch weit weniger in Gefahr, sich vorschnell festzulegen. Was aber hatte es mit diesem merkwürdigen »Einstellen« auf sich? Sie hatten ein Bonbon bekommen …, das sie aber gar nicht lutschen durften, um die Ergebnisse der Studie nicht durch die damit einhergehende Veränderung des Blutzuckerspiegels zu verzerren. Was Achor in seinem Buch zu der rhetorischen Frage veranlasste, ob es für Patienten nicht vielleicht eine gute Idee wäre, ihrem Arzt künftig etwas Süßes mitzubringen, wenn sie ihn aufsuchen.

EINE POSITIVE EINSTELLUNG FÜHRT ZU BESSEREN ERGEBNISSEN. Dr. Martin Seligman, ein Pionier auf dem Gebiet der Positiven Psychologie und Autor des Buches *Pessimisten küsst man nicht*, unterzog 15.000 frisch engagierte Vertreter der MetLife-Versicherung einem von ihm entwickelten Test zur Messung des Optimismus-Levels und beobachtete in den folgenden drei Jahren ihre beruflichen Erfolge. Die zehn Prozent der Vertreter mit den höchsten Optimismus-Raten schlossen überwältigende 88 Prozent mehr Verträge ab als die zehn Prozent mit dem ausgeprägtesten Pessimismus. Wie Dr. Seligman herausfand, hat der Optimismus auch in anderen Berufen eine erfolgsfördernde Wirkung. Seiner Schätzung nach erbringen optimistische Verkäufer beeindruckende 20 bis 40 Prozent mehr Leistung als pessimistische.

GLÜCK UND ZUFRIEDENHEIT ERLEICHTERN KINDERN DAS LERNEN. In *The Happiness Advantage* erwähnt Shawn Achor eine Studie an zwei Gruppen von Vierjährigen, denen eine »Lernaufgabe« gestellt wurde. Die Angehörigen der einen Gruppe wurden angehalten, an etwas zu denken, was sie glücklich machte, die anderen nicht. Die Kinder mit den positiven Gedanken lösten die Aufgabe schneller und mit weniger Fehlern – was die Frage aufwirft, ob in unseren Schulen künftig nicht vielleicht mehr Wert auf die Zufriedenheit der Schüler gelegt werden sollte.

Angesichts all dieser Beweise für die Steigerung der Leistungsfähigkeit durch Glück und Zufriedenheit lässt sich wohl nicht mehr bestreiten, dass die Steuerung der inneren Verfassung ein wichtiger Aspekt jedes außergewöhnlichen Lebens ist. Doch zunächst müssen wir die Frage stellen, was wir unter Glück und Zufriedenheit eigentlich genau zu verstehen haben.

WAS SIND EIGENTLICH AUSLÖSER FÜR GLÜCK UND ZUFRIEDENHEIT?

Bevor wir näher auf die »Glücksziplin« eingehen, müssen wir Glück und Zufriedenheit erst einmal definieren. Meiner Überzeugung nach gibt es drei verschiedene Arten davon.

1. Glück und Zufriedenheit aufgrund besonderer individueller Erfahrungen

Diese Art Glück und Zufriedenheit resultiert aus besonderen Erlebnissen. Etwa unglaublichem Sex. Oder aus dem Sieg in einem bedeutenden sportlichen Wettbewerb. Andere Beispiele wären der Abschluss eines Riesendeals und – chemisch oder auf anderem Wege hervorgerufene – ekstatische Erfahrungen. Aus derartigen Erlebnissen resultierende Glücksgefühle sind an den Moment gebunden und kurzlebig. Im Anschluss an ein solches Hoch kommt es aufgrund der veränderten Hirnchemie oft zu einem Absturz oder einer Art Leere. In kleinen Dosen genossen sind solche Erfahrungen fantastisch. Aber sie können auch verwirren, abhängig machen und hochgradig gefährlich sein.

Würden wir an Glücksmaschinen angeschlossen, die uns rund um die Uhr mit den entsprechenden Chemikalien versorgen, würde sich die Menschheit bald nicht mehr weiterentwickeln (und vor lauter Glückstrunkenheit fiele es uns nicht einmal auf). Glücksgefühle aufgrund besonderer individueller Erfahrungen? Nur ein kurzfristiges Vergnügen. Aber es gibt ja auch noch andere Möglichkeiten.

2. Glück und Zufriedenheit aufgrund persönlichen Wachstums und Erwachens

Diese Art von Glück und Zufriedenheit ist seltener, hält dafür aber länger vor. Auf sie zielen spirituell orientierte Menschen ab, und sie steht im Mittelpunkt vieler transzendenter Praktiken. Ich spreche von Glück und Zufriedenheit aufgrund persönlichen Wachstums und Erwachens. Sie gehen auf das Erreichen eines höheren Bewusstseinszustands zurück. Erweckungserlebnisse suchen die Menschen auf verschiedenen Wegen – angefangen bei Achtsamkeitsübungen über spirituelle Pfade und Praktiken aller Art. Und dass sich heute Millionen auf einem spirituellen Weg befinden, zeigt deutlich, wie wichtig diese Art von Glück und Zufriedenheit ist.

3. Glück und Zufriedenheit aufgrund von Sinnhaftigkeit

Ich liebe meine Kinder über alles, aber seien wir doch mal ehrlich: Mutter oder Vater zu sein macht nicht unbedingt immer den größten Spaß. Schlaflose Nächte, vollgesch… Windeln, schreiende Babys … Dass ich als Vater allzeit glücklich wäre, kann ich also nicht behaupten. Und auch wissenschaftliche Studien bestätigen: Kinder reduzieren im Allgemeinen das Glücks- und Zufriedenheitslevel. Aber selbst an den schwierigsten Tagen würde ich meine beiden gegen nichts in der Welt eintauschen. Und der überwiegenden Mehrheit aller Eltern scheint es ganz genauso zu gehen.

Der Sozialpsychologe Dr. Roy Baumeister hat herausgefunden, dass sich das »Paradox der Elternschaft« sofort auflöst, wenn man die Gleichung um den Faktor *Sinnhaftigkeit* ergänzt. Das Vater- oder Muttersein gibt dem Leben ein hohes Maß an Sinnhaftigkeit, auch wenn es anstrengend ist und persönliche Opfer verlangt, die dem kurzfristigen Glück zuwiderlaufen. Aber das Interessante am

Paradox der Elternschaft ist eben genau das: Offenbar weist es darauf hin, wie wichtig uns die Suche nach einem Sinn im Leben ist: so wichtig, dass wir bereit sind, seinetwegen auf einen gewissen Teil unseres persönlichen Glücks zu verzichten.

Sinn ergibt sich aus gesunden Zukunftsvisionen, über die wir im sechsten Kapitel schon gesprochen haben. Und sie stellen eine wichtige Komponente von Glück und Zufriedenheit dar.

In den nächsten Kapiteln werden wir uns näher mit der Frage beschäftigen, wie du deinem Leben einen Sinn geben und eine Mission finden kannst, die dich zu einer außergewöhnlichen Persönlichkeit werden lassen.

Die genannten drei Arten von Glück und Zufriedenheit präsentieren sich uns das ganze Leben über. Gelegenheiten zu einzigartigen Erfahrungen, zu Wachstum beziehungsweise Erwachen oder zum Finden von Sinnhaftigkeit gibt es zuhauf. Nur scheinen die wenigsten von uns hinreichend nach ihnen zu suchen. Und der Grund dafür: Jedem von uns ist ein bestimmtes vorgegebenes Glückslevel eigen.

DEIN PERSÖNLICHES NORMALMASS AN GLÜCK UND ZUFRIEDENHEIT

Denke an eine Situation zurück, in der du über die Maßen glücklich warst. Vielleicht an den Tag, als du dich verliebt hast, an deine Hochzeit, als das erste Kind kam, als du endlich ein Traumziel erreicht hattest, an eine spirituelle Erweckungserfahrung – oder als du einfach nur das Leben genossen hast. Gönne dir einen Moment und bade in deinen damaligen Gefühlen. Die waren doch unglaublich, oder?

Und wie sind deine Gefühle jetzt? Vermutlich weder besonders toll noch extrem mies, sondern irgendwo in der Mitte. Im Allgemeinen befinden wir uns selten länger an einem Ende des emotionalen Spektrums.

Aus Studien geht hervor, dass jeder von uns eine Art Normalmaß, sozusagen ein eingebautes Glücksniveau hat, auf das er sich nach einschneidenden – guten oder schlechten – Ereignissen schnell wieder einpegelt. Wissenschaftler bezeichnen dieses Phänomen als

»hedonistische Anpassung« (oder auch »hedonistische Tretmühle«). Diese bewahrt uns zwar davor, nach einer Tragödie am Boden liegen zu bleiben, sorgt allerdings andererseits auch dafür, dass die Freude über etwas extrem Positives nicht von allzu langer Dauer ist. Der menschlichen Anpassungsfähigkeit scheinen offenbar keine Grenzen gesetzt. Was immer uns auch geschieht, wir arrangieren uns damit und leben anschließend wie gehabt weiter.

Wissenschaftlich erwiesen ist allerdings auch, dass sich das Glück und die Zufriedenheit hacken lassen. Wie du deine Set-Points oder Sollwerte auf den *Zwölf Lebensbereichen, die im Gleichgewicht sein sollten,* steigern kannst, weißt du ja inzwischen. Und mit dem Glück geht das ebenfalls. Durch eine Optimierung der Lebenssysteme kannst du dein Normalmaß, dein generelles Glückslevel so erhöhen, dass du auch im Alltag viel zufriedener wirst, egal, was um dich herum geschieht. Drei bestimmte Lebenssysteme eignen sich dafür besonders gut.

AUF DEM WEG ZUR »GLÜCKSZIPLIN«: DREI MÖGLICHKEITEN ZUR ERHÖHUNG DEINES ZUFRIEDENHEITSLEVELS

Die folgenden drei »Glücksziplin«-Systeme werden dir helfen, die Qualität deines Alltagslebens erheblich zu verbessern. Wir bezeichnen sie auch als transzendente Praktiken. Ob und wie wirksam sie sind, merkst du daran, dass du zufriedener wirst – und in aller Regel auch daran, dass dieser Glücksschub sofort eintritt.

Ob das heißen soll, dass du nie mehr etwas Schlimmes erleben oder traurig sein wirst? Natürlich nicht. Aber du wirst über die »Glücksziplin« verfügen, die es dir ermöglicht, positiv mit Widrigkeiten umzugehen und einen höheren Glücks-Sollwert zu erreichen als je zuvor.

Dass die drei erwähnten Systeme einen Glücksschub bewirken, ist wissenschaftlich erwiesen. Und dieser hält mitunter monatelang an. Ich persönlich konnte mich mithilfe dieser drei Systeme 2008 aus dem ganzen Stress und den mit der Krise meines Unternehmens verbundenen Ängsten herausziehen, sodass ich geschäftlich wieder auf die Beine gekommen bin. Und auch dir werden diese Systeme den Umgang mit Rückschlägen erleichtern, die ja unvermeidbar sind, sobald du dich anschickst, ein spannendes, »unsicheres« Leben außerhalb der *Brules* zu führen.

»GLÜCKSZIPLIN«-SYSTEM 1: DANKBARKEIT

Kaum etwas bewirkt einen so riesigen Glücksschub wie Dankbarkeit – was auch von der Wissenschaft zunehmend anerkannt wird. Zu den durch die Forschung belegten Nutzen der Dankbarkeit gehören unter anderen:

- mehr Energie
- größere Versöhnlichkeit
- geringere Niedergeschlagenheit
- weniger Ängste
- vermehrtes Gefühl von Verbundenheit
- Verbesserung des nächtlichen Schlafs
- weniger Kopfschmerzen

Eine Studie von Dr. Robert A. Emmons und Dr. Michael McCullough hat Folgendes ergeben: Menschen, die fünf Dinge aus der vergangenen Woche aufschrieben, für die sie dankbar waren, wiesen ein um 25 Prozent höheres Glückslevel auf als Leute, die für denselben Zeitraum fünf negative Dinge notierten. Auch trieben sie mehr Sport und waren ihren Angaben zufolge bei besserer Gesundheit.

Dr. Emmons führte eine weitere Studie durch, in der die Probanden tagtäglich Positives schriftlich festhielten. Dies bewirkte nicht nur einen noch erheblicheren Glücks- und Zufriedenheitsschub, sondern erhöhte, wie die Teilnehmer der Studie berichteten, auch ihre Hilfsbereitschaft. Es sieht also ganz so aus, als würde Dankbarkeit zu größerem Altruismus führen und damit auch bei anderen Menschen Glück, Zufriedenheit und Dankbarkeit befördern. Und das ist doch mal eine soziale Ansteckung, die man nur befürworten kann.

◆ **Lerne die »Umkehr-Kluft« zu schätzen**

Wie kannst du nun das mit der täglichen Dankbarkeit hinkriegen? Ganz einfach: indem du die »Kluft« umdrehst. (Eine Idee, die auf den Unternehmenscoach Dan Sullivan zurückgeht.)

Die folgende Zeichnung zeigt, wie die meisten von uns konditioniert sind: Im Allgemeinen pflegen wir uns auf die »Vorwärts-Kluft« zu fixieren, also die Differenz zwischen dem gegenwärtigen Stand und unseren Wünschen für die Zukunft. Das Problem dabei: Wir reden uns ein, wir könnten erst dann glücklich und zufrieden sein, wenn wir den nächsten Umsatzsprung erreicht haben ..., endlich verheiratet sind ..., ein Kind bekommen ..., eine bestimmte Summe auf dem Konto verbuchen dürfen und so weiter und so fort.

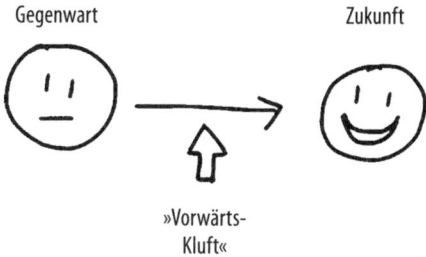

Doch wenn du dich immer nur damit herumschlägst, die Vorwärts-Kluft zu schließen, hört das Theater nie auf. Denn egal, wie schön dein Leben auch sein mag – irgendetwas Neues, nach dem du dich sehnst, wird immer am Horizont auftauchen. Und an das kommst du genauso wenig heran wie an ebenjene Linie, die den Himmel optisch von der Erde trennt. Du wirst stets hinterherrennen. Wenn du dein Lebensglück mit zu erreichenden Zielen verknüpfst, ist es ganz so, als wolltest du den Horizont berühren. Der jedoch ist dir unweigerlich immer einen Schritt voraus.

Dan Sullivan schlägt nun vor, dass wir stattdessen doch auch zurückschauen könnten – in die Vergangenheit – und uns darüber freuen, wie weit wir es schon gebracht haben. In diesem Zusammenhang spricht er von der »Umkehr-Kluft«.

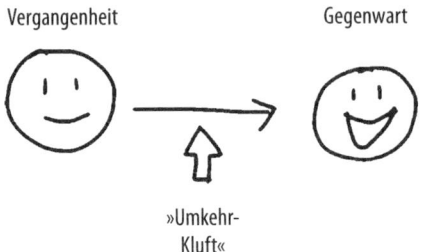

Dan erklärt dazu Folgendes:

> »Sobald ich merke, dass ich enttäuscht bin, mich entmutigt fühle oder mich innerlich anspanne, stelle ich mir sofort die Frage: ›Woran misst du dich eigentlich gerade?‹ Worauf die Antwort natürlich lautet: ›Am Idealzustand.‹ Und dann frage ich weiter: ›Gut. Dreh dich mal um: Wo bist du gestartet?‹ Also wende ich den Blick zurück und denke an meine Anfänge auf dem Gebiet, um das es im jeweiligen Fall gerade geht, und – peng! – fühle mich sofort ganz toll ... Ich hab dermaßen viel dazugelernt ..., wir sind schon so weit gekommen ... Und innerhalb weniger Sekunden bin ich nicht mehr in der Kluft, sondern kann die Fortschritte erkennen, die ich schon gemacht habe. Das fühlt sich sehr, sehr gut an.«

Selbst in schwierigen Zeiten kannst du zurückschauen und dich davon überzeugen, wie weit du es schon gebracht, wie viel du dazugelernt und wie viel Unterstützung du dabei erfahren hast.

Bewertungen anhand der »Umkehr-Kluft« sind *die* perfekte Dankbarkeitsübung. Und die wird deine Zufriedenheit weit mehr steigern als jede Jagd nach zukünftigem Glück. Deshalb ist Dankbarkeit im Rahmen der »Glücksziplin« auch von so herausragender Bedeutung.

Jeder, finde ich, sollte seinen Tag in Dankbarkeit beginnen und beenden. Bei mir selbst ist sie ein wichtiger Bestandteil der Morgenmeditation. Täglich nach dem Aufstehen konzentriere ich mich auf die »Umkehr-Kluft« und denke an fünf Dinge aus meinem Privatleben, für die ich dankbar sein kann. Genauso halte ich es auch mit dem Beruf und meiner Firma. Typischerweise sehen meine 5-Punkte-Listen in etwa so aus:

◆ **Privatleben**

1. Meine Tochter Eve und ihr bezauberndes Lächeln
2. Die Zufriedenheit, die ich am Vorabend bei einem Glas Rotwein empfunden habe, als ich auf der Couch lümmelte und mir eine Folge *Sherlock* im Fernsehen anschaute
3. Meine Frau und Lebensgefährtin
4. Die Stunden mit meinem Sohn, in denen wir an seiner neusten Lego-Kreation gebaut haben
5. Der Becher mit bestem Gourmet-Kaffee, den mir meine PR-Dame Tanja mitgebracht hat

◆ **Beruflich**

1. Mein Führungsteam und die vielen wunderbaren Fähigkeiten, die dessen Mitglieder einbringen
2. Ein besonders toller Brief von einem Teilnehmer eines Online-Kurses von mir
3. Der super Culture-Day, den wir am Vortag im Büro hatten
4. Dass alles so aussieht, als würden wir auch unser nächstes A-Fest wieder an einem ganz besonderen Ort veranstalten können
5. Kollegen zu haben, die Freunde sind und mich morgens auch mal drücken, wenn ich ins Büro komme

Insgesamt beansprucht diese Übung nicht mehr als neunzig Sekunden. Aber es sind die vielleicht wichtigsten und bedeutsamsten neunzig Sekunden meines ganzen Tages.

ÜBUNG: TÄGLICHE DANKBARKEIT

Im vierten Kapitel hast du schon zwei kleine Dankbarkeitsübungen kennengelernt, die dazu dienen, dass sich negative Realitätsmodelle nicht bei dir festsetzen können. Jetzt gehen wir noch einen Schritt weiter. Nimm dir täglich ein paar Minuten und konzentriere dich auf die »Umkehr-Kluft«: Was hat sich in deinem Leben abgespielt, für das du dankbar sein kannst?

Überleg dir ...
- drei bis fünf Dinge aus deinem Privatleben;
- drei bis fünf Dinge, die mit deinem Beruf zu tun haben.

Mir ist schon klar, dass der eine oder die andere es irgendwie peinlich findet, für Dinge aus seinem/ihrem unmittelbaren Umfeld Dankbarkeit zu äußern. Okay, aber da müsst ihr durch. Viele von uns scheinen sich an ein Leben ohne jede Dankbarkeit gewöhnt zu haben. Umso wichtiger ist, dass ihr beginnt, aus eurer Komfortzone herauszutreten. Hier ein paar Tipps für den Anfang:

KONZENTRIERE DICH AUF DEINE GEFÜHLE. Ich weiß von Leuten, die aus dieser Übung eine im Listen-Erstellen machen oder einfach Dinge wählen, für die sie meinen dankbar sein zu »müssen« (wobei meistens eine *Brule* im Spiel ist). Um diese beiden Fallen zu vermeiden, solltest du dich ganz auf deine Gefühle konzentrieren – darauf also, ob du glücklich, optimistisch, getröstet, zuversichtlich, empfindlich, stolz, erregt bist, ob du am liebsten in lautes Lachen ausbrechen würdest oder ein Gefühl der Liebe empfindest. Verweile ein paar Sekunden bei jedem Punkt, den du in Betracht ziehst, und beobachte, welches Gefühl er auslöst. Sobald du auf etwas stößt, wofür du wirklich dankbar bist – sei es deine tolle Tochter oder dein perfekter Teint –, wirst du es an dem Glücksempfinden merken, das plötzlich in dir aufwallt.

MACHE DIESE ÜBUNG ZWEIMAL TÄGLICH, MORGENS UND ABENDS. Ähnlich positiv wie die Frühmeditation, die für Arianna Huffington *der* Kickstart in den Tag ist, können sich die morgendlichen Momente bewusster Dankbarkeit auch auf deinen Tagesablauf auswirken. Und am Abend ist diese Übung perfekt geeignet, ein positives Realitätsmodell noch fester zu verankern.

TEILE DAS GUTE AN DER DANKBARKEIT. Finde Wege, wie du diese Dankbarkeitsübungen anderen vermitteln und sie daran teilhaben lassen kannst. Vielleicht machst du sie mit deinen Kindern (wie ich mit Hayden) oder mit deinem Partner/deiner Partnerin am Freitagabend bei einem Glas Wein (das wäre dann mal eine Happy Hour, die diesen Namen tatsächlich verdient). Der Nutzen der Übungen vergrößert sich noch, wenn du andere damit ansteckst. Und zu hören, wofür deine Mitmenschen dankbar sind, inspiriert dich vielleicht sogar zu noch umfassenderer Dankbarkeit.

»GLÜCKSZIPLIN«-SYSTEM 2: VERGEBUNG

Im Silicon Valley gewinnt die »Quantified-Self«-Bewegung gerade rasant an Popularität. Menschen (die man auch als »Biohacker« kennt) messen und tracken jeden Aspekt ihrer selbst. Solltest du eine Schlaf-App auf dem Smartphone haben, die die Qualität deines Nachtschlafes misst, oder mit einem Wearable die Anzahl deiner Schritte pro Tag zählen, gehörst du dieser Bewegung auch an. Weil du dann nämlich versuchst, deine Lebensqualität mithilfe von Quantifizierungen und Messungen zu verbessern.

In Form von Maschinen, die die Gehirnwellen messen, dringt das »Quantified Self« jetzt auch auf das Gebiet der Meditation vor, und zwar mit einem faszinierenden neuen Dreh.

Auf Einladung meines Freundes Dave Asprey konnte ich mich kürzlich selbst davon überzeugen. Dave ist der Kopf hinter der Kaffeemarke Bulletproof und einer der fittesten, scharfsinnigsten und intelligentesten Menschen, denen ich je begegnet bin. Doch wie er mir sagte, brachte er noch zehn Jahre zuvor mehr als 150 Kilogramm auf die Waage, und sein Leben war total durcheinander. Mit dieser neuen Form des Meditierens scheint sich für Dave alles verändert zu haben.

Also flog ich ins kanadische Victoria, um mich mit Dave zu treffen und das neue Programm selbst mal auszuprobieren. Es heißt

»40 Years of Zen« – 40 Jahre Zen. Warum der merkwürdige Name? Weil die Entwickler dieser Technologie die Hirnwellen zahlreicher bemerkenswerter Persönlichkeiten studiert hatten – jene von Milliardären, intuitiv Hochbegabten, Kreativen, Mönchen und Mystikern. Dabei fanden sie heraus: Wenn du mit dieser Methode meditierst, nimmt dein Hirn dieselben Wellenmuster an wie bei Leuten, die sich einundzwanzig bis vierzig *Jahre* in Zen-Meditation geübt hatten.

Im Kreis einiger der bemerkenswertesten Menschen, die ich je getroffen habe, begab ich mich also auf Entdeckungsreise. Zu unserer Gruppe gehörten neben mir eine berühmte Hollywood-Schauspielerin, ein Typ, der seine Firma gerade für eine Milliarde Dollar verkauft hatte, ein Top-Mediziner, die Ernährungs- und Fitnessexpertin JJ Virgin, der legendäre Marketing-Guru Joe Polish und Dave.

Das Prozedere war im Grunde nicht viel anders als bei den Schlaf-Apps, allerdings Super-Hightech: Wir wurden an eine brandneue spezielle Biofeedback-Apparatur angeschlossen, die unsere Hirnwellen aufzeichnete. Die Maschine gab unterschiedliche Töne von sich, je nach Art der Wellen. (Alphawellen stehen für ein hohes Maß an Kreativität, Mitgefühl, Erkenntnis, Versöhnlichkeit und Liebe; Thetawellen werden mit Kreativitäts- und Intuitionsblitzen in Verbindung gebracht – und Deltawellen, wie man uns sagte, mit »Veränderungen der Wirklichkeit«.) Auf unseren Bildschirmen sollten wir zudem die Schwingungsweiten, die Amplituden, der jeweiligen Wellen mitverfolgen können (je höher die Amplitude, desto besser) sowie das Zusammenwirken, die Kohärenz, unserer beiden Gehirnhälften (große Kohärenz der Hirnhemisphären spricht für positive Geistesverfassung und Gefühlslage).

Der Unterschied zwischen »40 Years of Zen« und der klassischen Meditation ist schnell erklärt: Er beruht auf unmittelbarem Biofeedback. Wenn du beim Meditieren an eine Maschine angeschlossen bist, die den genauen Verlauf deiner Hirnwellen aufzeichnet, lässt sich präzise sagen, was funktioniert und was nicht. Weil du nämlich genau siehst, was sich wann in deinem Kopf abspielt. Jederzeit. Sofort.

Der Hauptzweck unserer Sitzung bestand darin, dass wir lernen sollten, unsere Alphawellen zu vermehren, was eine Steigerung der

Kreativität, mehr Entspannung, verbesserte Problemlösung und überhaupt all die Nutzen versprach, die man nach Jahren klassischer Meditation verbuchen kann.

Jeder von uns erlebte enorme Durchbrüche. Und so spürte auch ich am Ende der Sitzung einen erheblichen Unterschied. Nie zuvor hatte ich bei der Meditation auch nur annähernd so schnelle Fortschritte in so kurzer Zeit gemacht.

Wie sich herausstellte, besteht das Geheimnis hinter der Vermehrung der Alphawellen in einem einzigen Umstand. Und auf den konzentrierten wir uns dann ganze sieben Tage lang: *Vergebung.*

Als wichtigsten Faktor bei der Unterdrückung der Alphawellen hatten die Urheber des Programms Groll und Zorn ermittelt. Für uns lag daher der alleinige Fokus darauf, uns von diesen Emotionen restlos zu befreien.

In der Broschüre, die uns dazu veranlasst hatte, uns ursprünglich überhaupt für das Programm anzumelden, wurde die Vergebung mit keinem Wort erwähnt. Darin war nur von einer Verbesserung des Denk- und schöpferischen Leistungsvermögens die Rede sowie davon, dass wir im Zustand der Tiefenmeditation Stress und Ängste abbauen würden. Und all das erreichten wir auch. Ausschließlich durch Vergebung! Die Ergebnisse hatten wir schwarz auf weiß vor uns: in den Daten des Biofeedbacks.

Jedem einzelnen Menschen mussten wir vergeben, der uns jemals etwas angetan hatte, und sei es auch nur eine Bagatelle.

Ich persönlich musste Lehrern, Geschäftspartnern, Angehörigen verzeihen – jedem, der mir meiner Meinung nach ein kleineres oder größeres Unrecht zugefügt hatte. Und mit jeder Vergebung steigerten sich meine Alphawellen. Die Methode, die wir gelernt hatten, war unglaublich! Unglaublich effektiv. Und in mein Leben trat sie keinen Moment zu früh. Denn da gab es etwas …

◆ Nach dem Albtraum

Manchmal bringt einen das Leben schon in sehr merkwürdige Situationen.

Gerade einmal drei Monate vor dem 40-Jahre-Zen-Kurs hatte ich eine der schlimmsten Erfahrungen meines Lebens machen müssen. In einer unserer Niederlassungen habe ich 150 Angestellte. Einer von ihnen war mit einem Großteil aller Verwaltungsfragen befasst – eine Vertrauensposition. Doch wie sich herausstellte, unterschlug dieser Mann in nicht geringem Umfang Firmengelder. Er reichte Rechnungen irgendwelcher Lieferanten und Dienstleister ein – von Handwerkern, Reinigungsfirmen sowie für Hausmeister-Leistungen – und bezahlte mit dem Geld seine eigenen Unternehmen. Was illegal war und in höchstem Maße korrupt.

Als wir ihm auf die Schliche kamen, hatte er bereits mehr als hunderttausend Dollar in die eigene Tasche gewirtschaftet. Für mich war das ein Riesenschlag. Es wollte mir einfach nicht in den Kopf, dass mich ein Mensch, dem ich vertraut hatte, dermaßen hintergehen konnte. Volle vier Jahre lang hatte ich mich auf diesen Mann verlassen. Mir war ganz übel. Vielleicht weil ich mich so verletzt fühlte oder vor lauter Abscheu, ich weiß es nicht.

Aber das Schlimmste sollte erst noch kommen. Nachdem wir ihn endlich entlassen und Strafanzeige gegen ihn erstattet hatten, setzte dieser Kerl alles daran, mir das Leben zur Hölle zu machen. Er bedrohte mich mit dem Tod, kündigte an, mir wegen angeblicher, vollkommen an den Haaren herbeigezogener Verstöße gegen die Sicherheitsvorschriften die Behörden auf den Hals zu hetzen und dem Unternehmen dadurch zu schaden – kurz, er ließ kaum etwas aus, um mich und die gesamte Belegschaft von der Arbeit abzuhalten. Es war eine für alle – vor allem auch meine Familie – nervtötende Zeit und mit das Stressigste, was ich je erlebt habe.

Bei den Vergebungsübungen von »40 Years of Zen« hob ich mir diesen Menschen bis ganz zuletzt auf.

Doch irgendwann saß ich dann da in dem dunklen Kämmerchen und fing an zu meditieren. Einem Mann zu verzeihen, der meine Firma bestohlen, der mein Vertrauen missbraucht und mich bedroht hatte. Als ich mit der Übung fertig war, gab die Maschine plötzlich ein schrilles Piepen von sich. So eine hohe Amplitude hatte keine meiner Hirnwellen je verzeichnet.

Diesem Mann zu verzeihen war meine Befreiung. Dass Vergebung einiges bewirken kann, wusste ich schon lange. Aber in so einem Ausmaß?! Genauso verblüfft war ich, dass ich tatsächlich in der Lage war, diesem Mann ganz und gar zu verzeihen. Und mehr noch: Ich empfand Mitgefühl für ihn.

Obwohl er mich so drangsaliert hatte, bin ich überzeugt, dass ich mich heute ohne irgendwelchen Groll oder Zorn mit ihm zusammensetzen, in Ruhe einen Kaffee trinken, ihm zuhören und versuchen könnte, seine Beweggründe zu begreifen.

Denn das ist mit »Vergeben, um zu lieben« gemeint.

Jedem, der sich in »Glücksziplin« schulen möchte, kann ich daher nur sagen: »Der Schlüssel ist die Vergebung.«

ÜBUNG: BEFREIE DICH SELBST, INDEM DU VON HERZEN VERZEIHST

Hier ist in vereinfachter Form die Vergebungsübung, die ich bei »40 Years of Zen« gelernt habe:

Vorbereitung

Schreibe dir die Namen von fünf Menschen auf, die dir deiner Meinung nach einmal etwas getan haben, beziehungsweise notiere dir fünf Situationen, in denen du verletzt wurdest. Wann das war, spielt keine Rolle.

Leicht wird es nicht unbedingt, muss ich dir sagen, und schon gar nicht, wenn du eine tiefe Wunde davongetragen hast oder schon lange an der Sache herumkaust. Hab also Geduld mit dir und mach dir klar, dass Vergebung – ähnlich wie auch Glück und Zufriedenheit – etwas ist, das man lernen kann. Bei mir jedenfalls haben sich die dafür investierte Zeit und Mühe mehr als ausgezahlt. Sobald du dann bereit bist, wählst du einen der Namen auf deiner Liste und beginnst mit der Übung.

Schritt 1: Erinnere dich an die Szene

Du schließt die Augen und vergegenwärtigst dir den Moment, in dem es geschah. Bleib etwa zwei Minuten bei dieser Erinnerung. Stell dir den Ort vor, an dem es sich abspielte. (Zum Beispiel habe ich mich in einer der Sitzungen an das Basketballfeld erinnert, auf dem mich der Schulleiter, von dem ich mich so gepiesackt fühlte, als Strafmaßnahme stundenlang in der prallen Sonne hatte stehen lassen.)

Schritt 2: Spüre deinen Zorn, den ganzen Schmerz

Während du die betreffende Person vor dir siehst, lässt du deinen Emotionen freien Lauf. Lass alles zu, alle Wut, jeden Schmerz. Spüre, wie sie in dir brennen. Aber nicht länger als ein paar Minuten.

Sobald all deine Emotionen hochgekommen sind, nimmst du den nächsten Schritt in Angriff.

Schritt 3: Vergib, um zu lieben

Du hast die Person noch vor deinem inneren Auge. Jetzt aber empfindest du Mitgefühl für sie. Frage dich:

Was habe ich aus dieser Situation gelernt?
Inwiefern hat sich mein Leben durch sie verbessert?

Als ich diesen Prozess einmal durchlief, kam mir ein Zitat von Neale Donald Walsch, einem meiner Lieblingsautoren, in den Sinn:

»*[Das Universum] schickt dir immer nur Engel.*«

Diese Aussage impliziert, dass alle, die irgendwann in unser Leben treten – auch die, die uns wehtun –, nichts anderes sind als Boten, die uns eine wichtige Lektion übermitteln.

Überleg doch mal: Welche Lektion könnte in dieser Situation gesteckt haben – so schmerzhaft sie auch gewesen sein mag? Und inwiefern hat sie dein persönliches Wachstum gefördert?

Als Nächstes konzentrierst du dich auf die Person, von der dir Unrecht getan wurde. Welchen Schmerz, welche Qualen könnte sie erlitten haben, die sie dazu brachten, dich so zu behandeln?

Eines nämlich darfst du nie vergessen: Verletzte Menschen verletzen Menschen. Leute, die anderen wehtun, wurden irgendwann selbst auf irgendeine Weise verletzt. Stell dir vor, was die Person, um die es dir gerade geht, in der Kindheit oder auch in jüngerer Zeit durchgemacht haben könnte.

Als ich diese Übung in Bezug auf den Mann machte, der mich bestohlen hatte, versuchte ich ihn mir als kleinen Jungen vorzustellen. Womöglich kam er aus armen Verhältnissen. Vielleicht war er Opfer familiärer Gewalt. Eventuell musste er um des reinen Überlebens willen als Kind schon stehlen. Ich kenne die Fakten nicht und brauche sie auch nicht zu kennen. Mir den Mann aber in einer Situation vorzustellen, in der ich Mitgefühl für ihn empfinden konnte und nicht nur Ärger, fand ich ausgesprochen hilfreich.

Dieser Prozess könnte einige Minuten in Anspruch nehmen. Danach dürftest du noch einige Ressentiments gegen die betreffende Person empfinden. Dann wiederholst du den Prozess so lange, bis du vergeben kannst, um zu lieben. Was bei ernsthaften Übergriffen Stunden oder sogar Tage dauern kann. Kleinere Konflikte dagegen lassen sich auf diese Weise meistens innerhalb von fünf Minuten beilegen.

Mir ist bei diesem Prozedere klar geworden, dass einen der andere gar nicht um Verzeihung bitten muss. *Du* verzeihst ihm einfach. Und das liegt ganz in deiner Hand.

Etwas Wichtiges möchte ich aber noch hinzufügen: »Verzeihen, um zu lieben« heißt nicht zwangsläufig, Gras über die Sache wachsen zu lassen. (Was in meinem Fall bedeutet hätte, die Anzeige gegen den früheren Mitarbeiter zurückzunehmen.) Natürlich solltest du dich nach wie vor schützen, verteidigen und gegebenenfalls auch aktiv werden. Straftaten etwa *müssen* den Behörden gemeldet werden. Von dem erlittenen Schmerz darfst du dich trotzdem nicht auffressen lassen.

Mein Freund Joe Polish, der mit mir zusammen am »40 Years of Zen«-Kurs teilgenommen hatte, schickte mir kurz darauf eine SMS mit diesen Zeilen, auf die er im Netz gestoßen war:

Unherumschubsbar
Wenn du inneren Frieden verspürst und ganz bei dir bist. Nichts, was irgendjemand sagt oder tut, kann dich dann noch aus der Ruhe bringen. Und alle Negativität perlt an dir ab.

So unherumschubsbar bist du geworden, sobald du gelernt hast, von Herzen zu verzeihen. Ist jemand gemein zu dir, verteidigst du dich und triffst gegebenenfalls auch Vorkehrungen zu deinem Schutz. Dein Leben aber führst du weiter, ohne unnötig Energie auf den Betreffenden zu verschwenden.

Das Gefühl der Befreiung, das ich am Ende von »40 Years of Zen« empfand, machte den Kurs zum größten Schub, den meine persönliche Entwicklung je erfahren hatte. Danach war ich so viel Groll los, den ich zum Teil jahrelang mit mir herumgetragen hatte, und so viel verdrängten Schmerz. Und schließlich konnte ich auch noch die allerletzten Ressentiments gegen Menschen ablegen, von denen ich mich schlecht behandelt gefühlt hatte.

Heute bin ich freier als zu irgendeinem früheren Zeitpunkt. Und du kannst das auch schaffen.

»GLÜCKSZIPLIN«-SYSTEM 3: GEBEN

Um glücklich zu werden, mach andere glücklich, hat der Dalai Lama einmal gesagt. Und dazu ist *Geben* der Schlüssel.

Aus der Dankbarkeit ergibt sich das Geben ganz wie von selbst. Dankbarkeit erfüllt dich mit positiven Gefühlen und Unmengen Lebensenergie. Und wenn das Maß deiner Freuden einmal voll ist, bist du auch in der Lage, etwas davon abzugeben. Aus der erwähnten Studie von Dr. Emmons geht hervor, dass sich dankbare Menschen mehr um andere kümmern. Und wie Dr. Baumeister herausfand, zieht eine altruistische Einstellung auch größere Sinnerfüllung nach sich. Weil Gutes tun dem Leben Sinn verleiht.

Andere glücklich zu machen ist etwas sehr Starkes, weil es beiden Auftrieb gibt, sowohl dem Empfänger als auch dem Gebenden. Und weil Glück nun mal ansteckend ist, geht es überdies ganz leicht. Wie genau?

Da kommt alles Mögliche infrage: ein »Guten Morgen« mit einem breiten Lächeln, ein Zettel mit liebevoller Botschaft in der Brieftasche oder der Frühstücksbox; ein bisschen Extra-Engagement für ein Projekt; der freiwillige größere Beitrag zur Hausarbeit; ein Dankesbriefchen an eine Kollegin; oder Konzertkarten für den

Liebsten beziehungsweise die Liebste – »einfach nur so«. Die einzige Währung, die in unserer heutigen unsicheren Zeit noch zählt, sind Güte und Großzügigkeit. Davon bin ich jedenfalls fest überzeugt.

2012 habe ich mich zu einem Experiment in Sachen »Geben« entschlossen. Eine Methode, die ich als »Kulturhacking« bezeichne, wende ich bei Mindvalley oft an, um das Klima am Arbeitsplatz zu verbessern und unseren Zusammenhalt zu stärken. Es handelt sich also um angewandtes Bewusstseinsengineering, das darauf abzielt, den Mitgliedern einer Gruppe zu mehr persönlichem Wachstum und größerer Kooperationsbereitschaft zu verhelfen. Diesmal wollte ich sehen, was alles möglich wird, wenn die gegenseitige Wertschätzung und Verbundenheit unter den Kollegen und Kolleginnen noch gefördert wird. Das Mittel dazu sollte die Kunst des Gebens sein. Der Valentinstag stand vor der Tür – ein alljährliches Reizthema für unsere Singles. Aus dieser Beobachtung entstand die Idee für besagtes Experiment: Eine Woche vor dem Valentinstag ließ ich einen Hut rumgehen, aus dem jeder einen Zettel mit dem Namen eines Kollegen zog, zu dessen »geheimem Engel« er dann wurde. An allen fünf Tagen musste jeder Engel etwas Nettes für »seinen Menschen« tun. Ein Croissant zum Morgenkaffee, Schokolade, Blumen, ein Kärtchen …, was auch immer. Am Ende der »Love Week«, wie wir diese Woche nannten, sollte dann die große Enthüllung stattfinden mit viel Gelächter und Umarmungen.

Die Leute organisierten die tollsten Dinge für »ihre« Menschen und ließen sich echt was einfallen. Etwa leckere Mahlzeiten, direkt an den Arbeitsplatz geliefert, Selbstgebasteltes, ganze Schreibtische voller Blumen oder Luftballons – sogar ein Gutschein für eine Städtereise übers Wochenende war dabei.

Auch eine Überraschung: Den meisten der Kolleginnen und Kollegen hatte das Geben mehr Spaß gemacht als das Beschenktwerden. Sie hatten es richtiggehend genossen, sich täglich etwas Schönes für »ihren« Menschen einfallen zu lassen. Oder auf den verschlungensten Wegen etwas über die Person herauszufinden, deren Namen sie gezogen hatten, wenn sie den Betreffenden vorher nicht so gut kannten.

Das Experiment wurde ein voller Erfolg. Weshalb wir seither jedes Jahr »engeln«. Und gegen Ende der Love Week scheinen die

Büros dann immer regelrecht zu summen vor lauter allgemeinen Glücksgefühlen.

Nun denkst du vielleicht, dass wir bei all dem Spaß in dieser Woche kaum etwas geschafft kriegen, aber das stimmt nicht, eher im Gegenteil. Die Love Week hat sich zugleich auch als einer der effektivsten Produktivitätshacks erwiesen, die uns bisher bekannt sind.

Aus einer Gallup-Befragung von mehr als zehn Millionen Arbeitnehmern geht hervor, dass diejenigen, die der Aussage »Meinem Vorgesetzten/einem Kollegen scheine ich auch als Mensch wichtig zu sein« zustimmten, produktiver waren und sich mehr an ihr Unternehmen gebunden fühlten.

Das Geben stellt ein machtvolles Instrument dar, mit dem du dich selbst höchst glücklich machen kannst. Ein Kompliment, ein handgeschriebener Dankesbrief, in der Schlange an der Kasse jemanden vorlassen – all solche scheinbar kleinen Dinge verbessern deine Gemütslage. Und tragen – weitergegeben und multipliziert – dazu bei, dass diese Welt zu einem viel freundlicheren, schöneren Ort wird.

Sei ruhig gnadenlos in deiner Güte.

ÜBUNG: WAS DU ALLES ZU GEBEN HAST

1. Schreibe alles auf, was du anderen zu geben hast.

Zum Beispiel: Zeit, Liebe, Verständnis, Mitgefühl, Kompetenz, Ideen, Lebenserfahrung, physische Hilfeleistung. Was könnte sonst noch infrage kommen?

2. Recherchiere, präzisiere.

Über welche Kenntnisse verfügst du (vielleicht auf den Gebieten Buchhaltung, Technik, Juristerei, Schreiben, Büro oder Kunst)? Welche Lebenserfahrungen könntest du weitergeben (eventuell in puncto Berufswahl, Kindererziehung, Bewältigung von Krisen wie Krankheit oder Missbrauch)? Auf welchen Gebieten könntest du physisch Hilfe anbieten (etwa: Reparaturen, bei der Pflege alter Menschen, Kochen, Vorlesen)?

3. Überlege, wo deine Hilfe gebraucht werden könnte.

In deiner Familie, im erweiterten Familienkreis? In der Firma, in der du arbeitest? In der Nachbarschaft? In deiner Gemeinde? In den Geschäften der Umgebung? In der spirituellen Gemeinschaft, der du angehörst? In der Stadtbibliothek? In der Jugendarbeit? Im Krankenhaus oder Altenheim? In einer politischen oder gemeinnützigen Organisation? Eventuell möchtest du auch selbst einen Verein gründen oder eine Bewegung ins Leben rufen?

Schritt 4: Folge deiner Intuition

Lies dir deine Listen jetzt noch einmal durch und kreuze die Punkte an, die bei dir am meisten Begeisterung hervorrufen.

Schritt 5: Leg los

Strecke deine Fühler aus, achte auf sich bietende Chancen und erkunde deine Möglichkeiten.

AUF DEM WEG IN DIE »GLÜCKSZIPLIN«

Zum Schluss dieses Kapitels möchte ich dir noch von einer Begegnung erzählen, die Kristina mit einem der weisesten Menschen unseres Planeten hatte.

Zu der Zeit arbeitete Kristina als Ehrenamtliche für eine NGO und war beim UNHCR, also in der UN-Flüchtlingshilfe tätig. Für Geflüchtete kann das Leben in Asien ein ziemlicher Horror sein, und so empfand Kristina ihre Arbeit zwar einerseits als äußerst befriedigend, andererseits aber machte ihr das Elend, das sie tagtäglich mit ansehen musste, doch auch sehr zu schaffen. Oder wie sie es ausdrückte: »Manchmal bekomme ich richtiggehend Schuldgefühle, weil ich selbst ein so glückliches Leben habe und es uns so gut geht.«

Deshalb meldete sich Kristina zu Wort, als wir während der bereits erwähnten Konferenz in Calgary die Gelegenheit hatten, Fragen an den Dalai Lama zu richten.

»Wie kann man denn glücklich sein, wenn man von Elend und Armut umgeben ist?«, wollte sie von Seiner Heiligkeit wissen.

Die Antwort bestand aus einer Gegenfrage: »Und wie soll man helfen können, wenn man selbst unglücklich ist?«

Das ist wahrscheinlich auch das Wichtigste, was man in Sachen »Glücksziplin« begreifen muss: Inmitten von Schmerz, Elend, Katastrophen wird den betroffenen Lebewesen natürlich dein Mitgefühl gelten. Letztlich aber ermöglicht es dir nur die »Glücksziplin«, die höchste Ausdrucksform eines außergewöhnlichen Lebens, den Menschen nachhaltig zu helfen.

Und damit wären wir auch schon beim siebten Update.

§ Update 7: Lebe die »Glücksziplin«

Außergewöhnliche Persönlichkeiten wissen, dass Glück und Zufriedenheit von innen kommen. Sie sind bereits im Jetzt mit sich im Reinen und nutzen die daraus resultierende Kraft, um ihre Visionen und guten Vorsätze in Bezug auf sich selbst und die Welt Wirklichkeit werden zu lassen.

Ich hoffe, dass ich dir in diesem Kapitel zeigen konnte, wie leicht sich die »Glücksziplin« zu einem festen Bestandteil des Lebens machen lässt – und mit welch unglaublichen Ergebnissen. Also lebe die »Glücksziplin« und verbreite sie, damit sie Wurzeln schlagen und sich vermehren kann.

8

ERSCHAFFE DIR EINE VISION FÜR DEINE ZUKUNFT

INDEM DU SICHERZUSTELLEN LERNST, DASS DICH DIE ZIELE, DIE DU ANSTREBST, AUCH LANGFRISTIG GLÜCKLICH UND ZUFRIEDEN MACHEN

Der Mensch selbst. Weil er seine Gesundheit opfert, um Geld zu verdienen. Dann opfert er viel Geld, um seine Gesundheit wiederherzustellen. Schließlich hat er so große Angst vor der Zukunft, dass er die Gegenwart nicht mehr genießen kann; mit dem Ergebnis, dass er weder in der Gegenwart lebt noch in der Zukunft; vielmehr lebt er so, als wäre er unsterblich, und stirbt schließlich, ohne je richtig gelebt zu haben.

James J. Lachard
auf die Frage, was an der Menschheit
das Überraschendste sei

DER VORWÄRTS-IMPULS

Das Wesentliche an einem außergewöhnlichen, unkonventionellen Leben sind Träume, Visionen, Bestrebungen, Ziele – wie immer du es auch nennen willst. Ich persönlich spreche in diesem Zusammenhang vom »Vorwärts-Impuls«. Denn wenn wir dem Leben keinen Sinn verleihen, ist das, als wären wir in der Wüste und kurz vor dem Verdursten.

In diesem Kapitel erfährst du, wie du deine eigenen Wege einschlägst, um zu einer außergewöhnlichen Persönlichkeit zu werden. Alle besonderen Menschen, denen ich je begegnet bin – nicht zuletzt auch die in diesem Buch erwähnten –, zeichnen sich durch ihre verwegenen, unerschrockenen Träume aus. Zudem mache ich dich mit einem ganz simplen, angenehm leichtfüßigen, dennoch fokussierten System bekannt, das es dir für alle Lebensbereiche ermöglicht, eigene Ziele zu formulieren und deine Träume zu verfolgen. Weil ich nämlich möchte, dass du dich in zehn Jahren nicht fragen musst: »Was hab ich eigentlich aus meinem Leben gemacht?«, sondern aus vollem Herzen sagen kannst: »Bis hierher war das alles schon unglaublich. Und was packe ich als Nächstes an?«

DIE GEFAHREN BEIM ZIELESETZEN

Mir Ziele zu setzen habe ich schon lange aufgegeben. Weil es ohne den richtigen Hintergrund einfach viel zu gefährlich ist.

Überleg mal: Beim modernen Zielesetzen, wie es in unzähligen Oberstufen- und Unikursen gelehrt wird, geht es nicht darum, dir etwas beizubringen, was dir wirklich helfen würde, ein außergewöhnliches Leben zu führen. Vielmehr versucht man dir da die üblichen *Brules* der »*Culture Scape*« einzubläuen – und die lassen einen nur allzu oft Dingen nachjagen, von denen man irgendwann merkt, dass sie eigentlich überhaupt keine Rolle spielen. Weil es dabei nämlich gar nicht um wahres Leben geht, sondern nur um Sicherheit.

Eine der größten *Brules* ist die Vorstellung, du müsstest deinen Lebensplan auf so etwas Lächerliches ausrichten wie eine Karriere. Was zur Folge hat, dass die meisten von beruflichen Erfolgen und Geld faseln, wenn man sie nach ihren Zielen und Visionen für die Zukunft fragt. Was für ein Bockmist!

Der berühmte Zen-Philosoph Alan Watts sagte vollkommen zu Recht:

> *»Vergiss das Geld! Denn wenn nur der Verdienst zählt, verschwendest du dein Leben. Dann machst du nämlich lauter Dinge, die du nicht magst, nur um dich zu finanzieren – und das heißt, dass du immer weiter Dinge tust, die du nicht magst. Was doch dumm ist. Viel besser als ein langes, ödes Leben finde ich ein kürzeres, erfüllt von Dingen, die du wirklich gern machst.«*

Viele von uns verfolgen Ziele, von denen wir bloß *meinen*, dass sie uns glücklich machen – nur um dann irgendwann in der Lebensmitte aufzuwachen und feststellen zu müssen, dass wir in einem uninspirierten, langweiligen, trägen Leben feststecken.

In vielen Industrienationen muss die Berufswahl oft schon getroffen werden, bevor man sich legal auch nur ein Fläschchen Bier kaufen darf. Von mir zum Beispiel wurde schon als Neunzehnjährigem erwartet, dass ich Ingenieur werde. Obwohl ich zu der Zeit noch gar nicht wusste, was mir eigentlich zugesagt hätte. Und es hat mich viele Jahre voller Kummer und Elend gekostet, bis mir überhaupt klar wurde, in welche Tretmühle ich mich da begeben hatte.

Die Krux an unserem modernen System des Zielesetzens ist nämlich: Vor lauter *Brules* verwechseln wir Zwecke mit Zielen.

SUCHE DIR BESTIMMUNGSZIELE UND SPARE DIR DIE ZWECKZIELE

Wir wählen unsere Studienfächer, Berufs- und Lebenswege so, als wären sie Ziele an sich. Dabei sind sie in Wirklichkeit nur Mittel zum Zweck. So verwenden wir viel Zeit, Mühe und Geld auf als Bestimmungsziele getarnte Zweckziele. Was uns echt in Schwierigkeiten bringen kann.

Der Unterschied zwischen Zweck- und Bestimmungszielen gehört mit zu den Lektionen, von denen ich mir wünschte, dass die Leute sie viel früher lernen könnten.

Bestimmungsziele sind der schöne, aufregende Bonus des Menschseins auf diesem Planeten. Sie drehen sich um Liebe, um Glück, um die Erkundung der Welt, darum, einen Beitrag zu leisten, weil das dem Leben Sinn verleiht, und darum, sich nur zum Spaß neue Kenntnisse anzueignen.

Bestimmungsziele sprechen die Seele an. Sie bringen aus sich heraus Freude ins Leben … und nicht, weil sie irgendwelchen äußerlichen, gesellschaftlichen Maßstäben, Standards oder Werten entsprechen. Bestimmungsziele setzt man sich auch nicht des Geldverdienens oder materieller Vorteile wegen. Dafür sind sie die Bausteine für die besten Erinnerungen, die wir überhaupt haben können.

Die schönsten Bestimmungsziele, die ich erreicht habe:

- die Besteigung des Kinabalu – bei Sonnenuntergang der Blick durch die Wolken unter mir auf die Insel Borneo;
- Flitterwochen mit Kristina im norwegischen Spitzbergen, unsere Wanderungen durch die Schneestürme des arktischen Klimas;
- die Einweihung des State-of-the-Art-Steampunk-Büros, von dem ich seit Jahren geträumt hatte; die Begeisterung in den Gesichtern meiner Mitarbeiter, als sich bei der Einweihung die Türen öffneten;
- meine kleine Tochter zum ersten Mal tanzen zu sehen (zu »Achy Breaky Heart« von Billy Ray Cyrus).

Den größten Teil meines Lebens aber habe ich auf Zweckziele hingearbeitet. Also auf die Dinge, von denen die Gesellschaft meint, dass wir sie brauchen, um glücklich sein zu können. Nahezu alle Ziele, die ich mir notiert hatte, waren eher Zweckziele, zum Beispiel:

- ein guter Highschool-Abschluss;
- Qualifikation fürs richtige College;
- im Sommer ein Praktikum machen zu können;
- mir einen Job bei Trilogy Software in Austin, Texas, zu angeln.

Weitere Zweckziele sind oft auch: das Erreichen eines bestimmten Einkommensniveaus, gute Beurteilungen, gewisse Beförderungen und das Finden eines Lebenspartners.

Okay. Aber wenn du dich ausschließlich auf solche Dinge konzentrierst, verfehlst du den Punkt, auf den es ankommt.
Toll finde ich das Statement des Autors Joe Vitale:

> *»Ein gutes Ziel sollte dir ein bisschen beängstigend vorkommen, dich aber zugleich sehr begeistern.«*

Ja, solche schönen Gefühle bringen gute Ziele tatsächlich oft hervor. »Beängstigend« ist super, weil es bedeutet, dass du deine Grenzen weiter verschiebst – wodurch du dich deinem Ziel schrittweise annäherst. Und »begeistert« heißt, dass es dir wirklich am Herzen liegt – und nichts ist, was du nur verfolgst, um irgendjemandem zu gefallen oder nicht gegen die gesellschaftlichen *Brules* zu verstoßen.

DER TAG, AN DEM ICH GING

Meinen Weckruf bekam ich 2010. Ich hatte mir fest vorgenommen, meinen Job aufzugeben und mich nach etwas Neuem umzusehen, sollte mir je zwei Wochen am Stück morgens vor der Arbeit grauen. Und 2010 geschah genau das.

Das damalige Mindvalley lässt sich mit dem Unternehmen, das es heute ist, überhaupt nicht vergleichen. Ich leitete es zusammen mit Mike, einem ehemaligen Kommilitonen von mir und Mitbegründer der Firma. Mindvalley war damals ein sogenannter Company Builder, das heißt ein Start-up, das verschiedene andere kleine Shops im Web aufbaute, um sie gewinnbringend weiterzuverkaufen. Wir hatten bereits einige E-Stores ins Leben gerufen, einen Software-Algorithmus für die Bewertung von Blogposts und sogar einen Social-Bookmark-Dienst verkauft.

In dem, was wir taten, waren Mike und ich beide gut, doch unsere Freundschaft hatte sich überlebt, und auch unsere Zusammenarbeit lief längst nicht mehr so inspirierend wie früher. Da wir Mindvalley getrost sich selbst überlassen konnten, ging jeder von uns seinen eigenen Geschäftsinteressen nach.

Eines meiner Ziele in Sachen Geldvermehrung bestand darin, ein weiteres Start-up zu gründen und den Ausstieg möglichst gewinnbringend zu gestalten. Und ich war schon sehr nah dran. Mein zweites Start-up, eine Dailydeals-Site (mit Gutscheinen) für Südostasien, nahm zu der Zeit gehörig Fahrt auf; gerade hatte ich eine ordentliche Menge Risikokapital aufgetrieben. Ich führte also zwei Unternehmen gleichzeitig und hätte meiner Ziele-Liste nach richtig glücklich sein müssen:

- Ein schnell wachsendes Unternehmen. ✓
- Finanzierung sichern. ✓
- Presse- und Medieninteresse schaffen. ✓
- Titel und Boni. ✓

Aber ich war nicht glücklich. Die Arbeit langweilte mich. Ich hasste sie, und mir graute jeden Morgen davor, ins Büro zu gehen. Auch fühlte ich mich einsam. Denn wenn fast alle deine Freunde Geschäftspartner oder Angestellte von dir sind und du deine Arbeit nicht magst, leiden auch die Freundschaften. Mindvalley war eine Gelddruckmaschine, hatte aber sonst kaum größere Bedeutung. Weder für mich persönlich noch für die Menschheit.

Aber wie war es dazu gekommen?

Ich bog die Wirklichkeit: Ich war glücklich gewesen und hatte Visionen gehabt, die mich antrieben. Ich war wahnsinnig erfolgreich und ziemlich wohlhabend geworden. Meine Ziele als Unternehmer hatte ich erreicht, war mein eigener Boss. Und trotzdem fehlte etwas. Ohne es zu bemerken, war ich in die Falle getapst und hatte Zweck- mit Bestimmungszielen verwechselt. Ich hatte versäumt, mir echte Bestimmungsziele zu setzen, die über all das hinausgingen.

Wonach sich mein Herz im Grunde sehnte?

- Ich wollte in exotische Länder reisen und mir die schönsten Orte auf Erden anschauen können.
- Ich wollte mit meiner Familie in Fünfsternehotels absteigen und im Luxus baden können.
- Ich wollte meinen Kindern die Welt zeigen und ihnen unvergleichliche Lernerfahrungen bieten können.

- Ich wollte überall auf dem Globus Freunde haben – wunderbare Männer und Frauen, die von humanitären Zielen angetrieben werden und Großes erreichen.
- Ich wollte möglichst vielen der Business- und Persönlichkeitsentwicklungs-Legenden begegnen, die mich immer so inspiriert hatten.
- Und ich wollte, dass mir mein Job bombastisch Spaß machte.

All diese Ziele habe ich mir 2010 notiert. Dabei ging es nicht mehr nur um Start-ups, Geldverdienen und den Ausbau meines Unternehmens. Jetzt wollte ich ein ebenso freud- wie sinnvolles Leben.

Wenn du dir eine klare Vision zulegst, geschieht etwas sehr Interessantes: Dein Geist findet einen Weg, sie umzusetzen. Und dabei unterscheidet er nicht zwischen End- und Zweckzielen. Deshalb kann das Zielesetzen für den unausgebildeten Geist tatsächlich gefährlich sein. Weil du nämlich möglicherweise irgendwo landest, wo du nie hinwolltest. Doch wenn du dir über die Bedeutung von Bestimmungszielen im Klaren bist und die Übungen am Ende dieses Kapitels machst, steigt die Wahrscheinlichkeit enorm, dass du alles erreichst, wonach sich dein Herz und deine Seele wirklich sehnen.

Als ich die obige Liste 2010 aufstellte, hatte ich keine Ahnung, wie ich die Ziele darauf erreichen könnte. Wird der menschliche Geist aber von einer aufregenden Vision angetrieben, kann er zu einem ganz wunderbaren Motor für Veränderungen werden. Wobei der Weg zum Bestimmungsziel mitunter merkwürdige Wendungen nimmt. Wie es bei mir der Fall war.

Gelangweilt, einsam und so auf Sinnhaftigkeit und Abenteuer aus, wie ich war, befand ich mich in einer jener Tiefphasen, von denen in den Anfangskapiteln schon die Rede war. Und inmitten dieser Flaute kam mir plötzlich der irrwitzige Einfall, ein Festival zu organisieren.

Zu der Zeit, als ich mich sehr um meine persönliche Weiterentwicklung gekümmert und eine Unzahl von Seminaren besucht hatte, war ich wiederholt auf zwielichtige Veranstalter und Vortragsredner gestoßen, die unter dem Deckmantel des persönlichen Wachstums mit zweifelhaften »Reich-im-Handumdrehen«-Modellen hausieren gingen. Inspiriert aber hatten mich immer die Kurse, in denen Gruppen von Gleichgesinnten zum Netzwerken und gemeinsamen Lernen zusammenkamen. Ich selbst hatte auf Veranstaltungen wie den Summit Series sprechen dürfen und war total begeistert von der Stimmung, die entstand, wenn die Leute sich außerhalb der Seminarräume begegneten. »Wie könnte ich da noch einen draufsetzen?«, fragte ich mich.

Am Ende eines Vortrags in Washington, DC, bei dem ich einige der Ideen aus diesem Buch zum Besten gegeben hatte, fragte ich das Publikum, wer Interesse hätte, sich ein Wochenende lang mit mir zusammenzusetzen und diese Ideen weiter zu erörtern. Und obwohl ich nicht einmal ein Datum nennen, geschweige denn einen Ablaufplan vorlegen konnte, bekundeten sechzig der Teilnehmer ihr Interesse. Sie alle bat ich in einen gesonderten Raum und fragte sie, worüber sie bei dem in Aussicht gestellten Meeting denn am liebsten sprechen würden. Nun, vor allem wollten sie mehr über meine speziellen Modelle des persönlichen Wachstums erfahren, und zwar in einem geschützten, nicht zu großen Rahmen und an einem herrlichen, paradiesischen Ort.

»Das wird bestimmt geil, total *awesome*«, sagte jemand.

»Das Wort gefällt mir«, erwiderte ich. »Und warum nennen wir das Ganze nicht provisorisch schon mal ›*Awesomeness*-Fest‹?«

Auf der Stelle verkaufte ich Tickets im Wert von 60.000 Dollar. Ohne konkreten Zeitpunkt oder Ort. Aber das Startkapital war schon mal vorhanden.

Im Lauf der folgenden Monate zimmerte ich das »Fest« zusammen. Ich lud super Redner ein, unter anderem den Hotelier Chip Conley, den MBA-Professor Srikumar Rao, Elliott Bisnow, den Gründer von Summit, sowie eine Menge Fitnessexperten und viele andere. Nur mit meiner Assistentin Miriam zusammen plante ich ein ganzes Event für 250 Leute in Costa Rica. Und es wurde ein Riesenerfolg.

Später benannten wir es dann in »A-Fest« um. Aber auch das war noch ziemlich am Anfang. Heute bewerben sich alljährlich Tausende von Menschen aus mehr als vierzig Ländern um die begrenzten Tickets für je zwei A-Feste, die irgendwo auf dem Planeten stattfinden. Bei diesen Gelegenheiten sprechen ich und eine Reihe erstklassiger Redner und Spezialisten für die verschiedenen Bereiche des menschlichen Lebens über die neuesten Erkenntnisse in

Sachen persönliches Wachstum. Zu unseren Themen gehören Biohacking, Körper und Geist sowie das Hacken von Überzeugungen. Am Abend erleben die Teilnehmer dann spektakuläre Abenteuer und feiern Partys, bei denen die Leute sich kennenlernen und unvergessliche Erinnerungen schaffen. Für diese Events suchen wir uns die eindrucksvollsten Locations der Welt, angefangen bei einer paradiesischen Karibikinsel über ein europäisches Schloss bis hin zu Stätten des Weltkulturerbes auf Bali. Mit Musik, Kunst und anderen kreativen Mitteln begründen wir ein Klima, in dem Menschen einander auf einer so profunden Ebene begegnen können, dass daraus schon engste Freundschaften, Ehen und Geschäftspartnerschaften entstanden sind. Und inmitten des ganzen Trubels habe ich den größten Spaß, erlebe die unglaublichsten Abenteuer, die ich mir nur vorstellen kann – und darf das alles mit Hunderten außergewöhnlicher Menschen teilen, die auf dem Weg sind, Freunde von mir zu werden.

Das A-Fest wuchs und wuchs. Inzwischen ist es mit das Spannendste, was ich überhaupt tue. Dabei passt es absolut in keine Kategorie oder Schublade. Was aber das Schönste ist: Mit dem A-Fest erreiche ich all die Ziele, die ich mir seinerzeit gesetzt hatte:

- Freundschaften. ✓
- Ich kann mich in den tollsten Hotels aufhalten. ✓
- Ich bereise die schönsten Orte überall auf der Welt. ✓
- Ich mache meine Kinder mit bemerkenswerten Persönlichkeiten bekannt und verhelfe ihnen zu wunderbaren Lernerfahrungen. ✓
- Ich treffe Experten und Business-Legenden, die ich schon lange bewundere. ✓
- Bombastischer Spaß. ✓

Das A-Fest als solches hatte für mich nie ein Ziel dargestellt. Es war eher die Weiterentwicklung der Dinge, die auf meiner »Löffelliste« (Dinge, die man noch erleben möchte, bevor man »den Löffel abgibt«) gestanden hatten. Sie waren zusammengekommen, verschmolzen und hatten miteinander getanzt, bis sie mich schließlich zum Entwickler eines völlig neuen Realitätsmodells machten.

Und genau das ist auch der wichtigste Aspekt aller Bestimmungsziele. Sie helfen dir nämlich, die ausgetretenen Pfade zu verlassen und dich von den beschränkenden Realitätsmodellen, Lebenssystemen und *Brules* zu distanzieren, die dir von Schule und Gesellschaft nahegelegt werden. Anders ausgedrückt: Bestimmungsziele helfen dir aus der Tretmühle des Gewöhnlichen heraus und katapultieren dich ins Außergewöhnliche.

Heute kann ich sagen, dass ich achtzig Prozent meiner engsten Freunde und Freundinnen überall auf der Welt auf einem der A-Feste kennengelernt habe. Aber das ist noch längst nicht alles, was sich aus der Konzentration auf Bestimmungsziele für mich ergeben hat. Auch vieles andere ist noch geschehen.

Mein zweites Unternehmen habe ich abgestoßen. Weil es mich unglücklich machte. Ich habe meine Anteile an einen Freund verkauft – und basta. Das Geld, das der Laden einbrachte, war es mir nicht wert.

Was Mindvalley betraf, kam ich zu dem Schluss, dass ich da entweder ebenfalls aussteigen oder das Unternehmen zu etwas machen musste, worauf ich stolz sein konnte. Und da mein Geschäftspartner und ich ohnehin nicht mehr so gut miteinander klarkamen, war es am besten, uns zu trennen. Weil ich das Ganze ursprünglich initiiert hatte, beschloss ich, ihn auszuzahlen. Dafür musste ich einen Kredit über mehrere Millionen Dollar aufnehmen. 2011 gehörte mir mein Unternehmen dann wieder allein. Und ich war zwar pleite – aber happy. Und von diesem Glück so beflügelt, dass die Firma innerhalb nur eines Jahres ein Wachstum von neunundsechzig Prozent verzeichnete.

Aufgrund der neuen Art, mir Ziele zu setzen, wurde aus meiner bisherigen banalen, ermüdenden Plackerei ein Leben voller Abenteuer und Sinnhaftigkeit. Heute wünschte ich nur, ich hätte das mit den Bestimmungszielen früher herausgefunden – dann hätte ich nicht so viele Jahre auf die Verfolgung von Vorhaben verschwendet, die von außen betrachtet vielleicht super waren, aber nur wenig mit dem zu tun hatten, was mein Herz für wichtig hält.

Wähle also nicht einfach irgendeinen Beruf, damit du dich ja nicht eines Tages in einer geisttötenden Beschäftigung wiederfindest. Genauso wenig solltest du dich darauf kaprizieren, unbedingt Unternehmer werden zu wollen – damit aus dir am Ende kein gestresster, gelangweilter Firmeninhaber wird. Denke stattdessen lieber an deine Bestimmungsziele und überlass es deinem Berufsweg beziehungsweise deiner Schöpfung, *dich zu finden*.

Woran du merkst, dass du auf dem richtigen Weg bist? Ich zeige dir jetzt mal, wie du Zweck- und Bestimmungsziele voneinander unterscheiden kannst.

ZWECKZIELE VERSUS BESTIMMUNGSZIELE – EINE WICHTIGE UNTERSCHEIDUNG

Im Grunde ist es ganz einfach. Du musst dabei nur genau auf folgende vier Punkte achten:

WORAN SICH ZWECKZIELE ERKENNEN LASSEN

1. ZWECKZIELE HABEN GEWÖHNLICH EIN »DAMIT« IM GEPÄCK. Sie stehen nicht allein, sondern sind eine Art Sprungbrett für etwas anderes. Sind Teil einer Abfolge. Zum Beispiel: »Mach einen guten Schulabschluss, *damit* du auf eine gute Uni gehen kannst.« Oft werden auch mehrere Ziele zu einer einzigen (lebens-)langen Kette verknüpft, à la: »Mach einen guten Schulabschluss, *damit* du eine gute Uni besuchen kannst, *damit* du einen guten Job kriegst, *damit* du viel Geld verdienst, *damit* du dir ein schönes Haus, Auto und so weiter leisten kannst, *damit* du einmal genügend Ersparnisse hast, *damit* du im Ruhestand dann alles tun kannst, was du dir schon immer gewünscht hast.« Geht dein Ziel auch mit so einem »Damit« einher?

2. ZWECKZIELE SIND OFT MIT *BRULES* VERBUNDEN. Handelt es sich bei deinem Ziel um eines, von dem du meinst, dass du es im Rahmen der Verfolgung deines letztendlichen Ziels erreichen »solltest«? Denkst du zum Beispiel, dass du einen Uniabschluss brauchst, um einen befriedigenden Job zu bekommen, oder dass du heiraten musst, um geliebt zu werden? Viele Zweckziele sind im Grunde nur clever getarnte *Brules*. Du *musst* nicht heiraten. Oder ein Studium abschließen. Oder Unternehmer werden beziehungsweise ins Familienunternehmen eintreten. Was du dir eigentlich wünschst, ist eine harmonische Liebesbeziehung; ständig etwas hinzulernen und dich weiterentwickeln zu können; frei zu sein. Und das alles kann die verschiedensten Formen annehmen. Erkennst du den Unterschied?

WORAN SICH BESTIMMUNGSZIELE ERKENNEN LASSEN

1. BEI BESTIMMUNGSZIELEN GEHT ES DARUM, DASS DU DEINEM HERZEN FOLGST. Die Zeit verfliegt nur so, wenn du deine Bestimmungsziele verfolgst. Wahrscheinlich arbeitest du hart auf sie hin, hast aber das Gefühl, dass sie jede Mühe wert sind. Sie erinnern dich daran, wie fantastisch es doch eigentlich ist, ein Mensch zu sein. Auf ein Bestimmungsziel hinzuarbeiten, fühlt sich auch überhaupt nicht wie »Arbeit« an. Du brauchst keine Auszeit davon, um »die Batterien wiederaufzuladen«. Die Arbeit an deinen Bestimmungszielen energetisiert dich wie von selbst immer neu.

Für mich zum Beispiel ist das Schreiben dieses Buches ein Bestimmungsziel. Und es macht mir so viel Spaß, dass ich es auch tun würde, wenn ich kein Honorar dafür bekäme.

2. BESTIMMUNGSZIELE SIND OFT GEFÜHLE. Glücklich sein, verliebt sein, beständig Gefühle der Liebe oder Freude empfinden – all das sind sehr gute Bestimmungsziele. Mit schönen Gefühlen können bestimmt auch ein Diplom, ein Ehrenpreis, ein bedeutender Geschäftsabschluss oder andere Errungenschaften einhergehen. Ein Bestimmungsziel stellen sie aber nur dar, *falls* du auch schon glücklich und zufrieden bist, *während* du sie anstrebst. Wenn dich also bereits das Lernen für die Diplomprüfung oder die Anbahnung des großen Businessdeals als solche glücklich machen. Bestimmungsziele sind nämlich untrennbar mit Glücksempfindungen verbunden. Und zwar von Anfang an.

DIE DREI WICHTIGSTEN FRAGEN

Wie aber können wir der Zweckziel-Falle entgehen? Nun, genau dafür habe ich die optimierte Technik des Zielesetzens ja entwickelt. Ich nenne diese Übung die *»Drei wichtigsten Fragen«*. Werden diese Fragen in der richtigen Reihenfolge gestellt, ermöglicht dir die Übung, unmittelbar auf die Bestimmungsziele zu kommen, die in deinem Leben wirklich von Bedeutung sind. Wie ich herausgefunden habe, erfüllen alle Bestimmungsziele drei Kriterien:

Das **erste** sind *Erlebnisse und Erfahrungen*. Egal, wie du dir die Ursprünge der Menschheit vorstellst, eines ist klar: Wir sind geboren, um alles zu erleben, was die Welt zu bieten hat. Es geht also nicht um irgendwelche Dinge oder um Geld, sondern um Erfahrungen. Nur um diese zu ermöglichen, sind Geld und Materielles überhaupt da. Erlebnisse und Erfahrungen aber machen uns bereits im Jetzt glücklich und zufrieden – was ein Schlüsselelement jedes außergewöhnlichen Lebens ist und eine gute Voraussetzung für das Verfolgen unserer Ziele. Um jedoch glücklich und zufrieden sein und bleiben zu können, müssen wir auch die Wunder und Freuden des Lebens immer wieder erfahren.

Das **zweite** Kriterium ist *Wachstum*. Die *persönliche Weiterentwicklung* vertieft unsere Weisheit und erweitert das Bewusstsein. Ein derartiges Wachstum macht das Leben zu einer einzigen großen Entdeckungsreise.

Das **dritte** ist unser *Beitrag zum großen Ganzen*. Das, was wir der Gemeinschaft aus dem Schatz unserer Erfahrungen und Wachstumsprozesse zurückgeben. Darin besteht die besondere Note, die wir der Welt verleihen können. Dadurch, dass es unserem Leben einen Sinn gibt, bringt uns das Geben dem Erwachen näher, jenem höchsten Level des Glücks und der Zufriedenheit, das eine weitere Komponente jedes außergewöhnlichen Lebens darstellt.

Diese Kriterien habe ich in die folgenden drei Fragen gepackt, über die ich dich jetzt nachzudenken bitte.

DIE DREI WICHTIGSTEN FRAGEN

1. Welche Erfahrungen möchtest du machen, was willst du erleben?
2. Wie möchtest du dich weiterentwickeln und wachsen?
3. Welchen Beitrag möchtest du leisten?

Bei der Durchführung der Übung am Ende dieses Kapitels wirst du feststellen, dass die *Zwölf Lebensbereiche, die im Gleichgewicht sein sollten,* perfekt zu den *Drei wichtigsten Fragen* passen. Das ist kein Zufall – habe ich die besagten zwölf Bereiche doch genau aus diesen Fragen abgeleitet.

Hier zur Veranschaulichung eine kleine Grafik:

Lass uns diesen Fragen jetzt noch etwas detaillierter nachgehen. Am besten liest du dir den ganzen Prozess sowie den Rest des Kapitels (das mit praktischen Tipps zur Durchführung der Übung endet) zunächst einmal durch. Danach kannst du die Übung machen.

Teil III: Programmiere dich neu

Frage 1: Welche Erfahrungen möchtest du machen, was willst du erleben?

Hier stellst du dir die Frage:

Nach welchen Erfahrungen und Erlebnissen würde sich meine Seele sehnen, wenn Zeit und Geld keine Rolle spielten und ich von niemandem eine Erlaubnis bräuchte?

Und du wendest die Frage auf die ersten vier der zwölf Bereiche an, die im Gleichgewicht sein sollten. Sie alle haben etwas mit Erfahrungen und Erlebnissen zu tun:

1. LIEBESBEZIEHUNG. Wie würde deine ideale Beziehung aussehen? Male sie dir in allen Facetten genau aus: wie ihr miteinander kommuniziert, was ihr gemeinsam habt, die Aktivitäten, die ihr zusammen unternehmt. Wie würde ein perfekter Tag für euch sein? Was würdet ihr in den Ferien machen? Welche moralischen und ethischen Überzeugungen würdet ihr teilen? Wie wäre es um euren Sex bestellt?

2. FREUNDSCHAFTEN. Welche Erfahrungen und Erlebnisse würdest du gern mit Freunden teilen? Und mit wem genau? Wie wären deine Freunde idealerweise? Stelle dir dein soziales Leben in einer perfekten Welt vor – Menschen, Orte, Gespräche, Aktivitäten. Wie würde ein optimales Wochenende mit deinen Freunden aussehen?

3. ABENTEUER. Denk einen Moment lang an Leute, die das erlebt haben, was für dich ein ganz großes Abenteuer darstellt. Was haben sie genau getan? Wo haben sie sich hinbegeben? Wie definierst du überhaupt »Abenteuer«? Welche Orte auf der Welt wolltest du schon immer mal sehen? Welches Abenteuer wolltest du schon immer erleben? Und welches würde deine Seele zum Jubeln bringen?

4. UMGEBUNG. Wie würde in deinem perfekten Leben dein Zuhause aussehen? Wie würde es sich anfühlen, abends dorthin zurückzukehren? Beschreibe dein Lieblingszimmer – wie wäre dieser wunderbare Raum eingerichtet? Male dir das himmlischste Bett aus, das du dir nur vorstellen kannst. Und jetzt zu deinem optimalen Arbeitsplatz: Beschreibe genau, wie er sein müsste, damit du im Job Bestmögliches leisten könntest. Und in puncto Ausgehen: In welcher Art Restaurant und Hotel würdest du dich gern mal aufhalten?

Frage 2: Wie möchtest du dich weiterentwickeln und wachsen?

Wenn man mal schaut, wie schnell Kinder sich Informationen aneignen, wird klar, dass uns Lernen und persönliches Wachstum geradezu im Blut liegen. Und zwar das ganze Leben über. In diesem Abschnitt fragst du dich im Wesentlichen:

Wie muss ich mich weiterentwickeln, um die genannten Erfahrungen machen und Erlebnisse haben zu können? Zu welcher Art Mann beziehungsweise Frau muss ich dafür werden?

Ist dir die Verknüpfung dieser Frage mit der vorhergehenden aufgefallen? Jetzt gehst du die folgenden vier Lebensbereiche durch:

1. GESUNDHEIT UND FITNESS. Beschreibe, wie du dich auf einer täglichen Basis fühlen und wie du aussehen möchtest. Und in fünf, zehn oder zwanzig Jahren? Welches Ernährungs- und Fitnesssystem würdest du gern haben? Oder ausprobieren – und zwar nicht, weil du dich auf irgendeine Weise dazu verpflichtet fühlst, sondern einfach, weil du neugierig darauf bist und Lust dazu hast? Gibt es irgendein Fitnessziel, das du gern erreichen würdest, bloß des Thrills wegen, es dir zu beweisen (vielleicht die Besteigung eines Berges, Stepptanz lernen oder regelmäßig ins Fitnessstudio gehen)?

2. INTELLEKTUELLE ENTWICKLUNG. Was musst du noch lernen, bevor du die oben genannten Erfahrungen machen kannst? Was würdest du überhaupt gern lernen? Welche Bücher und Filme wären geeignet, dich intellektuell weiterzubringen, und könnten zur Bildung deines Geschmacks beitragen? Über welche Art Malerei, Musik oder Theater würdest du gern mehr erfahren? Gibt es Sprachen, die du dir gern aneignen würdest? Vergiss aber nicht, dich auf

Bestimmungsziele zu konzentrieren. Das heißt: Lerne etwas hinzu, bei dem dir bereits das Lernen selbst Freude macht und nicht nur Mittel zum Zweck ist (wie es zum Beispiel beim Büffeln für eine Diplomprüfung der Fall sein kann).

3. FÄHIGKEITEN UND FERTIGKEITEN. Welche Fähigkeiten und Fertigkeiten würden dich im Job voranbringen und dir auch Spaß machen? Solltest du mit dem Gedanken spielen, den Beruf zu wechseln: Welche Fähigkeiten müsstest du dir dafür aneignen? Und welche nur aus Jux und Tollerei? Was würde dich mit Stolz erfüllen, wenn du es könntest? Was würdest du gern zum Spaß lernen, wenn du noch mal zur Schule gehen und freie Fächerwahl haben dürftest?

4. SPIRITUALITÄT. Wo stehst du spirituell und wie weit würdest du es auf diesem Gebiet gern bringen? Möchtest du deine bisherigen spirituellen Praktiken gern vertiefen oder lieber neue ausprobieren? Worin besteht dein höchstes spirituelles Ziel? Würdest du gern etwas lernen wie luzides Träumen, Tiefenmeditation oder Methoden zur Überwindung von Ängsten, Sorgen oder Stress?

Frage 3: Welchen Beitrag möchtest du leisten?

Eine Botschaft des Dalai Lama lautet, wie du dich vielleicht erinnerst: *Wenn du glücklich sein möchtest, mach andere glücklich.*

Entsprechend erkundest du mit dieser Frage, wie du alle deine einzigartigen Erfahrungen und Erlebnisse nutzen kannst, um etwas zur Verbesserung der Welt beizutragen. Das muss jetzt keine große Geste sein – vielleicht möchtest du einfach deine neuen Nachbarn zum gemeinsamen Kochen einladen oder mit dem neuen Kollegen beziehungsweise der neuen Kollegin essen gehen? Im Seniorenheim ein kleines Klavierkonzert geben? Tieren aus dem Tierheim ein neues Zuhause vermitteln? Oder in deiner Firma eine Altkleidersammlung organisieren?

Hier fragst du dich:

Welchen Beitrag kann ich leisten, nachdem ich all diese Erfahrungen gesammelt und mich so bemerkenswert weiterentwickelt habe?

Wie du siehst, schließt sich diese Frage nahtlos an die vorherigen an. Überlege, welchen Beitrag du in den letzten vier der zwölf Lebensbereiche leisten kannst.

1. BERUF. Welche Visionen hast du bezüglich deines Berufs? Welches Leistungsniveau möchtest du auf diesem Gebiet erreichen und warum? Was würdest du an deinem Arbeitsplatz oder in deiner Firma verbessern wollen? Welchen Beitrag würdest du in deinem Bereich gern leisten?

Solltest du im Moment das Gefühl haben, dass du beruflich nichts Sinnvolles tust, schau noch mal genauer hin: Liegt das daran, dass deine Arbeit tatsächlich ohne jede Bedeutung ist, oder stellt es sich nur für dich so dar? Welchen anderen Berufsweg würdest du gern einschlagen?

2. KREATIVITÄT. Welche kreativen Betätigungen machen dir Spaß beziehungsweise welche würdest du gern neu hinzulernen? Das kann alles Mögliche sein: angefangen beim Kochen, Singen oder Fotografieren (was meine Leidenschaft ist) übers Gedichteschreiben bis hin zur Entwicklung neuer Software. Wie könntest du deine Kreativität auch öffentlich zum Ausdruck bringen?

3. FAMILIE. Stelle dir dich im Kreis deiner Familie vor, und zwar nicht, wie du meinst, dass es von dir erwartet wird, sondern so, dass es dich mit Glück und Zufriedenheit erfüllt. Was tut und sagt ihr? Welche tollen Erlebnisse teilt ihr? Welche Werte möchtest du verkörpern und weitervermitteln? Welchen einzigartigen Beitrag zum Familienleben kannst du leisten? Dabei muss es sich nicht um die (oft auf *Brules* beruhende) traditionelle Familie handeln. Auch Partner gleich welchen Geschlechts, die in »wilder« Ehe zusammenleben, kinderlose Paare oder der engste Freundeskreis können eine Familie sein.

Lass dich also von der gesellschaftlich herrschenden Definition nicht in die Irre führen. Sondern erschaffe dir lieber ein neues Realitätsmodell und betrachte diejenigen Menschen als deine Familie, die du wirklich und wahrhaftig liebst und mit denen du dich gern umgibst.

4. GEMEINSCHAFTSLEBEN. Das kann dein Freundeskreis sein, die Nachbarschaft, deine Stadt, dein Bundesland oder auch deine Nation, eine religiöse oder die Weltgemeinschaft. Was möchtest du zu dieser Community beitragen? In Anbetracht all deiner Fähigkeiten, Ideen und der einzigartigen Erfahrungen, die du gesammelt hast und die dich zu der Person machen, die du bist: Welche Note, die dich zutiefst zufriedenstellt, möchtest du der Welt verleihen? Für mich ist es weltweit die Kindererziehung. Und für dich?

Damit wären wir auch schon beim achten Update.

> **§ Update 8: Erschaffe dir eine Vision für deine Zukunft**
>
> Die Zukunftsvisionen außergewöhnlicher Persönlichkeiten sind stets originell und frei von jeglichen Erwartungen des kulturellen Umfelds. Sie beruhen auf Bestimmungszielen, die diese Menschen von vornherein glücklich und zufrieden machen.

DIE ANWENDUNG DER *DREI WICHTIGSTEN FRAGEN* AUF DIE BEREICHE ARBEIT, LEBEN UND GEMEINSCHAFT

Du kannst die Übung der *Drei wichtigsten Fragen* sowohl allein machen als auch zusammen mit anderen. In US-amerikanischen Schulen, aber auch in einigen Dörfern Afrikas wird sie zur Inspiration der Schüler genutzt. Firmen setzen sie ein, um die Bindung der Mitarbeiter ans Unternehmen sowie ihr Engagement zu verstärken. Viele führen diese Übung mit ihrem Partner beziehungsweise der Partnerin durch – kein Wunder: stellt die gemeinsame Beantwortung der Fragen doch sofort eine größere Verbundenheit her.

Vielleicht mögt ihr die Übung regelmäßig an euren Geburtstagen oder am Jahrestag machen. Zu beobachten, wie sich die jeweiligen Ziele im Lauf der Zeit verändern, ist immer wieder faszinierend.

◆ Die Baupläne der Seele

Für uns ist die *Drei-wichtigste-Fragen*-Übung so bedeutsam, dass wir sie mit jedem durchführen, der neu in die Mindvalley-Familie kommt. Alle Angestellten erhalten zunächst eine Ausbildung im Bewusstseinsengineering, das dieselben Schritte umfasst wie dieses Buch. Und am Ende erfolgt dann die *Drei-wichtigste-Fragen*-Übung. Auf einem großen Blatt Papier zieht jeder vier senkrechte Linien, sodass drei Spalten mit je einer Überschrift entstehen, nämlich »Erfahrungen/Erlebnisse«, »Wachstum/persönliche Weiterentwicklung« und »Mein Beitrag (zum großen Ganzen)«:

Erfahrungen/Erlebnisse	Wachstum/persönliche Weiterentwicklung	Mein Beitrag (zum großen Ganzen)

Für mich sind diese Blätter mehr als nur Papier, denn jedes steht für die Träume, Bestrebungen und Motivationen eines neuen Mitarbeiters oder einer neuen Mitarbeiterin. Weshalb wir auch liebevoll von den »Bauplänen der Seele« sprechen.

Diese Baupläne hängen wir, zusammen mit einem Foto der jeweiligen Person, alle an eine riesige Korkwand, damit wir sie jederzeit sehen und uns darüber austauschen können. In allen Stockwerken unseres Bürogebäudes hängt zusätzlich eine Wand mit den Seelen-Bauplänen der Leute, die in der jeweiligen Abteilung arbeiten. Vom Ensemble all dieser an einer Stelle versammelten Sehnsüchte und Bestrebungen geht eine unbeschreibliche Kraft aus.

Etwas Schöneres gibt es bei Mindvalley kaum zu sehen als den kollektiven Traum Hunderter von Mitarbeitern und Mitarbeiterinnen an einer riesigen Wand.

Dies ist zugleich Ausdruck größtmöglicher Transparenz: Jeder weiß, was die anderen antreibt. Abteilungsleiter wissen, was die Angehörigen ihres Teams antreibt. Ich weiß, wovon jeder angetrieben wird, und von mir wissen es auch alle.

Schon viele Erfolgsgeschichten haben als Bauplan an dieser Wand angefangen:

Amir etwa kam aus dem Sudan zu Mindvalley. Die Übung machte er mit zweiundzwanzig. Und was für große Träume er hatte! Seinerzeit schrieb er, dass er von Beruf Vortragsredner werden und ein Buch verfassen wolle. Ziemlich gewagte Zielvorstellungen angesichts der Lebensumstände, aus denen Amir kam. Aber mit sechsundzwanzig hatte er sie realisiert. Er hatte das Buch *Mein Isl@m. Bloggen für die Freiheit* geschrieben. Und auch heute schreibt er noch, ist als Berater tätig und tritt bei den Top-Adressen als Redner auf, angefangen bei Google bis hin zur Columbia University.

Luminita Saviuc kam aus Rumänien in unser Team. Als Ziele gab sie an, sie wolle eine »weltbekannte Autorin und Rednerin« und »führend auf dem Gebiet der Spiritualität« werden. Diese Träume erfüllten sich auf denkwürdige Art und Weise. Auf ihrem Blog *PurposeFairy.com* hatte sie einen Post mit dem Titel »15 Things You Should Give Up To Be Happy« veröffentlicht, der ein Jahr später irgendwie wiederentdeckt und über Facebook mehr als 1,2 Millionen Mal verbreitet wurde, weil er ganz offenbar einen Nerv getroffen hatte. Wenig später erhielt Luminita einen Verlagsvertrag über ihr erstes Buch. Und damit konnte sie auch ihr zweites Ziel als erreicht betrachten.

Amir und Luminita sind keine Einzelfälle. Immer wieder bekomme ich mit, dass sich selbst die ambitioniertesten Ziele auf höchst ungewöhnliche Weise realisieren.

Das Beste aber ist, dass dieses Modell die Chance eröffnet, sich nicht nur persönlich zu entfalten, sondern auch etwas zu geben. Denn wir alle können jederzeit vor die Korkwand treten, schauen, was die anderen so umtreibt. Und wenn sich da etwas findet, was einem gefällt, kann man es dem eigenen Bauplan natürlich hinzufügen. Auf Träume gibt es schließlich kein Monopol.

Darüber hinaus ermöglicht die Wand auch die Zusammenarbeit an gemeinsamen Visionen. Mariana, eine aus der Ukraine stammende ehemalige Produktmanagerin von uns, träumte davon, nach Nepal zu fliegen und Wanderungen im Himalaja zu unternehmen. Sie suchte die Wand nach Leuten ab, in deren Bauplänen ebenfalls von Nepal die Rede war, und fand tatsächlich drei. Alle vier nahmen eine Woche frei, um in Nepal wandern zu gehen. Auf der Reise lernten sie sich näher kennen und unterstützten einander, um diesen Punkt auf ihrer Liste abhaken zu können.

Offen über Träume und Bestimmungsziele zu sprechen, hilft bei deren praktischer Umsetzung. Dass Menschen einander ihre Sehnsüchte anvertrauen (oder sie sich auch nur selbst eingestehen), ist ja sonst eine Seltenheit. Die *Drei-wichtigste-Fragen*-Übung jedoch bringt Träume ans Licht des Universums – sodass du, ich und das Mysterium allen Seins sie wahrnehmen können. Und genau das macht diese Übung zu einer der machtvollsten Ideen dieses Buches.

Und noch etwas: Sobald du die seelischen Baupläne deiner Kollegen oder Angehörigen einmal kennst, kannst du dich im Geben üben, indem du ihnen kleine Geschenke machst, die sie in ihrem persönlichen Wachstum unterstützen.

Im Lauf der Zeit habe ich eine im Grunde ganz einfache Technik entwickelt, die für mich inzwischen jedoch zu einem meiner wichtigsten Führungsinstrumente geworden ist. Mit dem Smartphone mache ich ein Foto der Drei-Fragen-Blätter aller meiner Mitarbeiter und habe sie stets bei mir. Dann lese ich mir die einzelnen Baupläne durch und überrasche die Leute mit einem Buch, von dem ich denke, dass es sie bei der Realisierung ihrer Träume unterstützen kann.

Eine neu eingestellte Mitarbeiterin zum Beispiel hatte geschrieben, sie wünsche sich von Herzen, vor Publikum sprechen zu lernen und irgendwann sogar einmal einen TED-Talk halten zu können. Ihr schenkte ich ein Exemplar von *Talk Like TED – Die 9 Geheimnisse der besten Redner* und schrieb noch ein paar anerkennende Zeilen hinein.

Wenn man so etwas im beruflichen Rahmen tut, geht davon eine Art Zauber aus. Denn mit einer solchen Geste zeigst du nicht nur, dass dir etwas an der betreffenden Person liegt, sondern bringst sie richtiggehend zum Strahlen, weil sie nämlich merkt, dass ihre Träume Unterstützung erfahren. Als vertrauensbildende Maßnahme sind solche kleinen Aufmerksamkeiten kaum zu überschätzen. Und sie brauchen gar nicht viel zu kosten. Alles, worauf es dabei ankommt, ist, dass sie authentisch sind und ernst gemeint.

ÜBUNG: STELLE DIR DIE *DREI WICHTIGSTEN FRAGEN*

Hinweis des Momanda Verlags: Unter www.vishenlakhiani.de findest du ein deutschsprachiges Video, in dem dich Vishen Lakhiani anleitet, die Drei wichtigsten Fragen zu beantworten. Darüber hinaus kannst du dir die Tabelle (siehe »Die Baupläne der Seele«, Seite 245) grafisch aufbereitet herunterladen, um deine Antworten einzutragen.

HALTE ALLES SCHÖN EINFACH. Das Einzige, was du brauchst, ist etwas, worin du dir deine Antworten notieren kannst: Tagebuch, PC, Smartphone oder was auch immer. Stelle dir für jede Kategorie einen Timer auf circa drei Minuten. Das hält deinen logischen Verstand in Schach, sodass deine Intuition und der kreative Teil deines Hirns in den Vordergrund treten, bevor die alten *Brules* oder überlebten Realitätsmodelle ihre schütteren Häupter recken und dir in die Parade fahren können. Insgesamt nimmt die Übung etwa zehn Minuten in Anspruch.

VERKOPFE DICH NICHT. Vertraue auf deine Intuition, sie kennt die Antwort auf alle Fragen. Halte dich bei keiner allzu lange auf und kümmere dich nicht um die Grammatik. Lass die Wörter einfach fließen. Wenn es dir hilft, kannst du auch ein bisschen zeichnen. Deshalb funktioniert das mit dem Drei-Minuten-Timer nämlich so gut: weil deinem logischen Verstand dadurch das Maul gestopft wird und das intuitive Ich alle deine wahren Wünsche frei zum Ausdruck bringen kann. Sobald die drei Minuten vorbei sind, darfst du alles, was du geschrieben hast, ruhig analysieren und gegebenenfalls auch in eine andere Reihenfolge bringen. Anfänglich aber gilt die Drei-Minuten-Regel.

ERINNERE DICH AN DEN UNTERSCHIED ZWISCHEN ZWECK- UND BESTIMMUNGSZIELEN. Am schnellsten geht das, indem du dich auf deine Gefühle konzentrierst. Welche Emotionen wird das Erreichen eines Ziels auslösen? Ein gefühlsbasiertes Bestimmungsziel in der Kategorie »Umgebung« könnte etwa lauten: »Ich wünsche mir ein Haus, in dem ich jeden Morgen unheimlich glücklich aufwache.« Anderes Beispiel: »Mindestens zweimal pro Monat gehe ich mit Freunden oder Angehörigen, die ich sehr mag, richtig gut essen.«

UM NICHT VOM WEG ABZUKOMMEN, HALTE DICH AN DIE FOLGENDEN FÜNF SCHRITTE. Mithilfe dieser Schnellanleitung kannst du deine Ziele noch mal überprüfen und schauen, ob sie dem, was du wirklich willst, auch tatsächlich entsprechen. Die fünf Schritte, die den Prozess noch klarer machen, wurden von der Chefmoderatorin unserer A-Feste entwickelt.

1. Lege ein Ziel fest.

2. Beschreibe deinen Zielzustand in aller Ausführlichkeit, bis du nichts mehr hinzuzufügen hast:
   Wenn ich dieses Ziel erreicht habe, kann ich ___, ___, ___ usw.

3. Beschreibe deinen Zielzustand in aller Ausführlichkeit, bis du nichts mehr hinzuzufügen hast:
   Wenn ich all das erreicht habe, fühle ich mich ___, ___ usw.

4. Erkenne die wahren Anliegen hinter deinem Ziel, ausgehend von den Antworten auf die Fragen 2 und 3.

5. Vergleiche diese Anliegen mit deinem Originalziel und frage dich:

   - *Stellt mein Originalziel die einzige/beste Möglichkeit dar, diese Anliegen umzusetzen?*
   - *Reicht das Originalziel dafür aus?*
   - *Oder könnte ich diese Anliegen anders vielleicht sogar noch effektiver durchsetzen?*

In diesem Prozess stellt sich oft heraus, dass das, was man für ein Bestimmungsziel hält, in Wirklichkeit ein Zweckziel ist. Außerdem gewinnst du auf diese Weise größere Klarheit über dein wahres Ziel. Und bist so davor gefeit, den falschen Dingen nachzurennen.

WAS DU MIT DEINER LISTE ANFÄNGST? Hänge sie so an eine Wand, dass du sie möglichst oft siehst und auf diese Weise bewusst, aber auch unbewusst auf das Erreichen deiner Ziele hinarbeiten kannst. Über die Liste solltest du dich aus den oben bereits genannten Gründen auch mit anderen austauschen. So unterstützt du deren Wachstumsprozess und vergrößerst zugleich deine eigene Chance auf persönliche Weiterentwicklung.

Ich kann gar nicht genug betonen, wie stark sich diese Übung gerade in Firmen auswirkt. Bei Mindvalley gehört sie zu den bedeutendsten Praktiken zur Förderung unserer Unternehmenskultur. Und in Tausenden anderer Unternehmen ist es nicht anders.

Warum ergreifst du nicht die Initiative und führst diese Übung auch bei dir am Arbeitsplatz ein?

DIE GUTE NACHRICHT

Die gute Nachricht lautet: Du bist schon auf dem Weg. Denn wenn man sich große, schöne Bestimmungsziele setzt, geschieht etwas Wunderbares. Dein Hirn klinkt sich nämlich in das ein, was du siehst oder fühlst. Und macht sich ans Werk. Steve Jobs hat das mal sehr klug auf den Punkt gebracht:

> »*Zusammenhänge erkennst du nicht im Vorwärtsgang, sondern erst im Nachhinein. Deshalb musst du darauf vertrauen, dass das alles irgendwann schon einen Sinn ergeben wird. Auf irgendetwas musst du dich verlassen – auf dein Bauchgefühl, deine Bestimmung, auf das Leben, Karma, was auch immer. Denn die Überzeugung, dass sich der Sinn zu einem späteren Zeitpunkt offenbaren wird, gibt dir darüber hinaus das Selbstvertrauen, das du*

brauchst, um deinem Herzen auch dann folgen zu können, wenn es dich von den ausgetretenen Pfaden wegführt; aber genau darauf kommt es ja an.«

Wenn du die *Drei wichtigsten Fragen* richtig stellst, vertraust du darauf, dass »das alles irgendwann schon einen Sinn ergeben wird«. Und dann bemerkst oder entdeckst du mit einem Mal auch die Wege, die dich deinen Zielen immer näher bringen.

Naturwissenschaftler mögen das mit einem Namen versehen (zum Beispiel »aufsteigendes retikuläres Aktivierungssystem des Hirns«), Mystiker womöglich mit einem anderen (»Universum«, »Gott«, »Schicksal«, »Synchronizität«, »Gesetz der Anziehung« oder auch »Erschaffung der Welt durch unsere Gedanken«), und Steve Jobs sagte »Bauchgefühl, Bestimmung, Leben, Karma, was auch immer«.

Ich spreche von einem *außergewöhnlichen Geist*. Einer Waffe, von der du nur mit äußerstem Bedacht Gebrauch machen solltest.

TEIL IV

AUSSERGEWÖHNLICH WERDEN

DIE WELT VERÄNDERN

Im ersten Teil hast du dich mit der Welt befasst, von der du umgeben bist, der »*Culture Scape*«, der kulturellen Umwelt und Prägung, und sie so wahrzunehmen gelernt, wie sie nun einmal ist.

Im zweiten Teil hast du herausgefunden, dass du die Welt wählen kannst, in der du leben möchtest. Mithilfe des Bewusstseinsengineerings kannst du dir deine Realitätsmodelle und Lebenssysteme selbst aussuchen und dein persönliches Wachstum und Erwachen beschleunigen.

Im dritten Teil hast du dich mit der Innenwelt vertraut gemacht und gelernt, Glück/Zufriedenheit im Jetzt und deine Visionen für die Zukunft ins Gleichgewicht zu bringen. All das zusammengenommen ermöglicht es dir, »die Wirklichkeit zu krümmen«.

Davon ausgehend wirst du jetzt eine neue Ebene erreichen. Und lernen, die Welt zu verändern.

Außergewöhnliche Persönlichkeiten bescheiden sich nicht damit, einfach am Leben zu sein. Vielmehr empfinden sie die Berufung, einen richtiggehenden Sog, Dinge zu verändern.

An diesem Punkt deiner Reise spürst du vielleicht ebenfalls schon einen gewissen Drang, das kulturelle Umfeld aufzumischen. Mit neuen Modellen, Ideen und einem Lebensstil, der auch andere nicht unbeeinflusst lässt. Dann entfliehst du der kulturellen Umwelt nicht mehr, sondern kehrst quasi zurück, um etwas zu ihrer Fortentwicklung beizutragen.

Diesen Weg gehen eigentlich alle außergewöhnlichen Persönlichkeiten. Irgendwann kehren sie zurück, machen eine ordentliche Welle und stellen die Dinge auf den Kopf. Was eine Riesenleistung darstellt, die gar nicht hoch genug einzuschätzen ist. Um so etwas ebenfalls stemmen zu können, musst du auch noch die letzten beiden Updates kennenlernen.

Im neunten Kapitel starten wir mit der ersten Lektion: *Werde* »*unherumschubsbar*«. Denn die Veränderung der Welt setzt ein bestimmtes Maß an Unerschrockenheit und Zähigkeit voraus.

Im zehnten Kapitel beschäftigen wir uns dann mit deiner *Quest*, das heißt, du wirst dich fragen, *was* genau *du* verändern möchtest.

Im Zuge dessen wirst du erfahren, dass du nicht allein bist und zudem über ein inneres Leitsystem verfügst, das dich unterstützt.

Zu guter Letzt wirst du im Anhang (»Tools für die Reise«) lernen, wie du all die Lebenssysteme, von denen ich in diesem Buch gesprochen habe, in einer täglichen fünfzehnminütigen Übung bündelst.

9

WERDE »UNHERUMSCHUBSBAR«

INDEM DU LERNST, ANGSTFREI ZU WERDEN

Die Furcht vor Verlust ein Pfad zur dunklen Seite ist.

*Yoda, Star Wars,
Episode III, Die Rache der Sith*

WIE DU SPIRITUELL ECHT KRASS WIRST

In der heutigen Spiritualität geht der Mythos um, man müsse sich von der Welt abwenden, um spirituell sein zu können. Demnach dürfte man keine großen Ziele, Ambitionen oder auch finanziellen Mittel haben, wenn man für sich beansprucht, spirituell zu sein.

Was ja vollkommener Blödsinn ist. Ich dagegen behaupte: Die spirituellsten Leute, die es heutzutage gibt, sind die, die etwas tun, um die Menschheit voranzubringen.

Um ebenfalls zu einer solchen außergewöhnlichen Persönlichkeit werden zu können, musst du mit dem spirituellen Aspekt deiner selbst verbunden sein und dich von ihm antreiben lassen. Zu Neuschöpfungen, Veränderungen, Erfindungen und dazu, die Verhältnisse das Tanzen zu lehren.

Über dieses Thema hat Ken Wilber, der vielleicht größte Philosoph unserer Zeit, einen Essay verfasst, der den Titel *Egolessness* (»Egolosigkeit«) trägt. Darin schreibt er:

> »Otto Normalverbraucher möchte den spirituellen Weisen nicht ganz als Menschen sehen, sondern irgendwie ohne all die chaotischen, anstößigen, komplexen, flirrenden, sehnsüchtigen, zwängenden Antriebskräfte, denen die meisten von uns unterliegen ... Wir wollen, dass unsere Weisen von alldem unberührt bleiben. Und genau dieses Fehlen, diese Leerstelle, dieses ›weniger menschlich‹, ist oft gemeint, wenn wir von ›Egolosigkeit‹ sprechen.
>
> ›Egolosigkeit‹ heißt aber nicht ›weniger menschlich‹, sondern ›mehr‹. Nicht ›menschlich minus‹, sondern ›menschlich PLUS‹ – all die normalen menschlichen Eigenschaften plus einige überpersönliche. Denken wir an die großen Yogis, Heiligen und Weisen, von Moses über Jesus bis hin zu Padmasambhava. Sie alle waren keine schwächlichen Duckmäuser, sondern richtige Aktivisten – die im Tempel wüteten oder sich ganze Länder unterwarfen. Sie rüttelten die Welt nach deren Bedingungen durch und nicht mit verschwiemelter Frömmigkeit; manche von ihnen haben massive gesellschaftliche Revolutionen angezettelt, die noch Tausende von Jahren nachwirken.
>
> Und das taten sie nicht etwa, weil sie den körperlichen, emotionalen und mentalen Dimensionen des Menschseins entgehen wollten und dem Ego als deren Vehikel, sondern weil sie sie mit so großem Nachdruck und so hoher Intensität ins Spiel brachten, dass es die Welt bis in ihre Grundfesten erschütterte.«

Mir halfen diese tiefgründigen Worte Ken Wilbers, einige meiner inneren Konflikte in Sachen Spiritualität aufzulösen. Ich glaube, dass es viele Arten der Spiritualität gibt – und eine davon ist Begeisterung: vorwärtsgerichtete Leidenschaft und genügend Mut, den Status quo zu hinterfragen. Dadurch zeichnen sich all jene Wissenschaftler und Unternehmer aus, die mit ihren Projekten an der Fortentwicklung der Menschheit arbeiten. Und was könnte erhebender sein? Wir müssen nicht entscheiden, ob wir ein Buddha oder voll krass werden wollen. Es gilt, beides zu sein. Denn manchmal geht das eine einfach nicht ohne das andere.

BUDDHA ODER ECHT KRASS?

In einer *Star Wars*-Szene fordert Yoda einen sehr zornigen jungen Anakin Skywalker auf, sich zu setzen. Dann sagt er zu ihm:

> »*Die Furcht vor Verlust ein Pfad zur dunklen Seite ist. ... Dich darin üben du musst loszulassen alle Dinge, von denen du fürchtest, sie zu verlieren.*«

Doch mit diesem Rat hat Anakin so seine Schwierigkeiten. Nicht nur, dass er an der Angst festhält, seine Frau zu verlieren; die Angst steigert sich vielmehr so, dass sie zur Antriebskraft seines Lebens wird – und ihn schließlich zu Darth Vader macht.

Im Internet wurde diese Szene heftig diskutiert: Wie konnte Yoda von Anakin verlangen, sich nicht vor dem Verlust eines geliebten Menschen zu fürchten? Das ist doch schließlich nur allzu menschlich.

Ich glaube jedoch, dass Yoda Folgendes meinte: Um ein wirklich großer Krieger werden zu können, muss man seine Ängste überwinden. Dass wir an Menschen und Zielen hängen, lässt sich kaum vermeiden – ein wahrer Jedi aber weiß, dass uns derartige Anhaftungen auch im Weg stehen können. Überdies weiß er, dass es möglich ist, sich auf ein Ziel zuzubewegen oder auch wahnsinnig verliebt zu sein – ohne jede Anhaftung. Oft fürchten wir ja im Grunde gar nicht so sehr den Verlust des geliebten Menschen als solchen, sondern mehr die Einbuße desjenigen Teils von uns, den dieser Mensch uns spüren lässt. Wie es etwa der Fall ist, wenn wir unser Selbstwertgefühl und/oder Lebensglück von jemandem beziehungsweise etwas außerhalb unserer selbst abhängig machen.

Bleib ruhig dabei: Liebe, was das Zeug hält! Und marschiere auch mit aller Kraft auf die Durchsetzung deiner Ziele zu. Eines aber solltest du dir klarmachen: Viel stärker wirst du, wenn du deine Liebe und Erfüllung aus einer inneren Quelle beziehst, statt sie bei dem anderen Menschen oder in deinen Zielen zu suchen. Ja, mehr noch: Wahrscheinlich wirst du sogar feststellen, dass du dann gleich noch intensiver lieben und deine Ziele mit viel mehr Leichtigkeit verfolgen kannst. Doch alles fängt mit einem Gefühl tief in deinem Inneren an.

Bevor wir zu deiner ganz speziellen Quest kommen – also zu jenem Aspekt der Welt, den du »aufmischen« kannst –, musst du deshalb erst einmal deine »krasse« Seite entdecken.

Dieser Gedanke ergab sich aus meinen Erfahrungen bei »40 Years of Zen«, dem Biofeedback-Kurs, in dem ich im Anschluss an einen intensiven Prozess des Vergebens zu innerem Frieden und Klarheit fand. Was mir das Gefühl gab, unherumschubsbar zu sein. Den Ursprung dieses Wortes kenne ich nicht. Der Ausdruck tauchte 2015 im Internet auf, in Form eines Bildes und der folgenden Zeilen:

Unherumschubsbar
Wenn du inneren Frieden verspürst und ganz bei dir bist. Nichts, was irgendjemand sagt oder tut, kann dich dann noch aus der Ruhe bringen. Und alle Negativität perlt an dir ab.

Hört sich doch super an, oder? Die Frage ist nur: Wie kriegt man das hin?

Zwei Realitätsmodelle können dabei behilflich sein. Sie verankern dich nicht nur mehr in dir selbst, sondern geben dir auch die Kontrolle über deine Gemütsverfassung und Gefühlswelt.

 Update 9: Werde »unherumschubsbar«

Außergewöhnliche Persönlichkeiten sind nicht auf Bestätigung durch andere oder das Erreichen ihrer Ziele angewiesen. Vielmehr sind sie mit sich und der Welt, die sie umgibt, vollkommen im Reinen. Sie führen ihr Leben in Furchtlosigkeit – immun gegen Kritik oder Lob und befeuert nur von Eigenliebe und innerer Zufriedenheit.

DIE ERSTE KOMPONENTE DES UNHERUMSCHUBSBARSEINS: SELBSTGESTEUERTE ZIELE

Was geschieht, wenn du deine Bestimmungsziele bis aufs Äußerste vorantreibst, dir immer wieder die »Damit«-Frage stellst, die wir im achten Kapitel erörtert haben, und schließlich ein authentisches Gefühl entwickelst, das du ständig empfinden möchtest? Diesbezüglich kam mir die Erleuchtung im August 2014 mitten in der Wüste.

Ich war beim »Burning Man«, dem berühmten Kunstfestival in der Black-Rock-Wüste Nevadas; es wird alljährlich von Menschen aus der ganzen Welt besucht, die einander in der Einöde begegnen und aus dem Nichts eine temporäre Stadt errichten. Tausende Gebäude und Kunstinstallationen werden dafür aus dem Boden gestampft – ein wildbunter Karneval für alle Sinne, ein Mekka der Kreativität und des Einfallsreichtums. Und wenn die Horde dann nach einer Woche wieder abzieht, wird alles abgebaut oder verbrannt. 2014 zog das Festival mehr als 75.000 »Burners« an, wie die Besucher sich nennen.

Bei jedem »Burning Man Festival« erhebt sich unweit vom Zentrum des Geschehens auch ein ganz besonderes Bauwerk: der sogenannte Tempel. 2014 handelte es sich um eine Art Dom aus schön verzierten Holzplatten. Täglich meditierten und beteten dort Tausende.

Wenn die Nacht hereinbrach und die Hitze abebbte, wehte ein laues Lüftchen über der Wüste. Wie jeden Abend seit meiner Ankunft radelte ich über den staubigen, festgetretenen Erdboden auf den Tempel zu. Dort saß ich dann auf dem weichen Sand der Salztonebene und meditierte inmitten Hunderter anderer »Burners«.

Der Tempel war von einer unglaublichen, geradezu unbeschreiblichen Energie erfüllt. Überall hingen handbeschriebene Zettel mit Wünschen, Träumen, Oden an lebende oder bereits verstorbene Freunde und Angehörige. Alles vibrierte von der konzentrierten Kraft menschlichen Denkens und Fühlens.

Ich besuchte den Tempel, um über meine Ziele und mein Leben im Allgemeinen nachzudenken. Eines Abends saß ich da so und meditierte, als mich plötzlich eine Einsicht überkam, die die Wahl meiner Bestimmungsziele fundamental veränderte:

Ein gutes Bestimmungsziel zeichnet sich dadurch aus, dass es vollkommen deiner Kontrolle unterliegt. Nichts und niemand kann es dir streitig machen.

Ziele solcher Art bezeichne ich mittlerweile als »selbstgesteuerte Bestimmungsziele«.

Schauen wir uns beispielsweise einmal die Bestimmungsziele einer fiktiven Person namens Vanessa an, die seit Kurzem mit Dan verheiratet ist. Als Ziel könnte sie formulieren: »Wahnsinnig verliebt bleiben in Dan.«

Aber ist das auch ein Bestimmungsziel? Letztlich nicht – obwohl es auf den ersten Blick so aussehen mag. Und warum? Weil das Erreichen dieses Ziels zu einem nicht unerheblichen Teil von einem anderen Menschen abhängt. Angenommen, Dan und sie entlieben sich. Was dann?

Besser sollte Vanessa also als Ziel definieren: »Ständig von Liebe umgeben sein.«

Das Schöne an diesem Ziel wäre, dass sie es allein in der Hand hätte. Dass es also »selbstgesteuert« wäre. Sollten Vanessa und Dan lange und glücklich zusammenbleiben, wäre ihr Ziel erreicht. Aber auch wenn die Ehe scheitert, kann Vanessa noch »ständig von Liebe umgeben« sein – von der Liebe ihrer Freunde, der Familie und vielleicht auch der eines neuen Partners –, vor allem aber von ihrer Selbstliebe.

Sich derart umfassende und wirkmächtige Ziele zu setzen, ist leicht. Und wir können sie stets unter Kontrolle haben.

Beim »Burning Man« wurde mir klar, dass mein bestmögliches Ziel in puncto Liebe nicht »In einer liebevollen Beziehung mit Kristina bleiben« oder »Meinen Kindern nahe sein« lautete, sondern »Ständig von Liebe umgeben sein«.

Dieses Ziel befreite mich von der Abhängigkeit von anderen, die mich lieben sollten. Ich liebe meine Kinder und meine Frau. Aber dass sie mich auch lieben, kann ich nicht verlangen. Wenn ich mir

Ziele setze, die mich von anderen abhängig machen, werde ich vollkommen machtlos.

Das trifft auf uns alle zu. Wir sollten unser Herz nicht daran hängen, von jemand anderem geliebt zu werden.

Ähnliches gilt für die Beziehung zu unseren Kindern. Als Bestimmungsziel hört sich »Meinen Kindern nahe sein« nicht schlecht an. Was aber, wenn sich die Kids eines Tages dafür entscheiden, weit von uns wegzuziehen, oder wenn sie unsere Nähe einfach nicht mehr brauchen? Also veränderte ich auch mein Ziel in Sachen Familie. Aus »Meinen Kindern nahe sein« wurde »Meinen Kindern ein bestmöglicher Vater sein«. Denn dies *habe* ich in der Hand. Und es bringt mich dazu, auch unter sich wandelnden Lebensumständen immer genau darauf zu achten, was mein Sohn und meine Tochter von mir brauchen.

Nachdem ich diese Ziele abgeändert hatte, schaltete sich mein inneres Führungssystem ein und verhalf mir zu Gelegenheiten und Situationen, in denen ich sie erreichen konnte. Meine Beziehungen verbesserten sich enorm. Mit meiner Bedürftigkeit war Schluss. Ich begann mich selbst mehr zu lieben und wertzuschätzen, als ich es je zuvor getan hatte. Das wiederum ermöglichte es mir, auch anderen mehr Liebe und Wertschätzung entgegenzubringen, weil ich nämlich aufgrund meiner Liebe zu mir selbst aufhören konnte, dies von anderen einzufordern.

Nachdem ich lange in mich gegangen war, passte ich auch meine Ziele auf dem Gebiet »Reisen und Abenteuer« entsprechend an. (Wollte ich wirklich Bungee-Jumping machen – oder folgte ich da nur einem Trend?) Anstelle meiner ursprünglichen Formulierung fand ich die neue: »Ich mache stets die wunderbarsten, schönsten Erfahrungen.«

Sieh's mal so: Was für mich die »wunderbarsten, schönsten Erfahrungen« sind, unterliegt ganz meiner Kontrolle. Auch wenn ich mal neunzig bin und körperlich vielleicht nicht mehr ganz so fit, kann ich schließlich immer noch wunderbare, schöne Erfahrungen machen. Meinen Urenkel im Arm halten etwa oder mir mit Kristina am Kamin ein köstliches Glas Whisky genehmigen.

Auf der Basis dieses neuen Ziels habe ich den Entschluss gefasst, einmal im Jahr einen ganz besonderen Urlaub mit der Familie zu verbringen, bei dem wir immer einen der herrlichsten Flecken der

Erde besuchen. Seither waren wir schon im schottischen Edinburgh und in Neuseeland und haben unglaubliche Erfahrungen gemacht. Aber selbst wenn ich mal nicht verreisen könnte oder es nicht mehr wollte: Mit meiner weiter gefassten Zielsetzung hätte ich auch dann noch Zugang zu den wunderbarsten, schönsten Erfahrungen: zu Hause, beim Spielen mit meiner kleinen Tochter oder mit Hayden beim Zusammenbauen des neuesten Lego-Star-Wars-Spielzeugs. Neulich erst war ich total glücklich, als ich nur auf dem Sofa saß, einen herrlichen Rotwein genoss, die »beste Schokolade *ever*« schnabulierte (Rumtraube von Royce, falls es dich interessiert) und dabei *The Daily Show* auf Comedy Central schaute. Ja, so einfach kann es sein.

Das dritte selbstgesteuerte Ziel, das ich jetzt habe, lautet: »Ich lerne immer hinzu und entwickle mich permanent weiter.« Vorher hatte ich mich lange auf ganz bestimmte Lernziele kapriziert, zum Beispiel: »Pro Woche ein Buch lesen.« Und an einem derartigen Vorhaben ist auch nichts auszusetzen. Mich aber hat es irgendwann nur noch gestresst. Da waren die Firma mit ihren Hunderten von Angestellten und meine zwei Kinder ... Zum Lesen blieb mir immer weniger Zeit. Im Tempel vom »Burning Man« war mir klar geworden, dass ich auch meine Lernziele neu booten musste.

Ich erkannte, dass sich das mit dem Lesen eines Buches pro Woche für mich in ein Zweckziel verwandelt hatte. Was ich wirklich wollte, war, mir Wissen aneignen.

Nachdem ich auch auf diesem Gebiet mein Ziel erweitert hatte, fing ich an, mit alternativen Lernmethoden zu experimentieren, zum Beispiel mit Mastermind-Gruppen, Online-Kursen und dem sogenannten »Brain Exchange«, bei dem ich mich mit einem befreundeten Experten für ein bestimmtes Gebiet zu einem einstündigen Telefonat verabrede und wir uns über unsere neusten Erfolgsrezepte austauschen.

Sobald sich deine Ziele ändern, verändern sich auch die Mittel, sie zu erreichen. Ein gutes Ziel kann uns diesbezüglich für ganz neue, innovative Möglichkeiten öffnen.

DAS ALLERSCHÖNSTE AN SELBSTGESTEUERTEN BESTIMMUNGSZIELEN

1. Ich bin ständig von Liebe umgeben.
2. Ich mache stets die wunderbarsten, schönsten Erfahrungen.
3. Ich lerne immer hinzu und entwickle mich permanent weiter.

Das sind die drei erweiterten Bestimmungsziele, die ich gegenwärtig habe. Hast du bemerkt, was sie gemeinsam haben?

Sie liegen alle innerhalb meines unmittelbaren Einflussbereiches. Niemand kann sie mir streitig machen. Und das heißt auch, dass kein Fehlschlag mir etwas anhaben kann. Ich könnte obdachlos und allein sein, in New York auf der Straße leben …, wäre aber immer noch von Liebe umgeben, weil meine Liebe von innen kommt. Solange ich eine alte Zeitung oder ein weggeworfenes Buch fände, könnte ich dazulernen und mich weiterentwickeln. Und sogar wunderbare Erfahrungen könnte ich machen, weil ich die Freuden des Alltagslebens wahrnehmen würde, einfach bei meinen Spaziergängen im Central Park.

Sobald du dir selbstgesteuerte Bestimmungsziele setzt, die deiner Kontrolle unterliegen, musst du nie mehr befürchten, etwas zu verlieren. Nicht die Liebe. Keine Lernmöglichkeit. Keine schönen Erfahrungen. Dann bist du frei, ganz nach deinen Bedingungen zu leben und Chancen zu erkunden, die dir zuvor unerreichbar schienen oder die du nie auch nur in Betracht gezogen hättest.

Viel zu viele Menschen lassen sich von Verlustängsten in ihrem Wachstum hemmen. Wenn du dich aber nur tief genug in diese Übung versenkst, wird dir klar, dass es so etwas wie Verlust überhaupt nicht gibt. Dein Lebensglück liegt ganz in deiner Hand, und wenn du nichts zu verlieren hast, bist du frei, wild und verwegen zu denken, zu träumen.

Angst durch Courage zu ersetzen, ist eine der Hauptkomponenten des Unherumschubsbarwerdens. Die meisten Leute leben ja in ständiger Sorge: dass sie nicht ausreichend Liebe bekommen könnten, nicht schnell genug Karriere machen, nicht genügend Bedeutung haben, keinen Eindruck hinterlassen, Menschen und Dinge verlieren könnten, die sie glücklich machen. Doch sobald du die *Brules* abstreifst, aus denen falsche Prioritäten resultieren, deine Zweckziele durchschaust und dir an ihrer Stelle selbstgesteuerte Bestimmungsziele setzt, bist du gegen all das gefeit. Dann machst du dir keinen Kopf mehr darüber, was andere von dir denken könnten, gibst dir genügend Raum für große Träume und schenkst deiner Kreativität einen Freifahrtschein.

Unherumschubsbar zu werden, ist nicht gleichbedeutend damit, sich auf kleine Ziele zu beschränken. Vielmehr heißt es, dass du dir nichts mehr vornimmst, was du vermeintlich von anderen brauchst. Meine aktuellen Visionen, entwickelt anhand der *Drei wichtigsten Fragen,* sind nicht von schlechten Eltern, kann ich dir sagen. Was Mindvalley betrifft, so habe ich mir vorgenommen, eine Schule für die Menschheit aufzubauen: eine Milliarde Menschen auf einer Plattform zusammenzuführen, die Erwachsenen und Kindern statt des heute üblichen Industriezeitalter-Wissens die Bildungsinhalte vermittelt, die sie unbedingt kennen müssen, um zu außergewöhnlichen Persönlichkeiten werden zu können. Das ist ein Riesenvorhaben, und ich mache eine Unmenge Überstunden, um es in die Tat umzusetzen. Aber gleichzeitig bin ich auch jetzt schon glücklich und zufrieden, weil ich nämlich mein Lebensglück nicht an den Aufbau eines milliardenschweren Bildungsunternehmens gekoppelt habe. Dieses Ziel beflügelt und begeistert mich natürlich, doch meine Zufriedenheit beziehe ich aus jenen drei simplen Bestimmungszielen, die ich immer im Griff habe und die nichts und niemand mir aus der Hand nehmen kann.

Meine Zukunftsvisionen werden von dem Glück und der Zufriedenheit befeuert, die ich in der Gegenwart empfinde, und genauso verhält es sich in umgekehrter Richtung: Meine Visionen verstärken meine Zufriedenheit und meine Glücksgefühle noch. Denn ein erheblicher Teil von ihnen (auf den Gebieten Liebe, Lernen und Erfahrungen) realisiert sich bereits. Und das hängt ja alles zusammen.

Ich glaube, genau das meinten die alten Zen-Meister (und Yoda) mit der Nichtanhaftung an unsere Ziele. Sie meinten nicht: »Setze dir keine Ziele.« Nein, *habe* Ziele! Unbedingt sogar. Aber hänge dein Lebensglück nicht daran, dass du sie erreichst. Du kannst auch lernen, das Gefühl, das sich einstellt, wenn es so weit ist, *schon jetzt* zu erzeugen. Sobald du das einmal verinnerlicht hast, verschwinden etwaige Verlustängste sofort. Mach deinen Traum so lebendig wie möglich. Trau dich was. Handle furchtlos. Aber sei auch glücklich – jetzt, in diesem Moment.

DIE ZWEITE KOMPONENTE DES UNHERUMSCHUBSBARSEINS: MACH DIR KLAR, DASS DU GUT GENUG BIST

Im vierten Kapitel habe ich dir von der berühmten britischen Hypnotherapeutin Marisa Peer erzählt und davon, wie sie mir zu erkennen half, dass sich meine Unsicherheit in der Kindheit auch heute noch auswirkt: beruflich und im Hinblick auf meine Zielsetzungen.

Praktisch niemand kommt durch die Kindheit, ohne auf die eine oder andere Art und Weise zu der Überzeugung zu gelangen, er sei nicht gut genug. In ihrer viel beachteten Rede auf dem A-Fest bezeichnete Marisa Peer dieses »Nicht gut genug« als die »schwerste und häufigste Erkrankung«, die uns Menschen befallen kann.

Und weil das Realitätsmodell, nicht zu genügen, wahnsinnig schmerzhaft ist, rennen wir ein Leben lang dagegen an. Was manchmal sogar ganz gut ist. Mir zum Beispiel hat der Drang, mich zu beweisen, zu einem nicht unerheblichen Erfolg als Unternehmer verholfen.

Der optimale Weg aber ist es nicht gerade. Denn das verzweifelte Bemühen, dieses Modell zu entkräften, hat seinen Preis: die Abhängigkeit von Anerkennung.

Du kommst vielleicht nach einem langen Arbeitstag heim und erwartest von deiner Partnerin oder deinem Partner ein bestimmtes Verhalten. Kommt's dann anders, wirst du sauer oder fühlst dich zurückgewiesen.

Oder du rechnest damit, von deinem Chef beziehungsweise der Vorgesetzten gelobt, als Person wahrgenommen oder wenigstens angehört zu werden. Wird diese Erwartung enttäuscht, ziehst du den Schluss, du würdest nicht wertgeschätzt, nicht respektiert, dein Chef/deine Vorgesetzte sei ein A...

Vielleicht ruft aber auch dein Sohn, deine Tochter nicht oft genug bei dir an, oder deine Schwester hat deinen Geburtstag vergessen. Und – zack! – schon geht's wieder los.

In all diesen Situationen denkst du natürlich nicht buchstäblich: »Ich bin nicht gut genug.« Aber genau das ist das Heimtückische an diesem Modell: dass es sich nämlich äußerst schwer eingestehen – oder auch nur erkennen – lässt. Deshalb neigen wir dazu, uns stattdessen ein Modell der Person zusammenzuschustern, deren Anerkennung wir uns so wünschen. Der Bedeutungsmacher in unseren Köpfen schnappt dann über und verleitet zu Schlussfolgerungen wie diesen:

Mein Mann kann ja so ein Mistkerl sein.

Keinen Pfifferling gibt mein Sohn auf mich.

Das nennt sich Schwester? Die Familie geht der doch sonst wo vorbei. Schrecklich!

Mein Chef ist voll der Wichser!

Ein armseligeres Modell ist kaum denkbar – schiebt man auf diese Weise doch die Dinge, die sich im eigenen Leben abspielen, auf irgendwelche äußeren Umstände. Und damit beraubt man sich der Kontrolle über seine Reaktion auf andere.

Wenn du wirklich unherumschubsbar werden willst, musst du dich aus der Abhängigkeit von der Anerkennung oder Liebe anderer lösen und darfst niemanden mehr verurteilen, der dir diese Bestätigung verwehrt.

FÜLLE DIE LEERE

Wer ständig irgendetwas in das Verhalten anderer hineininterpretiert oder Leute verurteilt, die ihm das, was er braucht, verwehren, versucht damit im Grunde meistens nur eine Leerstelle bei sich selbst zu kompensieren. Zugrunde liegt dem aber das verhängnisvolle Gefühl, nicht gut genug zu sein. Deshalb suchen wir Anerkennung, Liebe oder Lob in unserem Umfeld und sind verletzt, wenn wir vermeintlich kritisiert, abschätzig oder unverschämt behandelt werden.

Aber mach dir klar: Du selbst hast es in der Hand, diese Leerstelle in deinem Inneren auszufüllen.

Und das Paradoxe daran ist: Sobald du dieses Loch selbst stopfst und nicht mehr von anderen verlangst, dass sie es für dich tun, erhöht sich sogar die Chance, dass du endlich die tollen Beziehungen knüpfen kannst, nach denen du dich so sehnst.

Denn nichts ist ja attraktiver als Leute, die sich selbst so sehr lieben, dass sie auch ihre Mitmenschen (und die ganze Welt) mit ihrer positiven Energie anstecken.

IMMUNISIERE DICH GEGEN VERHALTEN, KRITIK UND BEWERTUNGEN DEINER MITMENSCHEN

Dass da eine Leerstelle in dir ist, die ausgefüllt werden muss, merkst du daran, dass dich das Verhalten oder Äußerungen anderer Leute verletzen oder du etwas hineininterpretierst.

Darüber, wie sich jemand dir gegenüber verhält, hast du keine Kontrolle. Steuern aber kannst du, wie du darauf reagierst und welche Bedeutung du der jeweiligen Situation verleihst. Entscheidend dafür ist die Überschreibung des Wunsches, sich zu beweisen, und dass man das Gefühl loswird, ohne die Liebe oder Anerkennung anderer nicht gut genug zu sein.

Als Teenager habe ich mal was erlebt, worüber ich im Nachhinein nur lachen kann; in der damaligen Situation war es aber so schmerzvoll, dass ich es bis heute nicht vergessen habe. Wir schrieben das Jahr 1990. Ich war vierzehn, und »Ice Ice Baby« von Vanilla Ice war ganz oben in den Charts. Diesen Song hörte ich rauf und runter; und wie alle Jugendlichen meiner Schule, die was auf sich hielten, hatte ich stundenlang geübt, um den Text auswendig zu können.

Eines Tages traf ich nach der Pause auf die Gruppe der coolen Kids, mit denen alle in der Klasse abhängen wollten. Sie hockten um einen Tisch herum und rappten »Ice Ice Baby«. Ihre Basecaps hatten sie sich verkehrt herum aufgesetzt, sie schnippten rhythmisch mit den Fingern und sahen insgesamt so cool aus, wie man in den Neunzigern eben cool aussehen konnte.

Bei einer bestimmten Strophe sah ich meine große Chance gekommen. Jetzt konnte ich denen endlich mal zeigen, was für eine coole Socke ich war. Also sang ich mit. Laut. Inklusive Rapper-Pose.

Leider hatte ich die falsche Zeile erwischt. Den Kids fiel die Kinnlade runter, und sie starrten mich einfach nur an. Wie konnte ich es wagen, die genialen Lyrics von Vanilla Ice zu versauen? Was für ein Sakrileg. Und dann sagte die coolste Braut, auf die wir alle insgeheim scharf waren: »Mann, was für'n Schwachmat!«

Gesenkten Hauptes schlich ich mich davon. Am Boden zerstört. Voll der Loser. Die ausgebliebene Anerkennung eine einzige Tortur.

Wie gesagt, an diesen Moment erinnere ich mich noch genau, ein Vierteljahrhundert später.

Heute kann ich kaum mehr glauben, dass ich mir von diesem auswendig gelernten Songtext doch tatsächlich Akzeptanz versprochen hatte. Das ist mir mittlerweile vollkommen unverständlich, vor allem im Hinblick auf die spätere Entwicklung von Vanilla Ice. (Immerhin kann ich den gesamten Text von »Ice Ice Baby« auch heute noch auswendig.)

Ich könnte mir gut vorstellen, dass du etwas Ähnliches auch irgendwann erlebt hast. Die Erfahrungen, die am meisten unsere Persönlichkeit bilden, stellen sich – egal, ob besonders schmerzlich oder überaus positiv – im Nachhinein oft auch als die heraus, in denen der mentale Bedeutungsmacher am meisten auf Touren kam. Bestimmte Worte oder Taten hinterlassen einen so großen Eindruck, dass man alles Mögliche in sie hineindichtet.

Um aber unherumschubsbar werden zu können, müssen wir uns gegen solche Worte und Taten immunisieren, und zwar gegen Lob genauso wie gegen Kritik. Denn jedes Mal, wenn du jemandem die Macht gibst, dich mit seinem Lob aufzubauen, ermöglichst du es ihm unbewusst auch, dich mit seiner Kritik zu zerstören. Sieh deshalb sowohl in Lob als auch in Kritik nichts anderes als den Ausdruck der Realitätsmodelle desjenigen, der sie äußert. Mit dir persönlich haben sie nichts zu tun.

Du warst schon bei deiner Geburt gut genug. Wir sollten uns also sicher und wohl in unserer Haut fühlen, auch ohne dass uns andere dabei unterstützen. Und glücklicherweise gibt es dafür hilfreiche Instrumente und Übungen.

ÜBUNGEN ZUM UNHERUMSCHUBSBARWERDEN

Die folgenden drei Übungen, die ich von bemerkenswerten Männern und Frauen gelernt habe, stellen Lebenssysteme dar, mit deren Hilfe du lernst, dich aus tiefstem Herzen zu lieben, dich als die Person, die du bist, wertzuschätzen und so zu zentrieren, dass du angst- und sorgenfrei wirst. In ihrer Kombination machen sie dich schließlich unherumschubsbar.

Übung 1: Der Mensch im Spiegel (zum Aufbau von Selbstliebe)

Diese Übung verdanke ich dem Silicon-Valley-Unternehmer und -Investor Kamal Ravikant. Nach einer schweren Erkrankung und tiefen Depression erkannte Kamal seinen Mangel an Selbstliebe als Grund seiner Misere. Die ganze Geschichte erzählt er in seinem Buch *Love Yourself Like Your Life Depends On It*.

Bei einer der von ihm entwickelten Techniken geht es darum, dass du dich vor einen Spiegel stellst und die Worte »Ich liebe dich« zu dir sagst. Mit dem Spiegelbild zu sprechen ist ganz so, als würdest du dich direkt an deine Seele wenden – insbesondere, wenn du dir dabei ins Auge blickst.

Ist dir schon mal aufgefallen, wie unbehaglich es sich anfühlen kann, jemandem für längere Zeit in die Augen zu schauen? Nun, das liegt daran, dass man dabei Verbundenheit und Liebe empfindet.

Fange mit einem Auge an. Sobald dein Blick auf dieses Auge fixiert ist, wiederholst du das »Ich liebe dich« laut oder stumm, ganz wie du magst. So oft und so lange, wie es sich für dich richtig anfühlt.

Kamal empfiehlt, diese Übung täglich durchzuführen, damit sie zum integralen Bestandteil deiner Alltagsroutine wird. Du könntest sie zum Beispiel mit dem morgendlichen Zähneputzen verbinden. Nachdem du die Bürste aus der Hand gelegt hast, gehst du so nahe, wie es dir angenehm ist, an den Spiegel heran und betrachtest dich darin.

Für die Wirksamkeit dieser Übung kann ich mich verbürgen. Seit ich sie regelmäßig mache, haben sich meine Eigenliebe und mein Sicherheitsgefühl enorm verbessert. Schon nach knapp einer Woche fiel mir auf, dass ich ganz anders auftrat, mir selbst gegenüber und auch in Gesellschaft.

Übung 2: Sei dir dankbar
(zur Erhöhung der Wertschätzung deiner Person)

Greife die Übung »Was ich an mir liebe« aus dem vierten Kapitel (Seite 134 f.) noch einmal auf. Denn sie hilft, den mentalen Bedeutungsmacher zum Schweigen zu bringen. Außerdem wirkt sie der Indoktrination entgegen, die du als Kind erfahren hast und die auf die eventuellen Minderwertigkeitsgefühle zurückgehen.

Überleg einfach, was du alles an dir hast, das dich zu einem liebenswerten Menschen macht. Dein Humor? Oder vielleicht dein Büchergeschmack? (Oh, danke für das Kompliment.) Hast du bei deinem letzten Restaurantbesuch womöglich ein fettes Trinkgeld gegeben? Investierst du ungewöhnlich viel (Zeit und/oder Geld) in deine persönliche Weiterentwicklung? Könnten deine hohen Ersparnisse der springende Punkt sein? Vielleicht bist du aber auch pleite – und trotzdem happy. Kleinigkeiten darfst du genauso benennen wie große Errungenschaften. Sorge aber (vor allem, wenn dein Bedeutungsmacher Überstunden schiebt) unbedingt dafür, dass du täglich mindestens drei bis fünf Dinge auflistest, die dich stolz machen.

Ich selbst führe diese Übung täglich nach dem Aufwachen durch. Na, komm schon! Sei dankbar für deine Erlebnisse am Vortag oder gern auch für die Schönheiten des Lebens im Allgemeinen. Aber vergiss dich beim Inventurmachen bloß nie selbst. Sprich dir deine Dankbarkeit aus. Für alles, was dich zu einem so wahnsinnstollen Menschen macht. Und schau, wie positiv sich diese Übung auf den Rest deines Tages auswirkt.

Übung 3: Werde präsent
(zur Behebung plötzlich auftretender Angst und Besorgnis)

Es kann sein, dass du ohne Vorwarnung von Sorgen überfallen wirst und dann sofort Maßnahmen ergreifen musst, um nicht aus deiner Unherumschubsbarkeit herauszufallen. Mir passiert das auch manchmal.

Es war an einem ganz normalen Familiensonntag Anfang November 2015, gleich nach Halloween. Erst unmittelbar zuvor waren wir von einem zweiwöchigen Familienurlaub zurückgekommen, bei dem wir die Universal Studios in Orlando, Florida, besichtigt, am A-Fest in Costa Rica teilgenommen und in Los Angeles und Phoenix Freunde besucht hatten. Ich genoss es, wieder zu Hause zu sein, doch als wir dann in einem nahe gelegenen Restaurant saßen, um etwas zu essen, spürte ich auf einmal, dass mit mir irgendetwas nicht stimmte.

Mein Herz schlug ungewöhnlich schnell, und ich hatte merkwürdige Schmerzen in der Brust. Es war eine Mischung aus Angst und Sorgen. Die zwei Wochen, die ich weg gewesen war, forderten ihren Tribut. Ich musste wieder zur Arbeit – als CEO eines schnell wachsenden Unternehmens – und fühlte mich absolut überfordert. Mehr als vierhundert E-Mails warteten darauf, beantwortet zu werden. In zwei Wochen musste ich das Manuskript dieses Buches abgeben. Und als Vater war ich natürlich auch gefragt: Neben mir lag ein schlafendes Baby im Buggy, und ein Achtjähriger brauchte Hilfe beim Essen. Mir ging es schlecht, und ich fühlte mich vollkommen gestresst. All die tausend Dinge, die am besten sofort und alle gleichzeitig erledigt werden mussten, zogen mich total runter.

Da plötzlich erinnerte ich mich an einen Rat, den mir eine Freundin gegeben hatte, die Autorin Sonia Choquette: *Sei präsent!*

Ich zog die Aufmerksamkeit von meinen Ängsten und Sorgen ab und fokussierte mich stattdessen auf die Blätter der Topfpflanze auf dem Tisch vor mir. Ich registrierte ihre Adern und fuhr mit dem Finger über die Stängel, um mich ihrer Struktur und Biegsamkeit zu vergewissern.

Schon einen Augenblick später fühlte ich mich, als hätte ich eine Beruhigungstablette genommen. Es war schlagartig alles wieder beinahe normal.

So etwas kann nur die Macht der Präsenz bewirken. Sie lenkt den Geist von allem Stress, jeder Angst, jedem Werturteil, von dem ganzen Frust und Ärger auf andere Leute und die Welt als solche ab und führt einen zu sich selbst zurück. Unmittelbar ins Jetzt und den eigenen Wesenskern.

Wenn du das nächste Mal in Gefahr gerätst, aus der Haut zu fahren, wenn du dich geschmäht und beleidigt fühlst oder verletzt von dir nahestehenden Menschen, dann denke daran: *Sei präsent!* Dieser einfache Hack zur Autokorrektur des Gemütszustandes zieht dich blitzschnell aus allem Stress, aus allen Sorgen heraus und führt dich unmittelbar in die Zufriedenheit des Jetzt zurück.

In dem Interview, das ich mit Arianna Huffington führte, hatte sie mir auch verraten, wie sie sich immer wieder auf den jetzigen Moment orientiert: Sobald sie sich angespannt oder gehetzt fühlt oder ihre Konzentrationsfähigkeit nachlässt, fokussiert sie sich zehn Sekunden lang auf den Fluss ihres Atems – *ein und aus ..., ein und aus ...*

Dazu sagte sie:

> »*So ist man immer ganz präsent. Haben Sie je von dem Faden gehört, den Ariadne Theseus gab, damit er wieder aus dem Labyrinth herausfinden konnte, nachdem er den Minotaurus getötet hatte? Für mich ist dieser Faden mein Atem. Tagsüber immer wieder zu ihm zurückkehren zu können, Hunderte von Malen, wenn der Stress zu groß wird, wenn ich mir Sorgen mache, wenn sich mir Werturteile aufdrängen, empfinde ich als unglaubliches Geschenk – das uns allen zur Verfügung steht. Denn es gibt keinen lebenden Menschen, der nicht atmet.*«

DAS PARADOX DES UNHERUMSCHUBSBARSEINS

Kurz nachdem unser Kameramann Al Ibrahim eine Rede Marisa Peers abgedreht hatte, kam ihm eine Frage zu dem »Nicht gut genug« in den Sinn, die er Marisa stellen wollte. Leicht verkürzt lautete seine Frage in etwa so: »Angenommen, es stimmt, dass wir alle ›gut genug‹ sind und weder Anerkennung noch Lob brauchen – woher nehmen wir dann noch den Antrieb, die großen Probleme unserer Welt anzupacken? Was sollte uns unter diesen Umständen davon abhalten, zu glücksbesoffenen Sofahockern zu werden, die nichts anderes tun, als den Augenblick zu genießen?«

Worauf Marisa erwiderte:

> *»Wenn du den ganzen Tag auf dem Sofa sitzt und nichts tust, dann doch genau, weil du denkst, du wärest nicht gut genug. Dann hast du Angst. Angst vor dem Scheitern. Angst, abgelehnt zu werden. Angst davor, dass sich, sobald du etwas tust, herausstellen könnte, dass du tatsächlich nicht gut genug bist. Deshalb tust du lieber gar nichts.«*

Weiter sagte sie:

> *»In Aktion trittst du dagegen, wenn du weißt, dass du gut genug bist. Dann gehst du raus und packst irgendwas Neues an. Dann bewirbst du dich auf den Job, den du wirklich willst. Dann forderst du eine Gehaltserhöhung. Weil du eben gut genug bist. Und für den Fall, dass dein Vorhaben scheitert, siehst du darin keine Ablehnung deiner Person – denn nicht du bist gescheitert, weil du ja GUT GENUG bist. Also muss es an deinen Methoden, deinem Herangehen gelegen haben oder an speziellen Anforderungen oder was auch immer. Und weil du weißt, dass du gut genug bist, weißt du auch, dass du deine Methoden und Herangehensweise verbessern kannst und dass du*

auch an deinen Fähigkeiten noch arbeiten kannst, sodass du diese speziellen Anforderungen erfüllen kannst. Du versuchst es dann einfach noch einmal.«

Dieses Paradoxon finde ich ganz herrlich: Das Wissen, dass wir *gut genug* sind, ermutigt uns, *noch mehr* zu tun, *besser* zu werden, unser *Bestes* zu geben. Sobald wir gelernt haben, unherumschubsbar zu werden, können uns diese ganzen Ängste, die so vielen im Weg stehen, nichts mehr anhaben. Dann gehen wir unsere großen Träume und großen Ziele an: couragiert und hoch motiviert.

Und wir wären sogar dann noch zufrieden, wenn sich kein Plan erfüllen und wir alles verlieren würden. Weil ja unsere Bestimmungsziele selbstgesteuert sind – und sich in den Gefühlen niederschlagen, die wir empfinden wollen, also beispielsweise: von Liebe umgeben zu sein, schöne Erfahrungen zu machen oder ständig hinzuzulernen und uns persönlich weiterzuentwickeln.

Wenn du gelernt hast, deine inneren Leerstellen zu füllen, und keine Anerkennung von außen mehr brauchst, um zu wissen, dass du gut genug bist …, wenn du dir Bestimmungsziele setzt, die sich um die Gefühle drehen, die mit einem sinnerfüllten Leben einhergehen, dann hast du das nächste Level deiner Neuprogrammierung erreicht und bist auf dem besten Weg, zu einer außergewöhnlichen Persönlichkeit zu werden. Jetzt verfügst du über die Zähigkeit und Stärke, die du brauchst, um die richtig großen Aufgaben anzupacken – dir Ziele zu setzen, die das kulturelle Umfeld verändern und eine Delle ins Universum schlagen.

Sobald du unherumschubsbar geworden bist, verlieren alle Problemchen an Bedeutung. Dann schert es dich nicht mehr, wenn sich dein Schwarm nach dem ersten Date nicht mehr meldet, und die steigenden Benzinpreise sind dir genauso wurscht wie dein nöliger Arbeitskollege. Denn du hast jetzt wichtigere Dinge im Kopf.

Das Problem der meisten Menschen ist,
dass ihre Probleme zu klein sind.

Von Banalitäten wie dem miesen Benehmen anderer Leute, von Ressentiments und Rivalitäten lässt du dich nicht mehr runterziehen. Du hast jetzt schlicht keine Zeit mehr für geschmäcklerisches

Taktieren, für Schuldzuweisungen, das Waschen schmutziger Wäsche, für Hinterlist, Mobbing, Klatsch und Tratsch und fiese Angriffe.

Über alldem stehst du, sobald du unherumschubsbar bist, und hast größere Projekte im Kopf: Probleme, deren Lösung die Welt verändert und die Menschen voranbringt. Dein Ziel ist es jetzt, diese Probleme anzupacken.

Ziele dieser Art bezeichne ich als deine »Quest«. Und mit ihr beschäftigen wir uns im folgenden Kapitel.

10

NIMM DEINE QUEST AN

INDEM DU ERFÄHRST, WIE DU DAS ALLES BÜNDELST UND EIN SINNERFÜLLTES LEBEN FÜHRST

Selbst der Kleinste vermag den Lauf des Schicksals zu verändern.

J.R.R. Tolkien,
Der Herr der Ringe

WAS SCHON HINTER UNS LIEGT

Jeder Teil dieses Buches steht für eine Art Entwicklung. Auf jedem neuen Level, das du erreichst, vergrößern sich dein Verständnis der Welt und deine Fähigkeiten, Einfluss auf sie zu nehmen. In einer einfachen Grafik würden sich diese sukzessiven Fortschritte in etwa so darstellen:

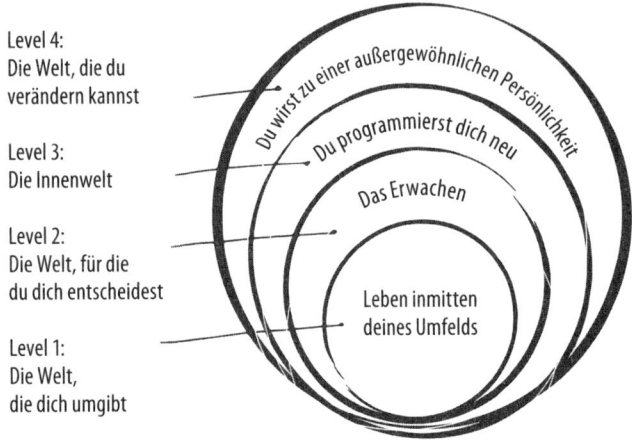

Level 1: Leben inmitten deines Umfelds

Im ersten Teil dieses Buches hast du dir Klarheit über das kulturelle Umfeld verschafft und erfahren, wie sich die kulturellen Regeln und Normen, von denen einige schon jahrtausendealt sind, auf dich auswirken. Du hast gelernt, ihre *Brules* zu identifizieren und dich ihnen zu entziehen.

Auf dem ersten Level wirst du noch von der dich umgebenden Welt gesteuert und geformt. Das Leben widerfährt dir. Doch in dem Maße, in dem sich Bewusstsein und Einflussnahme bei dir erweitern, näherst du dich dem zweiten Level an.

Level 2: Das Erwachen

Auf diesem Level (im zweiten Teil des Buches) hast du gelernt, dass du entscheiden kannst, in welcher Welt du leben möchtest. Du kannst dich positionieren und beschließen, sie dir bewusst auszusuchen. Jetzt beginnst du ein Leben nach deiner Wahl zu führen und begibst dich auf den Weg des Bewusstseinsengineerings. Du erfährst, dass es deine Realitätsmodelle und Lebenssysteme sind, die den Menschen prägen, zu dem du werden wirst. Du lernst, negative Modelle gegen solche auszutauschen, die deiner Entwicklung förderlich sind, und dir einen Filter zuzulegen, der nur die positivsten Modelle der »*Culture Scape*« zu dir vordringen lässt. In diesem Prozess wird dir allmählich klar, dass du mehr vermagst, ambitionierter denken und dein Glück, deine Zufriedenheit selbst steuern kannst.

Diese Erkenntnisse ermöglichen dir den Übergang zum dritten Level.

Level 3: Du programmierst dich neu

Auf diesem Level besinnst du dich auf deine Innenwelt und machst dir klar, dass eine gute Balance aus Glück/Zufriedenheit im Jetzt und Visionen für die Zukunft die beste Ausgangsbasis für das beherzte Verfolgen deiner Ziele darstellt. Jetzt kommst du der Verwirklichung deiner Träume und Ambitionen mit bemerkenswerter Leichtigkeit immer näher. Du erkennst, dass du allein schon durch die Veränderung deiner Innenwelt Einfluss auf das Außen nehmen kannst. Und wirfst sozusagen deinen inneren Motor an.

Diesen Daseinszustand, der mit einem schier unerschöpflichen Reservoir an Chancen und Möglichkeiten einhergeht, bezeichnen wir als »Krümmen der Wirklichkeit«. Und damit hast du das vierte Level erreicht.

Level 4: Du wirst zu einer außergewöhnlichen Persönlichkeit

Auf diesem Level bist du dir deiner Fähigkeiten, deiner Stärken voll bewusst und beziehst daraus Selbstsicherheit und Selbstvertrauen. Du bist unherumschubsbar. Gleichzeitig beginnst du, deine Umwelt tatsächlich zu verändern, sodass du auch anderen zu größerem persönlichem Wachstum verhelfen kannst. Dir wird klar, dass dein Leben einen höheren Sinn hat und dass du eine bedeutendere Rolle übernehmen musst, um einen Beitrag zur Verbesserung der Welt leisten zu können. Du empfindest eine Berufung, den Drang, die Dinge anzupacken und zum Positiven zu verändern. Jetzt nimmst du Einfluss.

Zwischen dem ersten und dem vierten Level verändert sich dein Verhältnis zum Leben also entscheidend:

- Auf dem ersten Level widerfährt es dir noch.
- Auf dem zweiten führst du ein Leben nach deiner Wahl.
- Auf dem dritten beginnst du es auf die Hörner zu nehmen.
- Und auf dem vierten Level bringt sich das Leben durch dich zum Ausdruck.

Dass sich das Leben durch dich zum Ausdruck bringt, veranlasst dich, ihm etwas zurückzugeben. Das heißt, du stellst dich in den Dienst einer höheren Berufung. Und diese Berufung bezeichnen wir als deine »Quest«.

WIE DU ZU DEINER QUEST FINDEST

Wie die Charaktere in einem Computerspiel oder die Helden antiker Sagen hast auch du mittlerweile einen Weg eingeschlagen, auf dem du viel, viel lernst, an deinen Fähigkeiten arbeitest und entscheidende Erkenntnisse gewinnst.

Etwas allerdings bleibt noch. In allen großen antiken Sagen, die an Aktualität bis heute nichts verloren haben, wird der Held nur durch seine Quest zum Helden. Und in diesem Kapitel geht es nun darum, dass du *deine Quest findest*.

Damit wir uns nicht missverstehen: Natürlich kannst du auch auf dem dritten Level bleiben und hier ein hocheffektiver Mensch sein. Aber in dem Maße, in dem du die Wirklichkeit immer mehr und immer geschickter biegst und die Kraft erkennst, die aus deinem neuen Lebensstil erwächst ..., und in dem Maße, in dem du dich an diese höhere Bewusstseinsebene gewöhnst, fragst du dich bestimmt insgeheim, ob es nicht noch andere, ambitioniertere Einsatzfelder für diese Kraft gibt, an die du nur noch nie gedacht hast.

Sollte das bei dir der Fall sein, gehörst auch du zu jenen wissbegierigen, risikofreudigen Seelen, die das vierte Level erreichen, das Level der Quest.

WAS ALLE AUSSERGEWÖHNLICHEN PERSÖNLICHKEITEN GEMEINSAM HABEN

Was bringt all die Männer und Frauen, von denen ich in diesem Buch berichtet habe, dazu, immer weiter und weiter zu machen? Was veranlasst sie, derart große Wagnisse und Risiken einzugehen?

Die Visionen, von denen sie angetrieben werden, sind so enorm, dass diese Menschen auf einem Level jenseits aller Konventionen operieren. All die herausragenden Persönlichkeiten, die mir bekannt sind, haben etwas zutiefst Positives an sich. Und aus dieser positiven Grundgestimmtheit heraus entwickeln sie eine Mission, die sie mit größter Leidenschaft erfüllt. Arianna Huffington, um ein Beispiel zu nennen, leitet ein bedeutendes Medienimperium, geht zugleich aber auch ihrer Berufung nach: Menschen zu einem sinnerfüllten, gesunden Leben zu verhelfen.

Oder Peter Diamandis: Als Gründer der X Prize Foundation spornt er andere zu Höchstleistungen an bei der Lösung der großen Menschheitsprobleme, und er erzielt damit bemerkenswerte Fortschritte.

Dean Kamen zeichnet sich durch sein beispielloses Engagement für Kinder aus, deren naturwissenschaftliches Denken er mit seiner Robotik-Organisation FIRST fördert und die er für anwendungsbezogene Technologien begeistert, die die Welt verändern werden. Und Elon Musk schließlich lebt die Vision, die Menschheit zu einer interplanetarischen Spezies zu machen.

Aus meiner jahrelangen intensiven Beschäftigung mit Fragen des persönlichen Wachstums und nach Gesprächen mit zahlreichen Querdenkern weiß ich:

Die außergewöhnlichsten Persönlichkeiten der Welt haben keinen Beruf, sondern eine Berufung.

Und die Definition von Berufung? Ganz einfach: Berufung ist dein Beitrag zur Weiterentwicklung der Menschheit. Etwas dafür zu tun, dass wir unseren Kindern eine bessere Welt hinterlassen können. Das muss weder ein Riesenunternehmen noch eine welterschütternde neue Erfindung sein. Vielleicht schreibst du ein Buch. Oder widmest dein Leben der Kindererziehung. Genauso gut kannst du aber auch im Angestelltenverhältnis eine Mission verfolgen, die Welt so zu verändern, wie es deinen Idealen entspricht.

Entscheidend dabei: Sobald du diese Berufung verspürst, verändert sich dein Verhältnis zur Arbeit; man könnte sogar sagen: als solche verschwindet sie ganz. Alles, was du tust, begeistert dich. Es ist deine Leidenschaft, hat einen tieferen Sinn. Höchstwahrscheinlich würdest du es sogar tun, wenn es kein Geld dafür gäbe, denn schließlich empfindest du es ja gar nicht als »richtige« Arbeit.

Ich war einmal dabei, als Richard Branson nach seiner Work-Life-Balance gefragt wurde und er antwortete: »Arbeit? Leben? Ist doch alles ein und dasselbe. Ich nenne es *Leben*.«

Wenn dir deine Arbeit Berufung ist, löst sich das alte Modell »Arbeit« wie von selbst auf.

Amy Wrzesniewski, Professorin für Organisationsverhalten an der Yale University, hat ein Klassifikationssystem erarbeitet, anhand dessen man sein Verhältnis zur Arbeit erkennen und seine berufliche Zufriedenheit vergrößern kann. Drei Arten von Arbeit unterscheidet sie:

1. Ein **Job** dient dem Lebensunterhalt, stellt also ein Mittel zum Zweck dar. Die Bindung an den Arbeitsplatz ist in diesem Fall gering.
2. Der **Beruf** geht mit persönlichem Wachstum einher, ist in der Regel karriereorientiert und ermöglicht so einen schrittweisen sozialen Aufstieg.
3. Bei einer **Berufung** stellt die Arbeit einen wichtigen Teil des Lebens dar und erfüllt es mit Sinn. Im Allgemeinen sind Menschen, die einer Berufung folgen, in hohem Maße mit ihrer Arbeit zufrieden.

Und genau das meine ich, wenn ich von »Berufung« spreche.

Meine Berufung ist Mindvalley. Ich empfinde es als meine Mission, eine Milliarde Menschen anzusprechen, fortschrittliche Ideen zu verbreiten und das Leben der Leute auf verschiedenen Gebieten umzukrempeln: Alltag, Arbeit, Körper und Geist.

Mindvalley stellt die Einladung dar, via persönlichem Wachstum und Weiterbildung – Werten, die mir auch selbst außerordentlich wichtig sind – zu einer außergewöhnlichen Persönlichkeit zu werden. Für mich ist die Vermittlung von Bildung – Wissen, Erkenntnis und Energie – ein besonderer Ausdruck von Liebe. Den ich einfach unwiderstehlich und wunderschön finde. Diese Mission verleiht meiner Arbeit einen tiefen Sinn und macht mich sehr, sehr glücklich. Bereits in den Start-up-Jahren, als Schmalhans noch Küchenmeister war und ich mir in einem winzigen New Yorker Apartment die Finger wund tippte, empfand ich dieses Glück, weil ich ja auch damals schon eine Mission hatte: den Massenmarkt für die Meditation zu öffnen. Und während der Belohnungsmechanismus »Geld« irgendwann an seine Grenzen gerät, trifft das auf Lebensglück und die Verfolgung einer Mission nie und nimmer zu.

DIE SCHÖNE ZERSTÖRUNG

Wenn du dir alles, wovon in den vorhergehenden Kapiteln die Rede war, zu Herzen genommen und dich darin erprobt hast, bist du schon auf dem Weg in dieses Stadium.

Das Finden deiner Berufung beginnt mit dem Ins-Auge-Fassen von Bestimmungszielen. Indem du die *Drei-wichtigste-Fragen*-Übung aus dem achten Kapitel durchführst und die von dir gewünschten Erfahrungen, Wachstumschancen sowie die Beiträge zur Gemeinschaft auflistest, die du leisten möchtest, bereitest du die Bühne für etwas ganz Wunderbares. Vielleicht weißt du noch nicht im Einzelnen, wie du deine Bestimmungsziele erreichst oder auch nur, wie sie en detail aussehen könnten.

Den menschlichen Geist aber umweht etwas Mysteriöses: Sobald du eine bestimmte Richtung einschlägst, stellen sich oft genau die richtigen Synchronizitäten, Chancen und Menschen ein, die dich weiterbringen. Manche Leute sprechen in diesem Zusammenhang von unverhofften Glücksfällen. Ich nicht. Ich glaube nämlich, dass wir auch diese Art Glück steuern können. Wenn du die richtigen Bestimmungsziele verfolgst und gleichzeitig sicherstellst, dass du auch im Jetzt bereits zufrieden und glücklich bist, öffnen sich die Türen für »Glücksfälle« aller Art ganz wie von selbst.

Manchmal sieht es so aus, als würdest gar nicht *du* deine Quest finden, sondern eher umgekehrt: Die Quest findet *dich*.

Nicht immer wird sich der Weg als gerade Linie von A nach B präsentieren. Womöglich sind da noch irgendwelche alten *Brules*, Realitätsmodelle und Lebenssysteme (eigene oder auch welche von anderen), die du zunächst hinterfragen beziehungsweise außer Kraft setzen musst. Eventuell erlebst du Durchhänger, Stillstände, Neuanfänge oder musst Bodenschwellen und Stolpersteine überwinden. Doch das alles ist Teil des Prozesses. Die vermeintlichen Hürden sind in Wahrheit oft Wegweiser, die die richtige Richtung anzeigen und dir signalisieren, dass du nicht stehen bleiben darfst. Die Neuprogrammierung deines Lebens wird nicht immer reibungslos gelingen. Aber vergiss nicht:

Manchmal muss man einen Teil seines Lebens zerstören, um die nächste große Sache reinlassen zu können.

Ich nenne das »*schöne Zerstörung*«. Entscheidend dafür ist Vertrauen. Arianna Huffington habe ich einmal eine ähnliche Frage gestellt wie Elon Musk: »Was macht diese Arianna aus? Wenn wir Sie destillieren könnten, um an Ihre Essenz zu gelangen: Worin würde die bestehen?«

Arianna antwortete: »Vertrauen, würde ich sagen. Ich habe ein unendliches Vertrauen in das Leben. Eines meiner Lieblingszitate geht auf Rumi zurück und lautet: ›*Lebe das Leben, als wäre alles zu deinen Gunsten eingerichtet.*‹ Und ich bin tatsächlich der festen Überzeugung, dass alles, was in meinem Leben je geschehen ist, auch der größte Kummer, die schlimmsten Enttäuschungen, immer genau das war, was ich brauchte, um die nächste Phase meiner persönlichen Weiterentwicklung einleiten zu können. Irgendwie war mir das schon immer klar, jetzt aber bin ich zutiefst davon überzeugt. Ich sehe buchstäblich in allem Schlimmen, was ich erlebe, eine versteckte Wohltat.«

Die kleinen Stupser, die dich auf deine Berufung bringen, haben sogar Namen.

AUFTRITT
KENSHO UND *SATORI*

Mein Freund Dr. Michael Bernard Beckwith, der inspirierende Gründer des Agape International Spiritual Center in Los Angeles, benennt zwei Wege der persönlichen Weiterentwicklung: *Kensho* und *Satori*. *Kensho* steht für den schmerzhaften Weg zum Wachstum, *Satori* für Entwicklung durch Erwachen.

Kensho ist ein allmählicher Prozess, der zumeist auf die Mühsal des Lebens zurückgeht: Dein Partner trennt sich von dir, aber du lernst daraus und dein Herz gewinnt an Widerstandskraft. Dein Geschäft geht pleite, doch du nutzt diese bittere Erfahrung, um ein neues aufzubauen. Du verlierst deinen Job, findest aber heraus, was du – außerhalb des Berufes – sonst noch alles kannst. Du erkrankst, entdeckst jedoch bislang unerkannte innere Reserven in dir.

Kensho bezeichnet also die liebevolle Strenge, die das Universum dir zuteilwerden lässt. Das heißt: Du erlebst einen Schmerz oder machst eine schwere Zeit durch und erneuerst dadurch dein Fühlen, Denken und Sein. Während sich die Veränderungen anbahnen, bemerkst du sie wahrscheinlich gar nicht. Denn im Grunde verhält es sich wie mit der Plattentektonik, die unsere Kontinente in Bewegung bringt: Beobachten können wir sie nicht, irgendwann aber stellt sich heraus, dass die Welt ein verändertes Gesicht angenommen hat.

Im Rückblick wirst du vermutlich erkennen, dass dich gerade die schwierigen Phasen deines Lebens zum Positiven verändert haben, weil sie dich zwangen, deine alten einschränkenden Überzeugungen und Systeme über Bord zu werfen.

Für Dr. Beckwith ist *Kensho* der Schrei der Seele nach Veränderung und Wachstum.

Kensho war am Werk, als mir nach meiner Rückkehr aus den Flitterwochen das Gehalt halbiert wurde. Dadurch sah ich mich gezwungen, mir eine Nebenerwerbsquelle zu erschließen, aus der schließlich Mindvalley wurde.

Kensho war auch der Verlust meines US-Visums. Das brachte mich nach Malaysia, wo mir ungeahnte unternehmerische Erfolge beschieden waren.

Ebenfalls *Kensho* war es, als Mindvalley im Mai 2008 unmittelbar vor der Insolvenz stand. Dies veranlasste mich dazu, mir neue Modelle einfallen zu lassen, die eine Umsatzsteigerung von 400 Prozent zur Folge hatten.

Im Gegensatz dazu definiert Dr. Beckwith **Satori**-Momente als plötzliche Einsichten, die einen für immer verändern. Jederzeit und überall können sie sich einstellen: im Freien, beim Musikhören, beim Betrachten inspirierender Kunstwerke, beim Händchenhalten mit der geliebten Person, in stiller Einkehr oder auch im Rahmen spezieller Begegnungen mit einer Therapeutin, einem Lehrer oder einer Heilerin.

In einem *Satori*-Moment verliert alles, wovor du Angst hattest oder was dich hemmte, mit einem Mal an Bedeutung. Denn dann bist du eine Stufe weiter und operierst von einer ganz anderen Ebene aus.

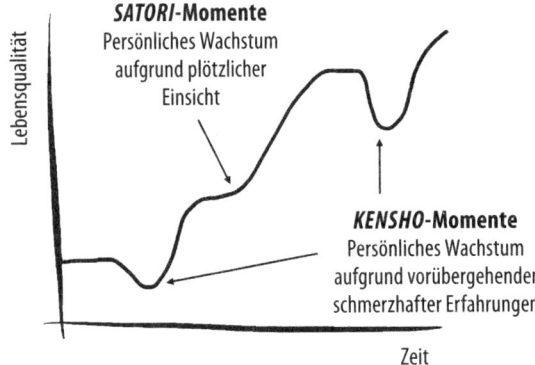

Würdest du deine Lebensqualität in Form persönlichen Wachstums auf einer Zeitachse darstellen, wären die *Satori*-Momente sprunghafte Anstiege der Kurve, während *Kensho*-Momente ihren Anfang bei einem Tiefpunkt haben. In der Erholungsphase und in dem Maße, in dem du dich an deine neuen Erfahrungen anpasst, steigt die Kurve dann rasant an.

Hier haben wir es, wie du siehst, mit einem neuen Modell zum Verständnis der Probleme zu tun, vor die uns das Leben stellt. Vielleicht sind sie ja im Grunde nichts anderes als ein Wispern des Universums, das uns zuraunt: »Hey, du bist auf dem falschen Weg. Schau dir das Ganze doch mal aus *diesem* Blickwinkel an.«

Während eines Interviews, das ich mit Dr. Beckwith führte, ließ er dann auch noch diese Weisheitsbombe platzen:

- Hinter jedem Problem steckt eine Frage, die versucht, sich zu stellen.
- Hinter jeder Frage steckt eine Antwort, die versucht, sich zu geben.
- Hinter jeder Antwort steckt eine Handlung, die versucht, sich anzubahnen.
- Und hinter jeder Handlung steckt eine Lebenspraxis, die versucht, sich durchzusetzen.

Diese neue Lebenspraxis, die sich durchzusetzen versucht, ist deine Berufung. Und wer weiß, wie sie sich auf die Welt und deine Mitmenschen auswirken wird?

DU BIST DER/DIE AUSERWÄHLTE

Wählst du deine Berufung oder sie dich? Ein Realitätsmodell zeichnet sich ab, welches darauf hinweist, dass es das Universum ist, das dich ruft. Du musst nur hinhören.

Meine Freundin Emily Fletcher, eine wunderbare, unglaublich lebendige Meditationslehrerin, die schon an der Harvard Business School und bei Google Vorträge gehalten hat, erzählte mir in einem Interview die folgende Geschichte von der Poplegende Michael Jackson und dem Universum, das sie als »Natur« bezeichnet:

»In der Dokumentation *Michael Jackson's This Is It* gibt es ein Interview mit seinem Manager. Darin sagt er, Michael habe ihn ständig mitten in der Nacht angerufen, so um drei, vier, fünf Uhr. Und dann habe er immer so was gesagt wie: ›*Fireflies* – Glühwürmchen. Wir brauchen *Fireflies*.‹ Darauf der Manager: ›Michael, es ist vier in der Früh, lass uns morgen darüber sprechen.‹ Und Michael: ›Nein, du musst aufstehen und dir das aufschreiben. *Fireflies*.‹ Der Manager wieder: ›Warum denn bloß? Das reicht doch morgen auch noch.‹ Und Michael: ›Weil … wenn *wir* das nicht tun, dann macht's Prince.‹

Ich mag diese Geschichte, weil sie zeigt, dass Michael … wusste: Wenn er nicht in Aktion trat, wenn diese Schöpfung nicht von ihm kam, dann würde sich die Natur jemand anderen dafür suchen. So, als würde die Natur ständig etwas Neues kreieren wollen und immer nach Menschen suchen, die wach genug sind. Sie ist auf der Suche nach Leuten, die die Hand heben und bereit sind, etwas hervorzubringen, was es vorher noch nicht gegeben hat. Dabei schert sie sich, glaube ich, wenig darum, wer das gerade ist. So à la ›Okay, wenn du nicht willst, dann nehm ich halt jemand anderen.‹ Und deshalb kriegen wir auch umso mehr Unterstützung von ihr, je kreativer wir sind. Ich stell mir die Natur immer wie den obersten Chef, den CEO, dieses ganzen Unternehmens vor, und wir alle sind die Angestellten. Und wenn du der CEO wärst, wem würdest du dann wohl die Gehaltserhöhung geben? Beziehungsweise die wichtigeren Jobs? Denen, die nie was realisieren, oder denen, die sich ständig was einfallen lassen, es dann auch umsetzen und jeden Tag mit neuen Ideen ankommen?«

Anders ausgedrückt sagt Emily hier: Sobald eine Mission erfüllt werden muss, klopft das Universum (beziehungsweise in ihrer Diktion: die Natur) womöglich mit der entsprechenden Intuition bei dir an. Und es liegt ganz bei dir, ob du darauf anspringst. Wenn nicht, wendet es sich eben an den Nächsten. Dem Universum ist es schnuppe, wer die Welt verändert. Es will einfach nur, dass sich irgendjemand die Idee schnappt und damit losmarschiert.

Von einem ähnlichen Phänomen berichtet Elizabeth Gilbert in ihrem Buch *Big Magic: Nimm dein Leben in die Hand und es wird dir gelingen*. Darin erzählt sie von einer ganz speziellen Buchidee, die sie hatte. Aber dann geschah in ihrem Leben etwas, was sie davon abhielt, dieser Idee nachzugehen. Und später stellte sich heraus, dass dem Geist einer anderen Autorin ein Buch über exakt dieses Thema entsprungen war – weil sie nämlich die Idee aufgegriffen hatte. Gilbert schreibt:

> »Ich glaube, dass die Inspiration immer ihr Bestes geben wird, um mit dir zu arbeiten – aber wenn du nicht bereit oder verfügbar bist, kann sie sich tatsächlich entscheiden, dich zu verlassen und sich einen anderen menschlichen Partner zu suchen.«

Für diesen Vorgang gibt es sogar einen Fachausdruck: *gleichzeitige Entdeckung*. Gilbert schreibt dazu:

> »Für mich sieht es so aus, als wollte die Inspiration einfach auf Nummer sicher gehen, als würde sie an den Knöpfen herumfummeln und zwei Kanäle gleichzeitig bespielen. Die Inspiration darf das, wenn sie möchte. Die Inspiration darf tun, was immer sie will, und muss uns gegenüber niemals Rechenschaft ablegen. (Meiner Meinung nach können wir uns glücklich schätzen, dass die Inspiration überhaupt mit uns spricht; auch noch nach Erklärungen zu verlangen, geht wirklich zu weit.)«

Gehen wir davon aus, dass an diesem Modell durchaus etwas dran sein könnte: dass das Universum also tatsächlich ruft. Dann wären wir gut beraten, einem solchen Marschbefehl zu folgen!

Die nächste Einsicht aber entlockt mir ein Lächeln: Sollte es denn stimmen, dass das Universum ruft, und sollte es sich dich als Schöpfer von etwas Neuem (was auch immer das sein mag) ausgesucht haben, dann würde das auch bedeuten, dass du wie alle großen Helden aus Legenden, Filmen oder den besten Computerspielen buchstäblich der/die Auserwählte für diese bestimmte Quest wärst.

Und? Wie hört sich das für dich an?

DIE GOTTESTEILCHEN-THEORIE

Sobald du das vierte Level erreicht hast, eröffnen sich dir einzigartig schöne neue Realitätsmodelle. Die folgenden aufeinander aufbauenden Einstellungen dem Leben gegenüber habe ich bei allen Personen angetroffen, die ich für dieses Buch interviewt habe:

1. Außergewöhnliche Persönlichkeiten empfinden eine intensive Verbundenheit mit und Zugehörigkeit zu allem Leben.
2. Außergewöhnliche Persönlichkeiten sind offen für intuitive Einsichten, die sie aus dieser Verbundenheit beziehen.
3. Außergewöhnliche Persönlichkeiten lassen sich von ihrer Intuition zu einer Vision führen, die sie vorantreibt.
4. Da außergewöhnliche Persönlichkeiten ihrer Berufung folgen, werden sie vom Universum reichlich mit »Glücksfällen« beschenkt.

Dieses Gefühl, Glück zu haben, verstärkt ihr Empfinden der Verbundenheit und Zugehörigkeit nur noch. Und da eins zum anderen führt, ergibt sich daraus ein schöner Kreislauf: Das Gefühl, Glück zu haben beziehungsweise beschenkt zu werden, führt zu immer größerer Verbundenheit, die diese Menschen wiederum veranlasst, die Segnungen, die sie genießen, mit anderen zu teilen. Das sieht dann etwa so aus:

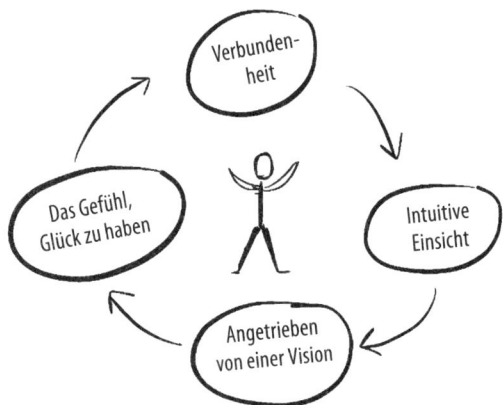

Im Ganzen bezeichne ich dieses Realitätsmodell als »Gottesteilchen-Theorie«. Die Idee dahinter: Wenn es so etwas gibt wie Gott, das Universum beziehungsweise die Lebenskraft (je nachdem, welchen Ausdruck wir bevorzugen), dann – und davon bin ich fest überzeugt – ist es aufs Engste mit allem Leben sowie mit der gesamten Menschheit verbunden.

Und wenn dem so ist, dann sind wir alle – du und ich und jedes andere menschliche Wesen auf diesem Planeten – Partikel dieses »Gottes«: schöpferische »Gottesteilchen«.

Ob du das nun so interpretierst, dass wir alle die metaphysische Essenz Gottes in uns tragen, oder eher meinst, dass jeder von uns aus Sternenstaub besteht, bleibt dir überlassen. So oder so ist dieses Realitätsmodell von immens stärkerer Wirkung. (Du weißt ja, wissenschaftlich beweisbar muss ein Realitätsmodell nicht sein. Und als Lebensphilosophie kann sich jedes bewähren, aus dem du Kraft beziehst.)

Mir persönlich gefallen an der Gottesteilchen-Theorie insbesondere die Implikationen, die sie enthält:

- Zunächst einmal: dass wir alle miteinander verbunden sind, dass das gesamte Leben ein verbundenes Ganzes darstellt, dem jeder von uns angehört.
- Zweitens: dass sich aus dieser umfassenden Verbundenheit ergibt, wie sehr wir alle zum Gewinn intuitiver Einsichten befähigt sind.
- Drittens: dass ein höherer Kollektivgeist zur Optimierung seiner selbst immer wieder nach neuen Visionen und einzelnen Gottesteilchen sucht, die diesen nachgehen. Ihre Berufung erleben die betreffenden Gottesteilchen als ihre *Quest*.
- Und nicht zuletzt: dass wir – ausgehend davon, dass jeder von uns ein Teilchen Gottes ist – auch mit gewissen gottähnlichen Kräften ausgestattet sind.

Vielleicht sind wir ja deshalb auf unserer Quest mitunter in der Lage, die Wirklichkeit zu krümmen.

Das alles ist natürlich nur eine Theorie, ein Gedankenspiel. Ein persönliches spirituelles Realitätsmodell von mir, das allerdings auch auf die Beobachtung all jener außergewöhnlichen Persönlichkeiten zurückgeht, denen ich begegnet bin. In ihnen nimmt diese Idee Gestalt an. Und auch du kannst sie verkörpern. Dafür musst du nur aus der »*Culture Scape*« heraustreten und in dich gehen.

Lass uns jetzt schauen, wie die einzelnen Elemente der Gottesteilchen-Theorie in deinem Leben auf dem vierten Level zum Tragen kommen könnten.

1. Du verspürst eine Verbundenheit mit allem Leben

Auf diesem Level beginnst du eine tiefe Verbundenheit mit der Welt zu empfinden. Mit der gesamten Menschheit – alle Kulturen, alle Nationen und alle Völker kommen dir wie Angehörige ein und derselben Familie vor. Ken Wilber bezeichnet dieses Phänomen als die Bewegung hin auf ein weltzentrisches Bewusstsein. Einfach ausgedrückt, beginnen Menschen auf dem vierten Level die *Brules* zu durchschauen, die sie voneinander trennen, und zu begreifen, dass die verschiedenen Kulturen, Religionen und Länder letztlich so unterschiedlich gar nicht sind. Wir sind eine Spezies auf ein und demselben Planeten. Der einzige Unterschied zwischen uns: die Dinge, die wir im Kopf haben. Auf dem vierten Level kannst du ein ausgesprochener Patriot oder Anhänger einer bestimmten Religion sein, bringst aber den anderen Kulturen, Nationen und Religionen genauso viel Wertschätzung und Respekt entgegen. Interessant finde ich übrigens, dass die Menschen auf dem vierten Level, die ich kennengelernt habe, in ihrer überwältigenden Mehrheit Humanisten sind, sich also keiner bestimmten Religion verpflichtet fühlen, sondern dem Wohl der Menschheit als ganzer.

An dieser Stelle muss ich allerdings eines ganz deutlich sagen: In der Geschichte gab es immer wieder mal Leute mit einem extrem ausgeprägten Sendungsbewusstsein. Statt aber die Menschheit voranzubringen, zettelten sie schließlich Kriege an, versuchten sich (wie zum Beispiel Stalin) an radikalen gesellschaftlichen Experimenten, die dramatisch in die Hose gingen, oder verrannten sich in gefährlichen Ideologien wie dem religiösen Fundamentalismus. Eines ist allen diesen Leuten gemein: Sie betrachten eine bestimmte Gedankenwelt oder Bevölkerungsgruppe als allen anderen überlegen. Und das ist das Gegenteil wahrer Verbundenheit. Denn diese kennt keine Grenzen, Hautfarben oder andere Differenzierungen. Wirklich herausragende Persönlichkeiten – und da kann ich mich nur wiederholen – haben Hochachtung vor der Menschheit als ganzer.

2. Du verlässt dich auf deine Intuition

Auf diesem Level wird deine Intuition unglaublich stark. Menschen und Chancen ziehen dich an wie Magnete. Morgens wachst du mit einem ganzen Schwarm toller Ideen im Kopf auf. Solche intuitiven Impulse führen, scheint's, wie von selbst zu den richtigen Gelegenheiten und Gedanken.

Ich stimme mit Dr. Beckwith überein, der sagt, dass auf dieser Stufe eigentlich nicht *wir* unsere Berufung finden. Sondern dass sie sich uns quasi aufdrängt. Und der Kanal dafür ist die Intuition. Deshalb hat auch die »Glücksziplin« so große Bedeutung. Denn Zufriedenheit stellt sozusagen den Treibstoff der Intuition dar. Wer dagegen gestresst oder ängstlich ist, schiebt ihr einen Riegel vor.

Dank deiner Intuition musst du nicht unbedingt wissen, *wie* du deine Bestimmungsziele erreichst. Viel zu viele Menschen verfangen sich in den Fesseln »realistischer« Ziele, weil sie nicht bereit sind, über dieses *Wie* hinauszudenken. Darüber musst du dir aber gar keine Gedanken machen. Fang mit dem *Was* und *Warum* an. Sobald du weißt, was du hervorbringen willst und warum, kannst du loslegen. Und genau die Schritte einleiten, die deine Intuition dir einflüstert.

3. Die Vision zieht dich voran

Auf diesem Level sind deine Ziele in eine größere Vision eingebunden, die dich antreibt. Ohne eine Mission kann die Arbeit ein Fluch sein. Hast du deine Bestimmung aber gefunden, gibt es so etwas wie Arbeit eigentlich gar nicht mehr. Wie viele Beschäftigte mit einer Mission bestätigen können, betrachten sie ihren Job nicht als notwendiges Übel, sondern vielmehr als entscheidenden Beitrag zur Anhebung ihrer Lebensqualität.

Die gängigen Ziele motivieren dich nicht länger; stattdessen wirst du von höheren Bestrebungen dazu angetrieben, der Welt zu dienen.

Folgende Gedanken über ein sinnerfülltes Leben hat Dr. Beckwith mit mir geteilt:

> *Das ist eine ganz andere, viel überlegenere Art zu leben. Das heißt nicht etwa, dass du deine Ziele aufgibst, und du verweigerst dich auch keiner Aufgabe ... Das alles bleibt, aber du stehst nicht mehr unter der Fuchtel solcher Dinge. ... Zielorientierte Lebensmodelle treiben dich vor sich her, und du musst ständig motiviert werden. Folgst du [dagegen] einer Lebensaufgabe, zieht deine Vision dich voran.*

Auf diesem Level freust du dich schon beim Aufwachen auf alles, was der Tag dir bietet: ob in deinem Brotjob, einer Freiwilligeninitiative, für die du dich engagierst, oder bei der Arbeit an einem Projekt, das du auf den Weg bringen möchtest. Um was es sich auch handeln mag: Deine Dienstbereitschaft ist groß. Sie treibt dich an. Macht dir Feuer unterm Hintern. Im alten zielorientierten Paradigma musstest du motiviert sein, um dich vorwärtszubewegen. Motivation aber benötigst du nur, wenn du einer *Brule* nachjagst – einem Zweckziel. Verfolgst du dagegen ein Bestimmungsziel, insbesondere eines, das Teil deiner Vision ist, brauchst du nicht mehr »motiviert« zu werden. Weil dann nämlich deine Vision dich vorantreibt.

4. Es kommt dir so vor, als hättest du das Glück auf deiner Seite

Auf diesem Level hast du das Gefühl, von allen möglichen Fügungen, Synchronizitäten und Glücksfällen vorangetragen zu werden. Demzufolge bist du positiv eingestellt, geradezu enthusiastisch und rundum optimistisch.

Wer sich an einem Ziel abarbeitet, das sich nicht mit seiner Berufung deckt, dem legen sich sehr häufig Steine in den Weg. Was zur Folge hat, dass wir unsere Vorhaben nicht immer realisieren. Aber betrachte diese Steine doch mal als *Kensho*-Momente – sanfte Schubser, die Scheuklappen abzulegen und zu schauen, worin deine Lebensaufgabe wirklich besteht.

Das folgende neue Modell scheint mir einer Überlegung wert: Könnte nicht jede Niederlage auch getarntes Glück sein? Weil sie nämlich einen alten Lebensstil zunichtemacht und dir dadurch zu einer neuen Vision deiner selbst verhilft. Bist du dann endlich in der richtigen Spur und folgst deiner Bestimmung, wirst du – genau wie die Helden zahlloser Spielfilme – auf ein enormes Reservoir unausgeschöpfter Kraft und Unterstützung stoßen.

»Glück gehabt«, sagen dann vielleicht manche. Du aber weißt es besser. Denn du weißt, dass du jetzt auch zu jenen Gottesteilchen gehörst, die zu ihrer Quest aufgebrochen sind.

Was uns zum zehnten Update bringt.

§ Update 10: Nimm deine Quest an

Außergewöhnliche Persönlichkeiten werden von ihrer Quest beziehungsweise Berufung motiviert – dem Drang, etwas zum Positiven zu verändern. Dieser Drang bringt sie vorwärts, verleiht ihrem Leben Sinn und veranlasst sie, einen bedeutenden Beitrag zum Gemeinwohl zu leisten.

DER EINSTIEG

Bei der Suche nach deiner Mission hilft es, wenn du dich an die folgenden zwei Leitvorstellungen des kulturellen Umfelds zurückerinnerst, die in Wahrheit *Brules* darstellen, die dich behindern.

Brule 1: Zwangsläufig Unternehmer(in) werden

Bei meinen Vorträgen, gerade vor Studenten, fällt mir oft auf, wie viele Leute offenbar meinen, um etwas Bedeutendes leisten zu können, müssten sie die Unternehmerlaufbahn einschlagen. Und wenn ich ihnen dann versichere, dass es auch anders geht, höre ich sie vor

Erleichterung geradezu aufseufzen. In letzter Zeit macht eine *Brule* von sich reden, der zufolge echte Leistungskanonen eine Firma gründen und Angestellte nur Malocher sind. Stimmt aber gar nicht. Früher habe ich diese Auffassung zwar auch vertreten. Seit mir allerdings klar ist, dass viele unserer besten Mitarbeiter und Mitarbeiterinnen bei Mindvalley vorher selbst Unternehmer waren, stelle ich diese *Brule* doch sehr stark infrage. Manche hatten sich nur selbstständig gemacht, um ihren Lebensunterhalt zu verdienen, über kurz oder lang aber bemerkt, dass ihnen etwas fehlte: eine Mission. Andere, die ihre Vision bereits im Bildungswesen gefunden hatten, stellten irgendwann fest, dass sie im Rahmen eines größeren, etablierteren Unternehmens ihre Ziele besser würden umsetzen können, und schlossen sich uns deshalb an.

Viele der einflussreichsten Menschen weltweit sind selbst keine Unternehmer. Zahlreiche führende Naturwissenschaftler, Ingenieure und Erfinder, die das Leben derzeit auf diesem Planeten nachhaltig verändern, tun das als Angestellte großer, gut geführter Unternehmen, die sich einer Vision verschrieben haben.

Das Unternehmertum stellt ein Zweck-, aber kein Bestimmungsziel dar. Bestimmungsziel ist gewöhnlich ein sinnerfülltes Leben, verbunden mit den Erfahrungen beziehungsweise Erlebnissen, die auf der Basis von Geld und Freiheit möglich werden. Um das alles zu erreichen, kannst du dir allerdings auch ein passendes Unternehmen suchen. Denn außergewöhnlichen Persönlichkeiten geht es ausschließlich darum, was sie tun müssen, um ihre Mission verfolgen zu können.

Statt also unbedingt eine Firma gründen zu wollen, konzentrierst du dich daher besser auf das Bestimmungsziel deiner Mission und lässt dich davon leiten. Das heißt: Stelle deine Mission in den Vordergrund und überlege dann, auf welchem Weg du sie am besten erfüllen kannst: als Unternehmer; indem du dich einem etablierten Team anschließt; als stiller Teilhaber; oder im Angestelltenverhältnis. Versteife dich also nicht auf dieses Unternehmer-versus-Angestellten-Modell.

Fazit: Das Unternehmertum ist kein Selbstzweck, kann aber durchaus Ausdruck richtiger Bestimmungsziele sein.

Brule 2: Der Berufs- und Karrieremythos

Lass uns jetzt mal über den Beruf beziehungsweise die Karriere sprechen. Bist du wirklich auf dem für dich richtigen Weg? Viele wählen ihren Beruf nämlich nur des Geldes und irgendwelcher Titel wegen. Und gefährden damit auf lange Sicht ihr Lebensglück und ihre Zufriedenheit. In diese Falle kann jeder tappen, der sich nur aufgrund des Studienfachs für seinen Beruf entscheidet: weil die Eltern ihn da hineingedrängt haben oder die kulturelle Umwelt bestimmte Betätigungsfelder besonders hip findet – und nicht, weil er oder sie sich dazu hingezogen fühlt. Das Problem dabei: dass man sich selbst auf diese Weise zu jahre-, wenn nicht jahrzehntelanger entnervender, geisttötender Plackerei verurteilt.

Natürlich ist mir bewusst, dass man manchmal gar nicht die Wahl hat – der Lebensunterhalt will schließlich bestritten sein. In genau der Situation war ich ja auch, als ich Telefonvertreter wurde. Dann aber ist es von umso größerer Wichtigkeit, dass man außerhalb des Jobs Dinge tut, die einen der Mission, von der man überzeugt ist, näher bringen. Ich zum Beispiel fing damals nebenbei an, Leute in die Meditation einzuführen, weil ich darin den Sinn fand, den ich in meinem Brotjob vermisste.

Generell muss man aber auch sagen, dass der schlechte Ruf, in den Angestelltenverhältnisse geraten sind, nicht immer zu Recht besteht. Wenn du eine Firma findest, die zu deiner Mission passt, kann das mega sein. Du musst halt nur den richtigen Arbeitgeber finden. Und dafür brauchst du dir im Wesentlichen nur eine Frage zu stellen: *Ist diese Firma ein Menschheits-plus- oder ein Menschheits-minus-Unternehmen?*

Für mich ist diese Unterscheidung der Schlüssel zu langfristiger Zufriedenheit im Beruf. Was ich damit eigentlich meine?

Nun, Menschheits-minus-Firmen sind oft ausschließlich profitorientiert. Was an sich nichts Böses ist. Aber mit einem Unternehmen, das sonst nichts zum Wohl der Welt beizutragen hat, identifiziert man sich nicht so leicht. Und noch schlimmer wird's natürlich, wenn die Firma gesundheitsschädigende Produkte wie etwa Junkfood verkauft oder zur Verschmutzung der Umwelt beiträgt.

Andere Menschheits-minus-Firmen beruhen auf künstlich erzeugter Nachfrage – das heißt, sie verticken Dinge, die kein Mensch braucht, die uns aber als Nonplusultra für Wohlbehagen oder Zufriedenheit angepriesen werden, obwohl sie uns womöglich sogar schaden. Na, du weißt schon, was ich meine. In der Fernsehwerbung werden sie uns ja schließlich täglich um die Ohren gehauen.

Im Gegensatz dazu bringen Menschheits-plus-Unternehmen die Menschheit voran.

Dazu gehören etwa die Versorgung mit sauberer, erneuerbarer Energie; Firmen, die gesunde Ernährungs- und Lebensweisen fördern beziehungsweise sich etwas Neues haben einfallen lassen, um die Lebensqualität auf diesem Planeten zu verbessern. Das sind die Firmen, für die wir im Idealfall arbeiten, die wir unterstützen und gründen.

Vielleicht gehört das Unternehmen, in dem du beschäftigt bist, aber auch einer eher traditionellen Branche an, wie etwa Flugverkehr, Versicherungswesen, Stromversorgung und dergleichen. Trotzdem kann diese bestimmte Firma einer kraftvollen Mission folgen, die dich und andere inspiriert.

Denken wir zum Beispiel an Southwest Airlines: Als Fluglinie ist das Unternehmen zwar auf einem herkömmlichen Gebiet tätig; durch die Revolutionierung der Kundenbetreuung und die besondere Erlebniswelt, die Southwest den Passagieren an Bord bietet, leistet es aber doch auch einen gewissen Beitrag zur Verbesserung der Welt.

Wie auch immer deine Vision schlussendlich aussehen mag – ob du dich selbstständig machst, einen Arbeitsvertrag unterschreibst, dich außerhalb des Job engagierst oder dich mit ganzem Herzen der Erziehung deiner Kinder widmest –, lass dir einfach gesagt sein:

Retten musst du die Welt nicht.
Aber verpfusche sie auch nicht –
schon der nächsten Generation zuliebe.

ENTDECKE DEINE QUEST

Wie aber findest du denn nun deine Mission?
Die folgende Technik stammt von meinem Freund, dem Autor und Redner Martin Rutte, Gründer von *projectheavenonearth.com*. Zum – schnellen – Erkennen der eigenen Berufung empfiehlt er, sich drei Fragen zu stellen. Ich habe diese Methode mit verschiedenen Leuten ausprobiert und konnte mich selbst davon überzeugen, wie fix sie die Lebensaufgabe beziehungsweise Mission fanden, auf deren Spur sie sich begeben wollten.

- Die erste Frage lautet:
  Denke an einen Moment zurück, der für dich der Himmel auf Erden war. Was geschah da?

- Die zweite Frage:
  Stelle dir vor, du hättest einen Zauberstab, mit dem du dir den Himmel auf Erden erschaffen könntest. Wie würde er aussehen?

- Und die dritte Frage:
  Welche(n) einfachen Schritt(e) wirst du innerhalb der nächsten vierundzwanzig Stunden unternehmen, um diese Vorstellungen zu realisieren?

Welche Worte oder Sätze kommen dir bei den Fragestellungen in den Sinn? Welche Bilder hast du vor Augen? Schreib alles auf. Mach dir Skizzen. Gegebenenfalls kannst du deine Gedanken auch laut aussprechen und aufnehmen.
Achte dabei auf deine emotionalen Reaktionen. (Die wahren Bestimmungsziele äußern sich ja, wie du weißt, im Allgemeinen als Gefühle.) Öffnet sich dein Herz beziehungsweise schlägt es schneller? Verspürst du eine Reaktion im Bauch? Hältst du unwillkürlich die Luft an oder atmest tief durch? Schnaufst du vielleicht sogar vor Aufregung? Das alles sind mögliche erste Hinweise auf deine Mission.
Erinnere dich, was Steve Jobs gesagt hat:

»Habt den Mut, eurem Herzen und eurer Intuition zu folgen. Irgendwie wissen die schon, was ihr wirklich werden wollt. Alles andere ist zweitrangig.«

RAT FÜR DIE AUSSERGEWÖHNLICHE SEELE

An einem bestimmten Punkt wirst du den ersten Schritt wagen wollen. Sei aber nicht enttäuscht, wenn sich der Erfolg nicht sofort einstellt. Bei Leuten, über die in den Medien berichtet wird, sieht es oft so aus, als hätten sie den Jackpot auf Anhieb geknackt. Falsch!

Ich habe meinen Freund Peter Diamandis, einen der einflussreichsten Männer im Silicon Valley, gefragt, was für ihn eine außergewöhnliche Persönlichkeit ausmacht.

Hier ist seine Antwort:

> »Ich will's dir sagen: Beharrlichkeit. Man braucht eine tief empfundene Leidenschaft – etwas, was du lösen willst, was dich morgens aufweckt und nachts wachhält. Bei anderen ist der Dreh- und Angelpunkt vielleicht etwas, das sie zutiefst verachten, oder eine Ungerechtigkeit, mit der sie sich einfach nicht abfinden können. Ohne einen solchen emotionalen Leitstern ist es nahezu unmöglich, etwas Großes, Gewagtes zu stemmen, weiß ich. Und die meisten scheitern nicht etwa, weil sich ihnen irgendetwas in den Weg stellt, sondern weil sie einfach klein beigeben.«

Zwei wichtige Dinge sagt Peter hier: Erstens, dass es bestimmt nicht leicht wird. Und zweitens, dass es von Vorteil ist, eine Leidenschaft zu haben, die einen vorantreibt. Ein weiterer Grund, warum es so wichtig ist, deine spezielle Berufung zu finden – etwas, was eine solche Passion nicht nur mental in dir entfacht, sondern auch im Herzen und in deiner Seele.

Bei einer anderen Gelegenheit hatte Peter mir gesagt: »Sollte ich eine besondere Stärke haben, dann wäre das wohl Durchhaltevermögen. Zehn Jahre hat es mich gekostet, bis X Prize stand.«

Ähnliches hatte auch Elon Musk mir gegenüber schon gesagt: »Bei mir ist die Schmerzgrenze ziemlich hoch.«

Und wenn du dich erinnerst: Bei mir lief es ja auch nicht viel anders. Meine Niederlagen und Pechsträhnen waren nicht weniger spektakulär als mein späterer Erfolg. Alles in allem war mein beruflicher Weg aber total normal, bevor dann nach Jahren mit einem Mal die Post abging.

Viele Jobs habe ich nur gemacht, um über die Runden zu kommen. Wenn du allerdings gerade einen Durchhänger hast, macht dir die folgende Aufzählung meiner Jobs (und in welchem Alter ich sie hatte), vielleicht klar, dass es sich dabei womöglich bloß um einen *Kensho*-Moment handelt.

Darsteller in TV-Werbespots (18)
Bühnenschauspieler (19)
Tellerwäscher (19)
Bühnenhelfer (19)
Webdesigner (20)
Regisseur einer Theatertruppe (21)
Java-Programmierer (21)
Fotojournalist (21)
Fehlersucher bei Microsoft (22)
zweiter Vorsitzender eines gemeinnützigen Vereins (23)
arbeitssuchend (24)
Business-zu-Business-Vertreter (25)
wieder arbeitssuchend (25)
Telefonverkäufer (25)
Verkaufsdirektor (26)
Meditationslehrer (27)
Inhaber einer kleinen Website (28)
Gründer eines Start-ups (29)
CEO von Mindvalley (35)

Du siehst: Bei aller Plackerei bin ich immer am Ball geblieben. Hänge also auch du dich rein – sorge aber dafür, dass du auch mit eventuellen Tiefpunkten und Niederlagen klarkommst und dass deine Mission dich trägt.

Jetzt, da sich unsere Wege bald erst einmal wieder trennen, kann ich nur hoffen, dass du erkennst, wie schön die Reise wird, die dich erwartet. Vielleicht bist auch du in einer Welt aufgewachsen, in der die Kinder gefragt werden: »Was willst du denn mal werden, wenn du groß bist?« Das perfekte Set-up für ein auf *Brules* beruhendes Leben. Aber in Zukunft, davon bin ich überzeugt, werden wir den Kindern stattdessen die Frage stellen: »*In welcher Hinsicht möchtest du die Welt zum Positiven verändern?*«

Wohlgemerkt: Diese Frage kannst du dir auch jetzt noch stellen. Jederzeit. Denn dafür ist es nie zu spät.

Vielleicht werden dich die Leute für verrückt erklären. Sich Sorgen um dich machen. Versuchen, es dir auszureden.

Aber manche werden auch kommen und mit dir spielen wollen. Denn es gibt nichts Anziehenderes als Menschen, die ihrer Berufung folgen und vor Leidenschaft und Lebendigkeit geradezu vibrieren. Weil beides nämlich aus Bestimmungszielen resultiert, die ihrem Leben einen Sinn geben und sie glücklich und zufrieden machen. Jeder, der eine derartige Energie ausstrahlt, wirkt wie ein Magnet, denn er führt ein sinnerfülltes Leben und unterstützt andere dabei, es ihm gleichzutun. Wenn du auf dem vierten Level und zu einer außergewöhnlichen Persönlichkeit geworden bist, ziehst du Zeitgenossen an, die es genauso weit bringen wollen wie du. Und dann verbessert ihr gemeinsam die Welt – den nachfolgenden Generationen zuliebe.

*Zu wahrer Größe bringst du es,
wenn du dich nicht länger
auf einen bestimmten Berufsweg konzentrierst,
sondern darauf, zu deiner Quest zu finden.*

ALSO MACHE DEN ERSTEN SCHRITT UND HABE VERTRAUEN

In seinem Buch *Denke nach und werde reich* gibt Napoleon Hill einen simplen Tipp, den ich dir gern verraten möchte: *Wenn du nicht weißt, was du tun sollst, mach einfach einen Schritt – einen winzigen Babyschritt.*

Also: Wenn das Universum dich ruft, dann setze dich einfach in Bewegung. Selbst wenn du den Weg zum Erfolg noch gar nicht genau kennst, bezeugen solche Babyschritte deine Absicht, deine Intention. Sie zeigen, dass du dich in Habtachtstellung befindest und den Marschbefehl bereits erhalten hast. Vielleicht weißt du noch nicht, wie du am besten ans Ziel gelangst, aber die Stiefel hast du bereits an und du läufst. Die Richtung, die du einschlägst, mag noch im Dunkel liegen – sei's drum. Dem Marschbefehl leistest du dennoch Folge.

Und das bewirkt etwas. Du wirst Feedback bekommen und den nächsten kleinen Schritt wagen. Sollte er dich in die Irre führen – mach dir keine Sorgen. Ein kleiner *Kensho*-Moment oder auch ein intuitiver Impuls werden dich leiten. Und dann machst du den nächsten Schritt. Der dich vielleicht zu einem Menschen führt, der dir weiterhilft, oder dir Ressourcen eröffnet, von deren Existenz du nicht einmal wusstest.

Die Schritte, die du unternimmst, müssen tatsächlich nur gerade so groß sein, dass du das Gefühl hast, weiterzukommen.

Einer meiner ersten Baby-Tapser bestand beispielsweise darin, dass ich unter dem Namen Mindvalley ein Unternehmen angemeldet habe. Woraufhin mir ein Papier ausgehändigt wurde, das mir die Gründung einer »Ltd« bestätigte. Mehr besaß ich nicht. Dieses Papier aber ermöglichte es mir, eine Vision rund um eine Firma zu erschaffen, die … immerhin schon einen Namen hatte.

Minischritte sind also viel bedeutender, als du denken magst. Denn sie schicken deine Intention ins Universum: »Ja, ich hab dich vernommen, laut und deutlich. Und jetzt mach weiter, Baby! Sag mir, was getan werden muss. Dann pack ich's an.«

Also, noch mal: Mach dir keinen Kopf, wenn du im Moment noch nicht so genau weißt, wie du deine Ziele erreichen sollst. Gehe einfach einen Schritt. Und dann den nächsten.

1. Tritt aus dem kulturellen Umfeld und ihrer Prägung heraus.

2. Schmeiße die *Brules* über Bord.

3. Schnappe dir den Werkzeugkasten fürs Bewusstseinsengineering.

4. Nimm deine bestärkenden Realitätsmodelle mit an Bord.

5. Vergiss auch die passenden Lebenssysteme nicht.

6. Krümme die Wirklichkeit.

7. Besinne dich auf die »Glücksziplin«.

8. Nimm deine Bestimmungsziele ganz fest in die Hand.

9. Sei unherumschubsbar.

10. Und dann öffnest du die Tür und marschierst in aller Entschiedenheit auf deine Quest zu.

Was du wohl jetzt tust? Die Welt brennt schon darauf, es zu erfahren.

ANHANG

TOOLS FÜR DIE REISE

ÜBE DICH IN TRANSZENDENZ

DIE ZUSAMMENFÜHRUNG
DER SCHLÜSSELELEMENTE DIESES BUCHES
ZU EINER KRAFTVOLLEN PERSÖNLICHEN PRAXIS

Deshalb dürften sich heute gebildete Menschen meines Erachtens nicht mehr in spirituellem Provinzialismus ergehen. Die Weisheiten der östlichen Spiritualität sind mittlerweile genauso wenig nur östlich, wie die des Westens ausschließlich westlich sind. Heute sprechen wir bloß noch über das menschliche Bewusstsein und die Zustände, die es annehmen kann. Mein Ziel ... besteht darin, Ihnen Mut zu machen, dass Sie sich selbst mit bestimmten kontemplativen Einsichten befassen – ganz ohne die metaphysischen Ideen, zu denen in der Vergangenheit unwissende, isolierte Völker von ihnen inspiriert wurden.

Sam Harris, Waking Up

WAS IST EIGENTLICH TRANSZENDENZ?

Unter »Transzendenz« versteht man, über die physische Welt hinauszugehen und für das Unsichtbare offen zu sein. Einiges über transzendente Praktiken wie Dankbarkeit und Vergebung hast du bei der Lektüre bereits erfahren. Jetzt gehen wir noch einen Schritt weiter, machen den Sack zu und führen all die neuen Lebenssysteme, die du in den bisherigen Kapiteln kennengelernt hast, zu einer täglichen Routine zusammen.

Ich werde oft gefragt, wie ich persönlich denn die verschiedenen hier präsentierten Ideen in mein Alltagsleben integriere. Daher werde ich dir nun eine transzendente Übung nahebringen, die ich entwickelt habe und täglich anwende. Ich nenne sie »Six-Phase«, die *Sechs Phasen*.

In den *Sechs Phasen* vereinigen sich verschiedene Schlüsselgedanken dieses Buches zu einer täglichen Übung, die nur fünfzehn bis zwanzig Minuten in Anspruch nimmt, jedoch von enormer Wirkung ist. Du kannst sie als Meditation verstehen, aber im Grunde ist sie mehr als das.

Die *Sechs Phasen* sind das Ergebnis wissenschaftlicher Erkenntnisse und persönlicher Beobachtungen. Die Übung wird dich nicht nur glücklicher, zufriedener machen und Stress abbauen, sondern wirkt sich auch gesundheitlich positiv aus und stärkt dich, damit du deine Quest noch mit mehr Nachdruck leben kannst. Bei verschiedenen Profi-Sportmannschaften und wichtigen Unternehmern ist sie bereits zu einem festen Bestandteil ihres Mentaltrainings geworden.

Im Lauf der letzten zehn Jahre habe ich viele Top-Meditationsprogramme beziehungsweise -Apps entwickelt und bin so zu einem der größten Promoter meditativer Praktiken geworden, die es heute auf diesem Planeten gibt. Ich habe in New York und London Kurse abgehalten, mehrere Meditationsmarken, zum Beispiel OmHarmonics, ins Leben gerufen, und mein Omvana ist in mehr als dreißig Ländern die umsatzstärkste Gesundheits- und Fitness-App bei iTunes. Ich sage das nur, damit du weißt, dass ich auf dem Gebiet der Meditation kein Greenhorn bin. Ich erforsche die verschiedenen Meditationspraktiken und komme immer wieder mit Innovationen um die Ecke.

Eine Meditationsübung im konventionellen Sinne jedoch stellen die *Sechs Phasen* NICHT dar. Das kann ich gar nicht oft genug betonen. Denn Leute, die sich beim Meditieren schnell langweilen oder es überhaupt nicht hinkriegen, verzeichnen mit den *Sechs Phasen* große Erfolge. Und alte Meditationshasen wechseln zu den *Sechs Phasen*, weil sie mit ihnen dieselbe gesundheitsfördernde Wirkung erzielen wie beim Meditieren, zusätzlich aber eine Verbesserung ihrer beruflichen Leistungen und der allgemeinen Lebensqualität beobachten. Deshalb bezeichne ich die *Sechs Phasen* auch lieber als »transzendente Übung« und nicht als »Meditation«.

Was ich jetzt gleich mit dir teilen werde, ist die *allerbeste* Kombination transzendenter Praktiken, die mir je untergekommen ist. Ich werde sie erklären und dir eine genaue Anleitung geben.

Diese Übung wird dir helfen ...

- die »Glücksziplin« zu einem festen Bestandteil deines Lebens zu machen und den ganzen Tag über viel glücklicher und zufriedener zu sein;
- dich auf deine Bestimmungsziele zu konzentrieren sowie auf die erforderlichen Schritte, um sie zu erreichen;
- unherumschubsbar zu werden – weil sie dich angstfrei macht und vergeben lässt;
- dich mit deiner Intuition und inneren Stimme zu verbinden, den optimalen Weg zu deiner Quest zu finden und nicht auf *Brules* hereinzufallen (mache dich auf plötzliche Erkenntnisse, brandneue Ideen und Heureka-Momente gefasst, die sich während der *Sechs Phasen* einstellen können);
- die Widerstandskraft zu entwickeln, die du brauchst, um die unvermeidlichen Stolpersteine auf dem Weg zu deiner Berufung überwinden zu können.

Und das ist längst nicht alles. Denn natürlich wirst du auch in den vollen Genuss der üblichen Nutzen einer regelmäßigen Meditationspraxis kommen – die so zahlreich sind, dass ich sie hier gar nicht alle aufzählen kann. Deshalb beschränke ich mich auf den Hinweis, dass bei Drucklegung der englischsprachigen Originalausgabe dieses Buches bereits circa 1400 Studien vorlagen, die die positiven Effekte des Meditierens belegen.

DAS PROBLEM BEI DER MEDITATION

Es gibt Tausende verschiedener Meditationsarten, die aber alle entweder auf alte klösterliche Praktiken zurückgehen oder eigens für die Bedürfnisse des modernen Menschen entwickelt wurden.

Jede Meditationsform bringt etwas. Wer aber nicht Mönch oder Nonne ist, wird auch nicht so meditieren wollen. Weil es nicht effizient genug ist und zu lange dauert. Viele dieser Praktiken sind noch mit Dogmen befrachtet und wurden seit Jahrhunderten nicht aktualisiert.

Laut Emily Fletcher, der Gründerin der New Yorker Ziva Meditation School, besteht der größte Irrglaube in der Vorstellung, das Meditieren solle die Gedanken zum Stillstand bringen.

Denke doch mal einen Moment lang an gar nichts. Ganz schön schwierig, oder? Wenn man es versuche, meint Emily, sei das gewöhnlich »der Anfang vom Ende der Meditationskarriere«. Weiter sagt sie:

> »Wenn wir uns stattdessen klarmachen, dass der Zweck der Meditation darin besteht, gut beim Leben zu werden – und nicht gut beim Meditieren –, und wenn wir uns darüber hinaus der Tatsache bewusst sind, dass es unmöglich ist, das Denken einzustellen, wird es gleich sehr viel unschuldiger, spielerischer und macht mehr Freude. Dem Geist befehlen zu wollen, dass er mit dem Denken aufhört, ist genauso, als würdest du deinem Herzen auftragen, es solle nicht mehr schlagen. Das geht einfach nicht.«

Die *Sechs Phasen* bedienen sich vieler verschiedener Methoden, um dir ein optimales Meditationserlebnis zu ermöglichen, das sich an deinen persönlichen Bedürfnissen, deinem Zeitbudget und Alltagsleben ausrichtet. Auf der Grundlage wissenschaftlicher Erkenntnisse bündeln sich darin alle Ideen dieses Buches zu einer einzigen fünfzehnminütigen Übung. Und niemand verlangt von dir, deinen Geist zu »entleeren«.

EINFÜHRUNG IN DIE SECHS PHASEN

Mithilfe des mentalen Hacks der *Sechs Phasen* kannst du noch weitaus schneller zu einer außergewöhnlichen Persönlichkeit werden.

Die einzelnen Phasen fördern bei dir je eine von sechs Schlüsselqualifikationen. Die ersten drei tragen zu Glück und Zufriedenheit im Jetzt bei, die letzten beflügeln deine Zukunftsvision.

1. Mitgefühl 2. Dankbarkeit 3. Vergebung	Glück und Zufriedenheit im Jetzt
4. Zukunftsträume 5. Der perfekte Tag 6. Segnung	Vision deiner Zukunft

Im Mittelpunkt steht in den jeweiligen Phasen:

1. MITGEFÜHL. Liebe und Mitgefühl braucht, glaube ich, jeder Mensch. In dieser Phase wirst du dabei unterstützt, anderen gegenüber, aber auch im Kontakt mit dir selbst gütiger zu werden. Ein starkes Tool zur Vergrößerung der Selbstliebe.

2. DANKBARKEIT. So groß unsere Ziele auch sein mögen, kommt es doch darauf an, das bereits Erreichte zu schätzen und damit zufrieden zu sein. Dankbarkeit wirkt sich auf das Wohlbefinden und das Lebensglück denkbar positiv aus.

3. VERGEBUNG. Für den Verbleib in der »Glücksziplin« ist es mit am wichtigsten, dass du mit dir und der Welt im Reinen bist. Darüber hinaus macht dich die Vergebung unherumschubsbar.

4. ZUKUNFTSTRÄUME. Wie du im siebten und achten Kapitel gelernt hast, schenkt dir eine Vision, die dich vorantreibt, viel Energie. Sie zeigt das Leben, das du künftig führen möchtest.

5. DER PERFEKTE TAG. In dieser Phase wird bei dir das Gefühl gestärkt, dass du dein tägliches Leben im Griff hast. Sie setzt deine Zukunftsträume in überschaubare Einzelschritte um.

6. SEGNUNG. Wir müssen Unterstützung spüren, wissen dürfen, dass alles gut ist – so ambitioniert die Projekte, die wir uns vorgenommen haben, auch sein mögen. In dieser Phase geht es darum, dass du dich geschützt und in deiner Quest unterstützt fühlst.

Als Nächstes gebe ich dir erst einmal einen Überblick über die einzelnen Phasen, damit du dich mit ihnen vertraut machen kannst. Später gehe ich auf den gesamten Ablauf ein.

Am Ende dieses Kapitels erhältst du noch Informationen über eine App und ein Video, die dich durch diese Meditation führen, wann immer dir danach ist.

Phase 1: Mitgefühl

In dieser Phase geht es darum, dich deine Verbundenheit mit anderen spüren zu lassen und dir das Gefühl der Nähe zu und Güte gegenüber allem Leben zu geben, über das wir im zehnten Kapitel gesprochen haben. In dieser Phase bringst du deine Bereitschaft zum Ausdruck, einem immer größer werdenden Menschenkreis mit mehr Mitgefühl und Liebe zu begegnen. Bei Angehörigen und Freunden anfangend, weitest du sie allmählich so aus, dass sie sich schließlich auf den gesamten Planeten erstreckt.

Mehr Mitgefühl macht dich zu einem besseren Menschen; und wie aus verschiedenen Studien hervorgeht, zählen sowohl Männer als auch Frauen Mitgefühl und Güte zu den attraktivsten Eigenschaften, über die Angehörige des anderen Geschlechts verfügen können. (So gesehen kann diese Phase also sogar auch dein Liebesleben noch verbessern.)

Phase 2: Dankbarkeit

Wie wissenschaftlich belegt ist, steigert Dankbarkeit das Energielevel, reduziert Ängste, verbessert die Schlafqualität und das Gefühl der Verbundenheit – weshalb sich in diesem Buch ja auch einige Übungen ganz auf Dankbarkeit konzentrieren. In der zweiten Phase denkst du an je drei Dinge aus deinem Privat- und Berufsleben sowie an drei Dinge an dir selbst, für die du dankbar bist. Letzteres ist besonders wichtig. Denn nur allzu oft suchen wir die Liebe bei anderen, statt uns selbst so, wie wir sind, anzunehmen und zu lieben.

Phase 3: Vergebung

Vergebung ist ein entscheidender Aspekt der »Glücksziplin« und eine der Voraussetzungen für ein außergewöhnliches Leben. In der dritten Phase machst du die im siebten Kapitel vorgeschlagene Übung nun zu einem festen Bestandteil deiner Alltagsroutine.

Dass Vergebung großen gesundheitlichen Nutzen hat, ist mittlerweile wissenschaftlich erwiesen. So kann sie etwa Rückenschmerzen lindern, die sportliche Leistungsfähigkeit erhöhen, das Herz stärken und viel glücklicher und zufriedener machen. Eine Studie an einer kleinen Gruppe von Patienten mit chronischen Rückenschmerzen hat ergeben, dass diejenigen, die regelmäßig meditierten und sich dabei auf die Transformation von Wut, Zorn und Ärger in mehr Mitgefühl konzentrierten, viel weniger Schmerzen und Ängste hatten als die Patienten, die nur »normal« behandelt wurden.

Aus einer anderen Studie geht hervor, dass Vergebung Bluthochdruck senkt und das Herz entlastet.

Auch Untersuchungen der Auswirkungen von Vergebung, die Xue Zheng von der School of Management an der Rotterdamer

Erasmus-Universität durchführte, ergaben, dass Versöhnlichkeit allem Anschein nach den Körper stärkt: »Aus unseren Forschungsergebnissen geht hervor, dass Menschen, die viel vergeben, die Welt als weniger bedrohlich empfinden und bei sportlichen Aufgaben, die wir ihnen stellten, besser abschnitten«, erklärte Zheng.

Die Teilnehmer einer Studie erbrachten beim Hochsprung tatsächlich bessere Leistungen, nachdem sie jemandem, der ihnen einmal etwas angetan hatte, einen Brief geschrieben und ihm darin verziehen hatten.

Von den Erfahrungen, die ich beim Vergeben in der Meditation gemacht habe, war ja bereits in einem früheren Kapitel die Rede. Es stärkt also nicht nur den Körper, sondern auch die Seele. Und genau deshalb ist das Verzeihen eine der *Sechs Phasen*.

Phase 4: Zukunftsträume

Bis jetzt hast du dich auf die Gegenwart fokussiert. In der vierten Phase erklärst du nun deine Absichten für die Zukunft. Dass dieses Element Eingang in den Gesamtprozess finden konnte, verdanke ich meiner beruflichen Entwicklung. Vor Jahren habe ich das Leben visualisiert, das ich mittlerweile führe. Heute bin ich in meinem Jetzt zufrieden und visualisiere täglich die vor mir liegenden Jahre. Diese Routine scheint meinem Hirn dabei zu helfen, den optimalen Weg zum Erreichen meiner Ziele zu finden.

Beim Visualisieren der Zukunft denke ich drei Jahre voraus – was ich auch dir empfehlen würde. Und alles, was du dich in drei Jahren tun und lassen siehst, solltest du verdoppeln, weil dein Hirn nämlich *unter*schätzt, was du in dieser Zeit schaffst. Dagegen *über*schätzen wir in der Regel, was wir innerhalb eines Jahres erreichen können.

Manche denken, »spirituell« zu sein heiße, sich mit dem aktuellen Status quo zufriedengeben zu müssen. Blödsinn. Zufrieden und glücklich kannst du in jeder Situation sein. Das aber sollte dich weder von Träumen und deinem persönlichen Wachstum abhalten noch davon, dass du deinen Beitrag leistest.

Wähle eines der Bestimmungsziele aus deiner Beantwortung der *Drei wichtigsten Fragen* aus dem achten Kapitel und nimm dir ein paar Minuten, um dir zu überlegen und voller Vorfreude zu visualisieren, wie dein Leben wohl wäre, wenn du dieses Bestimmungsziel bereits erreicht hättest.

Phase 5: Der perfekte Tag

Nun, da du weißt, wie dein Leben in drei Jahren aussehen soll, fragst du dich: *Was muss ich heute tun, damit es dazu kommt?*

In dieser Phase erlebst du deinen perfekten Tag – den heutigen – und erkennst, wie du dir seinen Verlauf wünschen würdest: Morgens wachst du voller Vorfreude auf, hast mittags ein tolles Meeting mit wunderbaren Kolleginnen und Kollegen, tolle Ideen und legst eine großartige Präsentation hin. Nach der Arbeit triffst du dich noch mit Freunden, nimmst mit deinem Partner/deiner Partnerin ein köstliches Essen zu dir und spielst vor dem Zubettgehen mit den Kindern.

Indem du deinen perfekten Tag im Einzelnen vor dir siehst, veranlasst du das aufsteigende retikuläre Aktivierungssystem (ARAS) deines Hirns, alles Positive zu beachten. Denn aufgrund dieses ARAS ist das Hirn in der Lage, Muster zu erkennen.

Ein einfaches Beispiel: Wenn du dir ein neues Auto kaufst, sagen wir einen Tesla, Model S, nimmst du plötzlich viel mehr Exemplare dieses Wagentyps wahr.

In unserem Fall geschieht genau dasselbe. Angenommen, du stellst dir dein Mittagsmeeting total super vor: großartige Ideen, wunderbares Essen, herrliches Ambiente. Ist es dann so weit, bringt dir der Kellner eine falsche Bestellung. Weil du dir das Treffen aber so besonders schön vorgestellt hast, wird sich dein ARAS mit höchster Wahrscheinlichkeit auf das Ambiente, deine Tischgenossen und das Essen konzentrieren und weniger auf das Missverständnis des Kellners. Weil du es nämlich so präpariert hast. Verstehst du? Du trainierst dein Hirn darauf, das Negative zu ignorieren und sich ganz für alles Positive zu öffnen. Die Welt musst du gar nicht verändern. Es genügt völlig, wenn du den Fokus deiner Welt*sicht* veränderst. Das aber ist, wie sich herausstellt, von weitreichender Bedeutung.

Phase 6: Segnung

Diese letzte Phase ist von deinen religiösen beziehungsweise spirituellen Überzeugungen vollkommen unabhängig. Solltest du an eine höhere Macht glauben, kannst du dir vorstellen, dass du dich ihr anvertraust, sie anrufst und ihre Energie in dich einfließen spürst: Vom Scheitel bis ganz hinunter in die Fußspitzen fühlst du dich geliebt und unterstützt. Ja, genau. Es braucht nur dreißig Sekunden. Glaubst du nicht an eine höhere Macht, kannst du dir vorstellen, dass du dich selbst neu bootest, dich einstimmst beziehungsweise auf deine eigene Kraft besinnst. Diese Energie lässt du dann ebenfalls durch dich hindurchfließen. Anschließend bist du bereit. Bereit, dich deiner Quest zuzuwenden.

DIE SECHS PHASEN –
MEHR ALS NUR »MEDITATION«

Wenn die Meditation doch so großen Nutzen verspricht: Warum meditieren dann täglich nur circa 20 Millionen Amerikaner und Amerikanerinnen? Genau diese Frage habe ich meinen mehr als siebzigtausend Followern (Stand: 2016) auf Facebook gestellt. Und viele haben mir freundlicherweise geantwortet. Demnach kann ich sagen: Wer nicht täglich meditiert, hängt vermutlich einem der überkommenen Realitätsmodelle in Sachen Meditation an, die ich im Folgenden benenne (und mithilfe der *Sechs Phasen* auflöse).

1. »Dafür hab ich viel zu viel zu tun.«

Dieses Argument bezeichne ich als »Geschäftigkeitsparadox«, denn es ergibt nicht den geringsten Sinn. So, als würdest du behaupten: »Ich bin zu hungrig, um zu essen.«

Leute wie Arianna Huffington, der Zukunftsforscher Ray Kurzweil und ich, die wir alle regelmäßig meditieren, wissen, dass der enorme Produktivitätsschub, den wir daraus beziehen, die tägliche Viertelstunde »Zeitverlust« locker wettmacht. Und dabei sind die anderen Nutzen der Meditation, wie zum Beispiel erhöhte Lebenserwartung, gesteigerte Kreativität und optimierte Fähigkeit zum Lösen von Problemen oder die den ganzen Tag über höhere Zufriedenheit, noch gar nicht mit eingerechnet. Wenn ich mal in einen Arbeitstag starte, ohne in der Frühe meditiert zu haben, kriege ich in der Firma längst nicht so viel geregelt und bin weit weniger produktiv als sonst.

Dennoch halten viele Leute an diesem Paradox fest. Was aber weniger daran liegt, dass sie die fünfzehn Minuten nicht erübrigen könnten, als daran, dass sie nicht so genau wissen, wie das mit dem Meditieren überhaupt geht und was sie dabei genau tun müssen.

Die *Sechs Phasen* verlängern deinen Tag um Stunden, indem sie den Geist auf größere Effektivität und Produktivität einstimmen. Und sie auszulassen bringt nichts.

2. »Ich krieg's einfach nicht richtig hin.«

Der Unterschied zum … sagen wir mal: Joggen ist, dass man beim Joggen schnell weiß, ob man alles richtig macht. Du bist in der und der Zeit von A nach B gelangt. Anders beim Meditieren: Da kommst du gedanklich vielleicht vom Hölzchen aufs Stöckchen, schläfst beinahe ein, langweilst dich oder kannst kaum erwarten, dass es endlich vorbei ist. Woraus du möglicherweise den Schluss ziehst, dass das Meditieren nix bringt. Zu alldem kommt es aber nur, weil du dich an das falsche System hältst. Das richtige – die *Sechs Phasen* – hält dich wach, ist alles andere als langweilig und läuft in klar definierbaren Etappen ab. Was einen Riesenunterschied macht.

3. »Das mit dem ›Den-Geist-Entleeren‹ funktioniert bei mir nie.«

Ein altes chinesisches Sprichwort lautet: »Wie ein besoffener Affe springt der Geist ständig von Baum zu Baum.« Und das stimmt auch. Glaub also nicht, du müsstest deinen Geist entleeren, um meditieren zu können. Das ist einer der größten Mythen in Sachen

Meditation überhaupt. Den Eremiten in ihren Höhlen früher mag es leichter gefallen sein, den Geist zu entleeren. Sie brauchten sich schließlich weder um den Beruf noch um Familie, Kinder, SMS-Nachrichten oder Facebook zu kümmern. Die Welt, in der wir heute leben, ist aber eine andere, und die Meditation muss sich den neuen Verhältnissen anpassen.

Von »Erst-einmal-den-Geist-leeren«-Methoden halte ich deshalb gar nichts. Im Gegenteil: Die *Sechs Phasen* halten den Geist ordentlich auf Trab. Und sie eignen sich zum Lösen von Problemen. Wenn du beruflich oder privat etwas auf dem Herzen hast, kannst du während dieser Meditation daran denken und aus dem jeweiligen Problem ein *Projekt* machen. Bei »meiner« Methode bleibt der Geist immer aktiv – zugleich aber meditierst du und kommst in den Genuss der stillen Einkehr.

Wie isses? Wollen wir anfangen?

WIE DAS MIT DEN SECHS PHASEN GEHT?

Bei dieser Methode hast du viele Freiheiten. Hier aber doch ein paar Anhaltspunkte:

WANN DU DIE ÜBUNG AM BESTEN MACHST?
Am einfachsten ist es wahrscheinlich morgens oder vor dem Zubettgehen. Der eine oder die andere kann sie aber bestimmt auch im Büro durchführen. Denn eigentlich kommt es nur darauf an, dass du zehn bis zwanzig Minuten lang nicht gestört wirst. Ich persönlich bevorzuge die Morgenstunden, weil mich die Übung dann für den ganzen Tag mit neuer Energie auflädt. Aber wie gesagt, wenn es für dich besser passt, kannst du sie auch am Abend machen. Dafür visualisierst du den Verlauf des kommenden Tages: wie du nach einem erholsamen Nachtschlaf aufwachst und frisch startest.

WIE DU SITZT?
Wie immer du magst. Es spielt keine Rolle.

WIE DU FOKUSSIERT UND WACH BLEIBST?

Vielen geht beim Meditieren alles Mögliche durch den Kopf, oder sie dösen ein. Die *Sechs Phasen* sind auf das natürliche Wesen des Geistes abgestimmt – und dies besteht nun mal darin, dass er stets aktiv ist. Was immer dir in den Kopf kommt, ist okay. Schiebe es einfach beiseite. Oder hebe es dir für eine der späteren Phasen auf.

Denkst du womöglich voller Begeisterung an eines deiner Ziele? Ist doch toll! In Phase 4 – *Zukunftsträume* – darfst du darauf zurückkommen. Oder spukt dir ein Arbeitstreffen im Kopf herum? In Phase 5 – *Der perfekte Tag* – darfst du es dir in allen Einzelheiten ausmalen. Gibt es Dinge, die dir Angst oder Sorgen machen? Lass über alles die *Segnung* rieseln.

Beim konventionellen Meditieren fangen die Leute oft schnell an sich zu langweilen und dösen dann ein. Weil die *Sechs Phasen* den Geist aktiv sein lassen, schläft man bei ihnen viel seltener ein. Passiert es dir trotzdem, besteht kein Grund zur Besorgnis.

LOS GEHT'S

In diesem Abschnitt erkläre ich dir genau, was in jeder Phase zu tun ist. Fange ganz langsam an: Am ersten Tag machst du die Phase 1, am zweiten dann Phase 1 *und* Phase 2. Und immer so weiter, bis du am sechsten Tag alle sechs Phasen nacheinander durchschreitest.

Bevor du anfängst, lies bitte die folgende Anleitung durch, die erklärt, was genau du in jeder der sechs Phasen tun solltest.

Phase 1: Mitgefühl

Denke an jemanden, den du zutiefst liebst – an ein Gesicht, ein Lächeln, das dein Herz zum Strahlen bringt.

Für mich ist das meine Tochter Eve. Als ich dieses Buch geschrieben habe, war sie zwei. Eves Lächeln ist für mich eine Frage, die ich den Rest meines Lebens lang beantworten könnte. Zuerst stelle ich mir also sie und ihr Lächeln vor.

Merke dir das Mitgefühl, die Liebe, die du empfindest, wenn du dir die geliebte Person oder vielleicht sogar ein Haustier vorstellst.

Denn diese Empfindung wird zu einem Anker für dich. Stelle dir diese Liebe dann als Blase vor, die dich umgibt. Sieh dich selbst in einer weißen Blase aus Liebe.

Male dir anschließend aus, wie diese Blase immer größer wird und am Ende das ganze Zimmer ausfüllt. Sollte sich außer dir noch jemand im Raum befinden, beziehst du ihn in deine Blase aus Mitgefühl und Liebe mit ein.

Bald wird das gesamte Haus von der Blase erfüllt. Projiziere ein Gefühl der Liebe auf alle Bewohner. Vielleicht »spürst« du die Liebe, die sich auf sie überträgt, sogar. Aber du könntest dich auch darauf beschränken, eine Botschaft zu formulieren, wie etwa: »Ich schicke euch Liebe und Mitgefühl und wünsche euch allen das Beste.«

Stelle dir dann vor, dass die Blase die gesamte Nachbarschaft umfasst ...

Deine ganze Stadt ...

Dein Land ...

Deinen Kontinent ...

Und schließlich den gesamten Planeten Erde.

Bei jedem Schritt siehst du dich allen Lebewesen innerhalb der Blase Liebe und Mitgefühl senden.

Halte dich nicht damit auf, *wie* du die Blase siehst oder spürst. Der Gedanke, dass du allen Erdenbürgern Liebe und Mitgefühl zukommen lässt, genügt völlig.

Damit hast du nun die Mitgefühlsphase abgeschlossen. Jetzt weiter zu Phase 2.

Phase 2: Dankbarkeit

Zunächst denkst du an drei bis fünf Dinge aus deinem Privatleben, für die du dankbar bist. Vielleicht dein warmes Bett oder der tolle Job, den du hast. Es könnte aber auch etwas ganz Einfaches sein, wie etwa die Tasse heißen Kaffees, die in der Küche auf dich wartet.

Denke anschließend an drei bis fünf Dinge, denen im Arbeitsleben deine Dankbarkeit gilt. Vielleicht denkst du daran, dass du nur einen kurzen Anfahrtsweg hast. Oder an den Kollegen, bei dessen Lächeln dir immer ganz warm ums Herz wird. Oder dass die Chefin deine Leistungen zu schätzen weiß.

So weit, so gut. Jetzt aber kommt der wichtigste Teil: Du denkst an drei bis fünf Punkte an dir selbst, für die du dankbar bist.

Vielleicht daran, dass du in deinem Lieblingskleid so verdammt gut aussiehst. Oder dass du immer so schlagfertig bist. Oder dass du die Geburtstage deiner Freunde nie vergisst. Oder an deinen bemerkenswerten Intellekt und den Umstand, dass du stets die interessantesten Bücher auftreibst.

Wertschätzung gegenüber der eigenen Person kann man gar nicht genug haben.

Phase 3: Vergebung

Vergebung ist wie ein Muskel: Je mehr du ihn spielen lässt, desto stärker wird er. Trainiere ihn so, dass du unherumschubsbar wirst und dich weder bestimmte Situationen noch Menschen aus der Fassung bringen.

Fange mit der Liste aller Menschen und Situationen an, denen du vergeben möchtest, die du im siebten Kapitel erstellt hast. Bei jeder Meditation konzentrierst du dich in der dritten Phase auf eine einzige Person oder Situation. Und vergiss dabei nicht, dass auch du diese Person sein kannst. So könntest du dir zum Beispiel etwas verzeihen, was du einmal getan und woran du immer noch zu knabbern hast.

Als Nächstes führst du dir die betreffende Person oder Situation vor Augen. Und machst die drei Schritte, die du schon aus der Vergebungsübung im siebten Kapitel kennst.

SCHRITT 1: VORBEREITUNG. Führe dir die Szene vor Augen, der deine Vergebung gelten soll, oder lokalisiere bildlich den Ort, an dem sie sich abgespielt hat. Als ich mir zum Beispiel einmal eine falsche Geschäftsentscheidung verziehen habe, die mich Millionen gekostet hatte, stellte ich mir eine jüngere Version meiner selbst vor, die mir 2005 in meinem Büro gegenübersaß.

SCHRITT 2: SPÜRE DEN ZORN UND DEN SCHMERZ. Jedoch nicht länger als circa zwei Minuten (auf die Uhr schauen musst du aber nicht). In dieser Zeit darfst du sogar schreien oder auf ein Kissen einschlagen. Lass alle Emotionen raus, doch nur kurz.

SCHRITT 3: VERGIB, UM ZU LIEBEN. Stelle dir die Fragen, die ich im siebten Kapitel genannt habe: *Was habe ich daraus gelernt? Inwiefern hat sich mein Leben durch diese Situation verbessert?* Vergiss auch die Erkenntnis nicht, dass »verletzte Menschen Menschen verletzen«. Frage dich also: *Was könnte dieser Person angetan worden sein, dass sie mir jetzt so wehtun muss?*

Sobald du dir diese Fragen stellst, kannst du die Situation aus der Perspektive des anderen betrachten. Vielleicht reicht eine Sitzung nicht, um der Person verzeihen zu können. Doch wie schlimm ihr Fehlverhalten auch gewesen sein mag – Vergeben ist möglich. Es braucht nur etwas Übung.

Wenn sie sich dann einstellt, kann die Vergebung unglaubliche Tiefe annehmen. Wie Khaled Hosseini in *Drachenläufer* schrieb:

> *»[...] und fragte mich, ob womöglich gerade auf diese Weise Versöhnung zustande kommt – eben nicht mit dem Fanfarenstoß göttlicher Inspiration, sondern ganz heimlich, wenn der Schmerz nachlässt und sich unversehens mitten in der Nacht davonmacht.«*

Und damit hast du nun die erste Hälfte der *Sechs Phasen* auch schon abgeschlossen. Etwa sechs bis fünfzehn Minuten dürftest du dafür gebraucht haben. Bei mir sind es in der Regel sieben. Jetzt starten wir in die zweite Hälfte, die sich um deine Zukunftsvision dreht.

Phase 4:   Zukunftsträume

Erinnerst du dich an deine Antworten auf die *Drei wichtigsten Fragen* im achten Kapitel? Jetzt fängst du an, mit ihnen zu arbeiten. Denke an drei bis fünf Punkte deiner Antwortenliste.

Ergehe dich jetzt in Tagträumen. Sieh dich die Dinge erleben, persönlich wachsen und Beiträge leisten, die du dir notiert hast.

Denke dabei nicht zu kurzfristig. Ich würde einen Zeitraum von drei Jahren vorschlagen.

Und fühle! Emotionen sind entscheidend. Angenommen, du siehst dich ein dir fremdes Land besuchen. Dann empfinde dabei die ganze Begeisterung, die eine solche Reise bei dir auslösen würde. Oder stelle dir den Stolz und die Genugtuung vor, die du spüren würdest, wenn du dir mit Leichtigkeit eine neue Fähigkeit aneignen würdest.

In dieser Phase verbleibe ich gern drei bis fünf Minuten lang. Ärgere dich nicht, sollte dir das Visualisieren schwerfallen. Wenn du deine Ziele nicht vor dir siehst, gehe mithilfe der *»Erhabenen Fragen«* an sie heran – einer Technik der Autorin Christie Marie Sheldon. Dabei drückst du deine Zukunftsvision in Frageform aus, und zwar in der Gegenwart. Zum Beispiel: *Wie gelingt es mir bloß so mühelos, derart großartige Länder zu besichtigen? Warum eigentlich bin ich dermaßen gut im Geldverdienen, -zusammenhalten und -vermehren? Was macht mich in der Liebe nur so erfolgreich? Wieso bin ich so mühelos imstande, mein Idealgewicht zu halten?*

Viele tun sich mit Sätzen dieser Art leichter als mit dem Visualisieren. Vielleicht möchtest du auch beides kombinieren. Letztlich zählt nur der Gedanke. Dass du deine Idee hörst, siehst, ja sogar riechst ... Dann wird das schon.

Phase 5: Der perfekte Tag

Du beginnst mit der simplen Frage: *Was müsste ich heute tun, um mit der praktischen Umsetzung meiner Antworten auf die »Drei wichtigsten Fragen« anfangen zu können?*

Denke jetzt an den Verlauf deines Tages: Arbeitsweg, das Zusammentreffen mit den Kollegen, deine Aufgaben bis Mittag, dann das Treffen zum Lunch ... bis zu dem Moment, an dem du deinen Arbeitsplatz verlässt, nach Hause kommst und meditierst oder liest, bevor du ins Bett gehst.

Stelle dir jeden Abschnitt deines Tages *perfekt* vor.

Eher skeptisch oder pessimistisch veranlagten Menschen empfiehlt die Autorin Ester Hicks, mit dem Satz *»Wäre es nicht wunderbar, wenn ___?«* anzufangen. So könntest du dir zum Beispiel die

Frage stellen: *Wäre es nicht wunderbar, wenn meine Fahrt zur Arbeit heute vollkommen stressfrei wäre und meine Lieblingssongs im Radio gespielt würden?*

Verfahre so mit allen Etappen deines Tages bis zum Ins-Bett-Gehen. Lass die Fantasie spielen. Tue so, als hättest du den Verlauf deines Tages komplett in der Hand. Schon das gibt dir mehr Kontrolle, größere Macht und hat zur Folge, dass du weit mehr positive Erfahrungen machst. Und sei es auch nur, weil du ihnen mehr Aufmerksamkeit schenkst als den negativen.

Jetzt kommen wir zur letzten Phase.

Phase 6: Segnung

Nun stellst du dir eine höhere Macht vor, die bereit ist, dich auf deiner Quest zu unterstützen. Dabei spielt es keine Rolle, welcher Religion du angehörst. Genauso gut kannst du auch Atheist sein. Unter der höheren Macht kannst du dir den Gott deiner Kultur vorstellen oder auch einen mythologischen, eine(n) Heilige(n) oder einen Propheten/eine Prophetin, ein spirituelles Wesen oder einen Engel. Solltest du Atheist sein, kann die höhere Macht für dich auch aus deinen inneren Kraftreserven und deiner persönlichen Stärke bestehen.

Spüre, wie diese höhere Macht vom Scheitel her deinen gesamten Körper hinabfließt, über Stirn, Augen, Gesicht, Hals, Schultern, Arme, Bauch, Hüften, Schenkel, Beine bis hinunter in die Füße.

Stelle dir dich geschützt und umgeben von einer Kraft vor, die bereit ist, dich vor Schaden zu bewahren und auf dem rechten Weg zur Erfüllung deiner Träume zu halten.

Bedanke dich dann gedanklich bei dieser höheren Macht beziehungsweise der Energie. Spüre, dass du dem Tag jetzt zuversichtlich entgegentreten kannst.

Wenn du so weit bist, öffnest du die Augen.

Und das war's dann auch schon.

GREIFBARE UND
WENIGER GREIFBARE RESULTATE

Wer die *Sechs Phasen* regelmäßig praktiziert, kommt sukzessive in den Genuss aller Vorteile des Meditierens, von denen man so hört. Da sie aber über die reine Entspannung hinausgehen, gewinnst du auch an Mitgefühl, Vergebungsbereitschaft und vielem anderen hinzu.

Die *Sechs Phasen* erinnern dich daran, dass du glücklich, zufrieden, friedvoll sein kannst – und trotzdem noch ein(e) Agent(in) des positiven Wandels der Welt. Und dass wir nie, nie aufhören sollten, die Verwirklichung unserer schönsten Träume anzustreben.

Für mich sind die *Sechs Phasen* das Wichtigste, was ich täglich tue. Das größte Geheimnis meines Erfolgs und die bedeutendste Fähigkeit, die ich unterrichte. Ich kann gar nicht genug betonen, *wie* machtvoll sie sind.

BECOMING LIMITLESS –
Online-Kurs

Dieser Online-Kurs nimmt dich mit auf eine Reise und zeigt dir Schritt für Schritt anhand der wirksamen Lehrmethoden von Vishen Lakhiani, wie du die Realität »krümmen« und ein Leben ohne Grenzen führen kannst.

Seit über 25 Jahren erforscht Vishen das »Bending Reality«-Konzept. Er hat sich mit den außergewöhnlichsten Persönlichkeiten der Geschichte beschäftigt und mit vielen Formen der Bewusstseinserweiterung experimentiert. Mit seinem geschulten »Ingenieursverstand« hat er ein so einfaches System konzipiert, dass jeder die Updates in seinem Leben anwenden und entsprechende Resultate erzielen kann. Dieses Konzept geht weit über das »Gesetz der Anziehung« hinaus und sprengt Ansätze wie »Gedanken erschaffen die Wirklichkeit«.

Am Ende des Online-Kurses führt Vishen mit dir die *Sechs-Phasen*-Meditation durch, die er zuvor Schritt für Schritt in dem Online-Kurs aufgebaut hat.

Preis: 199,- Euro

Weitere Informationen unter:
*www.vishenlakhiani.de/
becoming-limitless-online-kurs/*

FOLGE DEM CODE
DES AUSSERGEWÖHNLICHEN GEISTES

KAPITEL 1:
ÜBERWINDE DIE KULTURELLE PRÄGUNG

Wir leben in zwei Welten: Die eine ist die der absoluten Wahrheit – Dinge, auf die wir uns alle verständigen können (dass Feuer heiß ist, zum Beispiel) –, die andere ist die Welt der relativen Wahrheit – Ideen, Modelle, Mythen und Regeln, die wir entwickelt haben und von Generation zu Generation weitergeben. Hier sind Konzepte wie Ehe, Geld und Religion angesiedelt. Obwohl relative Wahrheiten nicht für *alle* Menschen wahr sind, behandeln wir sie, als wären sie absolut. Sie können unglaublich stärkend wirken, aber auch wahnsinnig einschränken. Diese Welt der relativen Wahrheit bezeichne ich als »*Culture Scape*« (»kulturelles Umfeld«, »kulturelle Umwelt«; »kulturelle Prägung«).

§ **Update 1: Überwinde die kulturelle Prägung**

Außergewöhnliche Persönlichkeiten zeichnen sich dadurch aus, dass sie die »*Culture Scape*« durchschauen und einen genauen Plan haben, welche ihrer Regeln und Bedingungen sie akzeptieren und welche sie infrage stellen oder ignorieren. Daher schlagen sie innovative Wege ein und tragen so zu einer ganz neuen Definition dessen bei, was es heißt, wirklich zu *leben*.

KAPITEL 2:
STELLE DIE BULLSHIT-REGELN INFRAGE

Viele leben nach überholten Regeln, die uns vom kulturellen Umfeld nahegelegt werden. Ich bezeichne sie als »*Brules*«: *Brules*, die sich die Gesellschaft gegeben hat, um zu einem besseren Verständnis der Welt zu gelangen. Sie zu hinterfragen ist ein wichtiger Schritt in ein außergewöhnliches Leben.

WEITVERBREITETE REGELN, DIE ES WERT SIND, HINTERFRAGT ZU WERDEN

1. DIE UNI-*BRULE*. Um Erfolg haben zu können, müssten wir ein Studium absolvieren.

2. DIE *BRULE* DER LOYALITÄT GEGENÜBER UNSERER KULTUR. Heiraten sollten wir unbedingt eine(n) Angehörige(n) unseres Kulturkreises.

3. DIE RELIGIONS-*BRULE*. Wir sollten uns auf eine bestimmte Konfession festlegen.

4. DIE SCHWER-MALOCHEN-*BRULE*. Erfolgreich kann nur sein, wer sich ständig abschuftet.

ÜBUNG: DER *BRULES*-TEST

Wie du eine *Brule* schnell als solche erkennen kannst? Stelle dir einfach die folgenden fünf Fragen:

Frage 1: Beruht diese Regel auf Vertrauen in und Hoffnung auf die Menschheit?

Frage 2: Verstößt sie gegen die Goldene Regel (»Behandle jeden so, wie du selbst behandelt werden möchtest«)?

Frage 3: Entstammt sie meiner Kultur oder Religion?
Frage 4: Beruht sie auf einer rationalen Entscheidung oder auf sozialer Ansteckung?
Frage 5: Dient sie meinem Glück?

Update 2: Stelle die Bullshit-Regeln infrage

Unkonventionell und außergewöhnlich Denkende stellen die »*Brules*« infrage, sobald sie das Gefühl haben, dass sie nicht zu ihren Träumen und Anliegen passen. Denn sie erkennen, dass vieles im Leben genau deshalb suboptimal läuft, weil sich die Leute blind an *Brules* halten, die ihr Verfallsdatum längst überschritten haben.

KAPITEL 3:
ÜBE DICH IM
»BEWUSSTSEINSENGINEERING«

Das Bewusstseinsengineering kannst du dir als Betriebssystem des menschlichen Geistes vorstellen – über das du die Kontrolle hast. Deine Realitätsmodelle sind sozusagen die Hardware: deine Überzeugungen von dir und der Welt. Der Software entsprechen deine Lebenssysteme: das, was du tust, um zu »funktionieren« – angefangen bei deiner täglichen Routine über deine Art der Problemlösung bis hin zu Kindererziehung, Freundschaften, Sex und Spaß.

Unsere elektronischen Modelle und Systeme aktualisieren wir ständig; viele von uns leben allerdings mit völlig veralteten Überzeugungen und Gewohnheiten, ohne sich dessen auch nur bewusst zu sein. Doch wenn du deine alten, überlebten Modelle und Systeme, die dich nur hemmen, ausrangierst und durch neue ersetzt, erweitert das dein Bewusstsein und eröffnet dir den Weg in ein unkonventionelles Leben.

ÜBUNG: DIE ZWÖLF LEBENSBEREICHE, DIE IM GLEICHGEWICHT SEIN SOLLTEN

Bewerte dein Leben in jeder der zwölf Kategorien auf einer Skala von 1 bis 10 – wobei 1 für »miserabel« steht und 10 für »toll, super«.

1. LIEBESBEZIEHUNG. Hier geht es um die Zufriedenheit mit deinem Beziehungsstatus – darum, ob du gebunden oder ein glücklicher Single bist oder ob du dir eine Beziehung wünschst.

Deine Bewertung: _____

2. FREUNDSCHAFTEN. Hier geht es um die Qualität deines persönlichen Netzwerks. Hast du mindestens fünf Leute, die immer hinter dir stehen und mit denen du gern zusammen bist?

Deine Bewertung: _____

3. ABENTEUER. Wie viel Zeit hast du zum Reisen, um die Welt zu erkunden und Dinge zu unternehmen, die dir neue Erfahrungen erlauben und deinen Horizont erweitern?

Deine Bewertung: _____

4. UMGEBUNG. Hier geht es um die Qualität deines Zuhauses, deines Autos, deiner Arbeit und insgesamt um die Orte, an denen du deine Zeit verbringst – auch auf Reisen.

Deine Bewertung: _____

5. GESUNDHEIT UND FITNESS. Wie würdest du (unter Berücksichtigung des Lebensalters) deine Gesundheit und körperliche Verfassung beurteilen?

Deine Bewertung: _____

6. INTELLEKTUELLE ENTWICKLUNG. Wie sehr und wie schnell entwickelst du dich weiter und lernst dazu? Wie viele Bücher liest du? Wie viele Seminare oder Kurse besuchst du? (Weiterbilden sollte man sich auch noch nach dem Schul- und/oder Studienabschluss.)

Deine Bewertung: _____

7. FÄHIGKEITEN UND FERTIGKEITEN. Wie schnell verbesserst du dich in den Fähigkeiten, die dich einzigartig machen und dir beim Aufbau einer erfolgreichen Karriere helfen? Bist du auf dem Weg, es darin zur Meisterschaft zu bringen, oder stagnierst du?

Deine Bewertung: _____

8. SPIRITUALITÄT. Wie viel Zeit nimmst du dir für spirituelle, meditative oder besinnliche Praktiken, die dir das Gefühl von Verbundenheit, Ausgeglichenheit und Frieden geben?

Deine Bewertung: _____

9. BERUF. Entwickelst du dich weiter, kommst du voran und erbringst Höchstleistungen? Oder hast du das Gefühl, dich in einem Hamsterrad abzustrampeln? Wenn du selbstständig bist: Wie laufen die Geschäfte, geht's vorwärts oder stagnieren sie?

Deine Bewertung: _____

10. KREATIVITÄT. Malst oder schreibst du? Spielst du ein Instrument oder betreibst du irgendetwas, worin sich deine Kreativität ausdrückt? Bist du eher Konsument oder selbst schöpferisch tätig?

Deine Bewertung: _____

11. FAMILIE. Kehrst du nach einem harten Arbeitstag in ein liebevolles Zuhause zurück? Solltest du unverheiratet sein und keine Kinder haben, betrachte bitte deine Geschwister als Familie.

Deine Bewertung: _____

12. GEMEINSCHAFTSLEBEN. Was trägst du zum Leben deiner Community bei? Spielst du darin eine klar definierte Rolle?

Deine Bewertung: _____

§ Update 3: Übe dich im Bewusstseinsengineering

Außergewöhnliche Leute haben begriffen, dass ihr persönliches Wachstum von zwei Dingen abhängt: von ihren Realitätsmodellen und den Lebenssystemen. Deshalb wählen sie ihre Modelle und Systeme mit größter Sorgfalt, damit sie möglichst viel Kraft daraus beziehen können, und bringen sich selbst immer wieder auf den neusten Stand.

KAPITEL 4:
SCHREIBE DEINE REALITÄTSMODELLE UM

Wir können wählen, was wir über uns und unser Leben denken, und unsere Kinder befähigen, dies auch zu tun.

Die folgenden Übungen unterstützen dich beim Umschreiben deiner Realitätsmodelle. Mach sie am besten auch mit deinen Kindern. Sollte ihnen nichts einfallen, was sie an sich mögen, sagst du ihnen, was du alles an ihnen liebst.

ÜBUNG: DANKBARKEIT

Denke an drei bis fünf Dinge, für die du heute dankbar bist. Das kann etwas ganz Kleines sein wie ein Lächeln, das dir galt, aber natürlich auch ein Riesending, zum Beispiel eine Beförderung bei der Arbeit.

ÜBUNG: »WAS ICH AN MIR LIEBE«

Denke an drei bis fünf Dinge, die du an dir liebst. Vielleicht an eine Eigenschaft von dir oder an etwas, was du heute getan hast und worauf du stolz bist. Genauso gut könnte es aber auch dein Humor sein, dass du auch in Krisensituationen stets einen kühlen Kopf bewahrst, deine Haare oder dein Sprungwurf. Mach dir einfach täglich ein paar Minuten lang klar, wie super es ist, dass du »du« bist.

♦ Äußere Realitätsmodelle

Unsere inneren Realitätsmodelle beziehungsweise die Überzeugungen, die wir von uns haben, sind überaus mächtig. Das gilt aber genauso für unsere äußeren Modelle – die Überzeugungen von der Welt. Hier sind vier der wichtigsten, die ich mir zugelegt habe. Für mein Leben stellen sie eine enorme Bereicherung dar.

Anhang: Tools für die Reise

- Wir alle sind intuitionsbegabt.
- Geistiges Heilen kann sehr effektiv sein.
- Zufriedenheit bei der Arbeit ist die neue Produktivität.
- Man kann auch spirituell sein, ohne einer bestimmten Religion anzugehören.

ÜBUNG: UNTERSUCHE DEINE REALITÄTSMODELLE IN DEN ZWÖLF LEBENSBEREICHEN, DIE IM GLEICHGEWICHT SEIN SOLLTEN

1. LIEBESBEZIEHUNG. Was erhoffst du dir von einer Liebesbeziehung, was möchtest du darin bekommen, was bist du bereit zu geben? Was meinst du: Hast du es verdient, geliebt und hoch geschätzt zu werden?

2. FREUNDSCHAFTEN. Wie definierst du »Freundschaft«?

3. ABENTEUER. Was sind für dich »Abenteuer«?

4. UMGEBUNG. Wo bist du am glücklichsten? Bist du mit deinem Wohnort und deinen Lebensumständen zufrieden?

5. GESUNDHEIT UND FITNESS. Wie definierst du »körperliche Gesundheit« und »gesunde Ernährung«? Hast du den Eindruck, dass du eher gut oder eher schlecht altern wirst?

6. INTELLEKTUELLE ENTWICKLUNG. Bildest du dich viel weiter? Wie steht es um dein persönliches Wachstum?

7. FÄHIGKEITEN UND FERTIGKEITEN. Was hält dich davon ab, Neues hinzuzulernen?

8. SPIRITUALITÄT. Für welche spirituellen Werte trittst du ein?

9. BERUF. Wie definierst du »Arbeit«? Meinst du, es jobmäßig noch weit bringen zu können?

10. KREATIVITÄT. Hältst du dich für kreativ?

11. FAMILIE. Worin besteht deines Erachtens deine wichtigste Rolle als Lebenspartner(in)? Beziehungsweise als Sohn oder Tochter? Bist du zufrieden mit deinem Familienleben?

12. GEMEINSCHAFTSLEBEN. Worin, glaubst du, besteht der höchste Zweck von Gemeinschaften? Meinst du, du kannst etwas dazu beitragen?

♦ Zwei Tools zum Umschreiben deiner Realitätsmodelle

Hier sind zwei Techniken zur sofortigen Beseitigung negativer Realitätsmodelle, die sich im Alltag einstellen können. Sie beruhen darauf, dass du deinen Verstand einschaltest, bevor du dir ein solches Modell aneignest. Stelle dir einfach die folgenden Fragen:

Frage 1: Entspricht dieses Realitätsmodell der absoluten oder einer relativen Wahrheit?
Frage 2: Hat das wirklich die Bedeutung, die ich ihm gebe?

---

§ | **Update 4: Schreibe deine Realitätsmodelle um**

Außergewöhnliche Menschen haben Realitätsmodelle, die sie stärken und befähigen, die Welt entsprechend ihren Visionen umzugestalten.

KAPITEL 5:
GÖNNE DEINEN LEBENSSYSTEMEN EIN UPGRADE

Viele von uns sind so mit ihren Alltagsroutinen beschäftigt, dass sie nie einen Schritt zurücktreten, um mal zu überlegen, *wie* sie die Dinge eigentlich anpacken und *warum*. Unkonventionelle Persönlichkeiten dagegen sind ständig dabei, ihre Lebenssysteme zu aktualisieren, neue zu entdecken und zu überprüfen, ob sie sich bewähren.

Wie ist es um deine Lebenssysteme bestellt? Wäre es vielleicht Zeit für ein Update?

ÜBUNG: WIE HOCH IST DEINE AKTUALISIERUNGSQUOTE?

Hast du deine Systeme in den *Zwölf Lebensbereichen, die im Gleichgewicht sein sollten* (Seite 112–114), in letzter Zeit aktualisiert?

ÜBUNG: DEINE NICHTVERHANDELBAREN SET-POINTS

Wenn du deine Lebenssysteme aktualisierst, solltest du dir nichtverhandelbare Sollwerte setzen, die Rückfälle verhindern und deine Fortschritte sogar noch vergrößern.

Schritt 1: Bestimme die Bereiche deines Lebens, für die du Set-Points aufstellen möchtest.

Wähle ein paar Bereiche aus, in denen du weiterkommen willst.

Schritt 2: Lege deine Set-Points fest.

Setze dir auf diesen Gebieten *erreichbare* Ziele.

Schritt 3: Checke deine Set-Points und nimm gegebenenfalls Korrekturen vor.

Solltest du einen deiner Set-Points mal verfehlen, nimmst du sofort eine Korrektur vor (vergleiche Schritt 4).

Schritt 4: Lege noch einen drauf.

Wenn du einen deiner Set-Points mal nicht erreichst, setzt du dir das Ziel, ihn noch um ein wenig zu übertreffen. Damit beugst du nicht nur der Stagnation vor, sondern entwickelst dich in diesem Bereich sogar noch weiter.

♦ Die Systeme der Zukunft

Unseren Systemen der Körperpflege schenken wir viel mehr Aufmerksamkeit als denen zur Pflege von Geist und Seele. Wir haben eine Gesellschaft erschaffen, in der es als normal gilt, morgens gestresst, voller Angst und Sorgen aufzuwachen. Aber das *ist* nicht normal. Wir können uns auch Lebenssysteme aneignen, die uns davon befreien. Diese Systeme bezeichne ich als »transzendente Praktiken«. Dazu gehören Dankbarkeit, Meditation, Mitgefühl, Glücksempfinden und andere Übungen. Wenn du täglich nur ein paar Minuten auf sie verwendest, macht es dir den Kopf frei und versorgt dich mit Energie, Optimismus und Klarheit.

---

§ Update 5: Gönne deinen Lebenssystemen ein Upgrade

Außergewöhnliche Menschen verwenden ständig etwas Zeit darauf, in puncto Alltag, Arbeit, Herz und Seele neue Lebenssysteme zu entdecken, zu aktualisieren und auf den Prüfstand zu stellen. So befinden sie sich permanent in einem Zustand des Wachstums und der Selbsterneuerung.

Anhang: Tools für die Reise

KAPITEL 6:
KRÜMME DIE WIRKLICHKEIT

Sobald du anfängst, mit dem Bewusstseinsengineering herumzuspielen, die *Brules* zu hinterfragen und mit neuen Realitätsmodellen und Lebenssystemen zu experimentieren, fühlt sich das Leben gleich viel umfassender und spannender an – weil du dich auf ein mächtiges Upgrade zubewegst. Ich bezeichne es als »Krümmen der Wirklichkeit«. Vor allem zwei Dinge kennzeichnen diesen Zustand:

- Du hast eine ambitionierte Zukunftsvision, die dich vorantreibt.
- Auch im JETZT bist du schon glücklich.

Deine Vision treibt dich an – aber es fühlt sich nicht wie Arbeit an, eher wie ein Spiel. Ein Spiel, das dir großen Spaß bereitet.

ÜBUNG: DIE ACHT AUSSAGEN

Acht einfache Aussagen helfen dir, abzuschätzen, wie weit du es beim Krümmen der Wirklichkeit schon gebracht hast. Richtige oder falsche Antworten gibt es dabei nicht. Es geht einzig und allein darum, deinen derzeitigen Status zu bestimmen. Den Fragebogen dazu findest du gegen Ende von Kapitel 6 (Seite 197).

---

§ Update 6: Krümme die Wirklichkeit

Außergewöhnliche Menschen sind in der Lage, ihre Wirklichkeit zu krümmen. Sie haben fantastische, spannende Zukunftsvisionen, machen aber ihr Lebensglück nicht von deren Realisierung abhängig, sondern sind schon im Jetzt happy. Aufgrund dieser Ausgeglichenheit ist es ihnen möglich, sich ihren Zielen sehr schnell anzunähern und dabei auch noch viel Spaß zu haben. Von anderen werden sie deshalb oft für »Glückspilze« gehalten.

KAPITEL 7:
LEBE DIE »GLÜCKSZIPLIN«

Wusstest du, dass es ein sehr einfaches System gibt, im Jetzt glücklich, zufrieden und voller Freude zu sein? Ich nenne es »Glücksziplin«: die Disziplin des Glücks und der Zufriedenheit im Alltag. Es setzt sich aus drei entscheidenden Elementen zusammen:

- »Glücksziplin«-System 1: Dankbarkeit
- »Glücksziplin«-System 2: Vergebung
- »Glücksziplin«-System 3: Geben

Glück/Zufriedenheit ist kein amorpher Zustand außerhalb deines Einflussbereiches, sondern stellt vielmehr eine Fähigkeit dar, die man erlernen kann. Die folgenden Übungen bahnen dir den Weg in die »Glücksziplin«.

ÜBUNG: TÄGLICHE DANKBARKEIT

Die meisten suchen Glück und Zufriedenheit in der Zukunft. Dabei haben wir sie doch direkt vor der Nase. Wenn wir uns auf all das Gute besinnen, das wir schon erlebt haben, erfüllt uns das sofort mit Glück und Zufriedenheit. Denke deshalb jeden Morgen und jeden Abend an …

- drei bis fünf Dinge, für die du in deinem Privatleben dankbar sein kannst;
- drei bis fünf Dinge, für die du beruflich dankbar sein kannst.

Das können große oder kleine Dinge sein – Hauptsache, für dich sind sie von Bedeutung. Lass jeweils fünf bis zehn Sekunden lang all die positiven Gefühle in dir aufsteigen, die jeder Punkt bei dir auslöst. Und versuche dein Glück dann auch weiterzugeben: indem du diese Übungen mit deinen Kindern oder deinem Partner beziehungsweise deiner Partnerin machst.

ÜBUNG: BEFREIE DICH SELBST, INDEM DU VON HERZEN VERZEIHST

Ressentiments und Ärger loszulassen ist das Stärkste, was du tun kannst, um in einen entspannten, positiven Gemütszustand zu gelangen. Und wie Glück/Zufriedenheit lässt sich auch die Vergebung – eines der Kernelemente der »Glücksziplin« – erlernen.

Hier eine vereinfachte Version der Vergebungsübung, die ich bei »40 Years of Zen« kennengelernt habe.

Vorbereitung

Schreibe die Namen von Menschen auf, die dir deiner Meinung nach einmal etwas getan haben, beziehungsweise notiere dir Situationen, in denen du verletzt wurdest. Leicht wird das nicht unbedingt, und schon gar nicht, wenn du immer noch sehr daran zu knabbern hast. Sei also besonders lieb zu dir.

Sobald du bereit bist, wählst du einen der Namen auf deiner Liste und beginnst mit der Übung.

Schritt 1: Erinnere dich an die Szene.

Mit geschlossenen Augen vergegenwärtigst du dir etwa zwei Minuten lang den Moment, in dem es passierte. Stelle dir den Ort des Geschehens vor.

Schritt 2: Spüre deinen Zorn, den ganzen Schmerz.

Während du die Person, die dir Unrecht getan hat, noch vor dir siehst, lässt du deinen Emotionen freien Lauf. Lass alles zu, aber nicht länger als ein paar Minuten.

Schritt 3: Vergib, um zu lieben.

Du hast die Person noch vor deinem inneren Auge. Jetzt aber empfindest du Mitgefühl für sie.
Frage dich:
Was habe ich aus dieser Situation gelernt?
Inwiefern hat sich mein Leben durch sie verbessert?
Danach dürftest du noch einige Ressentiments gegen die betreffende Person empfinden.

Dann wiederholst du den Prozess so lange, bis du vergeben kannst, um zu lieben. Was bei ernsthaften Übergriffen Stunden oder sogar Tage dauern kann.

»Verzeihen, um zu lieben« heißt jedoch nicht zwangsläufig, Gras über die Sache wachsen zu lassen. Natürlich solltest du dich nach wie vor schützen, verteidigen und gegebenenfalls auch aktiv werden. Straftaten etwa *müssen* den Behörden gemeldet werden. Von dem erlittenen Schmerz aber lässt du dich jetzt nicht mehr auffressen.

ÜBUNG: WAS DU ALLES ZU GEBEN HAST

Schritt 1: Schreibe alles auf, was du anderen zu geben hast.

Zum Beispiel: Zeit, Liebe, Verständnis, Mitgefühl, Kompetenz, Ideen, Lebenserfahrung, physische Hilfeleistung. Was könnte sonst noch infrage kommen?

Schritt 2: Recherchiere, präzisiere.

Über welche Kenntnisse verfügst du (vielleicht auf den Gebieten Buchhaltung, Technik, Juristerei, Schreiben, Büro oder Kunst)?
Welche Lebenserfahrungen könntest du weitergeben (eventuell in puncto Berufswahl, Kindererziehung, Bewältigung von Krisen wie Krankheit oder Missbrauch)?

Auf welchen Gebieten könntest du physisch Hilfe anbieten (etwa: Reparaturen, bei der Pflege alter Menschen, Kochen, Vorlesen)?

Schritt 3: Überlege, wo deine Hilfe gebraucht werden könnte.

In deiner Familie oder im erweiterten Familienkreis? In der Firma, in der du arbeitest? In der Nachbarschaft? In deiner Gemeinde? In den Geschäften der Umgebung? In der spirituellen Gemeinschaft, der du angehörst? In der Stadtbibliothek? In der Jugendarbeit? Im Krankenhaus oder Altenheim? In einer politischen oder gemeinnützigen Organisation? Eventuell möchtest du aber auch selbst einen Verein gründen oder eine Bewegung ins Leben rufen?

Schritt 4: Folge deiner Intuition.

Lies dir deine Listen jetzt noch einmal durch und kreuze die Punkte an, die bei dir am meisten Begeisterung hervorrufen.

Schritt 5: Lege los.

Strecke deine Fühler aus, achte auf sich bietende Gelegenheiten und erkunde deine Möglichkeiten.

---

§ Update 7: Lebe die »Glücksziplin«

Außergewöhnliche Persönlichkeiten wissen, dass Glück und Zufriedenheit von innen kommen. Sie sind bereits im Jetzt mit sich im Reinen und nutzen die daraus resultierende Kraft, um ihre Visionen und guten Vorsätze in Bezug auf sich selbst und die Welt Wirklichkeit werden zu lassen.

KAPITEL 8:
ERSCHAFFE DIR EINE VISION
FÜR DEINE ZUKUNFT

Die meisten von uns mussten sich schon für einen Beruf entscheiden, bevor sie sich legal auch nur ein Bier kaufen durften. Und woher soll man in dem Alter wissen, was man mit seinem Leben anfangen will? Aber auch wenn wir versuchen, »reif« zu sein und uns ganz systematisch Ziele zu setzen, bringt das nicht immer viel. Denn die gängigen modernen Methoden dafür haben so ihre Macken. Wir werden nämlich dazu erzogen, uns »Zweckziele« zu setzen – also Ziele, die eigentlich nur Mittel zum Zweck sind – und den gesellschaftlichen *Brules* zu entsprechen.

»Bestimmungsziele« sprechen uns stattdessen aus dem Herzen, begeistern und inspirieren uns und greifen viel, viel weiter. Sie zu verfolgen, bringt uns einem unkonventionellen Leben entscheidend näher. Die Übung der *Drei wichtigsten Fragen* unterstützt dich dabei, direkt zu den Bestimmungszielen zu gelangen, die dir wirklich etwas bedeuten.

ÜBUNG: STELLE DIR DIE
DREI WICHTIGSTEN FRAGEN

Frage 1: Welche Erfahrungen möchtest du machen, was willst du erleben?

Nach welchen Erfahrungen und Erlebnissen würde sich deine Seele sehnen, wenn Zeit und Geld keine Rolle spielten und du von niemandem eine Erlaubnis bräuchtest?

- **LIEBESBEZIEHUNG.** Male dir deine ideale Liebesbeziehung in allen Facetten genau aus. Neben wem möchtest du morgens am liebsten aufwachen?

- **FREUNDSCHAFTEN.** Stelle dir dein soziales Leben in einer perfekten Welt vor – Menschen, Orte, Gespräche, Aktivitäten.

- **ABENTEUER.** Welche Art Abenteuer würde deine Seele zum Jubeln bringen?

- **UMGEBUNG.** Visualisiere deine Lieblingsumgebungen: Wie würde dein Zuhause idealerweise aussehen, dein Auto, deine Reiseziele?

Frage 2: Wie möchtest du dich weiterentwickeln und wachsen?

Wie musst du dich weiterentwickeln, um die genannten Erfahrungen machen und Erlebnisse haben zu können? Zu was für einer Art Mann beziehungsweise Frau musst du dafür werden?

- **GESUNDHEIT UND FITNESS.** Beschreibe, wie du dich auf einer täglichen Basis fühlen und wie du aussehen möchtest. Und wie in fünf, zehn oder zwanzig Jahren?

- **INTELLEKTUELLE ENTWICKLUNG.** Was musst du noch lernen, bevor du die von dir aufgelisteten Erfahrungen machen kannst? Was würdest du überhaupt noch gern lernen?

- **FÄHIGKEITEN UND FERTIGKEITEN.** Welche Fähigkeiten und Fertigkeiten würden dich im Job voranbringen? Solltest du mit dem Gedanken spielen, den Beruf zu wechseln: Welche Fähigkeiten müsstest du dir dafür aneignen? Und welche nur aus Jux und Tollerei?

- **SPIRITUALITÄT.** Worin besteht dein höchstes spirituelles Ziel?

Frage 3: Welchen Beitrag möchtest du leisten?

Welchen Beitrag kannst du leisten, nachdem du all diese Erfahrungen gesammelt und dich so wunderbar weiterentwickelt hast?

- **BERUF.** Welche Visionen hast du im Hinblick auf deinen Beruf? Welchen Beitrag würdest du in deinem Bereich gern leisten?

- **KREATIVITÄT.** Welche kreativen Betätigungen machen dir Spaß beziehungsweise welche würdest du gern neu hinzulernen? Wie könntest du deine Kreativität auch öffentlich zum Ausdruck bringen?

- **FAMILIE.** Stelle dir dich im Kreis deiner Familie vor, und zwar nicht, wie du meinst, dass es von dir erwartet wird, sondern so, dass es dich mit Glück und Zufriedenheit erfüllt. Welche herrlichen Erlebnisse habt ihr? Welchen einzigartigen Beitrag zum Familienleben kannst du leisten? Denke daran: Es muss sich nicht um eine traditionelle Familie handeln. Betrachte vielmehr diejenigen als deine Familie, die du wirklich und wahrhaftig liebst und mit denen du dich gern umgibst.

- **GEMEINSCHAFTSLEBEN.** Das kann dein Freundeskreis sein, die Nachbarschaft, deine Stadt, dein Bundesland oder deine Nation, eine religiöse, ethnische oder auch die Weltgemeinschaft. In Anbetracht all deiner Fähigkeiten, Ideen und der einzigartigen Erfahrungen, die du gesammelt hast und die dich zu der Person machen, die du bist: Welche Note, die dich zutiefst zufriedenstellt, möchtest du der Welt verleihen?

 Update 8: Erschaffe dir eine Vision für deine Zukunft

Die Zukunftsvisionen außergewöhnlicher Persönlichkeiten sind stets originell und frei von jeglichen Erwartungen der kulturellen Umwelt. Sie beruhen auf Bestimmungszielen, die diese Menschen von vornherein glücklich und zufrieden machen.

KAPITEL 9:
WERDE »UNHERUMSCHUBSBAR«

Unkonventionelle, außergewöhnliche Menschen stecken voller Energie und sind bereit, es mit der Welt aufzunehmen, um ihre gewagten Ziele und Visionen zu manifestieren. Willst du es ihnen gleichtun, musst du deine Ängste überwinden.

Aber wie eigentlich alles in diesem Buch kannst du auch lernen, unherumschubsbar zu sein. Dafür solltest du dir zwei bestimmte Realitätsmodelle zulegen:

- **SELBSTGESTEUERTE BESTIMMUNGSZIELE.** Das sind Bestimmungsziele, die vollkommen deiner Kontrolle unterliegen. Niemand kann sie dir streitig machen. Ein Beispiel: Ständig von Liebe umgeben sein.

- **DU BIST GUT GENUG.** Das Gefühl, dich beweisen zu müssen, macht dich von äußerer Bestätigung abhängig. Und damit gibst du die Kontrolle über dein Leben ab. Zu wissen, dass du gut genug bist, füllt dagegen deine inneren Leerstellen aus und heilt dein Herz. Was zur Folge hat, dass du viel mehr zu geben hast: dem Leben, der Liebe, dir selbst und dem Planeten.

ÜBUNG 1: DER MENSCH IM SPIEGEL
(ZUM AUFBAU VON SELBSTLIEBE)

Stelle dich vor einen Spiegel, schaue dir direkt in die Augen und sage mehrmals zu dir: »Ich liebe dich.« Mache dies so oft, wie es sich für dich richtig anfühlt.

ÜBUNG 2: SEI DIR DANKBAR
(ZUR ERHÖHUNG DER WERTSCHÄTZUNG DEINER PERSON)

Führe täglich die »Was-ich-an-mir-liebe«-Übung aus dem vierten Kapitel durch (Seite 134 und Seite 331).

ÜBUNG 3: WERDE PRÄSENT
(ZUR BEHEBUNG PLÖTZLICH AUFTRETENDER ANGST UND BESORGNIS)

Konzentriere dich auf den Augenblick, um dich von Stress und Angst zu befreien und ins Glück, in die Zufriedenheit im Jetzt zurückzufinden. Dafür fokussierst du dich einfach für ein Minütchen auf ein spezielles Detail des gegenwärtigen Moments: den Lichteinfall, die schöne Form deiner Hand oder deinen Atem.

 Update 9: Werde »unherumschubsbar«

Außergewöhnliche Persönlichkeiten sind nicht auf Bestätigung durch andere oder das Erreichen ihrer Ziele angewiesen. Vielmehr sind sie mit sich und der Welt, die sie umgibt, vollkommen im Reinen. Sie führen ihr Leben in Furchtlosigkeit – immun gegen Kritik oder Lob und befeuert nur von Eigenliebe und innerer Zufriedenheit.

KAPITEL 10:
NIMM DEINE QUEST AN

Wenn ich überlege, was die mir bekannten unkonventionellen, außergewöhnlichen Persönlichkeiten alle so einzigartig macht, ist es die Größe ihrer Visionen, die sie dazu bewegt, außerhalb der üblichen Beschränkungen durch Arbeit und Leben zu operieren.

*Die unkonventionellsten, außergewöhnlichsten
Persönlichkeiten der Welt
haben keinen Beruf, sondern eine Berufung.*

Die Berufung ist dein Beitrag zur Weiterentwicklung der Menschheit. Dass du etwas dafür tust, damit wir unseren Kindern eine bessere Welt hinterlassen können. Vielleicht schreibst du ein Buch. Oder du widmest dein Leben der Kindererziehung. Du könntest aber auch für ein Unternehmen arbeiten, das sich eine Mission auf die Fahnen geschrieben hat, die deinem Wunsch entspricht, die Welt zu verändern.

Wenn du eine Berufung hast, ist dein Leben voller Leidenschaft und Sinn. Mit den richtigen Praktiken kann jede(r) dieses Level der höchsten Erfüllung erreichen.

◆ Entdecke deine Quest

Wie du zu deiner Mission kommst? Über den Kopf oder übers Herz. Du kannst auch beides kombinieren.

Der Autor und Redner Martin Rutte, der Gründer von *projectheavenonearth.com*, empfiehlt zum (schnellen) Erkennen der eigenen Berufung, sich drei Fragen zu stellen:

Die erste lautet:
Denke an einen Moment zurück, der für dich der Himmel auf Erden war. Was geschah da?

Die zweite Frage:
Stelle dir vor, du hättest einen Zauberstab, mit dem du dir den Himmel auf Erden erschaffen könntest. Wie würde er aussehen?

Und die dritte Frage:
Welche(n) einfachen Schritt(e) wirst du innerhalb der nächsten vierundzwanzig Stunden unternehmen, um diese Vorstellungen zu realisieren?

 Update 10: Nimm deine Quest an

Außergewöhnliche Persönlichkeiten werden von ihrer Quest beziehungsweise Berufung motiviert – dem Drang, etwas zum Positiven zu verändern. Dieser Drang bringt sie vorwärts, verleiht ihrem Leben Sinn und veranlasst sie, einen bedeutenden Beitrag zum Gemeinwohl zu leisten.

GLOSSAR

AKTUALISIERUNGSQUOTE: Bezeichnet, wie oft jemand seine Lebenssysteme updatet.

AUFSTEIGENDES RETIKULÄRES AKTIVIERUNGSSYSTEM (ARAS): Areal im Hirn, das für Mustererkennung zuständig ist; bei gewissen transzendenten Praktiken wird das ARAS darauf geeicht, statt negativer Dinge eher das Positive zu bemerken.

BAUPLAN DER SEELE: Die schriftlichen Antworten eines individuellen Menschen auf die *Drei wichtigsten Fragen*.

BEDEUTUNGSMACHER: Eine Syntax im menschlichen Hirn, die dafür sorgt, dass wir in alle möglichen Situationen alles Mögliche hineininterpretieren.

BESTIMMUNGSZIEL: Das höchste Ziel, das sich oft erkennen lässt, wenn man seinem Herzen beziehungsweise den Gefühlen folgt; nicht zu verwechseln mit einem Zweckziel. Siehe auch *Zweckziel*.

BEWUSSTSEINSENGINEERING: Eine Methode zur Optimierung von Lernprozessen und zum Hacken der kulturellen Prägung durch das Sichbewusstmachen von Realitätsmodellen und Lebenssystemen, die man willentlich oder unwillkürlich aus dem kulturellen Umfeld übernommen hat.

BRULE: Eine Bullshit-Regel (engl. *Bullshit Rule*); Element des kulturellen Umfelds, das ein Mensch als für sich unwahr oder irrelevant zu ignorieren beziehungsweise abzulehnen beschließt.

CULTURE SCAPE: Siehe *Kulturelles Umfeld*.

DIE DREI WICHTIGSTEN FRAGEN: Drei Schlüsselfragen, die dazu dienen, sich auf dem Weg zum Krümmen der Realität große, wahrhaft befriedigende Ziele zu setzen.

ERHABENE FRAGEN: Eine von der Autorin Christie Marie Sheldon entwickelte Methode, sich im Zuge transzendenter Praktiken positive Fragen zu stellen; diese sind eine Alternative zu Affirmationen und problemorientierten Ansätzen des persönlichen Wachstums. Beispiel: *Wie gelingt es mir bloß immer, so viel Liebe zu geben und zu empfangen?*, statt: *Warum finde ich keinen Partner, keine Partnerin?*

FALLE DER GEGENWÄRTIGEN WIRKLICHKEIT: Der Zustand von Glück und Zufriedenheit im Jetzt bei Abwesenheit von Zukunftsvisionen. Er mag zwar zeitweilig mit Glück und Zufriedenheit einhergehen, bringt aber keine Erfüllung.

GESCHÄFTIGKEITSFALLE: Der Zustand, in dem man so mit seinen Aktivitäten beschäftigt ist, dass keine Zeit bleibt, einen Schritt zurückzutreten und über das *Wie* und *Warum* des eigenen Handelns nachzudenken.

GESCHÄFTIGKEITSPARADOX: Der Irrglaube, man hätte viel zu viel zu tun, um meditieren zu können – ähnlich absurd wie: »Ich bin zu hungrig, um etwas zu essen.«

»GLÜCKSZIPLIN«: Die Lehre von Glück und Zufriedenheit im Alltag. Der Prozess des bewussten Anhebens des persönlichen Glückslevels mithilfe bestimmter Lebenssysteme wie etwa transzendenter Praktiken. Siehe auch *Transzendente Praktiken*.

GOTTESTEILCHEN-THEORIE: Der Gedanke, Menschen seien Teile Gottes und deshalb mit gewissen gottähnlichen Fähigkeiten ausgestattet, beispielsweise jener zum Krümmen der Wirklichkeit.

KENSHO: Ein allmählicher Prozess der persönlichen Weiterentwicklung, welcher meistens auf die Widrigkeiten des Lebens zurückgeht. Während er sich anbahnt, bemerkt man ihn oft nicht. Siehe auch *Satori*.

KRÜMMEN DER WIRKLICHKEIT: Die Vorstellung, dass unser Bewusstsein unsere Umwelt gestalten kann und wir das Glück an unserer Seite haben.

KULTURELLES UMFELD, KULTURELLE UMWELT, KULTURELLE PRÄGUNG: Die Welt der relativen Wahrheit, die aus Ideen, Kulturen, Mythen, Überzeugungen und Routinen besteht.

KULTURHACKING: Technik zur Veränderung der Kultur (Überzeugungen und Routinen) einer Gruppe (beispielsweise am Arbeitsplatz, in Unternehmen, der Familie oder an Schulen) mithilfe von Instrumenten, die eine positive Veränderung der Gruppenkultur bewirken. Es handelt sich mithin um auf Gruppen angewendetes praktisches Bewusstseinsengineering, das es allen Mitgliedern ermöglicht, sich persönlich weiterzuentwickeln und besser zusammenzuarbeiten. Siehe auch *Bewusstseinsengineering*.

LEBENSSYSTEME: Strukturierte Gewohnheiten und Routinen in den verschiedenen Lebensbereichen, angefangen beim Spielen bis hin zur persönlichen Weiterentwicklung. Ein wiederholtes (und im Idealfall optimiertes) Muster, Dinge zu tun, analog zur Software des Rechners oder zu einer App. Siehe auch *Realitätsmodelle*.

MACHT DER PRÄSENZ: Die Konzentration auf die Gegenwart als Möglichkeit, bereits im Jetzt glücklich und zufrieden zu sein und seinen diesbezüglichen Set-Point (Sollwert) anzuheben.

MENSCHHEITS-MINUS-UNTERNEHMEN: Eine Firma, die problematische Produkte herstellt beziehungsweise solche, die lediglich eine künstlich erzeugte Nachfrage bedienen. Insgesamt schadet sie der Menschheit eher.

MENSCHHEITS-PLUS-UNTERNEHMEN: Eine Firma, die die Menschheit voranbringt; die sich zum Beispiel auf saubere, erneuerbare Energien konzentriert, ein gesundes Leben fördert oder einen neuen, fortschrittlichen Lebensstil.

NEGATIVSPIRALE: Der schmerzliche Zustand, weder im Jetzt glücklich und zufrieden zu sein noch eine Vision für die Zukunft zu haben.

REALITÄTSMODELLE: Überzeugungen von der Welt, die bewusst oder unbewusst das Leben prägen; zu vergleichen mit der Hardware von Rechnern. Siehe auch *Lebenssysteme*.

RECHNERGESTÜTZTES DENKEN: Prozess, der eine verallgemeinerbare Lösung ergebnisoffener Fragen hervorbringt. Ergebnisoffene Fragen fördern umfassende, sinnvolle, auf mehreren Variablen beruhende Antworten, welche Zergliederung, Datendarstellung, Verallgemeinerung, Beobachtungslernen und Algorithmen voraussetzen.

SATORI: Ein plötzlicher Schub im persönlichen Wachstum infolge eines Erwachens; eine lebensverändernde Einsicht, die sich ohne Vorwarnung einstellt und den betreffenden Menschen unmittelbar auf eine höhere Ebene hebt. Siehe auch *Kensho*.

SCHÖNE ZERSTÖRUNG: Eine Situation, in der ein Teil deines Lebens zunichtegemacht wird, um Platz für etwas viel Besseres und Schöneres zu schaffen, das auf dich zukommt.

SECHS-PHASEN-MEDITATION: Ein auf wissenschaftlichen Erkenntnissen beruhendes Meditationsprogramm, das täglich nur fünfzehn Minuten in Anspruch nimmt. Es greift auf viele verschiedene Methoden zurück, um den Praktizierenden optimale Erfahrungen zu ermöglichen, wobei sie es ihrem persönlichen Zeitrahmen, ihren jeweiligen Bedürfnissen und ihrem Alltag anpassen können.

SET-POINT: Ein nichtverhandelbarer Orientierungswert (Sollwert), der leicht zu überprüfen ist und als Maßstab für Fortschritte sowie das Erhaltungsniveau dient.

TRANSZENDENTE PRAKTIKEN: Optimierte Lebenssysteme, die Geist und Seele nähren und die Menschen über ihre gewöhnlichen beziehungsweise rein physischen Erfahrungen hinausführen. Beispiele sind Dankbarkeitsübungen, Meditation, Mitgefühl und Glück/Zufriedenheit. Siehe auch *»Glücksziplin«*.

UMKEHR-KLUFT: Nach Dan Sullivan der Raum zwischen Vergangenheit und Gegenwart und alles, was dazwischenliegt – auf ihn konzentriert man sich am besten, wenn man sich in Dankbarkeit übt, denn er ist eine bedeutend bessere Quelle für Glück und Zufriedenheit als die Vorwärts-Kluft (die Idee, alles Gute liege in der Zukunft), an der sich die meisten orientieren.

UNHERUMSCHUBSBAR: Nach dem englischsprachigen Internet-Mem »unfuckwithable«: »Wenn du inneren Frieden verspürst und ganz bei dir bist. Nichts, was irgendjemand sagt oder tut, kann dich dann noch aus der Ruhe bringen. Und alle Negativität perlt an dir ab.«

VIER ZUSTÄNDE DES MENSCHLICHEN LEBENS: Vier Verfassungen, in denen man sich befinden kann. Jede ist gekennzeichnet durch einen anderen Schwerpunkt im Verhältnis von ambitionierten Zukunftsvisionen einerseits und Glück und Zufriedenheit im Jetzt andererseits: 1. die Negativspirale; 2. die Falle der gegenwärtigen Wirklichkeit; 3. Stress und Ängste; 4. Krümmen der Wirklichkeit.

ZWECKZIEL: Ein (oft auf *Brules* beruhendes) Ziel, das fälschlich als Ziel an sich verfolgt wird, im Grunde jedoch nur ein Mittel zum Zweck ist. Siehe auch *Brule* und *Bestimmungsziel*.

ZWÖLF LEBENSBEREICHE, DIE IM GLEICHGEWICHT SEIN SOLLTEN: Die zwölf wichtigsten Gebiete, auf denen idealerweise Balance herrscht: Liebesbeziehung, Freundschaften, Abenteuer, Umgebung, Gesundheit und Fitness, intellektuelle Entwicklung, Fähigkeiten und Fertigkeiten, Spiritualität, Beruf, Kreativität, Familie, Gemeinschaftsleben.

QUELLEN

Die Quellenlage wurde mit größter Sorgfalt recherchiert und die Nennung der Rechteinhaber dementsprechend vorgenommen. Sollte dennoch eine Textpassage nicht ausreichend als Zitat gekennzeichnet worden sein, bittet der Verlag um einen entsprechenden Hinweis des Rechteinhabers.

KAPITEL 1

»ADULT OBESITY FACTS« (Über Fettleibigkeit bei Erwachsenen). Centers for Disease Control and Prevention. http://www.cde.gov/obesity/data/adult.html (Stand: 22. Dezember 2015).

»BILL GATES, FOUNDER AND TECHNOLOGY ADVISOR« (Bill Gates, Gründer von Microsoft und Technologieberater). www.microsoft.com, http://news.microsoft.com/exec/bill-gates/ (Stand: 13. August 2015).

GREGOIRE, CAROLYN. »Happiness Index: Only 1 in 3 Americans Are Very Happy, According to Harris Poll« (Glücksindex: Dem Harris Poll zufolge ist nur einer von drei Amerikanern sehr glücklich). *The Huffington Post*, gepostet am 1. Juni 2013, aktualisiert am 5. Juni 2013. http://www.huffingtonpost.com/2013/06/01/happiness-index-only-1-in_n_3354524.html (Stand: 22. Dezember 2015).

HARARI, YUVAL NOAH. *Sapiens*, New York: HarperCollins 2015 [dt.: *Eine kurze Geschichte der Menschheit*].

HOLLAND, KELLEY. »Eight in 10 Americans Are in Debt: Study« (Studie: Acht von zehn Amerikanern und Amerikanerinnen verschuldet). CNBC Personal Finance, 29. Juli 2015. http://www.cnbc.com/2015/ 07/29/eight-in-10-americans-are-in-debt.html (Stand: 22. Dezember 2015).

LORIA, KEVIN. »No One Could See the Color Blue until Modern Times« (Früher konnte niemand die Farbe Blau erkennen). Business Insider, 27. Februar 2015. http://www.businessinsider.com/what-is-blue-and-how-do-we-see-color-2015-2 (Stand: 10. August 2015).

»MARRIAGE & DIVORCE« (Ehe und Scheidung). American Psychological Association, nach *Encyclopedia of Psychology*. http://www.apa.org/topics/divorce/ (Stand: 29. November 2015).

SMITH, CHANDLER. »Gallup Poll: 70% of Americans Hate Their Stupid Jobs« (Gallup Poll: Siebzig Prozent der Amerikaner hassen ihren Job). RYOT vor zwei Jahren. http://www.ryot.org/gallup-poll-70-americans-disengaged-jobs/376177 (Stand: 29. November 2015).

KAPITEL 2

BRYANT, ADAM. »In Head-Hunting, Big Data May Not Be Such a Big Deal« (Bei der Rekrutierung von Personal spielen die harten Fakten nicht immer die größte Rolle). *New York Times*, 19. Juni 2013. http://www.nytimes.com/2013/06/20/business/in-head-hunting-big-data-may-not-be-such-a-big-deal.htms?_r=1 (Stand: 18. Dezember 2015).

FRIEDMAN, THOMAS L. »How to Get a Job at Google« (Wie man bei Google einen Job ergattert). *New York Times*, Sunday Review, 22. Februar 2014. nytimes.com/2014/02/23/opinion/Sunday/friedman-how-to-get-a-job-at-google.html?hp&rref=opinion&_r=1 (Stand: 30. August 2015).

HARARI, YUVAL NOAH. *Sapiens*, New York: HarperCollins 2015 [dt.: *Eine kurze Geschichte der Menschheit*].

MARSDEN, P. »Memetics and Social Contagion: Two Sides of the Same Coin?« (Memetik und soziale Ansteckung: zwei Seiten ein und derselben Medaille?). *Journal of Memetics – Evolutionary Models of Information Transmission*, Bd. 2, 1998. cfpm.org/jom-emit/1998/vol2/marsden_p.html.

»ORIGINAL SIN« (Erbsünde). Merriam-webster.com (Stand: 14. November 2015).

»OUR FOUNDER« (Unser Gründer). dekaresearch.com (Stand: 14. November 2015).

RAVO, NICK. »Our Towns; From L.I. Sound, A New Nation Asserts Itself« (Im Long Island Sound ist eine neue Nation entstanden). *New York Times*, 22. April 1988. nytimes.com/1988/04/22/nyregion/our-towns-from-li-sound-a-new-nation-asserts-itself.html (Stand: 26. August 2015).

SANCHEZ, HANNA. »Ernst and Young Removes College Grades from Recruitment Criteria, Saying It Does Not Guarantee Success Later in Life« (Ernst & Young entfernt Uni-Noten aus dem Katalog der Einstellungsvoraussetzungen, weil sie keine Garantie für spätere Erfolge darstellen). iSchoolGuide, 29. September 2015. ischoolguide.com/articles/27528/20150929/ernst-young-college-grades-recruitment-criteria-success.htm (Stand: 23. Dezember 2015).

URBAN, TIM. »The Cook and the Chef: Musk's Secret Sauce« (Der Koch und der Küchenchef: Musks geheimes Saucenrezept). Waitbutwhy.com, 6. November 2015. waitbutwhy.com/2015/11/the-cook-and-the-chef-musks-secret-sauce.html (Stand: 22. November 2015).

»VISION & MISSION« (Vision und Mission). usfirst.org, n.d.usfirst.org/aboutus/vision (Stand: 14. November 2014).

KAPITEL 3

CRUM, ALIA J., UND ELLEN J. LANGER. »Mind-Set Matters: Exercise and the Placebo Effect« (Es kommt auf die Einstellung an: Sport und Placebo-Effekt). *Psychological Science* 18, Nr. 2: 165-17.2007. dash.harvard.edu/bitstream/handle/1/3196007/Langer_ExercisePlaceboEffect.pdf?sequence=1 (Stand: 26. August 2015).

SHEA, CHRISTOPHER. »Mindful Exercise«. *New York Times Magazine*, 9. Dezember 2007. nytimes.com/2007/12/09/mindfulexercise.html?_r=0 (Stand: 26. August 2015).

STEINECKERT, RACHAEL. »Achuar Rituals: Nurturing a Connection with Pachamama« (Rituale der Achuar: Die Pflege der Beziehung zu Pachamama). Pachamama Alliance, 9. September 2014. pachamama.org/blog/achuar-rituals-connection-pachamama (Stand: 26. August 2015).

KAPITEL 4

CRUM, ALIA J., UND ELLEN J. LANGER. »Mind-Set Matters: Exercise and the Placebo Effect« (Es kommt auf die Einstellung an: Sport und Placebo-Effekt). *Psychological Science* 18, Nr. 2: 165-17.2007. dash.harvard.edu/bitstream/handle/1/3196007/Langer_ExercisePlaceboEffect.pdf?sequence=1 (Stand: 26. August 2015).

DEWEY, RUSSELL A. »Psychology: An Introduction« (Psychologie: eine Einführung). Psych Web, 2007_2014. intropsych.com/ch15_social/expectancy.html (Stand: 16. September 2015).

EPSTEIN, GREG M. *Good without God*. New York: William Morrow 2010.

FELONI, RICHARD. »Branson: Wild Parties Are Essential to a Company's Success« (Branson: Ohne wilde Partys kein Unternehmenserfolg). *Business Insider*, 1. Januar 2015. businessinsider.sg/richard-branson-on-the-importance-of-parties-2014-12/#VlyzPXtu7lo (Stand: 30. November 2015).

MOORE, THOMAS. *A Religion of One's Own.* New York: Avery 2014.

SILBERMAN, STEVE. »Placebos Are Getting More Effective. Drugmakers Are Desperate to Know Why« (Placebos immer wirksamer. Die Pharmazie sucht fieberhaft nach den Ursachen). *Wired*, 24. August 2009. archive.wired.com/medtech/drugs/magazine/17-09/ff_placebo_effect?currentPage=all (Stand: 14. November 2015).

TALBOT, MARGARET. »The Placebo Prescription« (Das Placebo-Rezept). *New York Times Magazine,* 9. Januar 2000. nytimes.com/2000/01/09/magazine/the-placebo-prescription.html (Stand: 26. August 2015).

TURNER, KELLY. »The Science behind Intuition« (Die Wissenschaft der Intuition). *Psychology Today*, 20. Mai 2014. psychologytoday.com/blog/radical-remission/201405/the-science-behind-intuition (Stand: 26. August 2015).

KAPITEL 5

JENSEN, BILL. *Future Strong.* Carlsbad, Kalifornien: Motivational Press 2015.

KAPITEL 6

COELHO, PAULO. *Der Alchimist.*

KAPITEL 7

ACHOR, SHAWN. *The Happiness Advantage.* New York: Crown Business 2010.

BAUMEISTER, ROY F., KATHLEEN D. VOHS, JENNIFER L. AAKER, EMILY N. GARBINSKY. »Some Key Differences Between a Happy Life and a Meaningful Life« (Entscheidende Unterschiede zwischen einem glücklichen und einem bedeutungsvollen Leben). *Journal of Positive Psychology.* faculty-gsb.stanford.edu/aaker/pages/documents/somekeydifferenceshappylifemeaningfullife_2012.pdf (Stand: 8. Oktober 2015).

»ITEM 5: SUPERVISOR CARES ABOUT ME.« *Business Journal*, gallup.com, 19. April 1999. gallup.com/businessjournal/493/item-supervisor_cares_about.aspx (Stand: 8. November 2015).

OWEN, J. *The Mindset of Success.* London: Kogan Page 2015.

ROBBINS, OCEAN. »The Neuroscience of Why Gratitude Makes Us Healthier« (Neurowissenschaft enthüllt, warum uns Dankbarkeit gesünder macht). *Huffington Post*, 4. November 2011, aktualisiert am 4. Januar 2012. huffingtonpost.com/ocean-robbins/having-gratitude-_b_1073105.html (Stand: 6. Oktober 2015).

SULLIVAN, DAN. »Escape ›The Gap‹!« (Entkommen Sie der ›Kluft‹). Coach Insider, Strategic Coach. private.strategiccoach.com/enews/ci_gap20130117.html (Stand: 26. Dezember 2015).

»12: The Elements of Great Managing«. gallup.com.n.d.gallup.com/press/176450/elements-great-managing.aspx (Stand: 8. November 2015).

WAGNER, RODD, UND JIM HARTER. »The Fifth Element of Great Managing«. *Business Journal*, nach *12: The Elements of Great Managing*. gallup.com, 13. September 2007. gallup.com/businessjournal/28561/fifth-element-great-managing.aspx (Stand: 8. November 2015).

KAPITEL 9

»HOW TO LOVE YOURSELF« (Wie du lernst, dich selbst zu lieben), Ausbildung von Kamal Ravikant und Vishen Lakhiani. Consciousness Engineering Program, 2014.

»UNLEASH YOUR INTUITION« (Befreie deine Intuition), Training von Sonia Choquette und Vishen Lakhiani. Consciousness Engineering Program, 2014.

WILBER, KEN. *The Essential Ken Wilber*. Boulder, Colorado: Shambhala 1998.

KAPITEL 10

GILBERT, ELIZABETH. *Big Magic*. New York: Riverhead Books 2015. Extracts from Big *Magic* by Elizabeth Gilbert. © 2015, Elizabeth Gilbert, used by permission of The Wylie Agency (UK) Limited. [dt.: *Big Magic – Nimm dein Leben in die Hand und es wird dir gelingen*. Copyright für die deutsche Übersetzung von Britt Somann © S. Fischer Verlag GmbH, Frankfurt am Main 2015].

»THE FRIENDLY UNIVERSE WITH MICHAEL BECKWITH« (Das freundliche Universum), Training von Michael Beckwith und Vishen Lakhiani. Conscious Engineering Program, 2015.

»MEDITATION FOR PERFORMANCE« (Meditieren zur Leistungssteigerung), Training von Emily Fletcher und Vishen Lakhiani. Consciousness Engineering Program, 2015.

ANHANG: TOOLS FÜR DIE REISE

CARSON, J.W., F.J. KEEFE, V. GOLI, A.M. FRAS, T.R. LYNCH, S.R. THORP, J.L. BUECHLER. »Forgiveness and Chronic Low Back Pain: A Preliminary Study Examining the Relationship of Forgiveness to Pain, Anger, and Psychological Distress« (Verzeihen und chronische Schmerzen in der unteren Rückenpartie: Eine vorläufige Studie über das Verhältnis von Vergebung zu Schmerz, Zorn und psychischem Stress). *The Journal of Pain*, Bd. 6, Nr. 2 (2005): S. 84–91.

GREGOIRE, CAROLYN. »Kindness Really Does Make You More Attractive« (Güte macht Sie tatsächlich attraktiver). *The Huffington Post*, aktualisiert am 30. Oktober 2014.

HOSSEINI, KHALED. *Drachenläufer.*

HUFFINGTONPOST.com/2014/10/29/kindness-attractive_n_6063074.html (Stand: 28. Dezember 2015).

JACOBS, TOM. »The Tangible Benefits of Forgiveness« (Die greifbaren Nutzen der Vergebung). *Pacific Standard*, 6. Januar 2015. psmag.com/books-and-culture/tangible-benefits-forgiveness-97627 (Stand: 28. Dezember 2015).

WESTERVELT, AMY. »Forgive to Live: New Research Shows Forgiveness Is Good for the Heart« (Verzeihen, um zu leben – Neue Forschungsergebnisse zeigen: Vergebung ist gut fürs Herz). *Good*, 25. August 2012. – magazine.good.is/articles/forgive-to-live-new-research-shows-forgiveness-is-good-for-the-heart (Stand: 2. Dezember 2015).

INDEX

A

Achtsamkeit   92, 137, 143, 156, 205
Achuar   100–106
A-Fest (*Awesomeness*-Fest)   13, 121f., 211, 233–235, 249, 266, 272
Aktualisierungsquote   153, 157, 160, 334, 348
Angst   48, 58f., 65, 80, 103, 106, 124, 142, 169, 186f., 189f., 193f., 197, 199, 208, 215, 226, 230, 242, 256, 258, 264, 266, 270, 272–275, 286, 293, 307, 311, 317, 335, 344f., 351

B

Bauchgefühl   112, 136f., 250f.
Bedeutungsmacher (mental)   68, 125, 130f., 145f., 267, 269, 271, 348
Bestimmungsziel   176, 195, 228f., 231f., 235–238, 242, 244, 247, 249f., 260–262, 264f., 275, 283, 293f., 296, 299, 302, 304, 307, 312f., 341, 343f., 348, 351
Bewusstseinsengineering   9, 19, 85f., 93f., 99, 108–110, 112, 147, 150, 176, 185, 221, 245, 254, 278, 303, 328, 330, 336, 348f.
Bullshit-Regeln / engl. *Bullshit Rules (Brules)*   18f., 21, 49–81, 84–87, 94, 123f., 126, 130, 133, 139f., 145f., 176, 185, 194f., 208, 212, 227f., 230, 235–237, 243, 248, 265, 278, 284, 292, 294–297, 301, 303, 307, 326f., 336, 341, 348, 351

D

Dankbarkeit   117, 133f., 169, 171, 187, 191, 208–213, 220, 271, 306, 309, 311, 318f., 331, 335, 337, 344, 351
Drei wichtigste Fragen   195, 238f., 244f., 247f., 251, 265, 283, 312, 320f., 341, 348

E

Erwachen   17, 19, 22, 83ff. (Teil II), 107, 146, 205f., 238, 254, 278, 285, 350

F

Freundschaft   98, 112, 138, 141, 158, 163, 231, 234, 239f., 328, 332, 342, 351

G

Gefühle   21, 26, 65, 74, 95, 113, 115, 127, 134, 141, 167, 169, 191, 201, 206, 208, 212, 214, 220, 230, 237, 243, 249, 259f., 265, 267f. 275, 290, 294, 299, 303, 310f., 318, 327, 329, 337, 344, 348; siehe auch Bauchgefühl, Gemeinschaftsgefühl, Minderwertigkeitsgefühl, Mitgefühl, Schamgefühl, Schuldgefühle, Selbstwertgefühl, Sicherheitsgefühl

Gemeinschaftsgefühl   138

Geschäftigkeitsfalle   155f., 349

Geschäftigkeitsparadox   172, 314, 349

Gesundheit   16, 32, 92, 96–98, 110, 113, 127, 142, 154, 156, 158, 161, 164, 208, 226, 239, 241, 306f., 311, 329, 332, 342

Glück   *durchgängig*

Glücksgefühl   21, 169, 180, 188, 190, 204f., 222, 265

»Glücksziplin«   21, 176, 199f., 202, 204, 207f., 210, 213, 217, 220, 224f., 293, 303, 307, 310f., 337f., 340, 349, 351

Goldene Regel   64, 75, 77, 80, 139, 326

Gott   37f., 102, 139, 192, 251, 291, 322, 349

Gottesteilchen-Theorie   290–292, 295, 349

H

Hedonistische Anpassung, hedonistische Tretmühle   207

Humanismus   139f., 292

Index

I

Indoktrination in der Kindheit 62, 217
Innenwelt, Transformation der Innenwelt 17, 20f., 107, 173, 176f., 254, 278f.
Integrale Theorie 107
Intuition 79, 89f., 136f., 198, 214, 223, 248, 288, 290f., 293, 299, 303, 307, 332, 340

K

Karriere 8, 30f., 37, 42, 57, 112f., 136, 142, 190, 227, 264, 282, 297, 329
Kensho 285f., 294, 301, 303, 349f.
Kindheit siehe Indoktrination
Kreativität 18, 38, 89, 113, 137, 140, 143, 151, 157, 159, 165, 172, 198, 214f., 234, 239, 243, 248, 260, 265, 288, 315, 330, 333, 343, 351
Kulturelle Prägung, Kulturelles Umfeld, Kulturelle Umwelt 18, 26, 28, 40f., 43f., 47f., 50, 55, 63, 69f., 74, 77, 84–86, 100, 106, 142, 176, 185, 195, 244, 254, 275, 278, 295, 297, 303, 325f., 343, 348f.

L

Lebensmodell 108, 294
Lebenssysteme 19f., 85, 98f., 102, 104, 108–110, 114, 147–160, 168, 170f., 176, 183, 185, 207, 235, 254f., 270, 278, 284, 303, 306, 328, 330, 334–336, 348–351

M

Meditation 38, 89–92, 117, 137, 140, 164, 169, 171f., 180, 210, 212–215, 242, 283, 297, 306–308, 310, 312, 314–316, 324, 335, 351
• Sechs Phasen 22, 306–309, 312, 314–323, 350
Mentale Konstrukte 38, 132
Minderwertigkeitsgefühl 14, 271
Mitgefühl 91, 169, 214, 216, 218f., 222, 224, 309–311, 317f., 323, 335, 339, 351

N

Negativ-Spirale   189f., 193, 350f.

P

Persönlichkeitsentwicklung   8–10, 13, 23, 87, 92, 110f., 121, 151, 232
Placebo-Effekt   96, 127f.
Pygmalion-Effekt   129

Q

Quest (finden und annehmen)   21f., 254, 259, 276f., 280, 284, 289, 291, 295, 299, 302, 304, 306f., 310, 314, 322, 346f.

R

Realitätsmodell   *durchgängig*
Religion   16, 18, 26, 34, 36–38, 42, 47f., 50–52, 54–60, 66, 75, 77, 100, 105, 108, 139f., 142, 145, 244, 292, 314, 322, 325f., 332, 343

S

Satori   285f., 349f.
Schamgefühl   59, 76
Schöne Zerstörung   283f., 350
Schuldgefühle   59, 76, 98, 224
Sechs Phasen   siehe Meditation, Sechs Phasen
Selbstliebe   159, 261, 270, 309, 344
Selbstwertgefühl   26, 95, 116f., 125, 130, 258
Set-Points   154, 160–168, 170, 207, 334f., 350
Sicherheitsgefühl   271
Spiritualität   26, 59, 61, 107f., 113, 140, 142, 144, 146, 159, 164, 239, 242, 246, 256f., 305, 329, 332, 342

Index

T
Transzendente Praktiken   169f., 172, 207, 306, 335, 349, 351

U
Unherumschubsbar   21, 219f., 254, 256, 259f., 264–267, 269f., 272, 274–276, 279, 304, 307, 310, 319, 344f., 351

Universum   23, 139, 177, 186, 191, 193, 218, 247, 251, 285, 287–291, 302f.
- Delle im Universum   21, 69f., 185, 275

Übungen
- Befreie dich selbst, indem du von Herzen verzeihst   217, 338
- Dankbarkeit   134, 331
- Deine nichtverhandelbaren Set-Points   162, 334
- Der *Brules*-Test   75, 326
- Der Mensch im Spiegel   270, 344
- Die acht Aussagen   196, 336
- Die zwölf Lebensbereiche, die im Gleichgewicht sein sollten   111, 328
- Sei dir dankbar   271, 344
- Stelle dir die *Drei wichtigsten Fragen*   248, 341
- Tägliche Dankbarkeit   212, 337
- Untersuche deine Realitätsmodelle in den zwölf Lebensbereichen, die im Gleichgewicht sein sollten   141, 332
- Was du alles zu geben hast   222, 339
- »Was ich an mir liebe«   134, 271, 331, 344
- Werde präsent   272, 345
- Wie hoch ist deine Aktualisierungsquote?   157, 334

Updates (für ein außergewöhnliches Leben)
- Update 1: Überwinde die kulturelle Prägung   43, 325
- Update 2: Stelle die Bullshit-Regeln infrage   74, 327
- Update 3: Übe dich im Bewusstseinsengineering   99, 330
- Update 4: Schreibe deine Realitätsmodelle um   129, 333
- Update 5: Gönne deinen Lebenssystemen ein Upgrade   168, 335

- Update 6: Krümme die Wirklichkeit 196, 336
- Update 7: Lebe die »Glücksziplin« 224, 340
- Update 8: Erschaffe dir eine Vision für deine Zukunft 244, 343
- Update 9: Werde »unherumschubsbar« 259, 345
- Update 10: Nimm deine Quest an 295, 347

V

Vergebung 213, 215–219, 259, 306f., 309–312, 319f., 323, 337–339
Visualisierung 91, 137, 195, 312f., 316, 321, 342

W

Wahrheit
- Absolute Wahrheit 37f., 50, 76, 101, 144f., 325
- Relative Wahrheit 37, 76, 132, 144, 325, 333, 349

Wirklichkeit
- Falle der gegenwärtigen Wirklichkeit 189f., 348, 351
- Krümmen der Wirklichkeit 20, 177, 185, 188f., 191, 196, 198f., 202, 254, 279, 291, 336, 348f., 351

Z

Zweckziel 176, 228f., 232, 236–238, 250, 263, 265, 294, 341, 348, 351
Zwölf Lebensbereiche, die im Gleichgewicht sein sollten 111, 114, 141, 157, 162f., 243, 328, 332, 334, 351
Zufriedenheit *durchgängig*
Zukunftsvision 47, 185, 188, 194, 196, 198, 206, 244, 265, 309, 320f., 336, 343, 349, 351

DANK

Mein Dank gebührt:
Ajit Nawalkha und Kshitij Minglani – weil ihr die besten Berater seid, die ich mir nur vorstellen kann.

Meinem Führungsteam bei Mindvalley: Veena Sindhu, Hannah Zambrano, Ezekiel Vicente, Eric Straus, Klemen Struc, Jason Campbell, Troy Allen und Gareth Davies – dafür, dass ihr den Laden so toll zusammengehalten habt, als ich mich vorübergehend ganz auf das Schreiben dieses Buches konzentriert habe.

Verbündeten, Unterstützern, Lehrern und Lehrerinnen, die immer für mich da waren und von denen ich sehr viel gelernt habe, unter anderen: Juan Martitegui, Luminata Saviuc, Mia Koning, Kadi Oja, Tanya Lopez, Khailee Ng, Amir Ahmad, Ngeow Wu Han, Mike Reining, Cecilia Sardeo, Ewa Wysocka, Justyna Jastrzebska, Renee Airya und Carl Harvey.

Meinen Lehrern und Lehrerinnen, Heilern und Heilerinnen: Christie Marie Sheldon, Yanik Silver, Greg Habstritt, Burt Goldman, Jose Silva, T. Harv Eker, Jack Canfield und Neale Donald Walsch.

Meiner Mitarbeiterin Toni Sciarra Pointer, weil sie mich stets in der Spur gehalten, angetrieben und viel mehr dafür getan hat, dieses Buch zu einem Erfolg zu machen, als ich es mir je hätte erhoffen können.

Meiner Lektorin Leah Miller und dem Team von Rodale, insbesondere Anna Rodale, weil sie immer an mich geglaubt und mich unterstützt haben.

Celeste Fine und John Maas, meinen Agenten bei Sterling Lord Literistic, die diese Reise für mich initiiert haben.

Meinem Buchproduktions- und Technikteam: Colton Swabb, Gavin Abeyratne, Chee Lee Wong, Paulius Staniunas, Ronan Diego, Krysta Francoeur, Siddharth Anantharam, Tania Safuan, Mariana Kizlyk, Shafiu Hussain, John Wong und TS Lim für Abschrift, Websites und Technologie, die dieses Buch zu etwas Besonderem machen.

Ashley und Carrie sowie dem Team von Triple 7PR.

Den Filmleuten von Mindvalley, die die Videos für die Online-Erfahrung bereitstellten: Crystal Kay, Anton Veselov, Kuhan Kunasegaran, Mildred Michael, Matej Valtrj, Al Ibrahim, Mimi Thian, Shan Vellu, Khairul Johari, Triffany Leo, Alexandria Miu, Angela Balestreri und Jacqueline Marroquin.

Dem gesamten Team von Mindvalley, unseren Kunden, Abonnenten und Fans.

Meinem Stamm vom A-Fest, unseren Bewusstseinsengineering-Studenten und Followern bei Facebook, weil sie so tolle Schüler sind und mir die Arbeit zu einem täglichen Vergnügen machen.

Peter Diamandis, Anousheh Ansari sowie den Mitgliedern des X Prize Innovation Board, die mich stets inspirieren, nach den Sternen zu greifen und immer größere Träume zu träumen.

Den Mitgliedern des Transformational Leadership Council, weil sie es mir ermöglicht haben, von einigen der weisesten Seelen dieser Welt zu lernen und mich entsprechend weiterzuentwickeln.

Der Michigan-Crew von AISEC: John Opdyke, Vardaan Vasisht, Cindy Vandenbosch, Jennifer Starkey, Hana Malhas und Omar Kudat.

Den Lehrern, die dieses Buch um ihre Weisheiten bereichert haben: Richard Branson, der mir vorschlug, es zu schreiben; Seiner Heiligkeit, dem vierzehnten Dalai Lama, weil er die Wahrheit lebt; Elon Musk, der so ein starkes Gottesteilchen ist; Arianna Huffington, weil sie ein Vorbild für meine Tochter ist; dem amerikanischen Erfinder Dean Kamen für seine Inspiration; Jon Butcher für das Lifebook; Ken Wilber, weil er mich mit Modellen des Weltverständnisses bekannt gemacht hat; Michael Bernard Beckwith für die Erkenntnisse, die er mit mir geteilt hat; Marisa Peer für die mein Leben revolutionierenden Hypnotherapie-Sitzungen, die ich bei ihr hatte; Dave Asprey für »40 Years of Zen«; Patrick Grove, der mich lehrte, in unwahrscheinlich großen Dimensionen zu denken; Emily Fletcher, von der ich viel übers Meditieren gelernt habe; Christie Marie Sheldon für ihre Heilarbeit; Tony Robinson, der mich zum Lernen in sein Privathaus eingeladen hat; T. Harv Eker für seine Freundschaft und Mentorenschaft; Shelly Levkoe, weil sie mich zu einem besseren Vater machte; Mike Dooley, der mich so inspirierte; Sonia Choquette, weil sie mich lehrte, meiner Intuition zu vertrauen; Joe Vitale, der mir den Unterschied von Intuition und Intention erklärte; JJ Virgin dafür, dass sie diesem Buch in die Spur verhalf; Joe Polish für seine Connections und sein krass großes Herz; Lisa Nichols, weil sie an mich glaubte, und Bob Proctor, der mich zu immer größeren Träumen animierte.

Nicht zuletzt geht mein Dank an Morty Lefkoe. Ich hoffe, es geht dir supergut im Himmel. Mir ist es eine Ehre, deine letzte Rede und dein letztes Interview mit meinen Lesern teilen zu dürfen.

VISHEN LAKHIANI

Der studierte Informatiker und preisgekrönte Unternehmer gründete die international renommierte Firma Mindvalley, die sich auf digitale Lernplattformen und Apps, wie die weltweit erfolgreichste Meditations-App *Omvana,* spezialisert hat.
Themenfelder seiner Online-Akademien sind unter anderem Persönlichkeitswachstum, Achtsamkeit, Wohlbefinden und Produktivität.
Vishen Lakhiani ist ein international anerkannter Redner.
Er lebt mit seiner Familie in Malaysia und Estland.

MindvalleyAcademy.com
VishenLakhiani.com
Mindvalley.com
vishenlakhiani.de (deutschsprachig)

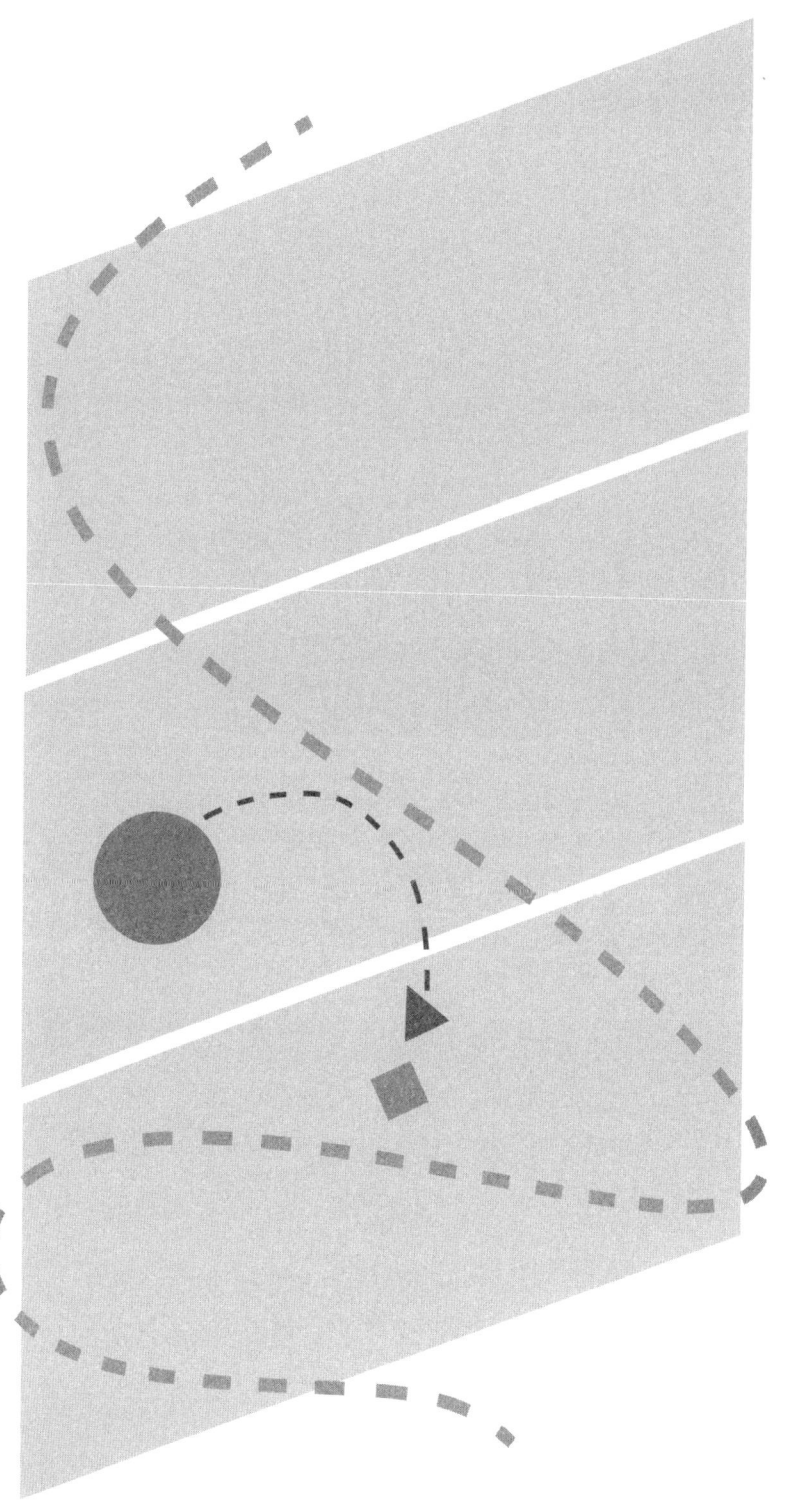

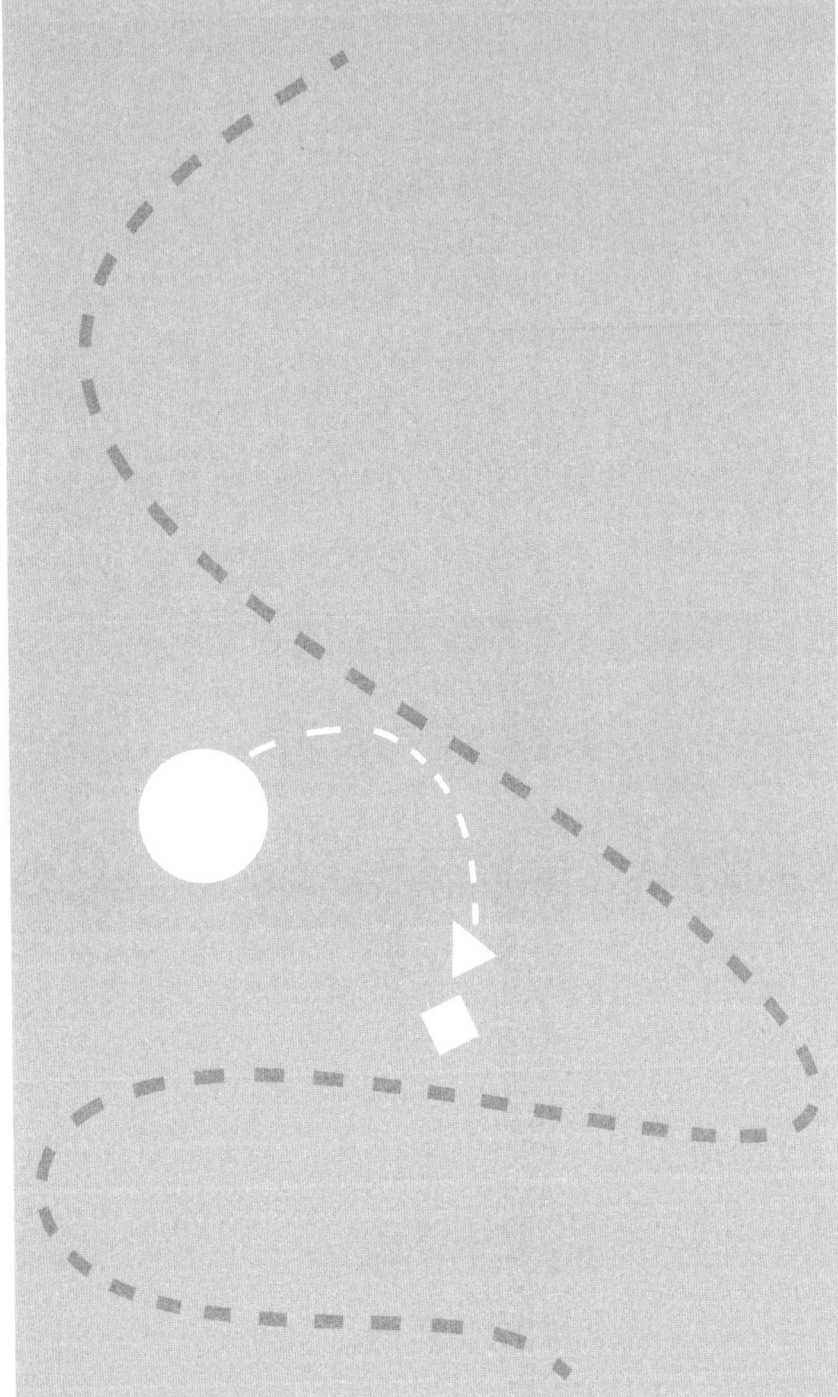